UM GÊNIO MUITO ESTÁVEL

Philip Rucker e Carol Leonnig

Um gênio muito estável
A ameaça de Donald Trump à democracia

TRADUÇÃO
Cassio de Arantes Leite
Denise Bottmann
Leonardo Alves
Renato Marques

Copyright © 2020 by Philip Rucker e Carol Leonnig

Grafia atualizada segundo o Acordo Ortográfico da Língua Portuguesa de 1990,
que entrou em vigor no Brasil em 2009.

Título original
A Very Stable Genious: Donald J. Trump's Testing of America

Capa
Darren Haggar

Foto de capa
Pool/ Getty Images

Preparação
Lígia Azevedo

Índice remissivo
Probo Poletti

Revisão
Clara Diament
Carmen T. S. Costa

Dados Internacionais de Catalogação na Publicação (CIP)
(Câmara Brasileira do Livro, SP, Brasil)

Rucker, Philip.
     Um gênio muito estável : a ameaça de Donald Trump à democracia /
Philip Rucker e Carol Leonnig ; tradução Cassio de Arantes Leite... [et al.].
— 1ª ed. — Rio de Janeiro : Objetiva, 2020.

     Título original : A Very Stable Genious : Donald J. Trump's Testing of
America.
     Outros tradutores: Denise Bottmann, Leonardo Alves, Renato Marques.

     ISBN 978-85-470-0100-1

     1. Campanhas eleitorais 2. Ciência política 3. Estados Unidos – Política e
governo – 2017- 4. Poder executivo 5. Processos políticos 6. Trump,
Donald, 1946- I. Leonnig, Carol. II. Título.

19-32063   CDD-973.933092

Índice para catálogo sistemático:
1. Trump, Donald : Estados Unidos : Presidente :Biografia   973.933092

Cibele Maria Dias – Bibliotecária – CRB-8/9427

[2020]
Todos os direitos desta edição reservados à
EDITORA SCHWARCZ S.A.
Praça Floriano, 19, sala 3001 — Cinelândia
20031-050 — Rio de Janeiro — RJ
Telefone: (21) 3993-7510
www.companhiadasletras.com.br
www.blogdacompanhia.com.br
facebook.com/editoraobjetiva
instagram.com/editora_objetiva
twitter.com/edobjetiva

Para John, Elise e Molly — vocês são tudo para mim
Para Naomi e Clara Rucker

Sumário

Nota dos autores	9
Prólogo	13

PARTE UM

1. Blocos de montar	23
2. Paranoia e pandemônio	38
3. A estrada para a obstrução	52
4. Uma demissão fatídica	65
5. Eis que chega Mueller	80

PARTE DOIS

6. Vestindo-se para a batalha	95
7. Justiça iminente	109
8. Acobertamento	122
9. Um choque para a consciência	142
10. Descontrolado	159
11. Improvisando	174

PARTE TRÊS

12. Spygate 195
13. Colapso 210
14. Pelotão de fuzilamento de um homem só 223
15. Parabenizando Putin 237
16. Uma batida policial assustadora 248

PARTE QUATRO

17. Diplomacia da granada de mão 273
18. A resistência vinda de dentro 291
19. Teleton do terror 305
20. Um diplomata desagradável 325
21. Instinto acima do cérebro 337

PARTE CINCO

22. Eixo de facilitadores 357
23. Lealdade e verdade 374
24. O relatório 387
25. O espetáculo continua 401

Epílogo 417
Agradecimentos 423
Notas 431
Índice remissivo 457

Nota dos autores

Fazer a cobertura jornalística da presidência de Donald Trump tem sido uma jornada vertiginosa. Histórias surgem a cada hora, todos os dias. A cada evento importante que registrávamos, percebíamos que a história estava se desenrolando diante de nossos olhos e tínhamos poucas chances de fazer um balanço. Sempre surgia mais alguma coisa depois. Então decidimos apertar o pause. Queríamos fazer uma análise mais aprofundada do que nossas reportagens diárias permitiam, entender o que estava acontecendo de fato nos bastidores e avaliar as reverberações para o país.

Este livro é baseado em centenas de horas de entrevistas com mais de duzentas fontes, incluindo funcionários do alto escalão do governo, amigos e conselheiros externos do presidente, além de outras testemunhas dos eventos aqui descritos. A maioria das pessoas que cooperaram com nosso projeto concordou em falar abertamente apenas sob anonimato, fosse para proteger sua carreira no governo ou por temer retaliação do presidente ou de seus aliados. Muitas de nossas fontes relataram suas experiências no background, o que significa que fomos autorizados a usar as informações que nos revelaram contanto que protegêssemos suas identidades. Muitas de nossas entrevistas foram gravadas.

Somos jornalistas objetivos, que procuram compartilhar a verdade com o público. Neste livro, nossa intenção é fornecer a versão mais próxima da verdade que fomos capazes de estabelecer com base em um rigoroso trabalho de reportagem. Reconstruímos cuidadosamente as cenas para revelar o presidente Trump sem filtros, em ação, em vez de dizer aos leitores o que pensar a respeito dele. As cenas reunidas aqui são baseadas em relatos de primeira mão e, sempre que possível, corroboradas por múltiplas fontes e respaldadas por nossa análise de agendas, registros em diários, memorandos internos e outras correspondências entre figuras-chave, bem como gravações de imagens privadas. Os diálogos talvez nem sempre sejam exatos, mas se baseiam nas lembranças dos eventos de várias pessoas e, em muitos casos, em anotações feitas por testemunhas por ocasião dos eventos. Em alguns casos, as fontes discordaram substancialmente acerca dos fatos de determinado episódio, o que, quando necessário, salientamos nestas páginas, reconhecendo que diferentes narradores por vezes se recordam de maneira diferente dos mesmos eventos.

Este livro resulta do prolongamento de nosso trabalho de reportagem para o *Washington Post*. Dessa forma, alguns dos detalhes de nossa narrativa foram publicados pela primeira vez em matérias que escrevemos para o jornal, ocasionalmente em colaboração com outros colegas. No entanto, em sua grande maioria, as cenas, os diálogos e as citações aparecem pela primeira vez neste livro e se baseiam na extensa investigação jornalística que realizamos exclusivamente para ele.

Para reconstruir episódios que se desenrolaram em público, recorremos a vídeos de eventos, incluindo discursos presidenciais, muitos dos quais estão arquivados no site do canal de TV a cabo C-SPAN. Também contamos com reportagens recentes de uma gama de diferentes publicações. Além disso, utilizamos como fontes os registros oficiais do governo, incluindo o relatório produzido pelo procurador especial Robert S. Mueller III. Na maioria dos casos, complementamos as informações de conhecimento público com nossa própria pesquisa original e autoral. O material garimpado desses relatos recebe os devidos créditos, com uma referência direta no texto ou nas notas finais.

Tentamos entrevistar o presidente Trump para este projeto e entramos em contato com ele pela primeira vez nos estágios iniciais de nossa apuração. Em um telefonema, Trump disse a Philip Rucker que gostaria de se sentar para uma entrevista. "Pode vir. Você vai fazer uma entrevista justa", disse Trump. Então acrescentou: "Eu vou fazer. Eu vou fazer. Eu vou fazer. Eu gostaria de ter um livro decente. Você é uma pessoa séria. Então, isso é bom". Nos meses seguintes, à medida que intensificava sua guerra contra a mídia, Trump recusou, por meio de um assessor, a oportunidade de nos conceder uma entrevista e dar sua própria versão dos eventos descritos neste livro.

Prólogo

"Só eu posso consertar as coisas."

Em 21 de julho de 2016, em Cleveland, ao aceitar a indicação do Partido Republicano para a candidatura à presidência, Donald John Trump falou mais de 4 mil palavras, mas essas seis logo iam se tornar o princípio pelo qual ele iria liderar o país.

Naquela noite, Trump ficou sozinho no centro da Quicken Loans Arena, em um palco elevado que ele mesmo ajudou a projetar. Atrás pairava um gigantesco telão emoldurado em ouro, projetando uma imagem ampliada de Trump junto com 36 bandeiras americanas. Era uma manifestação masculina, com iluminação LED, de sua autoimagem. Seu discurso foi sombrio e distópico. Trump se ofereceu ao povo americano como sua única esperança de renovação e redenção. No passado, outros indicados à corrida presidencial expressaram humildade, exaltaram valores compartilhados e convocaram seus compatriotas a se unir para realizar o que só poderiam alcançar juntos. Trump, ao contrário, falou na primeira pessoa do singular.

"*Eu* sou sua voz."

"*Eu* serei um paladino. Seu paladino."

"Ninguém conhece o sistema melhor do que *eu*, e é por isso que só *eu* posso consertar as coisas."

Seria fácil demais confundir o primeiro mandato de Trump com o puro e desenfreado caos. Sua presidência seria alimentada pelo solipsismo. Desde o momento em que prestou juramento assegurando defender a Constituição e se empenhar em servir à nação, ele governou em larga medida para proteger a si mesmo e se autopromover. No entanto, no dia a dia, lutando para sobreviver, tentando se manter à tona em meio ao fluxo ininterrupto de notícias, havia um padrão e um significado na desordem. A estrela guia de Trump era a perpetuação de seu próprio poder, mesmo quando isso significou pôr em risco nossa instável democracia. A confiança do povo no governo americano, já debilitada por anos de disfunção política polarizadora, sofreu um golpe baixo.

Dezenas de milhões de americanos estavam zangados, sentindo-se esquecidos pelos burocratas de Washington, ridicularizados pelas elites liberais e humilhados por uma economia global que acelerou para além de suas habilidades e condenou seus filhos a ser a primeira geração de americanos a ter condições de vida piores que as de seus pais. Trump coroou a si mesmo como o defensor dessas pessoas. Ele prometeu "Tornar a América Grande de Novo", um mantra brilhante, que agrada a todos e é aplicável a diversas situações, através do qual um segmento do país pôde canalizar suas frustrações. Esses americanos imaginaram um país no qual os regulamentos não estrangulam os negócios da família, os impostos não são tão onerosos e empregos bem remunerados são abundantes e seguros. Alguns também recuaram no tempo para relembrar a década de 1950, vislumbrando uma nação mais simples e próspera, em que patriarcas brancos ditavam as regras, mulheres recatadas cuidavam do lar e do círculo familiar e as minorias eram subservientes ou ficavam em silêncio.

O presidente Trump era o incansável pugilista daqueles que queriam Tornar a América Grande de Novo. Ele não se preocupou em selecionar cuidadosamente um grupo de líderes para ajudá-lo a governar. O espalhafatoso promotor de eventos e astro de reality show acreditava ser capaz de administrar o governo dos Estados Unidos da mesma maneira como comandava sua empresa de incorporação imobiliária de uma suíte no 26º andar da Trump Tower, fiando-se em seus próprios instintos para aproveitar oportunidades, avaliar o poderio de concorrentes e derrubar adversários.

No entanto, a temeridade do próprio Trump prejudicou sua capacidade de cumprir suas promessas de campanha. Desde o início, ele compôs grande parte do círculo de influência de sua administração com um punhado de novatos, paus-mandados e puxa-sacos. Essa inexperiência coletiva exacerbou os problemas, desperdiçou capital político e desmoralizou os servidores públicos realmente comprometidos. O valor universal do governo Trump era a lealdade — não ao país, mas ao presidente. Alguns de seus assessores acreditavam que a exigência de Trump por lealdade cega — e sua retaliação àqueles que a negassem — estava lentamente corrompendo o serviço público e colocando à prova os limites da própria democracia.

Dois tipos de pessoas foram trabalhar para o governo: aqueles que pensavam que Trump estava salvando o mundo e aqueles que pensavam que o mundo precisava ser salvo de Trump. Estes últimos, que por vezes se sentiam atraídos pelo charme dele, eram profissionais experientes e capazes, que se acharam na obrigação de emprestar ao presidente sua erudição e seu conhecimento especializado. No entanto, com o passar dos meses, Trump exauriu os "adultos responsáveis" com, de acordo com eles próprios, sua futilidade, falta de decoro e ilegalidade das ideias e diretrizes. Um a um, esses homens e mulheres renunciaram, frustrados, ou foram sumariamente demitidos pelo presidente. Ele engatou um ciclo ininterrupto de traições, rompendo e reparando relacionamentos, de modo a constantemente manter os assessores do governo fora do eixo e garantir assim sua supremacia. Algumas dessas pessoas agora soltam suspiros à distância do presidente que esperavam guiar, com a percepção de que restam menos vozes sábias para atenuar os impulsos de Trump. Lamentam um presidente que estimulava ressentimentos comezinhos, era viciado em assistir à cobertura telejornalística dele mesmo, promovia bajuladores e sucumbia com sofreguidão a deslavadas mentiras.

Trump cumpriu em parte sua promessa de ser uma granada humana, para arrasar e refazer Washington. Ele enfraqueceu o Estado regulador, reforçou a fiscalização das fronteiras e reformou o Judiciário federal, inclusive com duas indicações à Suprema Corte — medidas que eram pautas prioritárias para sua base política conservadora.

Trump também transformou a postura comercial da nação, enfraquecendo acordos multilaterais que a seu ver permitiam a países menores tirar vantagem dos Estados Unidos, e forjando novos pactos bilaterais em termos mais favoráveis. Ele herdou do presidente Obama uma economia em crescimento e a manteve funcionando a todo vapor, mesmo quando os economistas previram em meados de 2019 uma possível queda.

Como Trump amiúde faz questão de lembrar a seus críticos, ele tem sido um presidente como nenhum outro. Desafiou o estado de direito e sacudiu alianças estrangeiras, desprezando setenta anos de relações com outras democracias ao mesmo tempo que encorajou ditadores e déspotas. Questionou a própria identidade da nação como um refúgio para pessoas de todas as raças e credos ao não silenciar os supremacistas e fanáticos brancos entre seus seguidores e, vez por outra, empregando sua própria retórica racista. Ele tratou maldosamente subordinados e oficiais militares e ordenou a detenção de famílias de imigrantes. Rompeu limites por razões significativas e insignificantes, nefastas e inócuas. Para ele, tudo o que importava era vencer.

O ego de Trump o impediu de fazer julgamentos sensatos e esclarecidos. Ele assumiu a presidência com tanta certeza de que seu conhecimento era o mais completo e seus fatos eram absolutos que ignorou a comprovada competência dos experientes profissionais de carreira nos quais presidentes anteriores haviam confiado. Isso representou uma total rejeição do modelo de governo dos Estados Unidos, o que alguns de seus conselheiros concluíram ter origem em uma profunda insegurança. "Em vez de seu orgulho se basear em tomar uma boa decisão, ele se fundamenta em saber a resposta certa desde o início", disse um alto funcionário do governo.

Quando os próprios analistas de inteligência de Trump apresentavam-lhe fatos, ele às vezes alegava o ardil de conspirações. O presidente se recusou a reconhecer plenamente que a Rússia tentou ajudá-lo a vencer as eleições de 2016, apesar das evidências conclusivas. Tentou frustrar a investigação do Departamento de Justiça sobre a interferência eleitoral da Rússia, e tentou fazer com que Robert Mueller, nomeado procurador especial, fosse destituído. No entanto, Trump escapou de ser acusado de um crime, apesar da convicção de vários promotores federais de que, se ele fosse qualquer outra pessoa que não um presidente no exercício do cargo, aquilo estaria fadado a acontecer.

Essas são conclusões a que chegamos depois de quase três anos de reportagem sobre a presidência de Trump. Elas refletem as experiências e opiniões de vários funcionários graduados que serviram em seu governo, viveram sua disfunção e agora temem os danos que sua administração inflige ao país. Essas pessoas nos levaram pela primeira vez às entranhas de alguns dos momentos mais controversos e decisivos da presidência de Trump.

De certo modo, nunca um presidente americano foi tão acessível e transparente quanto Trump. Ele telegrafou seus estados de ânimo e transmitiu publicamente suas desavenças em postagens diárias, às vezes de hora em hora, no Twitter. Revelações de bastidores dando conta de tumultos e ilegalidades se espalharam diariamente. Denunciantes se ergueram nos cantos escuros da burocracia federal para trazer à luz a corrupção e a improbidade. O estado de espírito do presidente era óbvio para qualquer um. Mas o significado mais amplo e talvez mais estarrecedor dos eventos do primeiro mandato de Trump, além do ciclo diário de notícias, ainda não foi esclarecido.

"Servi o homem por dois anos. Acho que ele é um perigo imediato e no longo prazo para o país", disse-nos um alto funcionário da Segurança Nacional.

Outro funcionário graduado do governo declarou: "O cara é completamente louco. A história de Trump: um presidente com instintos horríveis e um gabinete de alto escalão brincando de enxugar gelo".

Em sua maioria, as autoridades que conversaram conosco o fizeram sob a condição de anonimato, para evitar retaliações de Trump e sua equipe ou porque, movidos por um código de honra, sentiram-se obrigados a não criticar publicamente um presidente no exercício do cargo. Às vezes, funcionários do alto escalão do governo decidem cooperar com autores de livros para acertar as contas ou gerar um resultado político, e certamente algumas de nossas fontes se enquadram nessa categoria. No entanto, descobrimos que a motivação de muitas delas era contar a verdade em benefício da história. Algumas queriam explicar com precisão os momentos que haviam sido distorcidos pelo presidente e por seus manipuladores, ou facilmente esquecidos, ou, em alguns casos, mantidos em segredo até agora.

Os defensores de Trump disseram que aqueles que temem sua presidência estão totalmente errados. O que outros viram como imprudência para eles era a coragem de tomar decisões. Os trumpistas ressaltaram que todas as noites na televisão os críticos do presidente denunciavam o fim da democracia tal qual a conhecíamos, mas na manhã seguinte o sol ainda nasceu.

Não há heróis perfeitos em nosso livro. Robert Mueller, talvez o maior antagonista de Trump, era um impecável modelo de integridade desde seus tempos como comandante de pelotão no Vietnã até sua diretoria do FBI, mas saiu com alguns arranhões de dois anos de trocas de golpes com Trump. Na avaliação de muitos colegas procuradores, Mueller foi superado em astúcia pelo presidente.

Enquanto isso, os líderes mundiais estavam constantemente se ajustando para reagir aos caprichos de Trump. Os aliados tinham pouca fé no que os diplomatas americanos diziam, porque as declarações deles poderiam ser anuladas por um tuíte de Trump a qualquer momento. Presidentes e primeiros-ministros estrangeiros viviam aterrorizados com as temeridades em que ele poderia embarcar em nome do lema A América em Primeiro Lugar.

"Esse cara é o homem mais poderoso do mundo", disse Gérard Araud, embaixador francês nos Estados Unidos nos primeiros dois anos da presidência de Trump. "Tudo o que ele faz e decide pode ter consequências muito, muito terríveis para nós, então estamos todos em modo controle de danos." Antecipando-se à primeira cúpula importante de Trump com colegas estrangeiros, a reunião do Grupo dos Sete de maio de 2017 em Taormina, Sicília, seus conselheiros ofereceram aos outros governos dicas de controle de danos: não mostrar arrogância e encher Trump de elogios. Os conselhos também valeriam para lidar com um adolescente difícil — um adolescente muito sensível e irritadiço, comentou Araud. "Então você tinha seis adultos tentando não o melindrar, diante de alguém que não conhece restrições nem limites. Ser o adulto responsável é aguentar a birra da criança e não a levar a sério."

O título deste livro toma de empréstimo palavras do próprio Trump. Em janeiro de 2018, quando ele se aproximava do fim de seu primeiro ano no cargo, estava em curso uma discussão nacional sobre a aptidão de Trump para o cargo — especificamente, sua acuidade mental e saúde psicológica. Em 6 de janeiro, pouco antes do nascer do sol, Trump tuitou que a mídia estava "tirando da gaveta o antigo manual de jogadas Ronald Reagan e bradando estabilidade mental e inteligência".

"Na verdade, ao longo da minha vida, minhas duas maiores qualidades foram a estabilidade mental e o fato de ser, tipo, realmente inteligente", continuou ele. "A trapaceira Hillary Clinton também já apelou para isso com todas as forças dela e, como todos sabem, fracassou por completo. Eu passei de um homem de negócios MUITO bem-sucedido para estrela de TV e para presidente dos Estados Unidos (na minha primeira tentativa). Acho que isso qualificaria alguém não como inteligente, mas gênio... e um gênio muito estável!!"

Trump evocou a expressão "gênio estável" outras quatro vezes pelo menos. Em uma reunião de cúpula da Otan em julho de 2018, rotulou a si mesmo como "um gênio muito estável" ao tentar desconsiderar a pergunta de um repórter sobre se reverteria seu apoio à organização depois de ir embora do encontro em Bruxelas. Em um furor de tuítes na manhã de julho de 2019, os quais cobriam toda sorte de temas, das primárias democratas para definir o candidato presidencial ao juramento de fidelidade à bandeira, Trump escreveu sobre si mesmo: "O que vocês têm agora, tão bonito e inteligente, é um verdadeiro gênio estável!". Em uma manhã de sábado em setembro de 2019, Trump citou a si mesmo tuitando: "Um gênio muito estável! Obrigado". E, em outubro de 2019, enquanto defendia sua conduta em um telefonema com o presidente ucraniano, Trump comentou: "Há aqueles que pensam que sou um gênio muito estável, tá legal? Eu escolho com muito, muito cuidado minhas palavras".

Os críticos concluíram zombeteiramente que qualquer homem que se sente compelido a anunciar ao mundo que é um gênio estável nada tem de estável ou de gênio; no entanto, os íntimos de Trump sugeriram uma interpretação diferente. "Ele realmente tem características geniais", disse Thomas Barrack, amigo e parceiro de negócios de longa data de Trump, que comandou o comitê da cerimônia de posse do presidente. "Como todos os sábios, ele tem diferenciais que às vezes as pessoas gostariam que não existissem. Pode não ter a elegância treinada ou encenada de um Obama, a compostura diplomática de um Kennedy ou a amabilidade régia de um Reagan, mas tem um tipo de brilhantismo e carisma que é único, raro e cativante, embora às vezes seja incompreendido. Quando fala cara a cara com alguém ou se dirige a uma multidão, você acredita que é a única estrela na galáxia dele... ele é um guerreiro genial."

Muitos observadores próximos de Trump viram seu suposto gênio como algo muito mais desestabilizador. Um deles foi Peter Wehner, que atuou nas administrações de Ronald Reagan, George H. W. Bush e George W. Bush. Crítico de primeira hora de Trump, Wehner foi um dos primeiros republicanos que, sem rodeios, alertou publicamente sobre a inaptidão psicológica dele para ser presidente. Na primavera de 2019, Wehner ficou verdadeiramente perturbado com o que estava testemunhando.

"Ele é uma personalidade transgressora, então gosta de atacar, destruir e desconcertar as pessoas", disse Wehner. "Se vir uma instituição que acredita que não está obedecendo a suas ordens, que não o protege como ele quer ou que seja uma ameaça para ele, ele vai para cima. A comunidade de inteligência, porque não disse o que ele queria ouvir. O Departamento de Justiça, porque não estava fazendo o que ele queria fazer. A Organização do Tratado do

Atlântico Norte, porque ele acha que não pagam o suficiente... a imprensa é 'o inimigo do povo'. Portanto, ele não tem nenhum respeito pelas instituições, pelo papel que desempenham, por sua importância, e se deleita em destruí-las."

Wehner apontou para o filósofo e estadista britânico Edmund Burke, que em seu panfleto de 1790, *Reflexões sobre a revolução na França*, escreveu que a "mão mais rude" de qualquer multidão poderia aniquilar uma instituição, mas reconstruí-la a partir dos escombros seria muito mais difícil. "A raiva e o frenesi derrubam mais em meia hora do que a prudência, a deliberação e a previsão logram construir em cem anos."

O que se segue é um relato cronológico da vaidosa busca de poder de Trump em seu primeiro mandato, buscando dar sentido às coisas ao encontrar padrões no aparente caos. Há fúria e frenesi, mas também momentos de coragem e perseverança. A narrativa tem o objetivo de revelar Trump da maneira mais nua e crua possível e desmascarar o modo como a tomada de decisões em seu governo tem sido norteada pela lógica egoísta e irrefletida de um homem — mas ainda assim uma lógica. Esta é a história de como Trump e seus conselheiros, aos trancos e barrancos, sobreviveram e colocaram à prova a força da democracia americana e o coração dos Estados Unidos como nação.

PARTE UM

1. Blocos de montar

Em 9 de novembro de 2016, o presidente eleito Donald Trump começou a escolher sua equipe. Como jamais esperava realmente vencer, ele estava despreparado. Trump priorizava a lealdade acima de tudo; assim, instintivamente, ele e sua família sabiam quem seria o primeiro cavaleiro nomeado: Michael Flynn.

Flynn, um general de divisão da reserva, era um respeitado oficial de inteligência. No entanto, seus ex-colegas o rejeitaram por uma lista de detalhes que incluíam retórica islamofóbica, chamegos com a Rússia e outros adversários estrangeiros, e confiança em fatos inconsistentes e afirmações dúbias. Nada daquilo importava para Trump.

Durante a campanha, Flynn fora um dos poucos homens envergando estrelas nos ombros disposto a dar respaldo a Trump. Sua lealdade era tão intensa que na Convenção Nacional Republicana ele puxou um coro anti-Hillary Clinton conclamando a plateia a entoar "Prendam ela!", o que deixou mortificados seus irmãos das Forças Armadas e da inteligência, que acreditavam que ele estava alavancando seu status de ex-oficial militar condecorado para fomentar elementos mais perigosos da sociedade. No entanto, aquilo fez com que caísse nas graças de Trump. Flynn tornou-se indispensável para o presidente, sussurrando em seu ouvido que não podia confiar na maioria dos funcionários da inteligência, mas nele, sim. Flynn foi astuto o suficiente para também ganhar a amizade da família de Trump, incluindo Jared Kushner, seu ambicioso genro, homem sem experiência em política ou relações exteriores, mas que agia como o estrategista político de Trump e seu interlocutor com governos estrangeiros.

No dia seguinte à eleição, o bajulador *consigliere* recebeu sua recompensa em uma reunião de transição no 26º andar da Trump Tower. Ivanka Trump, a filha mais velha do presidente eleito, e o marido dela, Kushner — que ajudaram a supervisionar algumas das nomeações de alto escalão no novo governo —, deixaram claro para Flynn que ele poderia escolher qualquer cargo que quisesse.

"Ah, general Flynn, você tem sido muito leal a meu pai", disse Ivanka com sua característica voz ofegante. E acrescentou algo como: "O que quer fazer?".

Don McGahn franziu a testa com alguma surpresa. Ele tinha sido o advogado da campanha de Trump e agora estava na fila para se tornar conselheiro da Casa Branca. Não tinha nada pessoal contra Flynn. Na verdade, nem sequer o conhecia. Mas outros na sala notaram o descontentamento de McGahn, que parecia pensar: "É realmente assim que vamos fazer as coisas?".

Alguns dos presentes podiam acreditar que as pessoas estavam sendo nomeadas para cargos importantíssimos de maneira tão indiscriminada e irresponsável. Na visão de Steve Bannon, diretor executivo da campanha eleitoral de Trump que também estava ingressando no governo, Ivanka era a princesa com a espada, dando uma leve batidinha no ombro de Flynn. McGahn e Bannon, longe de serem aliados, compartilhavam da crença de que aquela era uma receita para atos impróprios e, muito possivelmente, desastres.

A transição disfuncional e a esmo foi um presságio para a administração. Trump supervalorizou a gestão de marca e a imagem em detrimento da competência fundamental. Ele e muitos de seus conselheiros não tinham experiência com o serviço público e, portanto, tinham pouca consideração por sua ética e suas normas. Em vez de seguir à risca os ditames de uma agenda ideológica, toda a operação foi guiada pelos instintos e caprichos de Trump.

O sonho de Flynn era ser conselheiro de Segurança Nacional. Kushner, que imaginava que teria um papel na Ala Oeste como uma espécie de secretário de Estado paralelo — interagindo com líderes estrangeiros, negociando a paz no Oriente Médio e assumindo as rédeas de relações importantes como China e México —, calculou que empossar Flynn como chefe de gabinete do Conselho de Segurança Nacional daria a si próprio a liberdade de manobra que queria. Assim, o desejo de Flynn foi atendido. Levaria mais oito dias para o anúncio de sua nomeação, mas tudo foi decidido em 9 de novembro.

Ninguém se preocupou em submeter Flynn a uma avaliação. Não houve uma análise de seu mandato como chefe de inteligência militar dos Estados Unidos no Afeganistão, que havia sido objeto de uma investigação de desvio de conduta. Nem do período em que atuou como diretor da Agência de Inteligência de Defesa, que o presidente Obama havia abreviado abruptamente. Nem de sua empresa de consultoria internacional e de seus contratos com empresas alinhadas ao Kremlin. Tampouco de sua participação em um jantar de gala de Moscou em 2015 como convidado da Rússia, sentado à mesa presidencial de Vladimir Putin.

Flynn usara a campanha de Trump como um "trem da alegria", na esperança de melhorar seu estilo de vida após 33 anos de salários militares relativamente baixos. Ao mesmo tempo que assessorava o candidato, Flynn trabalhava para o governo turco e, segundo investigadores federais, vinha ocultando a natureza desse acordo. No dia das eleições, Flynn publicou um artigo de opinião no jornal *The Hill* em que alardeou a causa do presidente turco Recep Tayyip Erdogan ao comparar seu oponente político, Fethullah Gülen, exilado nos Estados Unidos, a Osama bin Laden. Flynn pediu que os Estados Unidos expulsassem Gülen do país, atordoando seus ex-colegas nas comunidades de inteligência e segurança nacional.

Chris Christie, o governador de Nova Jersey que havia endossado Trump e era o chefe formal da transição presidencial, ficou perplexo quando o presidente eleito lhe disse que nomearia Flynn conselheiro de Segurança Nacional.

"Você não pode fazer isso", disse Christie. "Primeiro, você precisa ter um chefe de gabinete e deixar que seu chefe de gabinete decida isso, porque o conselheiro de Segurança Nacional prestará contas ao chefe de gabinete. E Flynn é simplesmente a escolha errada. Ele é uma escolha horrível."

"Você só não gosta dele", respondeu Trump.

"Bem, você está certo", disse Christie. "Eu não gosto dele. Quer saber por quê?"

"Quero", disse Trump.

"Porque ele vai causar problemas pra você", respondeu Christie. "Pode acreditar em mim."

Trump não queria ouvir mais nada sobre Flynn. Ele instruiu Christie a descer as escadas até o 14º andar, onde da noite para o dia a sede da campanha havia se transformado em um centro de comando de transição. Christie tinha um governo para montar.

Mais tarde naquela mesma semana, Christie foi demitido por Trump. Tecnicamente, quem o mandou embora foi Bannon, dizendo que agia sob ordens de Kushner, mas Trump havia permitido a dispensa. Quem o substituiu como chefe da equipe de transição foi o vice-presidente eleito Mike Pence. Onze anos antes, quando era promotor federal em Nova Jersey, Christie tinha mandado o pai de Jared, Charles Kushner, mandachuva dos negócios imobiliários da família, para trás das grades por sonegação de impostos, intimidação de testemunhas e contribuições ilegais a campanhas. O caso humilhou a família Kushner e deixou uma impressão duradoura no jovem Jared.

Em 10 de novembro, Trump estava 370 quilômetros ao sul em Washington, visitando Obama na Casa Branca. Obama ficara perturbado com a vitória de Trump, mas menos de 48 horas após a eleição, de acordo com a tradição americana de transferências pacíficas de poder, deu boas-vindas a seu sucessor no Salão Oval e lhe ofereceu alguns conselhos. Duas coisas que o 44º presidente disse permaneceram com o 45º: que a Coreia do Norte era o maior desafio da política externa e a maior ameaça à segurança; e que ele não deveria nomear Flynn.

Obama alertou pessoalmente Trump contra a escolha, porque a seu ver o julgamento de Flynn era dúbio e suas motivações eram indignas de confiança. Obama exonerou Flynn da Agência de Inteligência de Defesa em 2014, em meio a queixas no órgão de que ele não tinha foco ou o temperamento adequado para aquilo. Mais tarde, Trump contou aos assessores que Obama chamou Flynn de instável e mau-caráter, crítica que o presidente eleito descartou.

Trump encarou as dez semanas da transição como uma seleção de elenco para uma nova temporada do programa *O Aprendiz*, o reality show da NBC que o tornara um nome conhecido. Dia após dia, pelas portas giratórias emolduradas em dourado da Trump Tower na Quinta Avenida entravam políticos, líderes empresariais e celebridades, que desfilavam pelo saguão rumo a suas visitas com hora marcada. Eles estavam lá para se candidatar a cargos na administração, para obter favores do presidente eleito ou simplesmente para conseguir uma fatia do bolo. "Era como entrar no bar de Jabba, o Hutt, em *Star Wars*", disse com desdém um dos conselheiros de Trump. "Nunca se sabia quem ia surgir pela porta." O presidente eleito adorava inflar seus índices de audiência e foi rápido em entender como a presidência poderia beneficiar sua marca pessoal e seus negócios. Ele realizou entrevistas de emprego e reuniões de transição não entre as quatro paredes do edifício federal em Washington fornecido para esse fim, mas na Trump Tower, no Trump National Golf Club em Bedminster (Nova Jersey) e em Mar-a-Lago (Palm Beach, Flórida).

Nos ritmos tumultuados e desestruturados da transição, um trio de figuras poderosas da campanha fazia manobras na disputa pelo maior naco de influência: Kushner, Bannon e Reince Priebus. Kushner gozava de status elevado por ser genro de Trump, ao passo que Priebus e Bannon haviam sido nomeados desde cedo chefe de gabinete da Casa Branca e estrategista-chefe da Casa Branca, respectivamente — um arranjo singular no qual ambos estavam em pé de igualdade no topo do organograma.

Trump convocou Priebus, que havia sido presidente do Comitê Nacional Republicano (CNR), em parte como um presente de agradecimento aos soldados de infantaria e à organização estado por estado que o CNR construíra para Trump de modo a compensar o quase inexistente trabalho de corpo a corpo junto aos eleitores que caracterizou sua campanha. Com boas conexões em Washington, Priebus era considerado pelos líderes do Partido Republicano o mais capaz entre os assessores de Trump.

Bannon, por sua vez, era inconsequente, grosseiro e desgrenhado. Ele havia provado sua lealdade nas trincheiras com Trump durante o período mais difícil da campanha. Já havia sido diretor executivo do site conservador Breitbart e se apresentara a Trump como o canal essencial para sua base indispensável, que ele carinhosamente chamava de "os deploráveis", em referência à infame gafe de Hillary Clinton sobre a "cesta de deploráveis de Trump... machistas, homofóbicos, xenófobos, islamofóbicos — você escolhe".

Priebus começou a distribuir cargos a ex-funcionários do CNR e outras figuras de confiança em importantes funções da Ala Oeste, enquanto ele, Bannon e Pence se concentraram nas posições do gabinete. Desde cedo deram especial atenção às funções de segurança nacional e estavam de olho em Mike Pompeo para comandar a CIA. Pompeo fora eleito para o Congresso como republicano pelo Kansas na onda do Tea Party de 2010 e, quando chegara a Washington, rapidamente se estabelecera como um conservador linha-dura e um agressivo defensor das causas do partido. Do seu assento no Comitê

Permanente de Inteligência da Câmara, perseguira Hillary Clinton por causa de Benghazi, fazendo da então secretária de Estado o alvo favorito do Breitbart.*

Embora conhecesse Priebus, Bannon e Pence havia anos, Pompeo era um estranho no ninho no mundo de Trump. De fato, fizera uma vigorosa campanha contra Trump nas primárias como substituto de Marco Rubio. Durante o *caucus*** de 5 de março no Kansas, Pompeo havia advertido que Trump seria "um presidente autoritário, que ignora nossa Constituição" e pedido aos seus companheiros do Kansas para "apagar as luzes do circo".

Mas agora Pompeo estava ansioso para se juntar ao circo. Bannon sabia que seria difícil vender um congressista de um estado pequeno que ele considerava "um guerreiro de guerreiros" como um potencial diretor da CIA para as elites que ele apelidara de "a galera do *Morning Joe*",*** dados os ataques de Pompeo no caso Benghazi. Mas Pompeo queria o emprego.

Em 16 de novembro, Pompeo viajou a Nova York para se encontrar com o presidente eleito. Priebus descreveu de antemão para Trump as credenciais de Pompeo, e Bannon animou o próprio Pompeo com um discurso motivacional, dizendo-lhe algo como: "Vamos entrar, vou reiterar que você é o número 1 da sua classe na West Point, o número 1 da sua turma na Faculdade de Direito de Harvard, o melhor sujeito que a inteligência já teve. Vou te deixar na cara do gol — não espere até ele dizer qualquer coisa. Você apenas arrebenta. Não espere por uma pergunta, porque ele não vai fazer. Ele nem sabe o que é a inteligência. Apenas detone".

A reunião transcorreu às mil maravilhas. Depois que outros encheram a bola de Pompeo diante do chefe, ele próprio falou sobre a reestruturação da CIA. Ele e Trump trocaram figurinhas sobre os problemas do acordo nuclear com o Irã. Por ser formado em direito em Harvard e egresso da prestigiosa academia militar West Point, Pompeo atendia com facilidade ao quesito das credenciais de primeira linha. Ex-capitão do Exército, musculoso e parrudo,

---

* Comitê que em 2016 investigou o assassinato do embaixador norte-americano Christopher Stevens e de três outros compatriotas em Benghazi, na Líbia, em um ataque à missão dos Estados Unidos em 2012, durante o período de Hillary Clinton como secretária de Estado. (N. T.)

** Assembleias de cidadãos que debatem quem é o melhor candidato do partido nas prévias eleitorais. (N. T.)

*** Em referência ao programa jornalístico matutino da MSNBC. (N. T.)

sabia como usar seu corpanzil nas interações com outras pessoas e tinha a imagem imponente e durona que Trump desejava. Antes mesmo do término da reunião, o cargo já era de Pompeo. Trump apertou sua mão, virou-se para Bannon e Priebus e disse: "Eu amo isso. Vamos fazer isso". Dois dias depois, Pompeo foi formalmente anunciado como o indicado de Trump ao cargo de diretor da CIA. Pompeo ia se tornar um dos membros mais respeitados do governo, mas Trump ofereceu a ele a diretoria da Agência Central de Inteligência com base em uma única entrevista.

Trump lidou com a formação da equipe do governo como uma seleção de elenco e procurou "o visual certo", uma fixação em consonância com os concursos de beleza que outrora havia realizado. Para posições de segurança nacional, tendia a escolher generais. Para papéis de comunicação voltados à relação com o público, queria mulheres atraentes. Como embaixadora dos Estados Unidos nas Nações Unidas, ele escolheu a dedo Nikki Haley, em parte porque ela era filha de imigrantes de ascendência indiana. Para Trump, um dos atributos mais importantes para qualquer candidato a emprego era a capacidade de fazer boa figura na televisão.

"Não esqueça, ele é um cara do showbiz", observou Christopher Ruddy, amigo de Trump e executivo-chefe do Newsmax. "Ele gosta de pessoas que saibam se apresentar muito bem e fica muito impressionado quando alguém tem reputação de bom desempenho na televisão, porque acha que é um meio muito importante para as políticas públicas." Ruddy acrescentou: "O visual pode não ser necessariamente de alguém que deveria estampar a capa da *GQ* ou da *Vanity Fair*. Tem mais a ver com a aparência, o comportamento e a arrogância".

Em 6 de dezembro, Trump anunciou formalmente James Mattis, general da reserva do Corpo de Fuzileiros Navais, como seu escolhido para assumir a Secretaria de Defesa, tirando proveito de sua aparência máscula e de seu histórico de combates. Ele confidenciou a assessores que estava especialmente encantado pelo apelido que Mattis, na esfera privada, detestava. "O Cachorro Bravo não brinca, certo?", disse Trump diante de uma ruidosa multidão ao anunciar a nomeação de Mattis em um comício em Fayetteville, na Carolina do Norte. Ele chamou ao palco um relutante Mattis e o saudou como "a coisa mais próxima do general George Patton que temos", referindo-se ao lendário comandante da Segunda Guerra Mundial interpretado pelo falecido George C. Scott na cinebiografia de 1970, um dos filmes favoritos de Trump.

Embora Trump tenha ficado fascinado com a aparência física de Mattis e seu apelido de machão, a indicação do general foi tranquilizadora para o establishment da segurança nacional. Pelo menos haveria uma figura experiente e firme no Pentágono. Posteriormente, ao entrevistar candidatos para cargos de alto escalão no Pentágono, Mattis perguntava: "Você aguenta o tranco e consegue ser leal?". O que ele realmente queria dizer era: você é capaz de continuar dando apoio a Trump, apesar de todos os seus defeitos? Mattis sabia que seria uma presidência controversa.

Na transição, o processo oficial de verificação de requisitos e antecedentes variou de mínimo a inexistente, dependendo do candidato. O mais importante na pesquisa da carreira e do currículo de cada pessoa era uma revisão de reportagens e contas de redes sociais para verificar se ela alguma vez dissera algo depreciativo sobre Trump. Um consultor sênior do presidente eleito lembrou: "As pessoas preencheram a papelada no avião a caminho da cerimônia de posse... bem, tanto fazia. Ninguém nem sequer parou para pensar na transição até literalmente o primeiro dia de trabalho".

"No hóquei", acrescentou esse mesmo funcionário graduado, "você pode perder o joelho se jogar com muita gente inexperiente. E era essa a sensação ali."

Nos bastidores, Rick Gates, que havia trabalhado como vice do diretor de campanha Paul Manafort, estava organizando a cerimônia de posse. Gates e Manafort eram lobistas parceiros de longa data, especializados em representar governos estrangeiros em esquemas obscuros. Quando Manafort foi demitido da campanha em agosto de 2016, Trump imaginou que seu número 2 sairia de cena junto com ele. Trump detestava Gates e desconfiava dele, em parte devido a uma reação tóxica que teve a uma pesquisa que o outro havia encomendado. Trump não gostou dos resultados da pesquisa, de acordo com os quais sua popularidade estava baixa, e achou que Gates desperdiçara dinheiro da campanha ao pagar a um instituto de pesquisa por aquela porcaria. "Gates me dá arrepios", disse Trump a algumas pessoas próximas.

Mas Gates contava com um poderoso defensor em Thomas Barrack, que presidia a comissão responsável pela cerimônia da posse presidencial. Trump não fazia ideia de que, na surdina, Gates ajudava Barrack a organizar as festividades, até que uma noite, no meio da transição, o presidente eleito ouviu sem querer sua esposa Melania falando sobre ele. Ao mesmo tempo, Johnny McEntee, de 26 anos, assistente pessoal de Trump, havia chegado à cobertura para levar ao presidente eleito um sanduíche para o jantar. Na sala de estar, Melania e Stephanie Winston Wolkoff, uma amiga da futura primeira-dama que a ajudou a planejar os eventos da cerimônia, estavam sentadas em um sofá conversando sobre os planos para o evento. Trump entrou na sala para pegar seu sanduíche com McEntee no momento em que ouviu Melania dizer o nome de Rick.

"Rick? Que Rick?", ele perguntou à esposa.

"Rick Gates", respondeu ela.

Trump perdeu a cabeça. Começou a berrar.

"Que porra você está fazendo?", perguntou ele.

Trump decidiu demitir Gates na mesma hora. Virou-se para McEntee e disse: "Johnny, fale com a Melania para se inteirar das coisas. Você é o diretor executivo".

A julgar por todos os relatos, McEntee era um excelente assessor pessoal. Desde que ingressou na campanha antes das primárias, ele passava a maior parte das horas de seu dia ao lado de Trump. Cuidava do chefe, era leal à família dele e não vazava nada para os jornalistas. McEntee era boa-pinta ao estilo de Hollywood, exatamente o tipo de imagem que Trump procurava projetar. Era também atlético, tendo jogado como quarterback dos Huskies, time da Universidade de Connecticut, e até se tornara uma sensação do YouTube graças a um vídeo viral com truques e dicas de arremesso.

No entanto, McEntee não tinha nenhuma experiência na administração de uma cerimônia de posse presidencial. Tratava-se de uma operação de 107 milhões de dólares, e não era apenas uma grandiosa celebração da eleição de Trump, mas uma projeção para o país dos valores e metas de governo do novo presidente. Algumas horas, depois que Barrack convenceu Trump a reverter sua impulsiva decisão e tolerar Gates por mais um tempo, McEntee voltou a ser o ajudante pessoal e chegaria a se mudar com Trump para Washington.

O presidente eleito desconsiderava completamente a ética de governo e a lei. Ivanka e Kushner estavam ansiosos para deixar sua marca em Washington e atuar na Ala Oeste, papel que a seu ver daria lustro às marcas pessoais que eles tinham cultivado com tanto esmero em Nova York. Alguns conselheiros de Trump viam aquilo como uma manobra arriscada, que certamente suscitaria brados de nepotismo e criaria um ambiente de trabalho insustentável. No entanto, mesmo antes da posse, ninguém se julgava em condições de dizer "não" para as crianças — entre alguns colegas da Ala Oeste, Ivanka e Kushner eram chamados simplesmente assim, "as crianças".

"Há algumas ocasiões na vida em que, se você atira, é melhor que seja para matar. Sei que ninguém se esforçou de verdade para impedir que as crianças entrassem na Ala Oeste", lembrou um desses colegas. "Os dois estavam determinados a ir para lá, e não havia nada que se pudesse fazer a respeito. Acho que todo mundo entendeu isso."

Os advogados da Casa Branca estavam preocupados com a possibilidade de que os interesses comerciais de Ivanka criassem enormes lodaçais éticos. Além de sua empresa no ramo da moda, ela estava envolvida no Trump International Hotel em Washington, que poderia facilmente entrar em conflito direto com o papel dela na Casa Branca.

O presidente tinha a mais ampla autoridade para nomear seus parentes para integrar a equipe da Casa Branca. As leis antinepotismo impedem um presidente de nomear membros da família apenas para funções em "agências federais", de acordo com uma decisão do Escritório de Consultoria Jurídica do Departamento de Justiça. Ivanka estava imaginando para si mesma um papel que quebrava as normas. Ela queria tratamento especial e procurava ser imune a todas as complicadas regras para cargos no governo, as quais ela pensou poder contornar tornando-se uma conselheira "voluntária" informal, sem receber salário.

Até mesmo Trump tinha sentimentos ambivalentes sobre se era uma boa ideia para sua filha e seu genro acompanhá-lo até a cidade que ele ridicularizava como um pântano. "Por que vocês querem se matar e ir para Washington, D.C., e ser fuzilados por todos esses assassinos da mídia?", perguntou Trump em voz alta a alguns de seus conselheiros. Mas Trump também não podia dizer "não" às crianças. Ele queria a família por perto.

À medida que a cerimônia de posse se aproximava, Trump demonstrava não confiar totalmente em todos os assessores que estava contratando. Não sabia se estavam indo trabalhar para ele como trumpistas devotos ou se era simplesmente um meio para arranjarem um emprego na Casa Branca, o melhor empregador possível no currículo de qualquer pessoa atuando no meio político. As suspeitas de Trump regularmente manifestavam-se em público, inclusive uma noite pouco antes do Natal em Mar-a-Lago, o resort privativo de Trump em Palm Beach. Em 19 de dezembro, o dia em que os eleitores do Colégio Eleitoral foram certificados, oficializando a vitória de Trump, ele comemorou durante o jantar com sete de seus principais assessores: Priebus, Bannon, o vice-gerente de campanha Dave Bossie, a consultora de comunicação Hope Hicks, o consultor sênior de políticas Stephen Miller, o diretor de mídia social Dan Scavino e a vice de Priebus, Katie Walsh. Os oito estavam sentados ao redor da mesa. Quando a conversa se voltou para assuntos pessoais, Trump salientou para a equipe a importância da lealdade. Enquanto examinavam candidatos a vários empregos, o presidente eleito perguntou repetidamente: "Ele é leal? Ela é leal?".

Trump passou a semana entre o Natal e o Ano-Novo em Mar-a-Lago, acompanhado por um reduzido núcleo de assessores-chave. Na manhã de 29 de dezembro, quando o presidente eleito desfrutava de uma partida de golfe em um de seus campos próximos, a CNN interrompeu a programação para exibir uma notícia de última hora: a Casa Branca anunciava retaliação contra a Rússia. O governo Obama decidira punir a Rússia por interferir nas eleições de 2016, fechando dois complexos de edifícios russos nos Estados Unidos e expulsando do país 35 diplomatas suspeitos de espionagem.

Trump ficou furioso quando soube da notícia. A seu ver, uma coisa eram os conselheiros e aliados de Clinton acusarem a Rússia de se intrometer nas eleições; ele simplesmente poderia acusar os democratas de não saber perder. Mas a ação retaliatória por parte do governo dos Estados Unidos confirmava efetivamente que a Rússia havia interferido nas eleições — e isso, acreditava Trump, suscitava dúvidas sobre sua própria vitória.

"Eles estão tentando deslegitimar sua presidência", disse Bannon ao presidente.

Trump se sentiu ofendido pelo fato de que a administração Obama estivesse deixando como herança para a nova equipe uma agressiva bofetada na Rússia — uma significativa manobra de política externa — sem nem sequer consultá-lo.

"No dia anterior, em Washington, Obama assinou a ordem de sanções com planos de anunciá-la no dia seguinte, mas alguns meios de comunicação informaram na noite de 28 de dezembro que uma retaliação contra a Rússia era esperada para breve. Também naquela noite, o embaixador russo Sergei Kislyak recebeu um alerta sobre as sanções do Departamento de Estado. Confuso e chateado, ele entrou em contato com a equipe de Trump. Kislyak mandou uma mensagem para Flynn em 28 de dezembro: "Pode me ligar de volta quando for conveniente?".

Flynn estava passando a semana de festas de fim de ano com sua esposa em um resort na República Dominicana. O sinal de celular era errático lá, por isso ele só viu a mensagem de texto do embaixador no dia seguinte, mais ou menos no momento em que o governo Obama anunciou as sanções. Antes de ligar de volta para Kislyak, Flynn quis verificar a situação com a equipe de transição em Mar-a-Lago. Conversou por cerca de vinte minutos com seu vice, K. T. McFarland, que estava no clube privativo de Trump em Palm Beach com o próprio presidente eleito. Flynn e McFarland examinaram a medida punitiva do governo Obama contra os russos e concordaram que poderia prejudicar os objetivos de Trump de cultivar um melhor relacionamento com Putin. McFarland colocou Flynn a par do consenso entre a equipe em Mar-a-Lago: eles esperavam que a Rússia não agravasse a escalada de tensão respondendo na mesma moeda à agressiva decisão de Obama.

Imediatamente depois de encerrar a conversa com McFarland, Flynn ligou para Kislyak e pediu que o Kremlin não apelasse para o "toma lá dá cá". Flynn assegurou ao embaixador que o governo que agora assumia provavelmente reveria as sanções, e que era possível que as revogasse. Ele levantou a possibilidade de marcar uma reunião com Trump mais tarde, tão logo todos estivessem na Casa Branca.

Ao se comunicar com Kislyak sobre a política dos Estados Unidos antes de Trump tomar posse, Flynn estava solapando o governo vigente e violando os padrões de diplomacia. Os diálogos foram instantaneamente captados e armazenados pelo enorme aparato de escuta da Agência de Segurança Nacional, que rotineiramente examina importantes autoridades do governo e ajuda o FBI a monitorar espiões suspeitos a serviço de potências estrangeiras hostis.

Apesar do dramático evento da evacuação dos complexos de edifícios russos, a reação de Putin no dia seguinte, 30 de dezembro, foi inesperadamente calma. "Não criaremos problemas para os diplomatas dos Estados Unidos", ele disse. "É lamentável que o governo Obama esteja terminando seu mandato dessa maneira. Todavia, ofereço minhas felicitações de Ano-Novo a ele e a sua família", disse Putin. "Boas-festas também ao presidente eleito Donald Trump e ao povo americano."

O tom de Putin surpreendeu John Brennan, diretor da CIA, e James R. Clapper, diretor da Inteligência Nacional. À época, nenhum deles sabia das garantias secretas de Flynn e da solicitação de Kislyak. Algumas autoridades dos Estados Unidos se perguntaram se Putin estava brincando com os americanos. No entanto, ele nunca atacou. Nessa mesma tarde, Trump espantou a equipe de Obama, que estava de saída da Casa Branca, com este tuíte: "Grande jogada de protelação (de V. Putin). Sempre soube que ele era muito inteligente!".

Em 6 de janeiro, Brennan, Clapper, James Comey, diretor do FBI, e Michael Rogers, diretor da Agência de Segurança Nacional, viajaram para Nova York a fim de informar Trump, Pence e seus principais assessores sobre a ampla campanha russa para influenciar a eleição de 2016 em favor do candidato republicano e semear a discórdia por meio de ataques cibernéticos e infiltração em redes sociais. Durante essa infame reunião na Trump Tower, o presidente eleito rejeitou o que não confirmava sua opinião. Não era como um comandante em chefe prestes a assumir a presidência deveria agir.

Quando a reunião de noventa minutos terminou, Comey e Trump pediram a todos que saíssem da sala para poder conversar a sós. O diretor do FBI mencionou um dossiê obsceno, uma compilação já bastante divulgada de relatórios de inteligência escritos pelo ex-espião britânico Christopher Steele. Comey mencionou que o material alegava que os russos haviam filmado Trump interagindo com prostitutas em Moscou em 2013. Trump imediatamente negou as acusações, bufando: "Não havia prostitutas". Também argumentou que ele não era o tipo de homem que precisava "descer a esse nível". Trump elogiara Comey por ter reaberto a investigação sobre os e-mails de Hillary Clinton na reta final da campanha de 2016, mas agora tinha dúvidas sobre em qual time ele realmente estava. A desconfiança de Trump com a comunidade de inteligência só cresceu quando, logo após a reunião na Trump Tower, as agências publicaram seu relatório detalhando a campanha de ingerência da Rússia nas eleições. Isso enfureceu Trump. Ele concluiu que o establishment da segurança nacional jamais o respeitaria e estava determinado a sabotar sua presidência.

Com relação ao papel da Rússia nas eleições de 2016, havia três questões centrais a ser enfrentadas pelas autoridades de inteligência dos Estados Unidos. A primeira: o próprio governo russo havia interferido? Eram esmagadoras as evidências mostrando que sim. A segunda: a Rússia tentou de fato ajudar Trump a vencer? Muitas das evidências sugeriam que sim. Por fim: os esforços da Rússia mudaram o resultado das eleições? Os líderes da inteligência argumentaram que não tinham a capacidade de dar uma resposta cabal. Mas Trump acreditava que admitir a intervenção russa efetivamente manchara sua vitória.

Nos dias seguintes à reunião de inteligência de 6 de janeiro, Priebus, Kushner e outros conselheiros imploraram a Trump que reconhecesse publicamente a conclusão unânime a que os chefes de espionagem haviam chegado. Eles realizaram intervenções improvisadas no escritório de Trump no 26º andar, ocasiões em que tentaram convencê-lo de que ele poderia afirmar a validade das informações da inteligência sem invalidar ou mesmo diminuir sua vitória. "Isso fazia parte do processo de normalização", explicou um conselheiro. "Houve um tremendo esforço para fazê-lo ser um presidente-padrão."

Mas Trump se entrincheirou. Toda vez que seus conselheiros o pressionavam a aceitar a inteligência, ele ficava mais agitado. Vociferava que os líderes da comunidade de inteligência eram enganosos e indignos de confiança. "Não posso confiar em ninguém", dizia. Nesse aspecto, foi apoiado por Bannon, que acerca do relatório da Rússia afirmou: "É tudo baboseira". O presidente eleito disse acreditar que admitir que o Kremlin havia hackeado e-mails dos democratas seria "uma armadilha".

Em 11 de janeiro, apenas nove dias antes da posse, Trump realizou uma entrevista coletiva no saguão de mármore rosa da Trump Tower. Seus conselheiros pediram mais uma vez que ele aceitasse a avaliação da comunidade de inteligência, e Trump, de má vontade, concordou. "Quanto aos hackers, acho que foi a Rússia", disse Trump aos jornalistas. "Mas acho que também somos hackeados por outros países e outras pessoas." No entanto, Trump também acusou sem provas as agências de inteligência de vazar o dossiê de Steele para o BuzzFeed, que publicou o material obsceno em 10 de janeiro. "Isso é algo que a Alemanha nazista teria feito e fez", afirmou. "Acho uma desgraça que informações que são falsas, inverídicas e nunca aconteceram sejam divulgadas ao público."

Logo após o término da coletiva, porém, Trump disse a seus assessores que se arrependia de ter aceitado as descobertas sobre os hackers russos. "Não sou eu", afirmou ele a seus assessores. "Não foi certo."

2. Paranoia e pandemônio

Antes de sua posse, o presidente eleito não sabia que o FBI estava secretamente conduzindo uma investigação de contrainteligência sobre Michael Flynn. Tão logo soube, isso plantaria sementes de paranoia que germinariam e se enraizariam durante sua presidência. Os investigadores estavam examinando se Flynn havia traído os Estados Unidos atuando como um agente do governo russo. Por meio de uma comunicação interceptada, autoridades da inteligência tiveram conhecimento de que Flynn havia feito uma ligação secreta para o embaixador russo Sergei Kislyak em 29 de dezembro de 2016, a fim de consultá-lo sobre as sanções de Obama, telefonema sobre o qual ele mais tarde mentiria.

O vice-diretor do FBI, Andrew McCabe, alertou a procuradora adjunta interina Mary McCord para a ligação de 3 de janeiro de 2017. Ele enfatizou o óbvio: as conversas de Flynn eram especialmente perturbadoras dado o papel que ele ocupava na equipe que entrava na Casa Branca. Trump está prestes a se tornar presidente, e Flynn será seu conselheiro de Segurança Nacional, disse McCabe. Agora, os chefes deles, James Comey e a procuradora-geral em exercício Sally Yates, tinham que ponderar sobre o quanto deveriam compartilhar com o presidente acerca do alcance do segredo de Flynn. Enquanto debatiam, eles foram atropelados por uma nova sucessão de eventos.

Em 12 de janeiro, o fato de Flynn ter telefonado secretamente para Kislyak em 29 de dezembro apareceu em uma coluna do *Washington Post* escrita por David Ignatius, embora ele não tenha revelado o teor da conversa. Um alto funcionário dos Estados Unidos descreveu a reação atônita dentro do Departamento de Justiça: "Todo mundo ficou, tipo: 'Que porra é essa? Como é que isso já vazou?'".

Horas depois, a equipe de Trump — ainda sem ter noção sobre a ligação interceptada nas mãos do FBI — repetiu a mentira de Flynn. Na noite de 12 de janeiro, o porta-voz da transição, Sean Spicer, insistiu que Flynn não conversou com Kislyak sobre sanções. "A ligação girou em torno da logística para marcar uma conversa telefônica entre o presidente da Rússia e o presidente eleito depois que ele fosse empossado", disse Spicer. Então, em 15 de janeiro, o vice-presidente eleito Pence negou categoricamente que Flynn e Kislyak tivessem discutido as sanções. "Foi estritamente uma coincidência que tenham tido uma conversa", disse Pence em uma entrevista no programa de notícias *Face the Nation*, da CBS. "Eles não discutiram nada relacionado à decisão dos Estados Unidos de expulsar diplomatas ou impor censura contra a Rússia."

Yates ficou alarmada. Se Pence estava dizendo o que ele pensava ser a verdade, ela sabia que significava que haviam mentido para o vice-presidente — e que os russos também sabiam. A mentira de Flynn levou a um cabo de guerra entre Yates e Comey. Ela queria alertar Trump de que seu conselheiro de Segurança Nacional estava comprometido, mas Comey não queria revelar preocupação com Flynn até que eles tivessem mais fatos. Em conformidade com o modo como ele havia lidado com a investigação dos e-mails de Hillary Clinton, no fim das contas Comey acabaria decidindo fazer o que queria.

Yates acreditava que já passava da hora de alertar Trump da mentira de Flynn, mas Comey estava tentando convencer as autoridades de inteligência de que fazer aquilo colocaria em risco a investigação. Em 19 de janeiro, na noite anterior à posse de Trump, o tempo se esgotou. "A essa altura eles estão de smoking", queixou-se um dos assistentes de Yates enquanto a equipe de Trump se reunia para comemorar na icônica estação ferroviária de Washington. "Eu simplesmente não vejo como jogar essa merda em cima dele hoje à noite. Como se um dia a mais ou a menos fosse mudar alguma coisa."

Em 20 de janeiro, Trump fez o juramento, assumiu o cargo e tentou se ajeitar em sua nova vida como presidente. Ele estava apreensivo por se mudar para Washington, uma cidade na qual tinha muitos adversários, um número bem menor de aliados e nenhum amigo de verdade. Apesar de sua personalidade extrovertida, Trump era uma pessoa caseira e afeita ao conforto. Tendo baseado sua campanha na ideia de que o país havia sido traído por sua classe política, o presidente, agora o homem mais poderoso em Washington, não sabia em quem confiar. Ele e seus conselheiros temiam que, a partir do momento em que assumissem o poder, os interesses entrincheirados da capital maquinariam para minar o governo. Na noite de 23 de janeiro, a primeira segunda-feira de sua presidência, Trump ficou cara a cara com os líderes da Câmara e do Senado de ambos os partidos em uma recepção na Casa Branca com os principais funcionários do alto escalão do governo. Em uma mesa comprida da Sala de Jantar do Estado, Steve Bannon, uma das inspirações do discurso sobre a "carnificina americana" de Trump, não conseguia tirar os olhos de Nancy Pelosi. Na líder do Partido Democrata na Câmara, ele viu a Katharine Hepburn do filme *O leão no inverno* — que esquadrinha um a um os convivas à mesa, pensa consigo mesma: "Esses homens são todos uns palhaços" e planeja seu retorno ao poder.

Pelosi presumiu que Trump abriria a conversa em tom unificador, por exemplo citando os fundadores da nação ou a Bíblia. Em vez disso, o novo presidente começou com uma mentira: "Eu ganhei no voto popular, sabem?". Ele alegou ter havido uma fraude generalizada, com 3 a 5 milhões de votos ilegais para Hillary Clinton. Pelosi o interrompeu. "Bem, sr. presidente, isso não é verdade. Não há evidências que corroborem o que acabou de dizer. Se vamos trabalhar juntos, temos que admitir certos fatos." Assistindo a Pelosi desafiar Trump, Bannon sussurrou para os colegas: "Ela vai nos pegar. Assassina total. Ela é uma assassina".

Em 24 de janeiro, enquanto debatia com sua equipe quem seria a melhor pessoa a contatar na Casa Branca com relação a Flynn, Yates recebeu uma ligação de Comey, que tinha uma surpresa desagradável: agentes do FBI estavam na Casa Branca para entrevistar Flynn. Yates ficou furiosa. Comey, que insistia repetidamente que precisava manter a investigação em sigilo, deixara de notificar o Departamento de Justiça. Yates disse algo no sentido de "Como você pôde tomar essa decisão unilateralmente?". Comey respondeu que era uma etapa normal da investigação.

No Departamento de Justiça, um alto funcionário lembrou: "A reação que todos tivemos foi: eles vão tentar obter uma declaração falsa, e nós vamos parecer os terríveis da história, como se tivéssemos armado uma arapuca para ele". Ele também disse: "Tipo, sabíamos disso havia uma semana, não contamos a ninguém, e agora parece uma armação contra o conselheiro de Segurança Nacional, como se o tivéssemos encurralado".

Finalmente, em 26 de janeiro, Yates perguntou a Don McGahn se poderia reunir-se com ele em seu gabinete na Ala Oeste naquele mesmo dia. Yates expôs o problema da interceptação e explicou que Flynn havia mentido para Pence e que agentes do FBI tinham colhido o depoimento dele sobre sua comunicação com Kislyak. McGahn ouviu, depois fez algumas perguntas. Quis saber principalmente por que uma pessoa mentindo para outra na Casa Branca preocupava o Departamento de Justiça. Yates explicou que Flynn estava vulnerável, porque os russos sabiam a verdade e podiam usar o fato de que o conselheiro de Segurança Nacional havia mentido para chantageá-lo.

Assim que Yates foi embora, McGahn se dirigiu ao gabinete de Reince Priebus, onde encontrou o chefe de gabinete e Bannon. "Flynn disse a vocês que o FBI esteve aqui para conversar com ele no início da semana?", perguntou ele.

Priebus e Bannon se entreolharam surpresos, depois voltaram a McGahn.

"Do que está falando?", quis saber Bannon.

"Você só pode estar de gozação", disse Priebus. "Isso é algum tipo de brincadeira?"

"Bem, o FBI esteve naquele gabinete na terça-feira", disse McGahn, referindo-se à suíte do conselheiro de Segurança Nacional no fim do corredor.

"Não faz nem uma semana que estamos aqui", disse Bannon.

Em seguida, McGahn foi ao Salão Oval para alertar Trump. O presidente ficou bastante perplexo. Flynn não contara à equipe de liderança sênior de Trump que havia sido entrevistado pelo FBI sobre suas ligações com o embaixador russo, mas o presidente não expressou preocupação com o fato de que tivesse mentido para Pence. O que o incomodou foi Yates questionar os motivos de Flynn — e, por extensão, as decisões pessoais dele próprio, o presidente. Trump disse algo no sentido de "Estamos aqui apenas há quatro dias e já estão questionando nosso cara?".

Em 27 de janeiro, sem consultar seu Departamento de Justiça ou informar totalmente seu secretário de Segurança Interna, Trump emitiu um decreto proibindo cidadãos e refugiados de sete países de maioria muçulmana de entrar nos Estados Unidos. O caos reinou em grandes aeroportos internacionais, e advogados de imigração entraram com petições de emergência pedindo aos tribunais federais para intervir de modo a interromper a aplicação do veto, argumentando que era inconstitucional.

A proibição foi elaborada em segredo por Bannon e Stephen Miller, que aos 31 anos de idade era o conselheiro sênior de política de Trump e um oponente linha-dura da imigração ilegal. Eles não consultaram McGahn ou Yates sobre o arcabouço legal da medida. O secretário de Segurança Interna, John Kelly, cujo departamento teve de colocar em prática a proibição, não chegou a ver a versão final do decreto até depois de Trump entregar sua ordem executiva. Kelly estava em um avião quando a proibição entrou em vigor, o que significou que seu vice teve que organizar uma teleconferência de emergência para explicar aos altos funcionários do departamento como o veto seria aplicado sem ter em mãos uma cópia do documento propriamente dito. Os agentes de Alfândega e Proteção de Fronteiras, totalmente confusos com a linguagem das ordens, aplicaram de forma inconsistente uma parte das restrições que mais tarde foi considerada ilegal: proibiram pessoas com green card de voltar para sua casa nos Estados Unidos. Até mesmo os aliados de Trump reconheceram o absoluto desastre.

Na Casa Branca, funcionários que trabalhavam durante o fim de semana ficaram estarrecidos com as imagens de pessoas de pele escura sendo recolhidas em aeroportos estrangeiros e escoltadas para longe de filas de embarque de aviões com destino aos Estados Unidos. A saga foi exibida em telas de televisão espalhadas por todo o edifício. "Era como fazer uma reunião no bar Buffalo Wild Wings. Com telas de TV por toda parte", lembrou um alto funcionário do governo. "Ninguém parecia se dar conta de que aquilo estava sendo feito por pessoas que estavam no governo, naquele governo. As pessoas coçavam a cabeça e diziam: 'Oi? Por que isso está acontecendo?'."

Os assessores de Trump culparam uns aos outros pelo caos. Alguns argumentaram que Priebus e seus assistentes deveriam ter coordenado melhor seu trabalho com o de vários departamentos e se encarregado com mais firmeza do das relações públicas. Outros responsabilizaram diretamente Miller.

Em meio à confusão, alguns dos novos indicados de Trump puseram trajes de gala e vestidos de festa para comparecer ao jantar do Alfalfa Club, um encontro anual de elites políticas e de negócios. Era uma noite de sábado,

28 de janeiro, e os trumpistas se misturaram com gente como Bill Gates, Warren Buffett e Jeff Bezos, para citar alguns. Enquanto o embaixador francês Gérard Araud observava os mestres do universo fazendo fila para cumprimentar Kellyanne Conway, a onipresente diretora de campanha de Trump transformada em conselheira da Casa Branca, ele sussurrou para ela: "Esta é a doce fragrância do poder".

Mas essas elites nunca mereceram a confiança de Trump. Miller compartilhava dessa mentalidade, e mais tarde, durante um jantar na residência de Araud, explicaria ao embaixador que o presidente fora eleito com o propósito explícito de criar inquietação no establishment. "Este presidente é revolucionário, então ele tem que quebrar a China", disse Miller. "O escopo e a escala da mudança que buscamos implementar envolverão, por definição, rupturas", acrescentou ele. "Se seguirmos os procedimentos normais, faremos o jogo de nossos inimigos."

Na segunda-feira, 30 de janeiro, os assessores de Flynn e da Casa Branca pediram a conversa telefônica interceptada com Kislyak. Yates ligou para McGahn para lhe dizer que os advogados da Casa Branca poderiam ouvir a gravação em uma de suas instalações de informações sensíveis compartimentadas. Separadamente, Yates emitiu um memorando instruindo os funcionários do Departamento de Justiça a não defender o decreto presidencial que barrava a entrada de imigrantes e refugiados, porque ela temia que a proibição fosse inconstitucional. Trump e seus aliados consideraram aquilo um abuso de autoridade e demitiram Yates na mesma tarde. A Casa Branca disse que ela "traiu o Departamento de Justiça ao se recusar a fazer cumprir uma ordem executiva legal concebida para proteger os cidadãos dos Estados Unidos". A investigação sobre Flynn continuou sem Yates.

Em 2 de fevereiro, o *Washington Post* noticiou um telefonema impertinente cinco dias antes entre o presidente e o primeiro-ministro australiano Malcolm Turnbull. Trump fustigava Turnbull por causa de um acordo existente entre os dois países para a realocação de refugiados e acusava o australiano de tentar exportar para os Estados Unidos "os próximos terroristas do atentado a bomba de Boston". Trump fumegou: "Este é de longe o pior acordo de todos os tempos". A Associated Press informou no mesmo dia que ele teve uma conversa igualmente contundente com o presidente mexicano Enrique Peña Nieto, na qual ameaçou enviar tropas americanas para acabar com os "*hombres* maus por lá".

Trump ficou furioso. Ele exigiu que seus assessores arrancassem pela raiz as fontes dos vazamentos e sugeriu que os jornalistas deviam ir para a cadeia. O presidente odiava todos os vazamentos e não fazia distinção entre disputas internas da Ala Oeste e delicadas decisões de segurança nacional. Apesar dos reiterados esforços de seus advogados, Trump não entendia que vazamentos de detalhes pouco lisonjeiros sobre seu hábito de acompanhar assiduamente os noticiários televisivos ou sua limitada compreensão do governo não eram crimes passíveis de punição.

Em 7 de fevereiro, uma equipe de repórteres do *Washington Post* confirmou que Flynn discutira as sanções em seu telefonema de 29 de dezembro com Kislyak. Com aquilo, Pence descobriu que Flynn havia mentido para ele. Nem Trump nem McGahn acharam importante alertá-lo antes. Flynn continuou em seu trabalho, voando naquele fim de semana com Trump para a Flórida para uma reunião de cúpula com o primeiro-ministro japonês Shinzo Abe que seria realizada em Mar-a-Lago.

Em 13 de fevereiro, com todos de volta à Casa Branca, a equipe de Trump debateu o destino de Flynn. Pence disse que estava disposto a deixar o passado de lado e que não faria oposição a ele. Mas Priebus, ainda muito magoado por ter repetido a mentira de Flynn logo no início, insistiu que ele tinha que ir embora. Flynn disse a Trump que sairia de cena discretamente, sem choramingar. Apresentou sua carta de demissão na mesma noite, e Trump a aceitou. A mentira de Flynn não foi a única razão para sua exoneração. O presidente tinha dúvidas crescentes sobre a aptidão dele para o trabalho e considerava seus briefings digressivos e imprecisos.

O dia seguinte à queda de Flynn era Dia dos Namorados. Chris Christie e sua esposa, Mary Pat, viajaram para Washington para almoçar com Trump. Jared Kushner juntou-se a eles.

"Eu demiti Flynn, então aquela coisa toda da Rússia acabou", disse Trump, referindo-se à investigação do FBI sobre a interferência eleitoral da Rússia que estava em andamento.

"Sr. presidente, estaremos sentados aqui daqui a um ano falando sobre a Rússia", disse Christie.

Kushner disse que aquilo era loucura, porque não havia nada em nenhuma daquelas bobagens da Rússia. Christie respondeu que ele próprio era o único entre os presentes que havia conduzido investigações federais, quando era promotor federal em Nova Jersey, e que fora alvo de uma delas, no escândalo de Bridgegate.

"Não existe absolutamente nenhuma maneira de abreviar isso, mas há muitas maneiras de prolongar a coisa toda, então fique em silêncio e ouça seus advogados. A coisa toda será mais curta assim", disse Christie ao presidente.

Naquele exato momento, Spicer concedia uma coletiva de imprensa, que foi exibida na televisão da sala de jantar privativa de Trump. O presidente, Christie e Kushner assistiram a Spicer puxar o tapete de Flynn. Ele disse aos jornalistas que Trump pedira a renúncia de Flynn devido à "corrosão cada vez maior do nível de confiança como resultado dessa situação, e de uma série de outras instâncias questionáveis".

Enquanto Spicer continuava se esquivando de perguntas, o telefone de Kushner tocou.

"É o Flynn! É o Flynn!", murmurou Kushner para Trump e Christie.

Flynn estava enfurecido. Pensara que se saísse em silêncio não seria alvo de injúrias.

"Seja gentil", instruiu Trump a Kushner. "Seja gentil."

Kushner disse a Flynn: "Você sabe que o presidente o respeita. Ele se preocupa com você. Vou pedir que publique um tuíte positivo a seu respeito mais tarde".

A ligação terminou. "Deveríamos tentar ajudá-lo. Ele é um sujeito legal", disse Kushner a Trump e Christie.

"Pessoas más são como chiclete grudado na sola do sapato", respondeu Christie. "É muito difícil se livrar delas."

Trump tinha alguma simpatia por Flynn. Os dois tinham desenvolvido uma amizade genuína ao percorrer juntos os estados em que a disputa eleitoral era mais acirrada. Naquela tarde, no Salão Oval, ao término de reunião de segurança interna, Trump pediu ao diretor do FBI que ficasse para trás a fim de que pudessem conversar a sós. Trump disse a Comey que não acreditava que Flynn tivesse feito algo errado, mas explicou que ainda assim tivera que demiti-lo. Em seguida, pediu leniência, sem demonstrar a menor hesitação enquanto procurava usar seu poder para que um homem leal a ele fosse poupado. "Espero que você esteja disposto a considerar seriamente a possibilidade de deixar isso para lá, de livrar a barra de Flynn", disse Trump a Comey, de acordo com as anotações que o diretor do FBI fez à época. "Ele é um bom sujeito. Espero que você possa deixar isso para lá."

Spicer vinha exercendo a função dupla de porta-voz e diretor de comunicação da Casa Branca. Ele estava se afogando, e não apenas por causa do devastador retrato que Melissa McCarthy fazia dele no humorístico *Saturday Night Live*. O antigo porta-voz do Comitê Nacional Republicano não tinha "o visual" que Trump imaginava para representá-lo na televisão, tampouco tinha o pedigree de renegado que o tornaria um representante natural da insurgência Tornar a América Grande de Novo. Pelas costas, Trump desdenhava das performances de Spicer nas coletivas. "Sean não consegue nem completar uma frase", dizia Trump a outros assessores. "Temos um porta-voz que não sabe falar."

Spicer precisava de ajuda, então procurou Michael Dubke, um veterano no meio político que dirigia uma empresa de relações públicas, e pediu que ele fizesse uma entrevista para o cargo de diretor de comunicação. Em 10 de fevereiro, Dubke foi à Casa Branca para se encontrar com Spicer. A história de Flynn ainda estava quente. Spicer estava ocupado demais para conversar com Dubke; então, durante horas o segundo ficou esperando do lado de fora do gabinete do primeiro, próximo à copiadora na área dos principais veículos de imprensa. Ninguém prestou muita atenção a Dubke, exceto o correspondente da NBC Peter Alexander.

"Quem é você, mesmo?", perguntou Alexander.

Não querendo estragar seu disfarce, Dubke disse: "Sou amigo do Sean... só queria ver como as coisas funcionam por aqui".

Finalmente, Spicer mandou chamarem Dubke. Eles conversaram por uns vinte minutos sobre o trabalho, e Spicer pediu a Dubke que voltasse no sábado para se reunir com Priebus. Daquela vez, os três homens conversaram por 45 minutos, e Priebus perguntou a Dubke se ele tinha publicado alguma coisa nas redes sociais desancando Trump. Dubke era um profissional discreto que na maior parte do tempo guardava para si suas opiniões. "Não, você não vai encontrar nada meu nesse sentido", ele assegurou a Priebus.

Em 16 de fevereiro, Dubke voltou para uma entrevista com Trump no Salão Oval. Depois de passar alguns minutos contando ao presidente sobre a empresa que ele havia fundado e sua filosofia de gestão de marca, Trump teve uma ideia. "O que você acha de uma coletiva de imprensa?", perguntou o presidente.

"Bem, eu decidiria quais são as três mensagens sobre as quais deseja falar, e eu traria o especialista de cada uma das agências para essa conversa", respondeu Dubke.

"Não, não, não, não, não", disse Trump. "Hoje. E se fizermos uma hoje?"

Dubke pensou que ele estava brincando, mas o presidente falava sério. Spicer saiu correndo do Oval para começar a colocar as coisas em movimento. Em qualquer governo normal, uma decisão repentina dessas seria vista como loucura. Mas na Casa Branca de Trump era apenas mais uma quinta-feira.

"Sean!", gritou Trump para Spicer. "Temos que preparar o Salão Leste."

Em questão de minutos, as visitas à Casa Branca foram canceladas pelo restante do dia para evacuar a residência. Um púlpito e os tripés e equipamentos de câmera foram montados em três horas. Em pouco tempo, especialistas em política administrativa fizeram fila para entrar no Salão Oval e entrevistar Trump; Dubke pairava no canto do salão, com o crachá de visitante pendurado no pescoço.

"Sou Mike Pence", disse o vice-presidente, apresentando-se.

"Eu sei quem o senhor é. Meu nome é Mike Dubke."

"E o que está acontecendo?", perguntou Pence.

"Bem, acho que eles estão se preparando para uma coletiva de imprensa agora", disse Dubke.

"E o que você está fazendo aqui?", perguntou Pence.

"Bem", disse Dubke, "estou em uma entrevista para o cargo de diretor de comunicação."

Pence riu, em um momentâneo reconhecimento do absurdo.

"E como está se saindo?", perguntou ele a Dubke.

Não havia objetivo temático para a entrevista coletiva de Trump. O presidente simplesmente queria realizar uma. Trump se postou atrás do púlpito e, durante uma hora e dezessete minutos, ofereceu aos telespectadores, ao vivo em rede nacional de televisão, uma feroz diatribe em forma de fluxo de consciência.

"Eu ligo a TV, abro os jornais e vejo histórias de caos... caos", disse Trump. "No entanto, é exatamente o oposto. Esta administração está funcionando como uma máquina bem azeitada."

Era o 27º dia completo de sua presidência, e Trump estava sem roteiro. O presidente negou a disfunção em um governo que era a olhos vistos definido por isso. No dia seguinte, Dubke foi oficialmente contratado, mas quando começou a trabalhar como diretor de comunicação já sabia que não poderia dirigir Trump. A inaptidão vinha do topo. O presidente se importava mais com a encenação de um show do que com a tarefa mais mundana de governar. Não haveria como refrear os ressentimentos que Trump sentia ou como conter o caos que ele criava. No máximo, aquilo poderia ser gerenciado.

Em 23 de fevereiro, dois renomados membros do gabinete, o secretário de Estado Rex Tillerson e Kelly, lidaram de perto com o desastre gerado por Trump quando viajaram para a Cidade do México com a intenção de resolver um problema que seu chefe havia criado. Tillerson, de 64 anos, ex-diretor executivo da ExxonMobil, e Kelly, de 66 anos, general de quatro estrelas reformado do Corpo de Fuzileiros Navais, eram homens sérios e de substância. Ambos viam seus cargos como o ponto alto de carreiras já brilhantes e haviam concordado em ingressar no governo atendendo a um chamado patriótico, tendo o dever de ajudar um presidente neófito a navegar nas águas de um mundo complicado. No entanto, sua experiência e seu conhecimento pouco importavam no gabinete de Trump.

Tillerson e Kelly vinham tentando amenizar os sentimentos feridos do aliado de longa data dos Estados Unidos depois que Trump ameaçara impor tarifas colossais sobre produtos mexicanos caso o país não concordasse em pagar pela construção do muro na fronteira, sua promessa de campanha. A reunião em Washington entre Trump e o presidente mexicano Enrique Peña Nieto foi adiada às pressas em 26 de janeiro.

Para agravar o desafio que Tillerson e Kelly enfrentavam, havia o fato de que Kushner atuava como interlocutor com o México fora dos limites do Departamento de Estado ou do Conselho de Segurança Nacional. Tal arranjo não só cheirava a nepotismo, mas também minava as linhas de autoridade, criando confusão entre outros funcionários graduados do governo e diplomatas estrangeiros. O ministro das Relações Exteriores do México, Luis Videgaray, cultivou uma amizade com Kushner durante a campanha e, nos conturbados primeiros meses da presidência de Trump, fiou-se nele como um mediador e solucionador de problemas.

Na Cidade do México, em 26 de fevereiro, justamente quando Tillerson e Kelly julgavam ter alcançado um momento de harmonia e unidade em reuniões cara a cara com seus colegas mexicanos, Trump mostrou ao mundo quem estava no comando. No que havia se tornado uma nova e alarmante tendência na Casa Branca, o presidente deixava as câmeras filmando enquanto falava de improviso nas reuniões. Em uma reunião às dez e meia da manhã com duas dúzias de executivos americanos na Sala de Jantar do Estado, Trump elogiou a decisão de seu governo de lançar uma "operação militar" para deportar criminosos que haviam entrado ilegalmente no país e o trabalho de Kelly para impedir "caras muito ruins" de cruzar a fronteira. "De repente, pela primeira vez, estamos expulsando deste país membros de gangues, expulsando traficantes, expulsando caras muito ruins, e em um ritmo que jamais se viu antes", disse Trump. "E é uma operação militar."

Embora a Casa Branca e o gabinete de Kelly tivessem negado haver mobilizado as Forças Armadas, ninguém sabia ao certo o que o governo recém-empossado poderia fazer em última análise. Afinal, o decreto proibindo a entrada de refugiados e imigrantes no país tinha sido promulgado sem aviso prévio. Os comentários do presidente se tornaram boletins de notícias.

Naquele exato momento, Tillerson e Kelly estavam no hotel se preparando para seguir de comboio rumo às reuniões oficiais com os anfitriões mexicanos. Tillerson, que havia sido alertado por seu pessoal sobre as notícias em Washington, encontrou Kelly no corredor do hotel. "Você não vai acreditar no que o presidente acabou de fazer", disse Tillerson. "Ele disse que está enviando tropas para a fronteira." Ambos tinham consciência da catástrofe que pairava sobre eles. Os líderes mexicanos com certeza ficariam furiosos. Kelly fechou os olhos e xingou: "Ah, puta que pariu". Trump tinha acabado de humilhar os dois em nome do show, para passar uma imagem de durão na televisão.

Tillerson e Kelly tiveram cerca de uma hora antes do horário marcado para a entrevista coletiva conjunta que dariam com Videgaray e o ministro do Interior mexicano, Miguel Ángel Osorio Chong. Quando chegaram ao ministério para suas reuniões, os americanos encontraram os mexicanos atordoados. Videgaray perguntou: "Isso foi uma armação? Tillerson e Kelly faziam parte dessa piada?". "Videgaray disse: 'Mas que diabos? O que vamos fazer agora?'", relatou uma autoridade dos Estados Unidos presente nas reuniões. "Foi muito difícil fazer com que acreditassem que não tinha sido algo planejado."

Tillerson e Kelly insistiram em dizer que não sabiam nada a respeito. Kelly foi firme, reiterando às autoridades mexicanas que os Estados Unidos não enviariam tropa nenhuma. Ainda assim, um Osório Chong com cara de poucos amigos citou em detalhes a Constituição mexicana. "Permitam-me explicar aos senhores por que isso nunca vai acontecer", disse o ministro do Interior, assegurando aos americanos que as leis do país dele proibiam que tropas dos Estados Unidos entrassem em solo mexicano.

Os mexicanos mantiveram a compostura, o que Kelly e Tillerson consideraram uma bênção. Deixando de lado a loucura de Trump, os líderes mexicanos pareciam estar se desdobrando para manter o foco no benefício maior: uma relação de trabalho produtiva com os Estados Unidos, quase que apesar do presidente. Assim que Kelly e Tillerson terminaram a tarefa de acalmar os ânimos nos bastidores, Kelly foi limpar a bagunça pública. "Me dê minha pasta", pediu ele a David Lapan, seu diretor de comunicação. Kelly queria a pasta onde guardava seus comentários preparados de antemão. "Preciso fazer algumas mudanças."

Os instintos de Kelly foram tentar corrigir o que havia sido divulgado e garantir às autoridades mexicanas e à mídia internacional que as Forças Armadas dos Estados Unidos não seriam mobilizadas como tropas para proteger a fronteira. A coletiva de imprensa começou com cerca de vinte minutos de atraso. Kelly foi a última das quatro autoridades a falar. Ele começou celebrando o México como um aliado fundamental dos Estados Unidos no combate ao tráfico de drogas e às quadrilhas criminosas. Em seguida, levantou a cabeça e fitou a sala, tomada por jornalistas locais e pela equipe de imprensa dos Estados Unidos, todos com os microfones ligados. "Agora, há algo em que eu realmente gostaria que todos prestassem atenção, porque se trata de um aspecto frequentemente deturpado ou informado de modo errôneo pela imprensa", disse Kelly. "Deixem-me ser muito, muito claro. Não haverá, repito, não haverá deportações em massa. Tudo o que faremos no Departamento de Segurança Interna estará dentro dos limites da legalidade, de acordo com os direitos humanos e o sistema legal dos Estados Unidos."

Ele explicou que as deportações iam se concentrar em criminosos e enfatizou a "interação e amizade" entre o México e os Estados Unidos. Em seguida, retornou a seu argumento anterior: "Mais uma vez, ouçam, não haverá, repito, não haverá uso da força militar nas operações de imigração. Nenhum. Repito: não haverá uso militar nisso... que pelo menos metade de vocês tente entender e publicar do jeito certo, porque isso continua aparecendo nas suas reportagens".

Kelly havia divulgado a mensagem, mas encontrou uma maneira inteligente de corrigir o presidente: repreender a imprensa, mesmo que os jornalistas estivessem apenas relatando as palavras do próprio Trump. O momento foi precursor da série de ações precipitadas do presidente com as quais Kelly teria de se confrontar.

Ele tinha uma compreensão profunda, matizada e pessoal do desespero que alimentava a migração da América Central rumo ao norte, graças aos seus anos à frente do Comando Sul dos Estados Unidos. Embora Trump estivesse decidido a erguer um muro físico, Kelly acreditava que uma barreira física de uma costa a outra não seria a solução para travessias ilegais de fronteira. Entre quatro paredes, sob a proteção da sede do Departamento de Segurança Interna em Washington e na companhia de seus assessores de primeiro escalão, Kelly bufava de desdém diante dos pronunciamentos públicos de Trump sobre o muro. "Ah, para com isso, é besteira. Não vamos construir muro nenhum", dizia ele. Kelly ria sozinho da promessa de Trump de obrigar o México a pagar pelo muro. Confiando em seus assessores, o secretário dizia a respeito do presidente: "Ele não tem noção do que está falando".

3. A estrada para a obstrução

Em 1º de março de 2017, quase seis semanas depois que Trump levantara a mão direita e jurara preservar, proteger e defender a Constituição dos Estados Unidos, ele pelejou para ler em voz alta as palavras do documento fundador. Uma equipe de filmagem havia ido à Casa Branca para gravar o novo presidente lendo um trecho da Constituição. Ele escolhera por participar de uma produção da HBO porque não queria renunciar à chance de ser filmado para a história, sabendo que, como presidente no exercício do cargo, seria o personagem mais importante do documentário.

Intitulado *The Words That Built America* [As palavras que construíram os Estados Unidos], o filme tinha direção de Alexandra Pelosi, filha da líder dos democratas da Câmara, Nancy Pelosi. A ideia da documentarista era de que o país estava completamente dividido após a feia campanha de 2016, mas os documentos fundadores da nação continuavam sendo uma força unificadora das facções. Pelosi e sua equipe tinham um gancho novo e claramente bipartidário: todos os seis presidentes vivos, assim como os seis vice-presidentes, iam se juntar para ler a Constituição diante das câmeras, enquanto outras figuras políticas e atores leriam partes da Declaração de Direitos e da Declaração da Independência. Cada uma das performances seria editada para criar uma leitura vigorosa e integral dos preciosos documentos que havia mais de dois séculos uniam a nação.

Em 1º de março, Pelosi e sua equipe chegaram à Casa Branca. Trump entrou na opulenta Sala Azul, onde se preparavam, que fica no centro do primeiro andar da residência e se abre para o pórtico sul. O cômodo se distingue por suas cortinas francesas azuis e seu papel de parede dourado, e está impregnado de história. Foi onde o presidente Grover Cleveland e sua esposa trocaram votos de casamento em 1886, e a principal árvore de Natal da Casa Branca é erguida em seu centro todo mês de dezembro.

No dia da gravação, Trump parecia tenso e desconfortável. Embora tecnicamente estivesse em sua própria casa, não foi receber seus convidados. Em vez disso, ficou parado esperando que alguém se aproximasse dele. Pelosi se dirigiu ao presidente a fim de agradecer-lhe por participar daquele projeto histórico especial, mas Trump parecia não ter ideia de quem ela era; aparentemente não havia sido informado sobre sua linhagem política ou seu papel como diretora do documentário. O presidente pediu um pouco de água e, como nenhum funcionário ou assistente tivesse atendido seu pedido, Pelosi entregou a ele uma garrafa de Aquafina que tirou de sua própria bolsa. "Já estive na Casa Branca", ela disse mais tarde, referindo-se a suas visitas a presidentes anteriores. "Sempre existem protocolos. Ali não havia regras nem protocolo." Ela acrescentou: "Há muita coisa errada com a coisa toda. Fico pensando: não há alguém que deveria vigiar o que ele come e bebe?".

Enquanto isso, um funcionário da Casa Branca dava a outros membros da equipe de filmagem instruções sobre o que poderiam ou não fazer em relação ao presidente. A primeira regra era para o maquiador: não toque no cabelo do presidente. No rosto, passe apenas um pó leve. A instrução seguinte foi para a equipe técnica: eles poderiam deixar a iluminação um pouco mais alaranjada? O presidente preferia um brilho quente na câmera. A palavra "alaranjada" pareceu a alguns uma escolha estranha. Fora da bolha da Casa Branca, cartunistas e apresentadores de programas televisivos de fim de noite zombavam do tom perpetuamente alaranjado da pele de Trump.

Pelosi havia deixado presidentes e vice-presidentes escolherem o trecho da Constituição que queriam ler. Muitos tinham receio de ler a parte sobre regras para impeachment presidencial ou emolumentos estrangeiros. Trump selecionou a abertura do Artigo II, que trata da eleição de um presidente e o escopo de poder dele ou dela. Normalmente, seria a escolha perfeita — mas era irônica para Trump, que havia falado de seu desejo de exercer seu poder executivo no máximo grau possível, inclusive ameaçando o Congresso e desafiando o Judiciário.

Com luzes de LED acesas sobre tripés à sua frente, Trump se sentou. "O senhor tem sorte de ter pegado a parte mais fácil", disse Pelosi em tom animado. "Fica complicado depois disso." Mas o presidente gaguejou, tentando pronunciar as palavras na forma enigmática e pomposa com que os pais fundadores da nação haviam escrito. Trump ficou irritado. "É muito difícil de ler por causa da linguagem aqui", disse Trump à equipe. "É muito difícil ler tudo isso sem cometer um deslize." Ele acrescentou: "É como uma língua diferente, certo?". O cinegrafista tentou acalmar Trump, dizendo a ele que tudo bem, podiam parar um pouco e começar de novo. Trump tentou mais uma vez, mas de novo comentou: "É como uma língua estrangeira".

O trecho, como muitas partes da Constituição, era um pouco canhestro — um anacrônico arranjo de palavras que não fluem naturalmente língua afora. Os membros da equipe trocaram olhares, tentando não ser óbvios. Alguns acreditavam que Trump conseguiria, mas outros estavam mais preocupados. O presidente, já irritado com seus erros, estava ficando com raiva. Deu duras em membros da equipe, acusando-os de distraí-lo. "Seu papel estava fazendo um bocado de barulho. Já é difícil o suficiente", dizia Trump.

"Toda vez que ele cometia um erro, inventava algo para culpar os outros", lembrou outra pessoa presente na gravação. "Ele nunca disse: 'Desculpe, estou estragando tudo'. Outras pessoas faziam alguma cagada e diziam: 'Ahhhh, me desculpe'. Elas eram humildes. Ele inventava desculpas e reclamava de barulhos que o distraíam... sem dúvida, estava culpando todos por sua incapacidade de ler o texto. Era irritante e infantil." Ainda que a duras penas, Trump finalmente conseguiu ler tudo sem erros.

O presidente representou um nítido contraste com muitos outros leitores, como Stephen Breyer, juiz associado da Suprema Corte, que leu como se soubesse o texto completo de cor, e o senador Ted Cruz, "que conhecia o texto constitucional de cabo a rabo", como resultado de leituras dramáticas da Constituição de que ele participava nos tempos de aluno do ensino médio, de acordo com Pelosi. "Donald Trump é uma celebridade, e veio para uma performance", disse ela. "Ele não havia ensaiado antes. Acho que ninguém apareceria para ler a Constituição sem se preparar primeiro."

Qualquer que tenha sido o motivo do desconforto de Trump com a leitura, em um ponto várias pessoas que assistiram à cena concordaram: ele se comportava como uma criança amuada, irritadiça, instável e rápida em atribuir a distrações misteriosas a culpa por seus erros. "Eu não esperava isso, mas senti pena dele", disse outra testemunha. "Quando [o vice-presidente] Pence estava lendo, quando [o ex-vice-presidente Dick] Cheney estava lendo, eu sabia que eles conheciam a Constituição. E pensei: antes de ele conseguir esse emprego, realmente deveria ter lido."

No dia seguinte, 2 de março, o procurador-geral Jeff Sessions, um dos aliados mais leais de Trump, o homem que serviu na vanguarda da imigração e de outras políticas importantes do programa de governo do presidente, declarou-se impedido de supervisionar a investigação sobre a Rússia. Durante sua audiência de confirmação em 10 de janeiro, em resposta a uma pergunta do senador democrata Al Franken, Sessions declarara sob juramento que "não teve comunicação com os russos" durante a campanha de 2016. Ele não revelara duas conversas suas durante a campanha com o embaixador russo Sergei Kislyak, fato posteriormente divulgado em uma matéria do *Washington Post*.

Na manhã de 2 de março, o presidente se zangou com a perspectiva de Sessions se curvar à crescente pressão pública e se declarar impedido, acreditando que o procurador-geral pareceria culpado por se esquecer de uma reunião irrelevante, deixando-o desprotegido e vulnerável, o mais importante. Então o presidente chamou Don McGahn, conselheiro da Casa Branca, para insistir que impedisse Sessions.

"Sessions não tem que se declarar impedido", berrou Trump, tão alto que as pessoas no corredor da Ala Oeste puderam entender o que ele estava esbravejando no Salão Oval. "O que quer que ele tenha dito a Franken, e daí?"

Trump estava incrédulo. "Todo mundo está dizendo agora que ele tem que se declarar impedido", repetiu para McGahn. "Ele não precisa fazer isso!"

McGahn estava convencido de que parte do raciocínio de Trump fazia sentido, apesar do tom raivoso que ele usava para se explicar. Mas outras razões eram puramente políticas. McGahn fez uma rápida análise mental dos riscos, sabendo que a ordem tinha o potencial não apenas de ser uma perda de tempo, mas também de colocar Trump em uma enrascada por obstruir a justiça.

McGahn tinha sido leal a Trump desde os primeiros dias da campanha. Advogado de campanha veterano, ele não era o trumpista típico, mas tinha sido um dos primeiros a reconhecer o poder daquela campanha e a se juntar à sua equipe. Em janeiro de 2015, McGahn vira o magnata do ramo imobiliário e estrela de reality show em ação ao voar com ele para o Iowa Freedom Summit, evento organizado pelo congressista Steve King. McGahn calculou que, devido a uma mudança sísmica no Partido Republicano e ao crescente descontentamento dos eleitores brancos rurais em ambos os partidos, um candidato republicano tradicional como Mitt Romney ou Jeb Bush jamais conseguiria vencer em 2016. O corpulento bilionário que ele viu em cima do palco em Iowa, lar do primeiro *caucus* presidencial do país, causou uma forte impressão e se conectou com a multidão de uma maneira que o surpreendeu. Trump notou que McGahn estava nos bastidores, avaliando todos os candidatos, e imaginou que ele era uma figura importante. Quando mais tarde pediu que fosse o advogado de sua campanha, McGahn aceitou. Trump reconheceu que McGahn, antigo membro da Comissão Federal de Eleições, dominava aquele campo de ação e era capaz de enxergar todos os ângulos. Ele próprio não sabia nada a respeito e não sentia o menor remorso por aquilo, de modo que deu ampla autonomia a seu advogado e normalmente seguia seus conselhos.

Quando chegaram à Casa Branca, no entanto, a dinâmica entre os dois mudou. Trump acreditava ter sido encurralado logo de início com uma série de regras fraudadas para engessá-lo e limitar seu poder. Muitas vezes, cabia a McGahn comunicar as más notícias. Os secretários de gabinete e outros assessores pediam a ele que fosse ao Salão Oval para explicar a Trump por que razão não poderia fazer isso ou aquilo. Em uma das primeiras discussões dos dois no âmbito do poder executivo, McGahn disse a Trump que não poderia emitir automaticamente uma ordem executiva para impor tarifas sobre mercadorias de países estrangeiros — a menos que ele tivesse uma razão séria.

"Quero fazer isso. E sou o presidente. Não posso fazer isso?", perguntou Trump.

"Não", disse McGahn, apontando o papel-padrão do Congresso na imposição de tarifas e nos direitos aduaneiros sobre as importações. "Precisa de um estudo sob os estatutos. Há um processo. Eles têm que fazer relatórios, deve haver um edital."

Para Trump, McGahn tornou-se o sr. Não. O conselheiro da Casa Branca trabalhava duro para impedir que as más ideias germinassem. McGahn, que carregava uma Constituição de bolso, considerava seu dever proteger Trump dos neófitos que sabiam menos sobre governança do que um congressista recém-eleito saindo de uma sessão de orientação de duas semanas. McGahn também irritou Ivanka Trump, controlando com rédeas curtas as questões éticas envolvidas na inclusão da filha do presidente no pessoal da Ala Oeste.

Em 2 de março, McGahn ligou para Sessions para dizer que Trump não estava feliz com a ideia de sua abstenção na investigação sobre a Rússia. Sessions respondeu que suas mãos estavam atadas e que ele pretendia cumprir as regras de impedimento e incompatibilidade do Departamento de Justiça e seguir a orientação do conselho de ética que avaliava a situação. Outros assessores da Casa Branca também pressionaram Sessions e seus assessores contra a recusa. Ainda assim, Trump tornou públicos seus sentimentos. Indagado por jornalistas se Sessions deveria se declarar impedido, Trump disse: "Acho que não". Também falou que tinha confiança "total" em Sessions.

Era tarde demais. Sessions convocou às pressas uma coletiva de imprensa e anunciou que não supervisionaria nenhuma investigação existente ou futura relativa à campanha de Trump. Ele estava seguindo as regras, que declaravam abertamente que nenhum funcionário do Departamento de Justiça poderia participar de uma investigação criminal se tivesse um relacionamento pessoal ou político com indivíduos ou organizações substancialmente envolvidos na investigação. Quando um repórter perguntou sobre os comentários de Trump e do porta-voz da Casa Branca, Sean Spicer, de que o procurador-geral não precisava se declarar impedido, Sessions sorriu sem jeito e encolheu os ombros. "Eles não conhecem as regras, as regras éticas", disse ele. "A maioria das pessoas não conhece."

Trump assistiu à coletiva de imprensa de Sessions a bordo do Força Aérea Um, retornando de uma curta viagem a Newport News, Virgínia, para visitar o USS *Gerald R. Ford*, o mais novo porta-aviões movido a energia nuclear da Marinha dos Estados Unidos. Ele ficou furioso. Vendo o diminuto Sessions, nascido no Alabama, falar atrás de seu púlpito no Departamento de Justiça, tudo o que o presidente enxergou foi fraqueza e deslealdade. Ele censurou severamente o procurador-geral, que era "fraco" e "horrível". Disse que nunca deveria tê-lo escolhido para o trabalho. Para Trump, era o fim de Sessions. Seu procurador-geral o havia traído. E o presidente começou a atacar também McGahn, um de seus apoiadores de primeira hora, por não ter impedido Sessions de se abster da investigação. Trump começou a excluir o advogado que vinha trabalhando incansavelmente para protegê-lo de seus próprios impulsos perigosos.

"Ele deveria ter me contado que ia fazer isso", esbravejou Trump acerca de Sessions. "Se não era capaz de lidar com isso, deveria ter me avisado, e poderíamos tê-lo colocado na fronteira", disse Trump, o que significava nomear Sessions como secretário de Segurança Interna.

A explosão de raiva de Trump a bordo do Força Aérea Um foi a mais violenta que seus assistentes já haviam testemunhado. Ele estava tão descontrolado que alguns funcionários mais jovens se sentaram em uma cabine traseira do avião e colocaram fones de ouvido para abafar seus berros. Ainda assim, alguns assessores compartilharam a raiva do presidente.

"Isso foi foda", disse Johnny McEntee, assessor pessoal do presidente.

McGahn deu a Trump uma instrução destinada a proteger o presidente de suas próprias emoções: ele não poderia ligar para Sessions sob nenhuma circunstância. Caso contrário, pareceria que estava tentando obstruir a justiça.

Quando o Força Aérea Um pousou na base aérea Andrews, o presidente ainda estava tão colérico que insistiram com ele para que permanecesse sentado a bordo por mais algum tempo de modo a extravasar sua raiva longe dos holofotes. Seus assessores explicaram a Trump que a imprensa estaria esperando sob a asa, mas que ele não deveria parar para conversar com eles, e não podia descer do avião com uma expressão carrancuda.

Trump conseguiu desembarcar sem causar alvoroço, mas sua fúria não diminuiu. Pelo contrário: a ira continuou em ebulição até o dia seguinte. Sua agressividade estava em nível de desastre termonuclear. "Os ataques de fúria só se intensificam, cada vez mais", disse um de seus conselheiros. "Ele berra, e é um cara grandalhão, que parece que pode partir para a agressão física."

Trump é famoso pelo pavio curto, um traço que antecede sua presidência. Presença física imponente mesmo quando está calmo, ele se torna monstruoso se algo desencadeia sua raiva. "Ele é assustador", disse Barbara Res, ex-executiva das Organizações Trump que trabalhou para ele entre as décadas de 1970 e 1990. Res lembrou que Trump perdeu a calma durante uma inspeção às reformas no Plaza Hotel logo depois que ele comprou aquela joia da coroa com vista para o Central Park em 1988. Inspecionando os móveis comprados para os quartos dos hóspedes, Trump tentou deslizar as portas de um armário e uma delas ficou emperrada. Ele sacudiu a porta, e ainda assim ela não se mexia.

Então Trump a arrancou do trilho e a jogou no chão. Depois, inspecionando um dos banheiros, começou a esculachar Res com um inflamado discurso sobre o mármore verde chinês. Aquilo certamente não era mármore italiano.

"Você não é boa, porra!", Res se lembrou de Trump gritando com ela. "Você está acabando com minha imagem! Isto aqui é uma merda barata! Quem disse para você comprar isso?"

Res havia mostrado a Trump três amostras de mármore verde — uma de cinco dólares, uma de nove e uma de treze — e ele havia escolhido a mais barata. "Eu fiquei lá e disse: Donald, você aprovou", lembrou Res. "Pensei que ele ia explodir. Estava tão furioso. Ele era volátil nesse nível. Seu rosto fica vermelho e seus lábios ficam brancos. Ele é tomado por esses ataques de ódio. Os gritos. Os palavrões."

Na manhã de 3 de março de 2017, Trump teve um desses estrondosos surtos de fúria volátil. No Salão Oval, fez um sermão para Priebus e Bannon sobre seu desprezo por Sessions, depois convocou McGahn. Queria deixar claro para o conselheiro da Casa Branca que ele também havia falhado. Soltando fogo pelas ventas, Trump conjurou o fantasma de Roy Cohn, seu antigo advogado, mentor e facilitador pessoal, que fora um dos principais assessores do senador Joseph R. McCarthy durante a caçada a simpatizantes comunistas que o Senado havia empreendido na década de 1950. Trump reclamou que desejava que Cohn ainda estivesse vivo, porque McGahn não o estava protegendo da forma adequada.

"Não tenho advogado!", gritou o presidente. "Onde está meu advogado?"

McGahn sentiu que era o alvo da fúria de Trump, embora o presidente parecesse oscilar na diatribe sobre seu procurador, aparentemente em um vaivém de reclamações sobre a abdicação do conselheiro da Casa Branca e seu procurador-geral. Na verdade, nem um nem outro era o advogado *de Trump*, um importante detalhe constitucional que o presidente parecia ignorar.

"Roy não teria lidado com isso dessa maneira". disse Trump, dirigindo sua ira a McGahn. "Ele teria mandado todo mundo para o inferno."

McGahn, Priebus e Bannon explicaram a Trump que Sessions não tinha escolha. Mas o presidente não quis ouvir. Para ele, tudo era pessoal, e a seu ver o fato de Sessions se declarar impedido era uma traição. O procurador-geral é a mais importante autoridade federal de aplicação da lei no país, servindo o povo americano e liderando uma instituição semi-independente, o Departamento de Justiça. Na mente de Trump, no entanto, o trabalho de procuradores-gerais era proteger o presidente, no que Sessions havia fracassado.

"Sessions deve ser demitido", disse ele.

"Eu jamais teria nomeado Sessions se soubesse que ele ia se declarar impedido", disse Trump em outro momento.

"Onde está meu Bobby Kennedy? Onde está meu Eric Holder? Cadê meu Roy Cohn?", perguntou Trump, aos berros, para seus conselheiros.

Trump considerava Holder um procurador-geral exemplar, por causa de sua lealdade inabalável a Obama e seu conhecimento político. A seu ver, Holder atuava como protetor de Obama, da mesma maneira que Robert F. Kennedy, no papel de procurador-geral, havia protegido seu irmão mais velho, o presidente John F. Kennedy. Trump citou outro exemplo: J. Edgar Hoover, o diretor do FBI politicamente astuto que serviu sob oito presidentes e mais tarde foi acusado de abusar de seus poderes.

Os conselheiros de Trump tentaram explicar que o procurador-geral não é o advogado pessoal do presidente. Esperava-se independência do Departamento de Justiça, e o procurador-geral não podia ser visto como um lobista facilitando as coisas para o presidente. Bannon disse a Trump que os tempos haviam mudado. "Aconteceu algo entre os dias de Bobby Kennedy e J. Edgar Hoover trazendo os arquivos", disse ele. "Chama-se Watergate. Simplesmente não funciona mais assim."

Trump acreditava que Sessions deveria proteger o presidente e sua família a todo custo. Agora, a supervisão da investigação estava sendo transferida para o vice-procurador-geral Rod Rosenstein, a quem Trump mal conhecia, e em quem, portanto, não confiava. Trump acusou McGahn de não lutar com unhas e dentes para assegurar a supervisão da investigação e lhe disse para convencer Sessions a revogar sua declaração de impedimento. Aquilo não era possível do ponto de vista legal ou ético, e McGahn alegou que, se alguém na Casa Branca tentasse pressionar o procurador-geral, daria a impressão de que o presidente estava interferindo em uma investigação. Trump rebateu, dizendo que era uma regra idiota.

"Você está me dizendo que Bobby e Jack não conversavam sobre investigações?", perguntou Trump, levantando as mãos em um gesto de nojo. "Ou que Obama não dizia pro Eric Holder quem ele deveria investigar?"

Depois que a gritaria cessou, Trump reuniu alguns de seus netos para atravessar o Gramado Sul e embarcar no helicóptero Marine One. Eles partiram para passar o fim de semana em Mar-a-Lago. Bannon e Priebus estavam planejando acompanhar o presidente na viagem à Flórida, mas permaneceram na Casa Branca. "Resolvam isso", Trump ordenou.

No mundo de Trump, as pessoas podem ir da ascensão à derrocada com base em suas mudanças de humor, mas a velocidade com que Sessions passou de confidente a persona non grata foi de tirar o fôlego. Trump e Sessions se conheciam havia doze anos, e seu primeiro encontro foi ocasionado pelo interesse em comum em um projeto imobiliário de Nova York. Senador republicano ultraconservador do baixo clero da costa do golfo do Alabama, Sessions liderou a cruzada no Congresso contra a construção de uma nova sede para a Missão da ONU em Nova York. Ele descobriu um inesperado aliado quando lera um artigo no *New York Sun*, cuja manchete era: "Trump zomba do plano da ONU de construir nova sede".

Sessions convidou Trump para prestar um depoimento perante um subcomitê de Segurança Interna e Assuntos Governamentais do Senado em 21 de julho de 2005, e ficou encantado. Ele disse aos outros senadores do subcomitê: "O sr. Trump é uma lufada de ar fresco para este Senado", e elogiou a testemunha principal por seu conhecimento no ramo da construção. Em seguida, Sessions convidou Trump ao seu gabinete para almoçarem juntos. Sentados a uma mesa de conferência no prédio do edifício Russell do Senado, os dois homens — um deles com a disciplinada experiência de um professor de escola dominical na igreja metodista de sua família que mantinha o lema dos escoteiros, "Esteja preparado", gravado em uma pedra sobre sua mesa de trabalho, o outro um fanfarrão bombástico do Queens que alardeava suas façanhas sexuais no programa de rádio de Howard Stern e sobrevivia na base do improviso — criaram laços de amizade enquanto comiam sanduíches do Subway.

Em Sessions, Trump viu um homem que comungava de sua visão de mundo e de seus instintos, e que poderia ajudá-lo a estabelecer credibilidade junto aos eleitores da base conservadora. Em agosto de 2015, Trump, recém-alçado à condição de candidato presidencial, fez uma incursão à cidade natal de Sessions, Mobile, no que foi seu maior megacomício até hoje. Foi algo entre um concerto da banda de rock Lynyrd Skynyrd e a prova de automobilismo

500 Milhas de Daytona. Pouco antes do pôr do sol, a suarenta multidão reunida no estádio Ladd-Peebles ouviu o rugido de um motor a jato e virou a cabeça em direção ao céu. Um reluzente Boeing 757 planava em direção a eles, com as letras T-R-U-M-P escritas ao longo da fuselagem azul-marinho, a asa mergulhando em cima das arquibancadas inclinadas como se quisesse dizer "olá". Logo depois o extravagante candidato entrou a passos largos no palco ao som de "Sweet Home Alabama" e passou em revista todas as pesquisas de opinião nas quais estava na frente de Jeb Bush e outros candidatos republicanos.

Sessions ficou fascinado. "Nunca vi algo assim", disse ele a um de seus consultores políticos. "Alguma coisa está acontecendo aqui." Naquele mês de agosto, tão logo terminou de discursar em Mobile, Trump convidou Sessions e sua esposa, Mary, para pegar uma carona no comboio de Cadillacs Escalades até o aeroporto, onde os levou a bordo de seu avião para impressioná-los — ele exibiu o couro branco da aeronave, o acabamento em ouro, a TV de tela grande, tudo.

Em fevereiro de 2016, Sessions tornou-se o primeiro senador dos Estados Unidos a apoiar publicamente Trump e ajudou a escrever o primeiro grande discurso de política externa do candidato em abril de 2016. Também emprestou alguns de seus principais funcionários à campanha, incluindo Stephen Miller. Trump insistia em como Sessions era inteligente. Sempre que via o senador, apontava para ele e dizia "Tão respeitado!" ou "Entende totalmente as coisas!". Em sua mente, talvez não houvesse um atributo maior que a dureza beligerante, e seus assessores costumavam dizer a respeito de Sessions: "Esse cara é casca-grossa".

Trump havia sinalizado que Sessions poderia ter qualquer cargo que ele bem quisesse. De início, Kushner, Bannon e outros membros de seu círculo íntimo queriam Rudy Giuliani como procurador-geral. Durante a campanha, Giuliani se contorcera de todas as formas para defender Trump, inclusive após o lançamento da devastadora gravação do *Access Hollywood* que mostrava Trump se gabando de agredir sexualmente mulheres. Eles achavam que o ex-promotor federal e amigo de longa data de Trump era a coisa mais próxima de um Cohn moderno. O problema era que Giuliani não estava interessado.

"Não tenho a energia", disse Giuliani a Bannon numa tarde de sábado de novembro, conversando sobre um possível cargo no gabinete. "Não faz ideia do quanto esse trabalho é difícil."

Bannon respondeu: "Precisa fazer isso. Precisamos de você. Será apenas por um ano, mas tem que ser você".

"Steve, você não é advogado", respondeu Giuliani. "Você não entende. É o pior trabalho... eu sou velho demais. Não vou fazer isso."

Em vez disso, Trump instalou Sessions no Departamento de Justiça com um mandato para supervisionar uma pauta anti-imigração de linha dura e começar a reverter as proteções dos direitos civis. Em uma declaração, Trump o saudou como "uma mente jurídica de primeira classe", "extremamente respeitada" e "muito admirada". Para Sessions, tornar-se procurador-geral foi um triunfo pessoal. Sua rede de assessores e conselheiros o chamava de José, referindo-se ao filho de Jacó e Raquel no Antigo Testamento, que foi rechaçado por seus irmãos e vendido como escravo quando criança, mas acabou caindo nas graças de um faraó egípcio e ascendeu à posição de seu braço direito, sendo incumbido de supervisionar o suprimento de grãos do Egito e por fim ajudando a civilização a sobreviver à fome.

No fim de semana de 3 de março em Mar-a-Lago, Trump recebeu a visita da filha Ivanka e de Kushner, cujos admiradores costumam descrever como influências capazes de acalmar o tempestuoso presidente. No refúgio do castelo de Palm Beach, as crianças nada puderam fazer para contê-lo. Trump tinha a propensão de tentar se distrair de más notícias criando novas histórias, e na manhã de 4 de março, a partir das 6h35, publicou quatro tuítes acusando Obama de orquestrar uma trama com motivações políticas para grampear os telefones de sua sede de campanha na Trump Tower na reta final da eleição. "O presidente Obama desceu tão baixo a ponto de grampear meus telefones durante o sagrado processo eleitoral", ele escreveu. "Isso é Nixon/Watergate. Cara ruim (ou doentio)!"

O presidente fez essa explosiva acusação sem citar nenhuma prova, embora um artigo postado no Breitbart no dia anterior sobre as supostas táticas de "Estado policial" da administração Obama circulasse entre os funcionários do alto escalão de Trump. Um porta-voz de Obama, Kevin Lewis, qualificou as alegações de Trump de "simplesmente falsas". Mas isso não parece ter incomodado Trump, que horas depois foi jogar golfe e desabafou com os amigos. "Isso será investigado. A verdade virá à tona. Vou provar que estou certo," Christopher Ruddy afirmou ter ouvido dele: "Isso é ruim; isso é muito ruim. Espero que a mídia se concentre nisso".

Apenas seis semanas depois de assumir a presidência, Trump acreditava que estava sendo atormentado de maneiras conhecidas e desconhecidas por um grupo de críticos, burocratas federais, personalidades da inteligência e, principalmente, meios de comunicação alinhados a Obama. Seu mal-estar com relação ao "Estado profundo", já bem estabelecido, era fomentado diariamente e alimentado por rumores e conspirações.

4. Uma demissão fatídica

Em 21 de março de 2017, Trump instruiu Don McGahn a encontrar uma maneira de convencer James Comey a dizer ao público que o presidente em si não estava sob investigação. Trump ficou zangado com a confirmação, por parte do diretor do FBI em depoimento no Congresso no dia anterior, de que o departamento estava investigando um possível conluio entre a Rússia e a campanha dele, o que levou a especulações de que o presidente era suspeito. Nos cinco dias seguintes, Trump fez pedidos semelhantes ao diretor da Inteligência Nacional, Dan Coats, ao diretor da CIA, Mike Pompeo, e ao diretor da Agência de Segurança Nacional, Michael Rogers. Em 30 de março, ele ligou para Comey e pediu ajuda para deixar aquilo claro. No entanto, nenhum desses altos funcionários do governo, que juraram servir ao povo e proteger a integridade das investigações, atendeu aos seus pedidos. Eles observavam um código de honra profissional do qual Trump tinha pouco conhecimento.

Cada vez mais vingativo, o presidente cogitou fazer um pronunciamento em rede nacional de televisão no horário nobre, desmascarando o que ele chamou de "farsa russa". Diante da objeção de assessores, Trump disparou: "Não se fala em outra coisa na política. Por que eu não deveria assumir o papel daquele que sobe no palanque e diz tudo às claras?". No fim das contas, Reince Priebus e outros o convenceram a não fazer o discurso, em parte argumentando que um pronunciamento no horário nobre ajudaria a definir seu legado e seria insensato lançar mão dele para tratar do tema da investigação sobre a Rússia.

Em 3 de maio, Trump chegou ao ponto de ebulição quando Comey se recusou, em seu testemunho perante o Comitê Judiciário do Senado, a dizer que o presidente não estava sob investigação. Um a um, os funcionários que ele considerava seus servos haviam falhado com ele. O presidente ficou furioso — "Nível máximo de alerta de ameaça nuclear", lembrou um de seus conselheiros —, o que desencadeou uma rápida escalada de eventos que culminaram na nomeação de um procurador especial que ameaçaria o presidente pelos dois anos seguintes.

Repetidamente, Trump insistia com seus assessores: "Não conheço nenhum russo" e "Nunca estive na Rússia". Ambas as declarações eram mentiras deslavadas. Trump também se queixava de Comey. *Ele é um mau-caráter! É um exibido! Um exibicionista! Nem os agentes subalternos do FBI o respeitam! Todos os democratas o odeiam! Nossa base o odeia!* Enquanto assistiam juntos ao depoimento de Comey, Steve Bannon disse a Trump que, mesmo que todos os agentes do FBI odiassem o diretor, "no momento em que você o demitir, ele se torna o maior mártir. Ele é Joana d'Arc".

Bannon argumentou que "a porra dos deploráveis está pouco se fodendo" com a investigação sobre a Rússia, referindo-se à base de eleitores trumpistas. "É o terceiro bloco do [programa de notícias de] Anderson Cooper. As pessoas estão de saco cheio de falar sobre isso", acrescentou. Mas Bannon explicou a Trump: "Você o demite e o FBI vai te fazer sangrar, porque eles precisam disso. É o FBI. E você é apenas um cara passando por aqui. O FBI ainda vai estar aqui em cem anos."

Trump ficou indignado. A seu ver, Coats, Pompeo, Rogers e Comey eram ferramentas que ele poderia usar para melhorar sua situação, mesmo que aquilo significasse mentir ou afirmar algo que eles sabiam não ser a verdade. Trump emitiu uma ordem presidencial para quatro autoridades do governo que ele julgava que estavam à sua disposição, mas nenhuma daquelas pessoas cumpriu sua determinação. "O presidente sabia que não conspirava com nenhum russo", disse Thomas Barrack, amigo de longa data de Trump. "Era enervante para ele a permanência daquele indício de escândalo." As ordens de Trump para Comey e os outros violaram precedentes e padrões. Mas o fato de que as autoridades federais de inteligência e aplicação da lei não estavam trabalhando para protegê-lo assustou e enfureceu o presidente.

No dia seguinte, 4 de maio, Trump soltou os cachorros para cima de Jeff Sessions.

"Isso é terrível, Jeff", ele disse em uma reunião que incluiu McGahn e o chefe de gabinete da Procuradoria-Geral, Jody Hunt. "E tudo porque você se declarou impedido. O procurador-geral deve ser o cargo mais importante. Kennedy nomeou o irmão dele. Obama nomeou Holder. Eu nomeei você, e você se declarou impedido. Você me deixou sozinho numa ilha deserta. Não posso fazer nada." Sessions novamente explicou que ele não tinha escolha a não ser se abster, considerando as regras de ética do Departamento de Justiça, mas Trump continuava furioso.

Na sexta-feira, 5 de maio, Trump voou para Bedminster, Nova Jersey, para passar o fim de semana em seu clube de golfe particular. O tempo chuvoso e ventoso pouco contribuiu para melhorar o humor azedo do presidente. Ele ficou à toa, viu televisão, bebeu coca diet e continuou a fervilhar. Ficou ruminando sobre o quanto Comey o decepcionara. Durante o jantar naquela noite, disse a Jared Kushner, Stephen Miller e alguns membros da família que queria dispensar Comey. Kushner incentivou a demissão e observou que no Congresso os democratas já viam Comey com desprezo por causa da forma como ele havia conduzido a investigação dos e-mails de Hillary Clinton. Trump tinha algumas ideias do que dizer em sua carta de demissão. Miller tomou notas enquanto o presidente ditava termos específicos, incluindo que a carta deveria começar o isentando: "Embora eu aprecie enormemente que você tenha me informado de que não estou sob investigação acerca do que sempre afirmei se tratar de uma invencionice sobre um relacionamento Trump-Rússia...". Ao longo do fim de semana, Miller redigiu uma carta de demissão de quatro páginas e Trump fez várias rodadas de revisões e correções, insistindo que a carta estabelecesse que Comey havia passado "por um processo de análise" e que o presidente e o povo americano haviam perdido a fé em seu discernimento.

No domingo, 7 de maio, quando retornou a Washington, Trump estava impaciente para despedir Comey. Por volta das dez da manhã de 8 de maio, o presidente convocou McGahn para o Salão Oval. Quando McGahn chegou, Trump estava sentado à mesa presidencial, rodeado por quase uma dúzia de assessores, incluindo Priebus, Kushner e Miller. Também estava presente Hope Hicks, a diretora de comunicação estratégica, que havia sido informada do plano para Comey quando pegara uma carona no Força Aérea Um depois de passar o fim de semana com os pais em Connecticut. Trump cumprimentou McGahn com um sorriso e acenou para ele entrar. "Você está aqui. Maravilhoso", disse. "Vamos demitir o Comey."

McGahn ficou surpreso. Ele se considerava um agente independente e de valor para Trump precisamente por causa de seu olhar objetivo, e era singular entre os assessores da Casa Branca porque não puxava o saco do presidente, embora pudesse ficar irritado quando se sentia pressionado. Como McGahn dizia aos colegas, ele nunca tinha plena certeza, quando o presidente vociferava um plano, se ele estava dando uma ordem ou simplesmente externando uma ideia. Mas daquela vez ficou claro que Trump estava determinado a demitir Comey. O presidente leu em voz alta a carta de demissão que Miller havia redigido e disse a seus conselheiros: "Não tentem me demover. Tomei minha decisão".

McGahn examinou a pertinência de duas questões iniciais. A primeira: seria legal demitir Comey? A resposta era sim, com certeza. Diretores do FBI cumpriam mandatos de dez anos, mas podiam ser demitidos a qualquer momento. A segunda: seria uma boa ideia? McGahn tinha razoável certeza de que Trump seria massacrado pelos democratas e até por alguns republicanos por uma ação tão drástica. Mas o conselheiro da Casa Branca também estava cansado de ser o sr. Não de Trump, e imaginou que seria impossível convencê-lo a mudar de ideia.

Para ganhar algum tempo, McGahn disse ao presidente que o Departamento de Justiça já estava discutindo a situação de Comey e sugeriu que Trump conversasse primeiro com Sessions, que deveria se encontrar com McGahn para um almoço previamente agendado. Eles poderiam convidar o novo vice-procurador-geral, Rod Rosenstein, para se juntar a eles e ver o que ambos pensavam.

Durante o almoço no gabinete de McGahn no segundo andar da Ala Oeste, Sessions disse a McGahn que ele presumia que demitir Comey era legal. "Suponho que ele possa fazer isso", disse o procurador-geral. McGahn imaginou que Rosenstein poderia manifestar preocupações e alertar sobre os perigos políticos de algo tão imprudente, mas McGahn ficou um pouco surpreso quando Rosenstein disse que havia razões justificadas para demitir

Comey, incluindo a forma como lidara com o inquérito sobre os e-mails de Hillary Clinton, e até pareceu muito entusiasmado com a ideia. McGahn não conseguia uma pausa para recobrar o fôlego.

Rosenstein ocupava seu cargo havia apenas duas semanas e não tinha noção do pesadelo em que estava entrando na Casa Branca. Ele não percebeu que McGahn esperava que o ajudasse a refrear a decisão do presidente ou alertá-lo sobre as implicações políticas de demitir Comey; ouviu apenas McGahn insistindo que eles tinham que impedir Trump de enviar a terrível carta de "rescisão" que ele havia elaborado com Miller, porque o documento mencionava o tratamento público dado por Comey ao caso da Rússia como uma das transgressões que justificavam a demissão. Naquele momento, Rosenstein tinha muitos motivos para recomendar a exoneração de Comey. Ele já o havia considerado um herói, mas, depois que o diretor do FBI discutira publicamente por duas vezes o caso dos e-mails de Clinton, sua credibilidade fora irrevogavelmente prejudicada. Ademais, Rosenstein fora informado sobre uma investigação interna que provavelmente citaria que as ações de Comey violavam as políticas do departamento.

Durante o almoço, Rosenstein teve sua primeira pista de que havia algo de muito errado na Casa Branca. Priebus bateu à porta do gabinete de McGahn duas ou três vezes para verificar em que pé estavam as coisas, e a cada vez parecia mais frenético. "Onde está a carta?", exigiu saber o chefe de gabinete. "O presidente quer acabar logo com isso." Em meio à pavorosa correria, não havia um planejamento ordenado de quem poderia substituir o homem que eles estavam prestes a demitir.

Pouco depois das cinco da tarde, Sessions e Rosenstein se juntaram a Trump no Salão Oval. Era a primeira reunião oficial de Rosenstein com o presidente, e a experiência foi inquietante. Nos primeiros vinte minutos ou mais, apenas Trump falou, gesticulando e disparando uma metralhadora verbal de queixas contra Comey: a investigação de Clinton; o viés político do diretor adjunto do FBI, Andrew McCabe, e a campanha de sua esposa na Virgínia; e, acima de tudo, o evasivo depoimento de Comey em 3 de maio no Capitólio. O presidente chegou a imitar a postura hipócrita de Comey, explicando que havia assistido a seu depoimento durante horas na TV. Ele terminou dizendo que planejava demiti-lo imediatamente.

"Como fazemos isso?", perguntou Trump.

Uttam Dhillon, vice-conselheiro da Casa Branca, sugeriu que o deixassem renunciar. Rosenstein entrou na conversa, concordando que Comey nunca se demitiria. Então Trump pediu que seu assistente trouxesse a minuta da carta de demissão e mostrasse a Sessions e Rosenstein, perguntando o que eles pensavam. Enquanto Rosenstein tentava ler a carta, Trump continuou falando e o bombardeando de perguntas. Ao fim, Rosenstein disse que concordava com parte dela, mas não com tudo. "Para começo de conversa, a primeira frase é sobre a Rússia", disse ele. Por que Trump tinha que entrar naquela seara?

"Ah, é muito importante colocar isso aí. Não quero que ninguém pense que tem a ver com a Rússia", disse Trump, provocando olhares confusos na sala. O argumento de Trump é que Comey lhe dissera que ele não era alvo da investigação sobre a Rússia; portanto, não seria razoável supor que estava tentando demitir Comey para interromper uma investigação sobre si mesmo.

Em seguida, Trump instruiu Rosenstein a escrever um memorando para Sessions explicando as razões para demitir Comey, e disse ao procurador-geral para escrever uma carta de recomendação. Eram quase seis da tarde quando Trump disse que queria os dois documentos sobre sua mesa às oito da manhã seguinte.

Rosenstein retornou ao seu gabinete no Departamento de Justiça e se reuniu com alguns assessores para começar a escrever. Eles pediram pizza. Rosenstein ficou até as três da manhã em sua sala, onde suas caixas de mudança ainda estavam espalhadas, até terminar uma primeira versão do texto. Embora Trump tenha pedido a Rosenstein para incluir no memorando "a história da Rússia", o que queria dizer a recusa de Comey de declarar publicamente que o presidente não estava sob investigação, o vice-procurador-geral foi inflexível no sentido de que o documento contivesse apenas suas próprias opiniões sobre as razões pelas quais Comey deveria ser exonerado. Ele queria ser capaz de defender o memorando se fosse necessário. Então, aferrou-se à sua própria reclamação sobre Comey ter violado os padrões do departamento e discutido publicamente evidências na investigação sobre Clinton. "A reputação e a credibilidade do FBI sofreram danos substanciais e afetaram todo o Departamento de Justiça", Rosenstein escreveu.

Depois de aperfeiçoar o texto, ele entregou o memorando à Casa Branca em 9 de maio, várias horas após o prazo das oito da manhã. Esperava, inge-nuamente, que o provável destino do documento seria uma pasta de arquivos da Ala Oeste para registrar o processo de decisão do presidente. Em vez disso, aquele se tornou o bilhete premiado de Trump. O presidente gostou da crítica de Rosenstein a Comey e concordou com McGahn em ajustar a linguagem de sua carta de demissão, embora ainda insistisse que mencionassem que Comey lhe dissera que ele não estava sob investigação no inquérito sobre a Rússia. Ainda assim, Trump se apoiou no memorando de Rosenstein como uma justificativa essencial para destituir o diretor do FBI.

Naquela tarde, quando o presidente se preparou para pôr em prática seu plano, Priebus entrou no Salão Oval com um conselho final. Em alto e bom som, ele anunciou: "Quero que todos ouçam o que vou dizer". Então continuou: "Há uma maneira certa de fazer isso e uma maneira errada de fazer isso. Esta é a maneira errada. O jeito certo é trazer a pessoa, sentar e conversar com ela... não é assim que se resolvem as coisas". Mas Priebus não foi convincente. Trump não tinha interesse em desacelerar, muito menos em dar a Comey uma despedida honrosa.

Os assessores com os quais o presidente contava para manipular a opinião pública ainda estavam no escuro. Por volta das quatro da tarde, o porta-voz da Casa Branca Sean Spicer e o diretor de comunicação Mike Dubke foram chamados ao Salão Oval. Eles não tinham ideia do porquê. Dubke entrou apressado, embora tenha demorado um pouco para localizar Spicer, que estava no Gramado Sul participando de um evento social regado a sorvetes com famílias de militares. Trump entregou a Dubke um pedaço de papel e disse: "O que você acha disso?". Era a carta de destituição de Comey. Demorou um minuto para Dubke processar o que estava acontecendo. Em seguida, ele disse: "O senhor não pode simplesmente colocar isso em um comunicado de imprensa. Na verdade, precisa entregar isso pessoalmente a ele, e há algum protocolo que precisamos seguir aqui".

"Tudo bem", disse Trump. "Keith, venha aqui."

Keith Schiller era obstinadamente leal a Trump. Com físico imponente, o ex-agente da unidade de combate a narcóticos do Departamento de Polícia de Nova York era guarda-costas pessoal e diretor de segurança de Trump havia quase duas décadas. Ele faria praticamente qualquer coisa por Trump, de esmurrar manifestantes que considerasse uma ameaça a remover jornalistas à força e até buscar Big Macs para o presidente. Na Casa Branca, Schiller era diretor de operações do Salão Oval e trabalhava em um escritório do tamanho de um armário, ao alcance da voz da mesa presidencial. Agora, Trump acreditava que estava honrando seu tenente de confiança com uma missão importante.

"Keith, você gostaria de demitir o diretor do FBI?", perguntou Trump.

"Sim, senhor, eu gostaria."

"Tudo bem, Keith, você vai se encarregar dessa tarefa", disse o presidente, passando-lhe o grande envelope que queria que ele entregasse.

Trump estava tão empolgado em registrar aquele momento na história que pediu à fotógrafa oficial da Casa Branca, Shealah Craighead, que fosse ao Salão Oval. Schiller partiu para entregar pessoalmente o envelope na sede do FBI, e foi só então que a Casa Branca percebeu que Comey estava em uma viagem de trabalho em Los Angeles. No meio de toda a confusão, ninguém verificara o paradeiro do diretor do FBI.

Em seguida, Trump notificou os líderes do Congresso, mas ficou surpreso quando o líder democrata do Senado, Charles Schumer, não o apoiou. "Pensei que você estaria de acordo com isso", disse Trump. "Você queria que ele fosse embora. Por que isso não é bom?"

Spicer e Dubke se desdobraram para montar um plano de divulgação na imprensa em questão de minutos. As notícias da demissão de Comey começaram a pipocar às 17h48, e teve início o pandemônio. Nos meses seguintes, tais demissões pareceriam rotina. Mas, naquele momento, Rosenstein estava embasbacado. Nunca lhe ocorrera que Comey seria executado de uma maneira tão fortuita.

Enquanto isso, Trump sentou-se em frente à televisão para assistir à cobertura jornalística, e foi ficando cada vez mais enfurecido à medida que a noite avançava e seus assessores não apareciam à frente das câmeras para defendê-lo. Ele estava sendo esmagado, em vez de aplaudido. O problema era que seus porta-vozes ainda estavam afobados para encontrar razões que justificassem a demissão de Comey e definir que argumentos convincentes usariam. Exasperado, Trump ligou para Chris Christie.

"O que está acontecendo? Estão acabando comigo", disse Trump a seu amigo.

"Você criou uma tempestade de merda", disse Christie. "E o que dizer da pior equipe de funcionários de todos os tempos? Porra, você não sabia que o cara estava em Los Angeles? Você enviou o Keith Schiller com uma carta pra um cara que estava a 4600 quilômetros de distância?"

"Eu sei, eu sei. Essa incompetência do caralho", disse Trump. "Me deixa louco."

Christie perguntou a Trump por que ele demitira Comey. O presidente respondeu que era porque Rosenstein havia escrito um memorando descrevendo motivos para aquilo.

"Eu tenho a solução pra você", disse Christie. "Coloque o Rosenstein na TV agora. Se isso aí é obra do memorando dele, manda o Rosenstein dar a cara a tapa e fazer a coisa toda."

"Isso é brilhante. Vou ligar pro Rod agora mesmo e colocar o cara na televisão", disse o presidente, encerrando às pressas a conversa com Christie.

Sarah Isgur Flores, porta-voz do Departamento de Justiça, recebeu uma ligação da Casa Branca repassando instruções de Trump para Rosenstein. "Eles precisam que você dê uma entrevista coletiva e diga que a demissão de Comey é ideia sua", ela disse a Rosenstein.

"Não posso fazer isso", disse Rosenstein. "Não posso mentir."

Pouco depois, Spicer, Sarah Sanders, vice-porta-voz da Casa Branca, e Kellyanne Conway, conselheira do presidente, concederam uma rodada de entrevistas para emissoras de televisão em Pebble Beach, a área com uma plataforma elevada ao longo da Ala Oeste onde jornalistas se posicionam para fazer gravações ao vivo com a Casa Branca iluminada ao fundo. Os assessores de Trump tentaram distanciar o presidente da decisão e defender a falsa alegação de que a ideia de exonerar Comey viera de Rosenstein. Eles insistiram que a demissão nada tinha a ver com a Rússia e que se tratava de uma recomendação do Departamento de Justiça, mas estavam desinformados — tanto que Spicer e Conway cometeram uma gafe ao tentar dizer o nome do vice-procurador-geral — em vez de *Rouzenstáin*, pronunciaram *Rozênstin* e *Rozenstaine*.

Na CNN, Anderson Cooper argumentou com Conway que era ilógico que Trump, agora em seu quarto mês no cargo, de repente, depois de todos aqueles coros de "Prendam ela!" em seus comícios, decidisse que Comey havia sido injustamente duro com Hillary Clinton no caso dos e-mails. "Isso não faz sentido", disse Cooper, irritado.

"Faz sentido, sim", insistiu Conway.

Acompanhando de sua casa, em Nova Jersey, vestindo shorts e camiseta, Christie percebeu que, se Conway estava no ar se esfalfando para explicar a decisão, Rosenstein não seria persuadido a ir à TV. Alguns minutos depois, o telefone de Christie tocou. Era Conway. Sussurrando, porque estava na sala de jantar privativa do presidente, ele disse que a CNN exibiria um programa especial ao vivo às onze da noite, e Trump queria que Christie estivesse lá para defendê-lo. Christie ficou pasmo.

"Diga ao presidente que eu entro no ar logo depois do Rosenstein. Logo depois dele", respondeu Christie a Conway.

"Acho melhor você mesmo dizer isso a ele", respondeu ela, passando o telefone para Trump.

"Você não pode fazer isso por mim?", perguntou o presidente a Christie.

"Não, senhor, não é isso", respondeu ele. "Farei isso pelo senhor logo depois do Rod. Quero ouvir o Rod dizendo em rede nacional que lhe deu esse memorando e que por causa dele o senhor demitiu Comey. Assim que Rod disser isso, poderei fazer minha parte."

Não haveria aparição de Rosenstein na TV. Naquela noite, ele ficou em seu gabinete no Departamento de Justiça, vermelho de raiva por ter sido usado. Rosenstein ligou para McGahn para transmitir um aviso: ele renunciaria se a Casa Branca persistisse com a história falsa de que seu memorando era o pretexto para Trump demitir Comey. "Não terei condições de ficar aqui se o governo todo continuar contando uma história falsa sobre mim", disse a McGahn.

Rosenstein, de 52 anos de idade, era um dos indicados por George W. Bush que havia sido treinado no Departamento de Justiça em vez de promovido por sua lealdade partidária; tinha uma reputação impecável de escrupuloso e metódico advogado em Maryland. Austero, parecia um Jimmy Stewart dos tempos modernos, lembrando aos membros de sua equipe da importância de permanecerem sempre humildes e bondosos. Mas agora, no seu 14º dia de trabalho, alguns diriam que se assemelhava mais a Tom Hagen, advogado da família criminosa Corleone e *consigliere* de *O poderoso chefão*, interpretado nos filmes por Robert Duvall. Ele temia que sua carreira fosse reduzida a cinzas por um presidente destrutivo.

Entre seus muitos colegas no Departamento de Justiça, havia uma profunda preocupação com a possibilidade de Rosenstein ter cruzado uma linha perigosa. Havia apenas duas interpretações possíveis do que ele fizera, disse um veterano do departamento. "Ou Rod intencionalmente ajudou o presidente a demitir o diretor do FBI para tentar se livrar dessa investigação ou ele foi inconscientemente uma ferramenta do presidente. Ambas as possibilidades eram terríveis."

Em 10 de maio, um sentimento de pânico tomou conta do quartel-general do FBI, o imenso edifício J. Edgar Hoover, de estilo soviético, na Pennsylvania Avenue, e da sede do Departamento de Justiça do outro lado da rua. Muitos se perguntaram se a investigação de conluio com a Rússia agora estava em perigo. Andrew McCabe, diretor adjunto do FBI e aliado próximo de Comey, do dia para a noite tornou-se diretor interino do órgão, mas tanto McCabe como seus colegas tinham a expectativa de que ele poderia ser exonerado. "Foi um momento tumultuado, para dizer o mínimo. Francamente, era uma loucura atrás da outra", lembrou mais tarde o advogado do FBI Jim Baker, em depoimento no Congresso. "Na minha cabeça, o diretor ser demitido porque o presidente não gostava do fato de que ele estava investigando a Rússia era uma doideira."

Em sigilo, o FBI pensava em abrir uma investigação sobre Trump por obstruir a investigação a respeito da Rússia desde que Comey retornara de uma reunião privada com o presidente em 14 de fevereiro na qual ele fizera menção à investigação sobre Michael Flynn e dissera que esperava que Comey estivesse "disposto a considerar seriamente a possibilidade de deixar isso para lá, de livrar a barra de Flynn". Comey resistira a descartar em público essa possibilidade; ele sabia que um dia o presidente poderia estar sob investigação. Agora, alguns julgavam que a demissão de Comey por Trump dava ao FBI uma razão para investigá-lo urgentemente. "Precisamos abrir agora o caso que estávamos aguardando, enquanto Andy é o interino", escreveu o agente de contrainteligência do FBI Peter Strzok em uma mensagem de texto para a advogada do FBI Lisa Page, ponto de vista endossado por McCabe.

Também em 10 de maio, em meio ao tumulto que se seguiu à demissão de Comey, Sessions, Rosenstein e McCabe acabaram na mesma sala, na festa de despedida de Mary McCord, a procuradora-geral adjunta interina, que fora trabalhar na divisão de Segurança Nacional. Ela estava saindo porque temia as irresponsabilidades do governo Trump e porque detestava Sessions, que considerava um misógino xenófobo com pouco respeito pela lei. Inesperadamente, Rosenstein perguntou se poderia se juntar à lista de pessoas que se incumbiram de tecer comentários sobre McCord, que fizera uma longa carreira no Departamento de Justiça. Ele falou da reputação impecável dela em colocar seu dever para com o povo acima da política. Ao elogiá-la, tentou lembrar às pessoas quem ele era e o que valorizava, num momento em que muitos tinham dúvidas palpáveis.

Enquanto isso, no Capitólio, parlamentares democratas e republicanos estavam expressando sérias preocupações, e alguns deles compararam a demissão de Comey por Trump com a demissão de Archibald Cox, o procurador especial do caso Watergate, por ordens do presidente Nixon. "Isso é nada menos que nixoniano", disse o senador Patrick Leahy, democrata sênior do Comitê Judiciário. "Ninguém deve aceitar a justificativa absurda do presidente Trump de que ele agora está preocupado com o fato de o diretor do FBI Comey ter tratado injustamente a secretária de Estado."

Em 10 de maio, o vice-presidente Pence foi ao Capitólio, e os jornalistas fizeram uma saraivada de perguntas sobre se Trump estava tentando interromper a investigação do FBI acerca da interferência russa nas eleições. "Deixem-me esclarecer uma coisa para vocês: não se tratou disso", respondeu Pence. No entanto, o vice-presidente sabia mais do que compartilhou com a imprensa. Ele estivera na reunião do Salão Oval em que Trump explicara seu plano.

Naquele mesmo dia, por coincidência, o ministro das Relações Exteriores da Rússia, Sergei Lavrov, estava na cidade. Trump convidou Lavrov e o embaixador russo Sergei Kislyak para um encontro e uma sessão de apresentações no Salão Oval. Uma vez que a história de Comey dominava os noticiários, a Casa Branca impediu a imprensa de registrar a sessão com os russos. Mas um fotógrafo da agência de notícias estatal russa TASS acompanhou a comitiva e tirou fotos de um jovial e relaxado presidente dos Estados Unidos sorrindo e apertando as mãos dos enviados do Kremlin, imagens que o Ministério das Relações Exteriores da Rússia publicou quase imediatamente no Twitter. Trump se gabou para os russos: "Acabei de despedir o diretor do FBI. Ele era doido, um verdadeiro maluco. Enfrentei grande pressão por causa da Rússia. Isso já foi eliminado". Em seguida, o presidente disse aos russos o que a seu ver era o fato mais importante que todos os que fazem negócios com ele deveriam saber: "Não estou sob investigação".

Em 11 de maio, frustrado com o fato de que sua equipe de imprensa não tinha conseguido conter a maré de manchetes ruins, Trump decidiu que seria seu próprio porta-voz. Ele deu uma entrevista ao apresentador da NBC

Lester Holt em que disse que teria demitido Comey independentemente da recomendação de Rosenstein. Também reconheceu que a investigação sobre a Rússia influenciou sua decisão. "Quando decidi fazer isso, eu disse a mim mesmo: 'Sabe, essa coisa da Rússia, com Trump e Rússia, é uma história inventada, é uma desculpa dos democratas por terem perdido uma eleição que deveriam ter vencido'", disse Trump a Holt.

Em 11 de maio, Rosenstein convocou os altos funcionários do Departamento de Justiça que supervisionavam a contrainteligência, a segurança nacional e os casos criminais para uma sessão estratégica privada. Circulavam na mídia especulações desenfreadas de que Trump demitira Comey para torpedear a investigação do FBI sobre a Rússia, mas Rosenstein disse a eles para seguir em frente e não medir esforços. "Na qualidade de vice-procurador-geral dos Estados Unidos, estou instruindo vocês a investigar todas as pistas disponíveis e, se houver alguma irregularidade, descobrir", disse ele.

Rosenstein perguntou às pessoas ali reunidas se acreditavam que o Departamento de Justiça era capaz de continuar conduzindo a investigação sobre a Rússia ou se julgavam que ele deveria considerar a possibilidade de nomear um procurador especial, como McCabe vinha recomendando com insistência. Rosenstein parecia inclinado a deixar que o Departamento de Justiça continuasse comandando o espetáculo. Mais tarde, algumas autoridades presentes cuja opinião era de que havia a necessidade de um procurador especial apelidaram a sessão de "a reunião TCR de Rosenstein"— em um acrônimo de "tirar o cu da reta" —, imaginando que mais tarde o vice-procurador-geral poderia alegar que havia perguntado a todos os seus homens e mulheres do alto escalão e que eles tinham concordado.

Na sexta-feira, 12 de maio, Rosenstein parecia abalado pelo estresse da semana. Em sua agenda estava programada uma viagem ao quartel-general de vidraças verdes da Agência de Repressão às Drogas (DEA, na sigla em inglês) em Arlington, Virgínia. Ele faria breves comentários na cerimônia anual de deposição de coroas de flores em homenagem a agentes que tinham perdido a vida tentando investigar o tráfico de drogas. Rosenstein chegou cedo. Era uma mixórdia de exaustão e emoção. Seu anfitrião era um dos melhores amigos de Comey, Chuck Rosenberg, diretor interino da agência e um destacado promotor de carreira. Como Rosenstein, Rosenberg fora galgando posições hierárquicas no departamento até ser nomeado promotor federal pelo presidente Bush.

Rosenberg levou o vice-procurador-geral a um escritório próximo e fechou a porta. Eles conversaram em particular por alguns minutos. Rosenstein ficou um pouco apreensivo ao ver Rosenberg. Tentou lhe explicar que as coisas eram mais complicadas do que pareciam e que lamentava não poder dizer mais nada. Os dois homens saíram, e Rosenstein fez os comentários que ele havia preparado. Falou com reverência do estado de direito — esse arcabouço de princípios que prometia imparcialidade, responsabilidade, transparência e justiça básica —, que Trump vinha solapando diariamente.

McCabe vinha pressionando Rosenstein a nomear um procurador especial a fim de salvaguardar a investigação sobre a Rússia, mas Comey assumiu a responsabilidade pela solução do problema. Comey não confiava que Rosenstein fosse suficientemente independente ou agressivo para supervisionar a investigação, tampouco para escarafunchar os esforços do presidente para obstruí-la. Na manhã de 12 de maio, Trump provocou com um tuíte o ex-diretor do FBI: "É melhor James Comey torcer para que não haja gravações de nossas conversas antes de começar a vazar para a imprensa!". No fim de semana do Dia das Mães, tuítes de Trump sobre gravações "se infiltraram" no subconsciente de Comey. Ele acordou no meio da noite de segunda-feira, 15 de maio, e percebeu que tinha uma arma que poderia usar: sua própria versão delas. Comey decidiu vazar o memorando que ele havia escrito na ocasião sobre Trump dizendo para "deixar isso para lá" em relação à investigação a respeito de Flynn, palavras que mostravam o presidente tentando interferir em uma investigação criminal e obstruí-la; ele pediu a um amigo, Dan Richman, professor de direito da Universidade Columbia, que divulgasse detalhes do memorando para a imprensa. Em 16 de maio, Michael Schmidt, do *New York Times*, publicou a manchete "Memorando de Comey diz que Trump lhe pediu para encerrar investigação sobre Flynn".

Rosenstein ficou perplexo. Aquela era uma prova decisiva para os investigadores, mas, em vez de entregá-lo ao Departamento de Justiça, Comey havia ordenado que fosse divulgado na imprensa. "Por que ele faria isso?", Rosenstein perguntou a McCabe naquela noite. Rosenstein pensou consigo mesmo: "Por que ninguém me contou que o diretor do FBI estava mantendo um caderno de anotações sobre o presidente?".

Rosenstein percebeu que o memorando de Comey mudava o cenário. Ele ponderou que nomearia um procurador especial apenas se estivesse confiante de que tal pessoa seria capaz de fazer um trabalho melhor na condução da investigação sobre a Rússia do que os investigadores de carreira do FBI da equipe conhecida pelo codinome Furacão Fogo Cruzado. Tinha que ser alguém que entendesse de segurança nacional e guerra cibernética, alguém com credibilidade irrepreensível, grandes habilidades de gerenciamento e discrição absoluta. Na estimativa de Rosenstein, havia apenas uma pessoa que atendia aos pré-requisitos. Então ele ligou para Robert Mueller.

5. Eis que chega Mueller

O presidente Trump estava em plena busca por um novo diretor do FBI em 16 de maio de 2017 quando um ex-agente federal arquetípico com expressão impenetrável e pinta de ator foi secretamente escoltado à Casa Branca. Robert Mueller tinha as credenciais de homem da lei e o ar durão tão valorizados por Trump: atleta vitorioso, aluno de Princeton, comandante de pelotão nos fuzileiros navais, procurador federal, diretor do FBI nos primeiros doze anos da guerra contra o terrorismo, com queixo quadrado, cabelos grisalhos curtos e cara de poucos amigos.

Lenda viva na comunidade da lei, Mueller, 72 anos, chegara enfim a uma espécie de semiaposentadoria, trabalhando num dos escritórios de advocacia mais prestigiosos de Washington, o WilmerHale. Ele deixou claro para os assessores de Trump que não tinha o menor interesse em voltar ao FBI, o qual dirigira por dois anos além do período normal de dez a pedido de Obama, antes de se aposentar em 2013. Mas o procurador-geral Jeff Sessions insistira que ele se encontrasse com o presidente de um modo ou de outro.

O plano era simples: fazer Mueller explicar a Trump o FBI moderno — como a agência evoluíra de ajudar a prender chefes mafiosos a identificar células terroristas adormecidas — e enfatizar a importância histórica de sua independência política. Os assessores do presidente imaginavam que ele pudesse se encantar com o perfil de Mueller e internalizar seus conceitos. Então talvez Trump tivesse uma ideia melhor de quem deveria suceder a

James Comey na direção do FBI e, principalmente, evitasse cometer alguma interferência imprópria.

Mueller chegou à Ala Oeste pelos fundos, para driblar a mídia. Era um sujeito intimidador. Caminhou na direção de Steve Bannon, que discutia com a assessora de comunicação, Hope Hicks, alguma tarefa não relacionada, na frente do Salão Oval, e estendeu a mão ao se apresentar. "Oi, Steve. Bob Mueller", disse.

Mueller comentou amistosamente sobre o passado militar de ambos. "Não acredito que um membro das forças navais deixou sua filha se matricular em West Point", ele falou para Bannon, que fora oficial da Marinha. Bannon ficou surpreso e impressionado por Mueller saber onde uma de suas filhas, Maureen, estudava. "Você não sabe da pior", disse Bannon. "Ela foi recrutada pela Academia Naval."

Os dois riram e conversaram um pouco, mas Bannon não conseguia deixar de se sentir ligeiramente confuso, até mesmo assustado. Considerou quanta lição de casa o outro devia ter feito para saber aquilo sobre um assessor de Trump que nem figurava em sua pauta de reuniões. "Esse cara faz uma pesquisa do caralho", pensou.

A porta curva do Salão Oval se abriu e indicaram a Mueller que entrasse. Também estavam presentes Sessions, Rod Rosenstein e Don McGahn. Mueller tentou explicar que não tinha o menor interesse em voltar ao FBI, mas Trump parecia ser o único ali sem entender que não se tratava de uma entrevista de emprego de verdade.

Havia outra coisa que Trump não sabia. Rosenstein ligara privadamente para Mueller na semana anterior e lhe pedira para considerar o cargo de procurador especial, caso viesse a nomear um. Rosenstein afirmara a Mueller que ainda não se decidira. Mueller fora educado, mas sem se comprometer aceitando ou recusando.

Normalmente, na presença de alguém com o pedigree de Mueller, os assessores podiam contar com o bom humor de Trump, mas sua linguagem corporal — os braços cruzados, a expressão de leve enfado — revelava que não fora muito com a cara do ex-diretor do FBI. Trump estufava o peito, querendo impressionar, mas Mueller permanecia taciturno e imperturbado, como um homem tentando ser polido, mas se segurando para não falar mais do que devia. Durante a sessão, que durou menos de uma hora, Mueller não fez o menor esforço para agradar o sujeito sentado à mesa presidencial.

No dia seguinte, 17 de maio, Trump discursou para os graduandos da Academia da Guarda Costeira dos Estados Unidos. Familiares e professores se reuniam para celebrar um marco transformador na vida daqueles jovens, mas o presidente aproveitou para desafogar suas mágoas pessoais. "Nenhum político na história, e digo isso com a maior segurança, foi mais maltratado ou injustiçado do que eu", declarou.

De volta a Washington à tarde, Trump tinha nova rodada de entrevistas com candidatos a diretor do FBI. O vice-presidente Pence, Sessions, Rosenstein e McGahn, além de outros assessores, costumavam estar presentes nessas sessões. Eles instruíam Trump sobre o currículo de cada um e se reuniam com ele entre uma entrevista e outra para ver o que achara do candidato que acabara de sair. Rosenstein tinha particular interesse no processo e se orgulhava de ter selecionado opções excelentes. Mas, após a primeira entrevista da tarde, McGahn notou algo estranho.

"Cadê o Rod?", perguntou.

"Não o vi o dia todo", respondeu Jody Hunt, chefe da equipe de Sessions.

Eles passaram à entrevista seguinte, mas poucos minutos após o início um assessor enfiou a cabeça no Salão Oval e avisou McGahn que tinha uma ligação importante para ele. O conselheiro da Casa Branca saiu discretamente para atender.

"É o Rod", disse a voz ao telefone.

McGahn ficou aliviado. "Escuta, a gente está entrevistando os diretores do FBI aqui", ele falou para Rosenstein. "Onde você tá?"

"Preciso contar uma coisa", disse o vice-procurador-geral. "Acabei de nomear um procurador especial pra supervisionar a investigação da Rússia."

McGahn levou um susto. Foi como um flash disparado na sua cara, fazendo-o fechar os olhos.

"O quê?", disse, tentando manter o controle. "Você fez o quê?"

Rosenstein repetiu.

McGahn respirou fundo e soltou o ar devagar, pensando em tudo o que aquilo significava.

"Certo, Rod", ele falou, recuperando a calma. "Entendi. Quanto tempo eu tenho?"

Rosenstein afirmou que McGahn tinha algumas horas. "Não vai ser anunciado já."

McGahn voltou ao Salão Oval com a entrevista em andamento. Sua cabeça ficou tão a mil com a nova informação que mal processava o que o candidato ou Trump diziam. Ele não via a hora de terminar. Então outro assessor abriu a porta e disse que havia uma ligação para Sessions. O procurador-geral saiu para atender. Rosenstein lhe transmitiu a mesma notícia que dera a McGahn.

Sessions voltou ao Salão Oval, com o rosto branco como cera. Sentou numa das poltronas em semicírculo diante da mesa presidencial. Virou de lado para encarar McGahn, com o rosto que revelava todo o seu temor diante do que estava por vir. McGahn interrompeu a entrevista, dizendo a Trump que o tempo se esgotara. Quando a porta se fechou às costas do candidato, McGahn disse: "Acho que o procurador-geral precisa contar uma coisa para o senhor".

"O que foi, Jeff?", disse Trump.

"Bem, há, sr. presidente", disse Sessions, erguendo o dedo, depois parando e olhando para o chão. "Bom, há, temos um procurador especial." Ele explicou que Rosenstein nomeara Mueller.

Trump fitou McGahn, genuinamente confuso.

"O que ele está tentando dizer é que o Rod acaba de nomear um procurador especial e escolheu o Bob Mueller para investigar o negócio da Rússia", informou McGahn.

"O que foi que você acabou de dizer?", perguntou Trump, horrorizado. "Jeff, é verdade?"

Sessions fez que sim, evitando o olhar do presidente.

"É sério?", insistiu Trump.

"Mais sério impossível", retrucou McGahn.

Houve um silêncio palpável no ambiente, diferente de tudo o que haviam testemunhado na presença do falastrão Trump, capaz de preencher qualquer silêncio. O presidente afundou em sua cadeira e suspirou fundo, como alguém abrindo espaço para mais oxigênio nos pulmões a fim de soltar um grito poderoso.

"Ah, meu Deus", exclamou Trump. "Isso é terrível. Meu governo acabou. Estou fodido!"

E continuou.

"Estão pouco se lixando pra verdade", disse o presidente. "A única coisa que interessa pra essas pessoas é foder você. Nunca encontram nada. Pegam um monte de gente que nunca falou com você e fazem um interrogatório."

Então Trump direcionou todo o seu veneno a Sessions.

"A culpa é sua", disse. "Você é fraco. A culpa é toda sua."

Sessions disse que não era justo. "Se acha que isso está errado, então peço demissão", disse o procurador-geral.

"Quer saber de uma coisa, Jeff?", disse Trump. "Tem razão. Você devia pedir demissão mesmo!"

Os olhos de Sessions ficaram marejados. Ele fazia muita força para segurar as lágrimas. McGahn, Pence e Hunt observavam o presidente torturar o procurador-geral na sua frente. O vice interveio. "Podem nos dar um minuto?", perguntou Pence, encarando Hunt e McGahn. McGahn concordou com Pence que era uma boa ideia e se levantou para sair. Ele e Hunt não precisavam ver aquilo.

Uma vez a salvo fora do Salão Oval, Hunt virou para McGahn, boquiaberto. "Ai, meu Deus...", exclamou com seu sotaque de sulista. Os dois escutavam a descompostura presidencial vinda do salão histórico que tinham acabado de deixar. Repreendendo Sessions, Trump disse: "Era pra você me proteger", mas "você me deixou na mão".

Minutos após a sessão privada com Trump e Pence, Sessions saiu do Salão Oval e McGahn levou o braço às suas costas. "Não peça demissão", disse McGahn. "A gente precisa de você. Isso passa. A gente conversa à noite. Não se demita."

Enquanto Sessions se encaminhava à saída da Ala Oeste, McGahn seguiu pelo corredor até a sala de Reince Priebus e enfiou a cabeça pela porta. "Você não sabe do pior", foi logo falando, com o rosto vermelho de indignação. "Sessions acabou de pedir demissão e a gente tem um procurador especial."

"Não!", disse Priebus, com ar horrorizado. "Cadê o Sessions?"

O chefe de gabinete passou correndo por McGahn e trotou até o Salão Oval, onde encontrou Pence. "Cadê o Jeff?", perguntou Priebus ao vice-presidente. Pence confirmou que Sessions pedira demissão e estava de saída. Priebus correu até o estacionamento para ver se o pegava antes de ir embora. Ele se sentou no banco traseiro do carro de Sessions e perguntou: "O que está acontecendo?".

Humilhado, Sessions disse: "Ele não me quer por perto. Chega. Cansei".

"Você não pode se demitir", disse Priebus. "A gente não vai sobreviver a um fiasco com o procurador-geral, o procurador especial e o diretor do FBI, tudo ao mesmo tempo."

Priebus voltou com Sessions para sua sala, onde, junto com Pence e os demais, convenceu o procurador-geral a não pedir demissão imediatamente e a tirar um tempo para refletir sobre o que fazer.

O medo de Trump era real. No republicano Mueller, ele encontrou um adversário tenaz e sem nenhum podre. Austero, reservado e moralista, em conversas privadas ele defendia os princípios tradicionais de responsabilidade do partido na atuação governamental. Mas era visto como apolítico e acima da crítica por seus estimados serviços tanto no governo Obama como no de George W. Bush.

Amigo de longa data de Mueller, Tom Wilner falou sobre as lições de vida aprendidas por Mueller na St. Paul's School, em New Hampshire, similares às incutidas em alunos de outras escolas preparatórias de elite da época, incluindo a St. Albans School, em Washington, alma mater do próprio Wilner. "Sempre tomar o caminho difícil e correto em lugar do fácil e errado", disse. "Nunca comprometer seus princípios. Fazer o que é certo, custe o que custar. Tudo o que importa é honestidade, integridade e lealdade à família e a seus princípios. Bob é assim. Eu brinco que ele é tão certinho que chega a ser um pé no saco. Nunca vai transpor essa linha e fazer algo que julga incorreto ou partidário. Nunca. Jamais. Ele é correto demais."

Mueller passara duas décadas montando processos contra mafiosos, gângsteres assassinos e narcotraficantes em Boston, San Francisco e Washington até se tornar diretor do FBI, em 4 de setembro de 2001, exatamente uma semana antes que os sequestradores comandados por Osama bin Laden orquestrassem o pior ataque terrorista sofrido pelos Estados Unidos. Então ele procedeu à reorganização geral da principal agência de investigação do país para caçar terroristas no mundo todo e frustrar planos antes de serem executados.

Carrancudo e com frequência mal-humorado, Mueller era muito exigente com seus subordinados no FBI — e ocasionalmente perdia a paciência. Sabatinava seus investigadores sobre cada detalhe das evidências que haviam reunido em seus casos, muitas vezes encontrando furos no trabalho deles. Como fizera a vida toda, pegava no batente às seis da manhã todo dia. Quando os agentes e detetives do FBI chegavam, entre 7h30 e 8h, encontravam post-its de Mueller pregados em suas cadeiras:

"Passei aqui e você não estava. Cadê você?"

"Me procura quando chegar, Bob."

Mas a figura do agente incorruptível inspirava profunda lealdade em seus colegas. "Eu andaria sobre brasas pelo Bob Mueller, pra você ter uma ideia da admiração e do respeito que tenho por ele", disse Chuck Rosenberg, seu antigo conselheiro jurídico. "E houve momentos em minha carreira, trabalhando para o Bob, que foi como se andasse mesmo."

Frank Figliuzzi, que trabalhou para Mueller como diretor assistente de contrainteligência, comentou que Louis Freeh, chefe da agência por oito anos antes de Mueller, intitulara seu livro de memórias *My FBI*. "Só o nome já é uma coisa que Mueller nunca teria usado", afirmou Figliuzzi. "O que ele diria é: 'Estou cuidando temporariamente do FBI. Não é meu FBI. É o FBI do povo americano, e devo cuidar dele por um tempo."

Lisa Monaco, chefe de equipe de Mueller, lembrou que a palavra "eu" era proibida em seus discursos. "Ele literalmente riscava 'eu', um por um, e punha 'nós' ou 'o FBI e seus parceiros' no lugar", disse Monaco. "O importante era que não girasse em torno dele. Comecei a pegar a caneta vermelha e a tirar a palavra 'eu' antes, para poupar aquele trabalho. Eu sabia que nenhum passaria na primeira leitura."

Na Casa Branca, na tarde da nomeação de Mueller, Trump e sua equipe tentavam reagir. Tinham pouco tempo antes que o anúncio fosse feito pelo Departamento de Justiça. Hicks e outros assessores se reuniram com o presidente para editar um pronunciamento. Ela digitava um rascunho em seu computador e imprimia em corpo dezesseis; Trump fazia alterações com uma caneta preta. Hicks incorporava as mudanças e o processo se repetia. Enquanto ela digitava uma versão, um punhado de outros assessores lia sobre seus ombros, incluindo Jared Kushner, que viu algo positivo no que estava acontecendo.

"Isso é ótimo", ele falou para os colegas. "Não precisamos nos preocupar." Kushner se referia à investigação do Comitê Selecionado de Inteligência do

Senado sobre a interferência russa. Presumia que, com a nomeação de um procurador especial, a sindicância do Senado seria redundante.

"Você não entende como isso funciona", disse o diretor de comunicação Mike Dubke. "Tudo vai seguir simultaneamente. Vai passar pelo Mueller; haverá investigações no Congresso, no Senado. Virão atrás de você."

Então Dubke fitou Hicks. Ela se mostrara leal a Trump atuando como porta-voz da Casa Branca e companheira de viagens, e era bastante madura para seus 28 anos, ainda mais quando se tratava de desconversar sobre as deficiências do presidente e de gerenciar seus amuos. Mas Hicks era nova em Washington e Dubke temia que pudesse ser ingênua sobre alguns costumes, especialmente no caso de investigações. Devido a sua ligação próxima com o presidente, sem dúvida seria chamada para depor. Dubke achava que devia procurar um advogado. Mal sabia que ela já fizera isso.

George Conway, um advogado conservador respeitado e muito experiente, derramou lágrimas de alegria quando Trump foi eleito. Um republicano da gema, ele tentara expor a conduta imprópria de Bill e Hillary Clinton na década de 1990 e ficara aliviado ao ver um obstáculo no caminho dela para a Casa Branca. George sentia especial orgulho da esposa. Kellyanne recebera — no entender do marido, com méritos — boa parte do crédito por conduzir Trump à vitória. Ela tentou ajustar a mensagem populista do candidato para atrair um conjunto mais amplo de eleitores, incluindo membros sindicalizados da classe trabalhadora, mais do que levemente desconfiados de Trump, mas que se afastavam dos democratas e republicanos ricos e poderosos. Era uma especialista em distorcer os fatos, confrontando âncoras de noticiários a qualquer hora do dia para aparentemente eliminar todos os problemas de Trump.

Na noite de gala antes da posse, Trump se derreteu em agradecimentos a Conway por ir além de suas obrigações com os adversários. Ele chamou "minha Kellyanne" ao palco e fez uma mesura. "Ela aparece [na televisão] e acaba com eles", disse o presidente eleito. "Obrigado, querida, obrigado."

Quando Trump procurava partidários capazes para preencher as centenas de cargos no governo, seus lugares-tenentes perguntaram ao marido de Kellyanne, antigo aluno de Harvard e da Faculdade de Direito de Yale, se gostaria de dirigir a divisão civil do Departamento de Justiça. George Conway havia esperado inicialmente ser nomeado advogado-geral, mas aceitou. Estava honrado. Mas, vendo o caos sobrevir a praticamente qualquer medida adotada pela Casa Branca de Trump nos primeiros meses, ele ficou primeiro preocupado com sua decisão, depois relutante. Percebeu que protelava a entrega dos dados financeiros pessoais exigidos para poder ser formalmente nomeado. No fim de abril, Rachel Brand, uma amiga da Sociedade Federalista que aguardava a indicação para um cargo de primeiro escalão no Departamento de Justiça, perguntou a Conway por que ainda não entregara a papelada; Conway lhe assegurou que já estava terminando.

Então chegou 9 de maio. Trump demitiu Comey. No dia seguinte, Conway, na sala de espera de um consultório médico em Nova Jersey, lia o *Washington Post* em seu iPad. A manchete dizia: "Por dentro da raiva e da impaciência de Trump". Citando trinta fontes na órbita do presidente, a reportagem informava que ele andava cismado com a lealdade de Comey e com a investigação russa, contrariando o que alegara a Casa Branca: que o presidente mandara Comey embora devido ao memorando de Rosenstein sobre sua condução da investigação de Clinton. O queixo de Conway caía um pouco mais a cada linha do artigo.

"Ah, não", pensou. "Não, não, não."

Presumindo que a história fosse verdadeira, deduziu que Trump estava patentemente procurando obstruir uma investigação do Departamento de Justiça que girava em torno de sua pessoa e de sua campanha. "Se o motivo foi esse, vai ser um desastre", pensou Conway. Nessa noite, 10 de maio, ele levou uma de suas filhas ao auditório da escola primária em Englewood, Nova Jersey, e se sentou ao fundo para assistir a um recital de flauta. Enquanto a menina e seus colegas afinavam os instrumentos, Conway mal conseguia se concentrar. Tentou pensar num modo de recusar delicadamente a oferta feita por Sessions no Departamento de Justiça. Enviou uma mensagem para a esposa, revelando ter sérias dúvidas. Kellyanne não gostou daquilo.

Nos dias subsequentes, George levou o assunto em banho-maria, mas quase deixando ferver. Na tarde de 17 de maio, quando atravessava a Madison Avenue de volta para o escritório, aproveitou uns poucos minutos livres e ligou para Brand. Uma hábil advogada muito benquista entre os conservadores, ela era a indicação de Trump para procuradora-geral associada e estava à espera do voto de confirmação no Senado.

"Ei, Rachel, podemos conversar em off por um minuto?", começou Conway.
Ela assegurou que era toda ouvidos para qualquer assunto.

"Estou muito preocupado com como esse governo está operando", disse
Conway. "Não tenho certeza se dá pra mim."

Conway esperava de certa forma que Brand, com seu pragmatismo do
Meio-Oeste, o ajudasse a decidir. Imaginou que ela lhe diria que tudo que lera
sobre a Casa Branca era ainda pior do que a realidade e que era importante
que ele servisse seu país e seu partido. Em vez disso, a normalmente estoica
Brand suspirou, dando a entender que também tinha ao menos algumas
reservas momentâneas.

"Sei como se sente. Ouvi dizer que acabam de encerrar minha votação",
disse Brand, que explicou então que estava dividida. "Adoro o Departamento
de Justiça. É uma honra. Mas vai ser uma loucura."

Na tarde ensolarada em Nova York, Conway deixou o escritório um pouco
mais cedo e voltou para casa em Nova Jersey. Indo no sentido norte da Henry
Hudson Parkway, quando tomava o acesso para a ponte George Washington
escutou um boletim de notícias da rádio CBS News: Rosenstein nomeara um
procurador especial para assumir a investigação russa.

Conway pensou: "Isso nunca vai funcionar". Como poderia trabalhar nos
altos escalões do Departamento de Justiça quando o chefe de sua esposa
declarava guerra a esse mesmo departamento? No tempo que levou para
cruzar a ponte, decidiu recusar o cargo no governo. Dias depois, ligou para
Kellyanne. George concordou em deixar que sua esposa ajudasse a elaborar
sua explicação para preservar a relação dela com Trump — contanto que
fosse tudo factual.

Ao mesmo tempo, outra figura no Departamento de Justiça se preparava
para cair fora. Após ser espinafrado por Trump, Sessions se fechou em sua
sala com os assessores para redigir uma carta de demissão. Estava furioso com
o tratamento recebido. Na manhã seguinte, 18 de maio, entregou nas mãos
do presidente uma cópia assinada. "Em conformidade com nossa conversa de
ontem, e a seu pedido, venho por meio desta oferecer minha demissão", dizia
a carta. Trump a enfiou no bolso e perguntou se Sessions queria continuar a
serviço do governo. Ele respondeu que gostaria de ficar, e Trump concordou

em mantê-lo como procurador-geral. Apertaram as mãos, mas Sessions não pegou a carta de volta.

Deixar a carta de demissão nas mãos de Trump fora um erro. Quando contou a Priebus sobre o ocorrido, o chefe de gabinete da Casa Branca disse: "Jeff, espera aí um segundo. O Departamento de Justiça tem que ser independente do presidente. Percebe o que acabou de fazer? Basicamente, você deu uma coleira para ele e deixou que pusesse em volta do seu pescoço. Não pode fazer um negócio desses. A gente precisa pegar a carta de volta".

Trump passou o dia num espírito belicoso, a começar pelo tuíte das 6h39, em que fazia uma alegação sem fundamento contra os democratas. "Com todas as ilegalidades cometidas na campanha de Clinton e no governo Obama, ninguém nunca nomeou um concelheiro [sic] especial!", escreveu o presidente, acrescentando em um segundo tuíte que a investigação russa era "a maior caça às bruxas contra um político na história americana!".

Trump prosseguiu em sua lenga-lenga de vítima numa coletiva de imprensa à tarde, quando, ao lado do presidente colombiano Juan Manuel Santos, insistiu: "Não tem conluio nenhum, certamente, vindo de mim ou da minha campanha, mas só posso falar por mim e pelos russos. Zero".

Por essa época, Trump comentou com Chris Christie: "Dá pra acreditar no Rosenstein? Nomear o Mueller. Por que ele mesmo não cuidou disso? Não tem nada pra achar. Não fiz nada".

Christie advertiu Trump sobre como o inquérito do procurador especial poderia levar a uma escalada de novos perigos. "Seu problema é que esse troço vai inchar e crescer, porque vão achar outros crimes", ele disse. "Dê tempo suficiente pra um promotor e um agente do FBI que eles encontram um crime. Eu costumava viver disso. Eles acham."

Em 19 de maio, Trump partiu em sua primeira viagem oficial ao exterior, um tour de nove dias por cinco cidades que o levaria a Arábia Saudita, Israel, Vaticano, a sede da Otan em Bruxelas e Itália para conferências de cúpula com líderes mundiais. Havia muito em jogo, sobretudo para um presidente temperamental cujo conhecimento dos assuntos estrangeiros era relativamente escasso. Mas, consumido como estava pela situação com Mueller, o despreparo de Trump não poderia ser maior. Quando o presidente e sua equipe partiam da base aérea Andrews para o voo de mais de doze horas até Riad, o *New York Times* divulgou pela primeira vez o que Trump dissera aos principais diplomatas russos durante sua reunião de 10 de maio no Salão Oval: Comey era "um perfeito desequilibrado" e com sua demissão ele se aliviara da "grande pressão por causa da Rússia".

Trump se inflamou. Embora a matéria não tivesse relação direta com o procurador especial, ele a interpretou como um sinal de que agora estava em guerra com seu próprio Departamento de Justiça e que os vazamentos misteriosos dentro do governo visavam ajudar os investigadores. Não parou de resmungar na cabine dianteira do avião. Assessores entravam e saíam tentando acalmá-lo. Procuraram mudar o foco para as reuniões na Arábia Saudita e o discurso histórico que ele ia fazer perante dezenas de líderes árabes. Havia muitos preparativos a considerar, mas a exasperação de Trump não cedia. Ele permaneceu acordado, com os olhos vermelhos, por todo o voo transatlântico.

"Isso é caça às bruxas!", gritava. "Não devia ter procurador especial nenhum!"

Sobre o *New York Times*, ele falou: "De onde tiraram isso?". Então se queixou ilogicamente de que havia vários detalhes incorretos, quando sabia que não era verdade. "Isso é inventado. Não tem fontes."

No dia seguinte, foi publicada nova bomba que instigou ainda mais a raiva e a paranoia presidenciais. O *Washington Post* afirmou em 20 de maio que a investigação russa identificara um alto assessor da Casa Branca, posteriormente confirmado ser Kushner, como alvo de investigações, primeiro sinal de que o inquérito chegara aos escalões superiores do governo.

Em Riad, Trump se hospedou no Ritz-Carlton, um hotel-palácio monu-mental e suntuoso que para marcar a ocasião iluminava a fachada à noite com um retrato de Trump em tamanho gigante. Na suíte presidencial, a televisão foi ligada na CNN International — que, como o canal doméstico da CNN, cobria Trump na maior parte do tempo. Ele espumava de raiva diante do aparelho, cercado por assessores. Mas, a despeito da falta de concentração, Trump conseguiu passar os primeiros dias de viagem presidencial sem incidentes. Na verdade, seu discurso exortando o mundo muçulmano a confrontar o "extremismo islâmico" e eliminar a "violência fanática" foi bem recebido. Milagrosamente, ele se absteve de tuitar sobre a investigação russa, mesmo remoendo sentimentos de perseguição a cada mesa-redonda nas TVs a cabo a que assistia.

Em 22 de maio, Trump passaria ao compromisso seguinte em sua viagem, encontros em Jerusalém e Belém com líderes israelenses e palestinos, sem seus dois principais assessores, Bannon e Priebus, que haviam aproveitado uma carona para Washington no jato oficial do secretário de Comércio, Wilbur Ross, e regressado à Casa Branca. Eles tinham um presidente para proteger da investigação em rápido crescimento. E uma sala de guerra para preparar.

PARTE DOIS

6. Vestindo-se para a batalha

Após aterrissar em Tel Aviv em 22 de maio de 2017, Trump caminhou pelo tapete vermelho ao som triunfal de uma banda militar e prometeu levar a paz ao Oriente Médio. Foi conduzido em um tour pela Cidade Velha de Jerusalém, visitando a igreja do Santo Sepulcro para homenagear os cristãos e fazer uma oração na Muralha Oeste, onde pousou a mão nas antigas pedras usando um quipá, em solidariedade aos judeus. Ao jantar com o primeiro-ministro Benjamin Netanyahu, esboçou as linhas gerais de um plano de paz entre israelenses e palestinos e declarou sua recém-encontrada determinação de confrontar o Irã. As palavras apressadamente ensaiadas que saíam de sua boca o dia todo eram sobre o conflito incessante no Oriente Médio, mas a mente de Trump permanecia focada na investigação crescente do procurador especial sobre sua campanha.

Os assessores de Trump sabiam que ele precisava contratar alguém tarimbado em defesa do colarinho-branco, com experiência não só em direito como também no embate político. O problema era que a maioria dos grandes nomes não queria representá-lo. A busca de representação legal para Trump virou uma corrida de obstáculos acidentada e dolorosa, dificultada ainda mais pelas lealdades rivais, falsas promessas e facadas nas costas de sua equipe. Trump não tinha certeza quanto ao seu valor como cliente e temia a exposição pessoal, duas coisas que contaminavam sua função e o levavam a querer impedir a investigação. O homem mais poderoso do mundo não conseguia um advogado.

Ainda em 22 de maio, Trump fez uma ligação do Oriente Médio para Marc Kasowitz, convidando-o a trabalhar oficialmente para ele. Kasowitz era o matador de dragões do presidente, o advogado que por anos o representara em seus negócios e assuntos pessoais, incluindo uma série de falências e a briga para manter seu processo de divórcio sob sigilo. Agressivo e ardiloso, Kasowitz defendera Trump em casos difíceis e vencera. Ele também representava dois filhos do presidente, Ivanka e Donald Jr., contra acusações de fraude. Trump confiava no advogado bom de briga e o queria em seu canto do ringue imediatamente, embora ainda precisasse recrutar outros com um conjunto especializado de habilidades para atravessar as crises de Washington, coisa que faltava a Kasowitz, radicado em Nova York.

Kasowitz concordou, mas logo enfrentou o motim de alguns de seus sócios. O litigioso advogado de cabelos prateados e 64 anos de idade construíra um escritório altamente rentável e conquistara importantes investidores e empresas de Wall Street prometendo um trabalho superior ao de escritórios muito mais sólidos e tradicionais. Ele era uma máquina de fazer dinheiro, mas o Kasowitz Benson Torres já se queimara associando-se a Trump durante a campanha de 2016. Quando Kasowitz ameaçou processar o *New York Times* por publicar alegações de agressão sexual contra o então candidato Trump, parte dos maiores clientes corporativos do escritório, incluindo alguns cujas esposas eram importantes advogadas da casa, se queixou. Diversos sócios de inclinação liberal ficaram pessoalmente chocados quando Trump foi eleito, mas admitiam a possível vantagem financeira de prestar "consultoria" ao presidente.

O otimismo desses advogados chegou dramaticamente ao fim após 17 de maio, quando Mueller foi nomeado procurador especial do inquérito sobre a interferência russa na eleição e as eventuais ligações ou a coordenação entre Trump ou seus colegas de campanha e uma potência estrangeira hostil. Os sócios sabiam que sua cota dos polpudos lucros anuais dependia dos prodigiosos talentos de Kasowitz de fazer dinheiro, no entanto receavam que o balanço do escritório sofreria um golpe se ele assumisse esse papel altamente público defendendo Trump na investigação de Mueller. Outro motivo de preocupação era o fato de Kasowitz, um advogado comercial, carecer do traquejo legal para um escândalo do colarinho-branco envolvendo os cachorros grandes de Washington. Mas Kasowitz contava com algo que quase ninguém mais podia contar, nem mesmo entre o escalão mais elevado da Casa Branca: a confiança de Trump.

Kasowitz pensava em montar um "time dos sonhos" para defender o presidente. Ele e um de seus sócios, Mike Bowe, um conservador de cinquenta anos filho de bombeiro em cujos instintos agressivos Kasowitz confiava, saíram à procura de um advogado de escândalos experiente. As primeiras tentativas de encontrar excelentes talentos legais resultaram em fracasso. Então alguém se ofereceu de graça: John Dowd. Em 18 de maio, Bowe estava em seu escritório em Nova York, próximo à Times Square, quando recebeu um e-mail.

"Adoraria ajudar DJT [Trump] discretamente dos bastidores. [...] Não sei dizer se ele precisa de apoio jurídico, mas não faria mal algum ficar de olho nisso e fornecer aconselhamento de forma independente. Conheço Bobby Mueller", escreveu Dowd, que anexou um artigo do *New York Times* comentando sobre a insistência dos assessores de Trump em contratar um advogado baseado na capital.

Bowe disse a Dowd que pensaria a respeito e que conversaria com seu sócio. A reação anterior dos profissionais mais tarimbados à oferta de Kasowitz prenunciou as dificuldades por vir. Kasowitz ligou para Brendan Sullivan, a nata da defesa criminal do colarinho-branco; ele se ofereceu para ajudar a fazer recomendações, mas disse que não poderia aceitar Trump como cliente. Em 23 de maio, foi noticiado que Trump contratara Kasowitz. No dia seguinte, Dowd escreveu outra vez para Bowe: "Ótima notícia. Feliz em ajudar pro bono sempre que puder".

Dowd, de 76 anos, era uma lenda do direito que vivera seu auge duas décadas antes. Ex-fuzileiro, servira no JAG* e se tornara capitão na época do Vietnã. Após entrar para o Departamento de Justiça, liderara na década de 1970 a equipe de ataque contra o crime organizado, concentrada em matadores de aluguel e mafiosos. Bowe e Dowd ficaram amigos ao se consultar em alguns casos representando fuzileiros navais injustamente tratados por seus comandos. Os dois advogados se deram bem e tinham muito em comum, sendo dois típicos irlandeses bons de briga que lutariam com unhas e dentes por seus clientes.

Bowe achava que Dowd podia ajudar por fora a equipe legal de Trump. Ele conhecia bem os mecanismos do Departamento de Justiça e possuía muitos

---

* Judge Advocate General's Corp, Advocacia-Geral do Exército. (N. E.)

contatos em Washington. Em 25 de maio, Dowd enviou mais um e-mail para Bowe dizendo que estava a caminho de Nova York no trem-bala Acela para um evento à noite no Intrepid Museum, e propôs de se encontrarem. Bowe lhe disse que passasse em seu escritório às quatro da tarde, quando o apresentaria a Kasowitz. Os três se reuniram brevemente na sala de Kasowitz. "Foi um prazer, John", disse Kasowitz quando se despediram, afirmando acreditar que havia um lugar para ele na equipe. "Mike vai entrar em contato."

No domingo antes do Memorial Day, 28 de maio, pouco após as sete da manhã, o presidente disparou uma tempestade de tuítes esbravejando contra a cobertura de seus apuros feita pela imprensa. Algo que o exasperara particularmente fora o artigo de 26 de maio do *Washington Post*, que ainda dominava os noticiários, alegando que seu genro, Jared Kushner, propusera abrir um canal secreto com os russos durante a campanha. A matéria havia gerado profusos comentários na mídia sobre a possível traição de Kushner, tornando o genro do presidente radiativo e fazendo com que ele se sentisse vítima de um linchamento público. Trump condenou os vazamentos da Casa Branca como "mentiras fabricadas" e insinuou que os jornalistas "inventavam" fontes, acrescentando, "#FakeNews é o inimigo!". Trump queria pessoas para defendê-lo na televisão e para pensar em métodos legais de frustrar a investigação, mas, até o momento, apenas Kasowitz e Bowe haviam aceitado aquele papel.

Trump chamou dois ajudantes de confiança para uma visita: Corey Lewandowski e Dave Bossie, seus antigos gerente e vice-gerente de campanha, respectivamente. Ambos eram tratores políticos, o tipo de coordenador que Trump mais admirava. Bossie era mestre em lidar com os escândalos de Washington, tendo atuado como um dos principais investigadores republicanos no Congresso durante o governo Clinton, chefiando a comissão parlamentar de inquérito sobre o caso Whitewater e outros assuntos.

Trump queria saber se Lewandowski e Bossie estavam interessados em se juntar ao governo e conduzir a operação na sala de guerra. A dupla se encontrou com Reince Priebus e Steve Bannon para discutir a mesma proposta e tudo parecia acertado. Mas então Trump mudou de ideia. Disse para Lewandowski e Bossie: "Não quero vocês vindo aqui para depois estarem no meio quando eu mandar todo mundo embora".

Nesse mesmo dia, Kasowitz e Bowe haviam trocado sua base em Nova York por Bedminster, Nova Jersey, para se encontrar com Kushner e Ivanka Trump e viajarem juntos do clube de golfe particular do presidente até Washington. O casal ficara abalado com a matéria sobre o canal de comunicação paralelo e queria se consultar com eles. Antes de chegar a Bedminster, Kasowitz confidenciara a algumas pessoas suas preocupações crescentes com a presença de Kushner na Casa Branca, afirmando que Kushner talvez devesse sair do governo devido às complicações criadas por seus contatos russos. Quando ele e Bowe chegaram, Kushner reclamou do escrutínio e alegou que a matéria do *Washington Post* era inexata. Como faria repetidas vezes, afirmou que os russos tinham lhe pedido para abrir um canal secreto e que ele tinha confiança de que não fizera nada errado. Kushner e Ivanka Trump também pediram a Kasowitz e Bowe para ajudar a acalmar o presidente. O casal se queixou de que a Ala Oeste era um circo, muito mal dirigido por Priebus e Bannon.

Entrementes, Priebus e Bannon trabalhavam duro no que o presidente considerava o pilar mais importante: um porta-voz com prática em televisão para liderar sua defesa. Precisavam de um, pois Mike Dubke, que ajudara a conduzir a resposta da Casa Branca àquelas crises, incluindo a demissão de James Comey, acabara de se demitir após três meses como diretor de comunicação.

Depois do Memorial Day, Bannon se encontrou com Mark Corallo, um calejado coordenador de campanha republicano que os assessores de Trump tentaram sem sucesso trazer para a equipe de comunicação no início de seu mandato. Corallo, de 51 anos, era um veterano do Exército que trabalhara no Departamento de Justiça durante o governo George W. Bush, o que lhe proporcionou uma base de conhecimento de inquéritos criminais que poderia se revelar valiosa. Ele também tinha o visual que Trump queria para seu homem de frente: magro e musculoso, de cabelos brancos aparados e ternos sob medida.

Corallo considerava Mueller e Comey antigos colegas. Ele explicou a Bannon que no início admirara Comey. Mas, com o tempo, passara a vê-lo como um "santo do pau oco". Comey tinha o costume de estalar a língua e franzir o rosto para qualquer um que discordasse dele, contou Corallo. Quando repreendia alguém, revirava ligeiramente os olhos, como que dizendo: "Estou muito decepcionado com você. Sua bússola moral não funciona".

"Eu não confiaria nele tanto quanto não confiaria que conseguiria derrubá-lo do alto dos seus dois metros de altura", Corallo afirmou a Bannon.

"Opa, isso é interessante", falou Bannon. "Então você deve conhecer o Mueller também."

Corallo se derreteu em elogios: "Ah, adoro o Bob. O cara consegue o impossível".

"Sério?", disse Bannon.

"Tenho pouquíssimos heróis na vida fora jogadores de beisebol, mas [o antigo procurador-geral] John Ashcroft e Bob Mueller estão no topo dessa lista", falou Corallo. "Se precisarem de um procurador especial, ninguém melhor que o Bob Mueller. Se não tem nada pra descobrir, o relatório vai dizer exatamente isso. Ele é a pessoa certa pra vocês."

Bannon e Priebus então quiseram que Corallo se encontrasse com Trump. Era o meio da tarde. "Não tenho gravata", disse Corallo, surpreso. No governo George W. Bush, a agenda presidencial era rigidamente coreografada com semanas de antecedência e ninguém aparecia sem aviso para ver o presidente a menos que fosse urgente — e certamente não em um dia de semana sem gravata. Mas tais formalidades não importavam para Trump. Lá foram eles pelo corredor até a sala de jantar privada do presidente, onde a TV estava ligada e Trump folheava uma pilha de jornais. Ele recebeu Corallo de maneira calorosa e educada, e foram direto ao assunto. Bannon explicou a Trump que Corallo conhecia Mueller intimamente, então Trump disse: "Sou todo ouvidos".

"É o seguinte, sr. presidente", começou Corallo. "Se é pra ter um procurador especial, não existe pessoa melhor. Jim Comey e Bob Mueller, apesar do que o senhor possa pensar, não são amigos do peito. Não tem conflito. E o Bob Mueller é o cara mais honesto que existe. O senhor precisa entender que o cara é um servidor público de servidores públicos. Só se interessa pelos fatos. Ele não tem uma machadinha política para afiar. Não é contra nem a favor do senhor, no que se refere à lei. É com certeza o ser humano mais honesto que este país já produziu."

"Ah, não sei", disse Trump. "A história toda..."

As palavras morreram no ar.

"Não o culpo, sr. presidente", disse Corallo. "Entendo que seja desconfortável. Mas acho que, no fim das contas, depois que não encontrarem nada, o senhor sai com um atestado de boa conduta. E, se vem do Robert Mueller, é incontestável."

Trump parecia apreciar o modo prático e direto ao ponto de Corallo, mas não estava convencido da confiabilidade de Mueller. O presidente lhe pediu para voltar mais tarde naquele mesmo dia, para uma reunião sobre a investigação russa. Seria a primeira vez de Corallo no Salão Oval. Ele ficou arrepiado de sentar diante da mesa presidencial. Trump arengava sobre a investigação de Mueller — a injustiça contra ele próprio, como era perseguido —, mas Corallo pensava: "Reagan sentou aí. FDR sentou aí. Truman sentou aí. Ike sentou aí".

Corallo se deu bem de imediato com os advogados de Trump, sobretudo Bowe, um católico praticante mais ou menos de sua idade, também criado nos bairros operários nova-iorquinos. Corallo concordou na hora em trabalhar para Kasowitz e Bowe como estrategista de comunicação para a equipe legal externa do presidente. Mas tinha uma condição: "Nunca vou dizer nada desagradável contra Bob Mueller. Nada de ataques pessoais. De jeito nenhum. Se alguém me pedir pra fazer isso, estou fora; se outra pessoa na equipe atacá-lo pessoalmente, estou fora".

Kasowitz e Bowe concordaram: jamais difamariam a integridade ou as motivações de Mueller.

Ainda sem um advogado proeminente em Washington, Trump estava vulnerável. Então fez o que tantas vezes fazia em momentos de ansiedade: tentou assumir o leme. Trump achava que devia haver uma maneira de apelar ao patriotismo de Mueller e convencê-lo de que a investigação precisava acabar rápido, pois estava causando problemas ao presidente e desse modo enfraquecendo os Estados Unidos aos olhos dos adversários no mundo todo.

"Vão falar com o Mueller. Vocês precisam falar com ele", Trump instruiu Kasowitz e Bowe repetidas vezes. "Digam a ele que isso está atrapalhando demais minha capacidade de governar o país. Vamos ver o que é. Quem sabe a gente resolve logo isso?"

Para Trump, era um método clássico de resolver os problemas. Ele acreditava poder se safar de qualquer coisa cultivando uma relação pessoal e conversando de homem para homem. Após saber que Corallo conhecia Mueller de seus tempos juntos no Departamento de Justiça, Trump ficou nas nuvens. Na mesma hora pediu a Corallo para conversar com Mueller em seu nome.

Corallo arregalou os olhos, apreensivo. "De jeito nenhum", pensou. Kasowitz interrompeu e disse a Trump que aquilo estava fora de cogitação.

"É totalmente inapropriado e legalmente inaceitável", Kasowitz disse ao presidente. "Mark não é advogado."

Então o presidente invocou o secretário de Defesa Jim Mattis, que se destacava no governo por sua reputação de retidão. Trump pensou que, por serem ambos fuzileiros navais, Mattis talvez pudesse angariar a simpatia de Mueller. O presidente disse a seus advogados para dizer a Mueller: "O general Mattis falou que esse negócio é um problema".

Bannon e Priebus comunicaram seu ponto de vista de que o melhor era ficar longe do caminho de Mueller no futuro imediato, mas Bowe aconselhou: não presumam que sempre conseguirão manter Trump na rédea curta.

"Não sei se vocês gostam de pescar", disse Bowe. "Às vezes a gente precisa soltar o molinete. Se você estica a linha o tempo todo, corre o risco de arrebentar. Não pode ficar sempre puxando. Não dá para dizer 'não' para ele o tempo todo."

Como face pública do presidente, sua equipe legal também incluía Jay Sekulow, contratado no fim de maio. Advogado profundamente ligado ao establishment conservador de Washington, Sekulow, de 60 anos, era conselheiro chefe do Centro Americano de Direito e Justiça, tinha um programa de entrevistas no rádio e era antigo comentarista político da Fox News e da rede evangélica Christian Broadcasting Network. Também era íntimo de Sean Hannity, apresentador da Fox e amigo de Trump. O presidente ficara impressionado com como Sekulow se saía bem na TV e com sua rapidez em se desvencilhar de problemas. Achava que a voz mansa e a experiência dele poderiam emprestar credibilidade à sua defesa perante a mídia, além de ajudá-lo a superar a turbulência política.

A essa altura, Dowd entrara para a equipe de Trump e recomendou considerarem também a contratação de Ty Cobb, sócio da Hogan Lovells e veterano das investigações como conselheiro independente na época de Clinton. Dowd e Cobb se conheciam do tempo em que haviam trabalhado na Justiça e de sua participação em um gigantesco processo de uso de informações privilegiadas em Wall Street. Cobb foi tentado pelo desafio de representar

Trump, mas seu escritório o proibiu de fazê-lo, em grande parte pela toxicidade do cliente. Ele concordou em sair da sociedade, com pensão integral, e foi trabalhar para a Casa Branca como consultor jurídico especial, e não como um dos advogados pessoais de Trump.

Contudo, o presidente ainda precisava de um grande nome com credibilidade em Washington para sua equipe legal, alguém com o respaldo de um escritório de primeira linha. Numa espécie de mutirão, os assessores de Trump entraram em contato com Ted Olson, A. B. Culvahouse Jr., Emmet Flood, Robert Giuffra, Paul Clement e Dan Levin. A exemplo de Sullivan, todos recusaram educadamente.

Flood havia considerado o convite da equipe, mas na função de conselheiro presidencial da Casa Branca. Em uma ligação na primeira semana de junho, ele se surpreendeu ao saber que planejavam montar uma sala de guerra in loco no Eisenhower Executive Office Building, ideia de Bannon. Montar o quartel-general em plena Casa Branca parecia inadequado, tanto para o presidente como para sua equipe privada, mas Flood foi muito claro em sua advertência. "É uma absoluta loucura", disse.

Bowe acreditava ter encontrado o recruta ideal em Dan Levin, um advogado do colarinho-branco que trabalhara como chefe de equipe de Mueller no FBI e no Departamento de Justiça e que recusara o pedido do procurador especial para entrar em sua equipe. Levin alertara Mueller sobre promotores agressivos como Andrew Weissmann, pois achava que podiam querer colecionar escalpos e forçar a barra para "montar" um processo, mesmo na insuficiência de mérito nos fatos. Levin não era partidário de Trump, mas tinha a firme convicção de que até alguém impopular merecia advogados. Só que seu escritório não queria Trump como cliente.

Para os envolvidos na caça a um advogado para o presidente, o candidato mais memorável que escapou foi Reid Weingarten. Antigo sócio da Steptoe & Johnson, Weingarten era uma lenda graças à sua capacidade sobrenatural de conquistar o júri, eviscerar as principais testemunhas do governo e formar uma base de fãs entre alguns promotores que derrotara. Um de seus clientes bilionários, Steve Wynn, magnata dos cassinos de Las Vegas, disse a Trump que ele precisava conhecer Weingarten: "Ele é o melhor. Adoro o cara".

Weingarten fora independente a vida toda. Era um progressista social e muito amigo de Eric Holder, o primeiro procurador-geral do presidente

Obama. Ele afirmou a seus recrutadores que duvidava que poderia representar Trump. Por fim, porém, concordou em conversar com Trump em junho, sentindo que não se recusava um pedido do presidente para conversar, como explicou ao conselheiro da Casa Branca, Don McGahn.

Weingarten tinha um charme informal e por vezes uma boca suja que proporcionaram a ele e ao presidente certo terreno comum quando se encontraram no Salão Oval. Como fazia com a maioria dos advogados, Trump o sabatinou com uma surrada lista de perguntas sobre como aquele tipo de investigação funcionava. Weingarten, que havia tido seu batismo de fogo como promotor público anticorrupção por muitos anos, tirou aquilo de letra. Trump queria saber: Quais eram as intenções de Mueller? O que ele estava procurando?

O presidente confidenciaria posteriormente a alguns ter ficado chocado com a resposta de Weingarten: a essa altura, Mueller certamente teria cópias de suas declarações de imposto de renda, remontando a pelo menos cinco ou dez anos. Era um pedido básico que qualquer promotor teria feito numa investigação por potenciais conflitos, explicou o advogado. Trump também fez a Weingarten duas perguntas que fizera a outros advogados recentemente. Ele podia conceder o perdão presidencial a membros da família? E a si mesmo?

Weingarten se recusou a comentar a reunião com o presidente. Mas Trump afirmaria a algumas pessoas que Weingarten o advertira de que tecnicamente sim, embora a estratégia legal duvidosa correspondesse a um suicídio político. Ao fim da reunião, despediram-se amistosamente, ainda que constrangidos. Trump continuava sem ter certeza absoluta de que precisava de um advogado de defesa criminal. Afinal, a seus próprios olhos não cometera delito algum.

"Obrigado, Reid", disse Trump. "Se eu sentir cheiro de encrenca, quando farejar a cadeia, chamo você."

Então o advogado saiu. McGahn o chamou para se inteirar da conversa com o presidente. Como o conselheiro da Casa Branca contaria a alguns aliados, o experiente advogado o preveniu de que seu trabalho agora era um só: impedir o afastamento de Mueller. Embora Weingarten terminasse não trabalhando para Trump, o presidente repetidas vezes mencionava para seus assessores como gostava dele, recordando detalhes da conversa.

Normalmente, para um veterano na defesa do colarinho-branco, representar um presidente seria um prestigioso coroamento da carreira. Com Trump, não era bem assim. Essas grandes estrelas do direito percebiam que muita gente ligada a ele no fim acabava descartada e depreciada. Para Trump, seus advogados eram meras ferramentas para ajudar a distorcer a lei a seu favor e protegê-lo das coisas suspeitas ou abertamente ilegais que fazia. E havia a questão do dinheiro. Ninguém na órbita de Trump era capaz de oferecer respostas claras sobre quem pagaria, e Trump era conhecido pelos calotes nos profissionais que contratava, de advogados a empreiteiros. Além do mais, tinha reputação de ser um cliente notoriamente teimoso. Como um advogado que recusou uma oferta de Trump explicou: "É como ser o capitão do *Titanic*. 'Vire à esquerda. Esquerda!' 'Não, não, vou seguir em frente.'".

Trump ficou furioso por Comey testemunhar perante o Congresso em 8 de junho. Não entendia como um homem que mandara embora um mês antes podia desacreditá-lo no horário nobre da TV. Os advogados de Trump estudaram se as conversas do presidente com Comey podiam ficar sob a proteção do privilégio executivo. Os preparativos de Bowe incluíram ligar para Flood, que se mostrou disposto a lhe dar algum aconselhamento geral quanto à tentativa de usar o privilégio executivo. Flood disse que nunca alegaria a prerrogativa sem que antes o Escritório de Conselho Jurídico do Departamento de Justiça conduzisse uma análise da viabilidade e emitisse um parecer legal. Bowe achou que soava complicado e demorado demais. Comey testemunharia em alguns dias. "Lamento, as normas são essas", disse Flood. "É assim que funciona."

A equipe de Trump preferiu não tentar barrar o depoimento de Comey. Trump assistiu à audiência ao vivo na TV em sua sala de jantar no Salão Oval, acompanhado por Kasowitz, Bowe, Sekulow e outros assessores. A ira do presidente aumentava a cada minuto. Mesmo antes de Comey terminar, Trump exclamou que Kasowitz tinha de dar uma coletiva de imprensa — naquela tarde — e refutar tudo o que ele acabara de dizer. Teve início assim um brainstorming caótico que começou com o presidente vociferando o tipo de linguagem que Kasowitz deveria usar para achincalhar Comey. A certa altura, Trump sugeriu que Kasowitz chamasse Comey de mentiroso, mas seus advogados proibiram ataques ad hominem.

Como tantas vezes era o caso quando os assessores corriam para atender às exigências de Trump, Kasowitz terminou por arranhar sua reputação com o aparecimento na TV naquele dia no National Press Club. Falando a partir de anotações preparadas, ele descreveu imprecisamente eventos centrais na linha do tempo do memorando de Comey a respeito do pedido presidencial de "deixar isso para lá", referindo-se à investigação de Flynn. Os equívocos de Kasowitz teriam sido facilmente evitados caso não aceitasse tão prontamente dizer o que seu cliente queria.

Para os assessores da Casa Branca, Kasowitz pareceu ridículo e despreparado. Como afirmou um tarimbado advogado do colarinho-branco que ajudara a recrutar advogados para Trump: "Aquilo foi horrível. Fiquei vendo e pensando: 'Em que o cliente lucra com ele dizendo essas baboseiras?'. Ele não estava preparado. Suas respostas não foram boas".

Conforme se ajustavam ao padrão do trabalho com o presidente, os advogados cada vez mais viam Kushner e Ivanka Trump como um problema. O casal entrava nas sessões estratégicas sobre a investigação sem sequer bater na porta e perguntava o que estava acontecendo. Ivanka aparecia e dizia: "Oi, pai", então os advogados paravam de falar e ficavam sorrindo, constrangidos, à espera de que saísse. Ela e Kushner conversavam abertamente sobre detalhes da investigação com outros membros da equipe e com o presidente, oferecendo-lhe privadamente seus conselhos.

"As crianças vivem lá", explicou Corallo posteriormente. "A preocupação é com as crianças sempre por lá, comentando o caso com outras pessoas na Casa Branca, tornando todo mundo uma testemunha." Tal dinâmica, ele acrescentou, "impede a Casa Branca de funcionar normalmente".

Em maio, Bannon e Priebus já haviam alertado Kasowitz e Bowe sobre os problemas criados pela presença da filha e do genro do presidente na Casa Branca em meio a uma investigação do procurador especial. McGahn partilhava de suas preocupações. Mas os dois jovens queriam tomar parte na ação e esperavam que os advogados ficassem do seu lado. Trabalharam para cativar Dowd, que ficou imediatamente encantado com Ivanka quando ela lhe agradeceu profusamente por integrar a equipe legal, observando como ele era valioso para seu pai.

Outros que interagiam com Ivanka julgavam-na uma princesinha mimada que absorvera as piores qualidades de seu pai, como o narcisismo, a superficialidade e a autopromoção. "Com doze anos, o pai punha a filha pra falar no telefone com CEOs, dizendo que ela era a coisa mais incrível do mundo e que sua opinião valia muito", explicou um funcionário do governo. "Ela é um produto de seu meio."

Quando os advogados, familiares e empresas de Trump começaram a se debruçar sobre os registros de campanha, em meados de junho, não encontraram nenhuma evidência ligando o presidente a qualquer coordenação ou colaboração com os russos. Mas com Kushner era outra história. O genro do presidente não informara sobre todas as suas reuniões com funcionários estrangeiros, particularmente russos, nos formulários requeridos pelo governo. Envolvera-se em mais de cem reuniões ou ligações pessoais com representantes de mais de vinte países, muitas delas entre a eleição de Trump e a posse. Para um alto funcionário da Casa Branca, deixar de fornecer todo contato estrangeiro na primeira vez que solicitava uma liberação da segurança era um delito grave e podia acabar com suas chances no emprego, embora fosse justificável sob circunstâncias atenuantes. Deixar de corrigir o erro revelando todos os contatos adicionais na segunda vez, como foi o caso com Kushner, provavelmente desqualificaria o funcionário para o serviço público, em circunstâncias normais.

Kushner contratou um renomado advogado de defesa do colarinho-branco, Abbe Lowell, para representá-lo. Lowell defendera inúmeros clientes de peso, incluindo os senadores Robert Menendez, de acusações de corrupção, e John Edwards, de acusações de fraude financeira na campanha, e atuara como conselheiro principal para os democratas no Congresso durante o processo de impeachment contra o presidente Clinton. Mesmo não sendo um republicano, Lowell tinha o tipo de currículo que Trump teria gostado de ver liderando sua própria defesa legal.

Em 13 de junho, Bowe, Dowd, Sekulow e Corallo se reuniram no escritório de Kasowitz em Washington, a duas quadras da Casa Branca, para discutir sobre o casal. Sekulow mencionou o assunto que andava dando dores de cabeça à equipe: "Jared e Ivanka deveriam estar na Casa Branca?". Alguns advogados tinham receio de marcar posição. Queriam continuar no pé em que estavam com o presidente e imaginavam que, independentemente do que o aconselhassem a fazer, Trump repassaria a Kushner e Ivanka, e então eles estariam mortos, como disse um dos assessores.

Mesmo assim, entre quatro paredes, foram todos francos sobre os desafios criados pelos membros da família presidencial. Corallo comentou sua preocupação de que Kushner estivesse fazendo de outros membros no gabinete testemunhas na investigação e de que não poderia alegar privilégio para proteger suas conversas. Afirmou também que só a questão da liberação de segurança do genro do presidente já impossibilitava sua permanência como um assessor de verdade na Casa Branca. "É um problema político muito sério", disse. Bowe sugeriu que a equipe legal deveria ao menos se preparar para a possibilidade de ser necessário afastá-los. Sekulow concordou que precisavam estar prontos para discutir com Trump os prós e contras. "E preparar um relatório, se acontecer de precisarmos recomendar isso", disse Sekulow. Mas Dowd defendeu Kushner e Ivanka, enfatizando que Trump confiava neles e que os advogados não deveriam se envolver.

"Ninguém vai se meter com a família", disse Dowd.

7. Justiça iminente

Segunda-feira, 12 de junho, era um dia de ritual, mascarando o estado agitado do presidente. Trump conduzia sua primeira reunião geral de gabinete, uma sessão hoje infame em que os funcionários do governo americano juraram um a um lealdade a seu senhor. "Em nome de toda a equipe sênior à sua volta, sr. presidente, agradecemos a oportunidade e a bênção concedida por servir sua agenda e o povo americano", entoou Reince Priebus. Mas ninguém era leal a ninguém na órbita de Donald Trump.

A adulação de Priebus e outros pouco contribuiu para distrair Trump de sua pretensão de encerrar a investigação do procurador especial. Priebus e Steve Bannon se reuniram na mesma segunda com Christopher Ruddy, para dizer-lhe que o presidente vinha considerando seriamente despedir Robert Mueller. À noite, Ruddy declarou no *NewsHour* da PBS que Trump estudava exonerar o procurador especial, notícia que parou Washington.

Trump agia na convicção, alimentada em parte pela análise de sua equipe legal, de que havia um conflito de interesses para Mueller. O procurador especial montava sua equipe rapidamente, recrutando advogados experientes de grandes escritórios e promotores federais agressivos. Em meados de junho, contratara treze advogados. A equipe incluía Aaron Zebley, antigo chefe de equipe do FBI de Mueller; James Quarles, um antigo promotor-assistente especial de Watergate; Jeannie Rhee, ex-promotora e sócia de Mueller na WilmerHale; Michael Dreeben, vice-advogado-geral conhecido como um dos juristas mais proeminentes do país; e Andrew Weissmann, famoso promotor do caso Enron e antigo chefe da seção de fraudes criminais do Departamento de Justiça. Muitos outros estavam loucos para tomar parte na investigação histórica, e Mueller se preparava para chamar alguns deles.

Os advogados de Trump acompanhavam cuidadosamente a equipe formada por Mueller e percebiam um padrão. Embora ele fosse filiado aos republicanos e tivesse sido nomeado diretor do FBI por Bush, muitos advogados seus eram democratas, e alguns haviam doado dinheiro para a campanha de Hillary Clinton em 2016. Os advogados de Trump acharam também que havia um argumento legal apresentável para se livrar do procurador especial por conflito de interesses porque Mueller se reunira com Trump um dia antes de sua nomeação, segundo o presidente para uma suposta entrevista de emprego. Mueller poderia ter ficado por dentro do que Trump pensava do inquérito e se o presidente esperava lealdade de seu próximo diretor do FBI. De qualquer modo, podia ser uma testemunha com acesso impróprio à mente do principal objeto da investigação.

Marc Kasowitz e Mike Bowe levaram aquela informação a Trump durante uma reunião com sua equipe legal. Ele ficou em êxtase. Um golpe certeiro, pensou. A equipe do procurador especial tinha viés político e Mueller podia ser impedido de chefiar o inquérito. O presidente se enamorou particularmente da ideia de haver um conflito de interesses motivado por uma "disputa de negócios" entre ambos. Mueller fora sócio do Trump National Golf Club, na Virgínia do Norte, e buscara reaver parte de suas mensalidades quando se mudara. Os advogados de Trump tentaram fazê-lo perceber que era uma razão muito fraca para um processo, mas o presidente não ficou convencido. Não parava de mencionar a disputa de negócios como um empecilho fundamental para a nomeação de Mueller.

Depondo em 13 de junho perante o subcomitê de Apropriações do Senado, o vice-procurador-geral Rod Rosenstein, que supervisionava oficialmente o inquérito do procurador especial, tentou dissipar os crescentes temores em Washington de que Trump pretendesse mandar Mueller embora. "Não sigo instrução nenhuma a menos que relevante e dentro da lei", disse Rosenstein. E acrescentou: "O procurador especial Mueller só pode ser demitido por um bom motivo". Os comentários de Rosenstein destinavam-se a afirmar o respeito à soberania da lei no Departamento de Justiça, independentemente dos impulsivos decretos presidenciais. Mas não convenceram Trump a abandonar o assunto.

Por volta das sete da noite do dia seguinte, 14 de junho, o *Washington Post* noticiou que Mueller ampliara a investigação russa e incluíra obstrução da justiça entre as suspeitas contra Trump. Agora era o próprio presidente que estava sob investigação, precisamente o que ele passara a primavera pressionando o diretor do FBI e os chefes da agência de inteligência a negar publicamente. O governo estava paralisado numa temporada incessante de investigações, e o presidente perdia as estribeiras. Mais ou menos nessa época, Trump ligou para Chris Christie.

"E se eu exonerar Mueller?", perguntou ao governador de Nova Jersey.

"Sr. presidente, se mandar Mueller embora haverá um impeachment", respondeu Christie. "Tão certo quanto o dia segue a noite, vai ter impeachment."

"Acredita mesmo nisso?", perguntou Trump.

"Tenho certeza absoluta", disse Christie, afirmando que até os congressistas republicanos poderiam votar pelo impeachment se ele exonerasse o procurador especial. "Se alguém o encorajou a despedir o Mueller e deu a entender que é a solução para seus problemas, só vai piorar. Não faça isso."

Perto das dez da noite, no dia 14 de junho, Trump pegou o celular e ligou para Don McGahn. Estava furioso e queria descobrir se a investigação realmente apontava para ele — e, se fosse o caso, como aquilo podia ter acontecido? Pediu ao conselheiro da Casa Branca para conversar com Rosenstein e apertá-lo. Ele tinha de remover Mueller por suposto conflito de interesses.

"Você precisa fazer isso", Trump disse a McGahn. "Precisa ligar para o Rod."

McGahn estava bastante irritado com a obsessão de Trump pelo conflito de interesses de Mueller, algo que considerava uma tolice, com pouco mérito legal. Voltou a dizer ao presidente que um processo por conflito de interesses não seria muito forte e que seus advogados pessoais deveriam fazer aquela avaliação, não o conselheiro da Casa Branca. Mas numa noite em que na TV a cabo comentavam a notícia de que Trump estava sujeito a uma investigação criminal, o presidente não pensava racionalmente e não aceitaria não como resposta.

"Vou ver o que posso fazer", disse McGahn, dando uma resposta evasiva ao chefe para tirá-lo do telefone. McGahn desligou e balançou a cabeça para os pedidos absurdos do presidente.

111

O dia seguinte, 15 de junho, deveria ser um momento de celebração para Trump e McGahn. A cerimônia de posse do juiz associado da Suprema Corte, Neil Gorsuch, acontecia às duas da tarde naquela terça. Instalar um conservador no tribunal foi a primeira grande conquista de Trump na presidência, o cumprimento de uma promessa central de campanha, e a nomeação sem atritos de Gorsuch tinha sido na maior parte orquestrada por McGahn.

Mas Trump acordou cedo e foi logo para o Twitter soltar os cachorros contra o inquérito por obstrução. Durante semanas, seus advogados e assessores haviam tentado mantê-lo longe da rede social, com medo de que seus comentários gerassem exposição legal ainda maior. Kasowitz implorou: "Chega de tuítes. Precisa parar de comentar o caso. Chega. Deixe que façamos nosso trabalho, por favor". Mas, no fim, eles se resignaram a meramente lidar com suas mensagens.

"Inventaram uma história fajuta de conluio russo, acharam zero evidência e agora tentam obstrução da justiça por causa da história fajuta. Ótimo", tuitou Trump.

"Vocês estão testemunhando a maior CAÇA ÀS BRUXAS da história política americana — conduzida por pessoas muito más e com conflito de interesses!", Trump escreveu em um segundo tuíte.

McGahn contou mais tarde aos sócios que pensara em simplesmente não comparecer à cerimônia, de tão desanimado que a exasperante conversa com Trump na noite anterior o deixara. Mas ele foi assim mesmo, calculando que a posse era um momento histórico e que se odiaria por não estar presente. Os líderes dos três poderes do governo foram juntos à cerimônia solene e parabenizaram McGahn como se ele fosse um pai orgulhoso.

Naquele fim de semana, Trump fez a primeira visita a Camp David, o famoso retiro presidencial nas montanhas de Maryland. Ele parecia de bom humor quando subiu a bordo do Marine One para o voo de helicóptero de vinte minutos, e McGahn presumiu que esquecera o plano irresponsável em relação a Mueller. Mas na manhã do sábado, 17 de junho, Trump ligou em seu celular outra vez. Era o fim de semana do Dia dos Pais, e McGahn ficara até mais tarde na cama, preparando-se para um dia de eventos familiares também por causa do aniversário do filho.

"Liga pro Rod", disse Trump a McGahn. "Fala pro Rod que o Mueller tem conflito e não pode ser procurador especial."

McGahn levou a mão à testa. O assunto não tinha morrido, afinal.

"Mueller tem que dançar", continuou Trump. "Me liga quando fizer isso."

Foi um momento decisivo. Como McGahn diria mais tarde a confidentes, era "Comey: parte II". Ele não queria envolvimento em um novo episódio de obstrução de justiça. Não tinha intenção alguma de ligar para Rosenstein, temendo que o outro também pudesse considerar aquilo uma ordem e fosse levado a tomar uma medida drástica e irreversível. Mas McGahn tampouco queria briga com Trump por causa daquilo. De modo que apenas respondeu protocolarmente: "Sim, senhor" e "Certo". Estava exausto, cansado das bobagens de Trump. Queria encerrar logo a ligação e pensar em suas opções.

McGahn deixou sua residência em um condomínio fechado perto de Mount Vernon e foi para a Casa Branca pegar suas coisas. Resolvera pedir demissão. Imaginou que da próxima vez que Trump ligasse para confirmar o cumprimento de suas instruções informaria que estava de partida. Contou à vice-conselheira, Annie Donaldson, sobre sua demissão, mas não explicou os motivos. Era uma forma de protegê-la da suspeita de obstrução de justiça. Disse apenas que Trump contatara o Departamento de Justiça para fazer algo com que não concordava.

McGahn mais tarde ligou para Priebus. "Pra mim chega", falou ao chefe de gabinete. "Já enchi o carro. Tirei tudo da sala. Peguei minhas coisas. Pra mim chega."

"Do que você está falando?", perguntou Priebus. "Chega do quê? O que aconteceu?"

"Estou cansado do presidente me pedindo pra fazer essas maluquices de merda", disse McGahn, abstendo-se de dar mais detalhes.

"Você não vai pedir demissão", falou Priebus. "Não pode fazer isso. Tire o dia pra descansar e conversamos amanhã, mas não peça demissão. Não pode fazer isso com a equipe. Não pode se demitir do cargo quando precisamos de você."

McGahn em seguida conversou com Bannon, que tentou convencê-lo a não ir embora, enfatizando como era valioso para o presidente por adotar exatamente aquela postura.

"Já é sábado à noite", Bannon disse. "Você não pode fazer nada agora."

Trump não voltou a ligar, assim a urgência que McGahn sentira à tarde passou no decorrer da noite. Ele concordou com relutância em continuar, mas afirmou a Bannon que as coisas tinham de mudar.

"Precisamos de um advogado de verdade por aqui, não podem continuar me jogando no meio dessa merda toda", disse McGahn. "É ridículo."

Trump mais tarde alegaria nunca ter pedido a McGahn para ajudá-lo a "demitir" Mueller, o que tecnicamente era verdade. Ele não usara a palavra "demitir". Mas ficara claro para McGahn que o presidente queria que fizesse aquilo.

Na sexta, 16 de junho, enquanto Trump pensava em como se livrar de Mueller, seus advogados faziam a primeira reunião com o procurador especial. Era a reunião em que Trump insistira desde que contratara oficialmente Kasowitz, em maio. No escritório temporário de Mueller, perto da Union Station, Kasowitz, Bowe e Dowd se apresentaram. Acompanhando Mueller estavam Quarles e Zebley. A equipe de Trump não demorou a mencionar o elefante na sala: a notícia de que Mueller agora estava investigando o próprio presidente.

"Olha, Bob, não sei se estão investigando o presidente", disse Dowd. "Pode ser que estejam fazendo um inquérito preliminar. Mas temos vários pareceres contra a alegação de obstrução de justiça."

Bowe citou os pontos da lei, um a um, que davam ao presidente amplos poderes constitucionais para demitir qualquer nomeado e intervir nas investigações. Mueller escutou atentamente. Seu rosto permanecia absolutamente impassível. Os advogados disseram que tinham duas outras preocupações: a credibilidade de Comey como testemunha e o que consideravam conflito de interesses de Mueller servindo como procurador especial. Perguntaram se os promotores gostariam de ver os argumentos legais delineados em um memorando. Educado, mas o tempo todo uma esfinge, Mueller disse: "Será um prazer ver qualquer apresentação que tenham preparado".

Dowd afirmou que uma investigação prolongada poderia ser prejudicial para Trump.

"Temos um presidente que precisa governar. Conseguimos tudo o que você precisar. Em troca, quero uma decisão. Tocamos isso pra frente, você toca isso pra frente." Mueller respondeu: "Você me conhece, John. Não sou de empurrar com a barriga".

Mueller completara apenas um mês no cargo e deixou claro para os advogados de Trump que sua equipe tinha muito trabalho a fazer. Uma semana antes, seus enviados haviam entrevistado Andrew Goldstein, que seria um investigador crucial na questão da obstrução de justiça. Nos dias imediatamente antes e depois da reunião com os advogados de Trump, a equipe de Mueller realizou sessões estratégicas para um acordo legal com autoridades cipriotas, buscando confiscar possíveis evidências em um depósito alugado por Paul Manafort, ex-chefe de campanha de Trump.

Enquanto a equipe legal de Trump apresentava uma frente unida contra Mueller, alguns desconfiavam de um misterioso inimigo atirando flechas em sua direção, mirando nos que haviam mencionado suas preocupações com Jared Kushner. Em 19 de junho, Corallo alertou seus chefes, Kasowitz e Bowe, de que havia sido procurado pelo *New York Times* nesse mesmo dia para comentar uma matéria sobre os tuítes que ele enviara em 2016, criticando tanto a candidatura Trump como Ivanka Trump e Kushner, e sugerindo que a contratação dos dois punha em dúvida sua promessa de "drenar o pântano". Corallo na verdade mostrara os tuítes para os principais assessores de Trump antes de ser contratado para a equipe legal, mas achou estranho e inquietante que aquilo tivesse virado notícia.

No dia seguinte, 20 de junho, um advogado do escritório de Kasowitz foi alertado por um cliente de que um repórter da ProPublica perguntara sobre as alegações de que Kasowitz se licenciara do escritório por períodos prolongados em um passado recente. A ProPublica recebera uma pilha de segredos aviltantes, conhecidos anteriormente apenas por um punhado de membros do escritório, incluindo alegações de que Kasowitz tinha problemas com álcool. Kasowitz deduziu que havia um traidor em seu escritório, mas não sabia quem.

Em 21 de junho, Kasowitz e Bowe instruíram Trump sobre diversos tópicos prementes, incluindo, como os demais viriam a saber, sua análise de e-mails de campanha possivelmente problemáticos que talvez tivessem de entregar ao Congresso, e os principais pontos de sua primeira reunião com Mueller em 16 de junho, da qual o presidente estava ansioso por ficar a par. Os dois advogados disseram a Trump que haviam transmitido seu recado de que o inquérito lançava uma nuvem sobre a presidência e era injusto. Falaram sobre o pedido de Dowd para não deixar a coisa se arrastar e de como Mueller lhes assegurou que não era de "empurrar com a barriga".

Não muito depois, o presidente disse: "Preciso encontrar esse tal de Dowd".

Em meados de junho, Kasowitz e Bowe ainda acreditavam que poderiam recrutar outro advogado principal, relegando Dowd a um papel auxiliar. Mas não tinham ninguém. Bowe concordou em trazer Dowd para almoçar com o presidente. Ele gostava do colega e o respeitava, mas nunca imaginara incumbi-lo de representar o presidente. Dowd parecia ligeiramente embasbacado com a reunião presidencial. Estavam presentes Trump, Bowe, Corallo e Jay Sekulow. Os homens trocaram algumas amenidades e sentaram à mesa da sala de jantar para uma refeição de filé, fritas e coca diet, um dos cardápios frequentes de Trump. O presidente perguntou a Dowd: "Então, como conheceu esse cara, o Mueller?".

"Ele é fuzileiro naval, como eu", disse Dowd. "A gente se entende, sr. presidente. Eu consigo conversar com ele."

"O que acha que ele está fazendo, John?", perguntou Trump.

Dowd disse ao presidente que achava que o assunto podia ser resolvido rapidamente. "Acho que posso falar com o Bob Mueller e matar esse negócio em questão de semanas", disse.

Os demais tinham uma lembrança diferente das palavras de Dowd. Alguns achavam que ele afirmara que resolveria o assunto em questão de meses. Dowd negou ter dado um prazo. Bowe ficou perplexo e olhou para Corallo, depois para Dowd. Comentou posteriormente com os sócios: "Ele estava tentando ganhar o presidente".

De início, Trump pareceu cético.

"Ah, não sei", disse. "Tem certeza?"

"Sim, senhor", disse Dowd.

"Perfeito; isso é perfeito", respondeu o presidente.

Corallo percebeu em Dowd nesse dia uma "satisfação do tipo 'Ei, foi pra isso que trabalhei a vida inteira'. Era como se fosse a maior conquista de sua carreira. 'Estou no Salão Oval, e o presidente é meu cliente agora.' Não é pouca coisa. Aquilo subiu à cabeça de John, e ele resolveu pegar tudo".

Kasowitz e Bowe tentaram convencer Trump a manter a calma e aguardar que Mueller agisse, mas foi impossível. O autoproclamado mestre dos contragolpes utilizou toda plataforma de que dispunha para depreciar a investigação e se pintar como a vítima de uma injusta "caça às bruxas". No início o presidente seguiu o conselho de seus advogados, furtando-se a atacar pessoalmente o procurador especial, mas insistia diariamente com os membros da equipe legal para colar nele a pecha do conflito de interesses, de que estava "sujo" e de que reunira uma equipe de democratas.

Enraivecido com a cobertura da investigação, Trump gravava seu vídeo semanal de pronunciamento sobre um assunto diferente no Salão de Recepção Diplomática da Casa Branca certo dia, quanto procurou ajuda fora de sua cautelosa equipe legal. Transmitiu uma diretiva incomum a Cliff Sims, um dos assessores de imprensa que o ajudava com a gravação. "Quero que escreva a coisa mais cabeluda que puder sobre a investigação de Mueller, sobre a caça às bruxas dele, depois me procure no fim do dia para eu gravar um vídeo", Trump falou para Sims.

Sims voltou correndo à sua mesa e redigiu cerca de quinhentas palavras. A retórica era belicosa e conspiratória. "É um golpe", dizia o texto. Ia muito além da linguagem que Trump usara até então para descrever a investigação russa. Sims visualizou os comentários do presidente não apenas eviscerando Mueller, como também arregimentando os partidários em sua defesa. Seu tema era que a perseguição de Mueller e dos promotores não mirava Trump, e sim os eleitores que o puseram no cargo, numa tentativa de subverter os resultados da eleição. "Estamos juntos nessa contra os que tentam deslegitimar nossa vitória", dizia.

Sims sabia que seu discurso sobre "golpe" passava dos limites. Ele o mostrou para Hope Hicks, a melhor intérprete dos instintos e decretos de Trump na Ala Oeste.

"Isso é loucura", disse Hicks.

"O que quer que eu faça com isso?", perguntou Sims.

"Bom, o presidente pediu pra você fazer alguma coisa", ela respondeu. "Agora mostra pra ele."

Sims encontrou Trump sentado à mesa presidencial e lhe passou o texto.

"Escrevi porque o senhor pediu", disse Sims. "Mas gravar esse vídeo seria um desastre."

Trump leu e concordou.

"Tem razão", disse. "Vamos deixar pra lá, por enquanto, mas fica com você, caso a gente queira usar um dia."

Ao menos uma vez na vida Trump se conteve. A advertência de seus advogados para não atacar Mueller ainda estava fresca em sua memória naquela tarde. Contudo, ao menos em parte, Trump acreditava no que o texto de Sims afirmava: fora uma tentativa de golpe.

O inquérito de Mueller não era a única ideia fixa de Trump no período. Ele também estava preocupado com as investigações russas em andamento no Capitólio. O presidente se sentia parcialmente protegido pelo Comitê Seleto Permanente de Inteligência da Câmara dos Estados Unidos, por ser presidido por um admirador seu, o congressista Devin Nunes, da Califórnia, mas o Comitê de Inteligência do Senado era outra história. O presidente daquele comitê, o senador Richard Burr, da Carolina do Norte, era um republicano tradicional sem a menor afinidade com Trump. Burr via seu comitê corretamente como apartidário, e trabalhava junto ao principal democrata nele, o senador Mark Warner, da Virgínia. Ambos haviam se pronunciado energicamente sobre a interferência russa na eleição, que a comunidade de inteligência determinou ter sido ordenada pelo Kremlin com o objetivo explícito de ajudar Trump a vencer.

O presidente estava profundamente inseguro quanto à conclusão da comunidade de inteligência sobre a interferência russa. Odiava que alguém pudesse pensar que não derrotara Hillary Clinton por conta própria, que sua vitória fora de algum modo ilegítima. De repente teve uma ideia: podia de algum modo convencer Burr de sua inocência enviando-lhe uma pilha de artigos e informativos que acreditava isentarem-no de culpa. Assim, durante uma reunião com McGahn no Salão Oval, Trump afirmou que queria escrever uma carta para Burr, anexando recortes de jornais.

McGahn sabia que era uma ideia perigosa, e disse que mandar aquilo não era aconselhável. Se Burr interpretasse uma carta assinada pelo presidente como desrespeitosa ou até hostil, aquilo poderia pôr em risco não só a investigação russa como também toda a agenda do governo no Senado, incluindo a confirmação dos juízes federais, principal prioridade tanto para Trump como para McGahn. Além do mais, não era como se Burr não contasse com fácil acesso àqueles fatos.

"Não podemos fazer isso", McGahn disse ao presidente.

Trump propôs então um plano B: McGahn assinaria a carta em seu lugar.

"Manda a carta", disse Trump.

"Não posso fazer isso, senhor", disse McGahn. "Temos outras prioridades por lá."

Naquele instante, Chris Christie apareceu no Salão Oval para uma visita. Trump perguntou ao governador de Nova Jersey se ele enviaria a carta.

"Se Don acredita que isso vai atrapalhar sua capacidade de obter a confirmação dos juízes no Senado, então a resposta é não", Christie disse a Trump. "Nada nessa porra de carta é mais importante do que isso."

McGahn ficou visivelmente aliviado. Quantas vezes não fora a voz solitária da resistência na Ala Oeste? Finalmente outra pessoa o apoiava na recusa a uma ordem presidencial.

A insubordinação dos dois irritou Trump.

"Vocês são uma piada", disse o presidente a McGahn e Christie. "Certo, podem ir. Tchau."

Quando deixavam a sala, McGahn virou para Christie e disse: "Pena que você não está aqui todo dia".

"Por quê?", perguntou Christie.

"Porque assim eu não ia ser o único pentelho do pedaço", respondeu o outro, sem rir.

No dia 21 de junho, o *Wall Street Journal* publicou uma matéria de Eli Stokols e Michael Bender, afirmando que a Casa Branca estava "rachada pela divisão entre os principais assessores", e que a ampliação da investigação russa frustrara Trump e exacerbara a dificuldade do governo em recrutar novos talentos. A matéria pintava um retrato desfavorável de Bannon e Priebus. Bannon ficou furioso e descarregou em Hicks, praguejando como um marujo contra a ex-modelo. Ele a confrontou na frente de Trump, acusando-a de ter "vazado" uma história negativa para o jornal. Hicks explicou que suas interações tinham sido absolutamente apropriadas; afinal, era sua função falar com os repórteres. Na prática, aquilo era o mesmo que atacar a família do presidente. Nenhum membro da equipe de governo, além de Ivanka Trump e Jared Kushner, tinha uma relação mais antiga ou profunda com o presidente do que Hicks, que ele tratava como uma filha adotiva.

No dia seguinte, 22 de junho, Bannon, Hicks, Priebus e Sean Spicer se reuniram na sala do chefe de gabinete. Hicks sabia que não fizera nada errado na relação com o *Wall Street Journal* e esperava que Priebus e Spicer a defendessem. Mas não foi o caso.

"Faz meses que você fica pra cima e pra baixo só trabalhando para Ivanka e Jared", disse Bannon a Hicks. "Seu cliente é o homem no Salão Oval." Ele acrescentou: "Você não trabalha de verdade para o presidente. Esqueceu como chegou aqui".

Sentado na ponta da longa mesa de reuniões de Priebus e com o rosto abaixado para o celular, Bannon ameaçou Hicks: "Já chega. Estou indo pra guerra. Você não faz ideia de com quem está se metendo. Vou acabar com você".

"Você vai pra guerra?", respondeu Hicks. "O que andou fazendo nos últimos três meses? Você não larga a merda desse BlackBerry, vazando pra todo lado." Hicks estava furiosa. "Não dá pra acreditar que minha integridade está sendo questionada na frente de vocês três", exclamou para Bannon, Priebus e Spicer. "Estou indo. Quando resolverem pedir desculpas eu volto, mas agora estou indo."

Seria a última vez que Hicks falava com Bannon.

No início de junho, George Conway finalmente rejeitou a oferta para chefiar a divisão civil como procurador-geral assistente. Na noite de 24 de junho, ficou frente a frente com o presidente a quem decidira não servir. Conway e sua esposa, Kellyanne, estavam entre os convidados para o casamento do secretário do Tesouro, Steve Mnuchin, com a atriz escocesa Louise Linton. O evento grandioso foi realizado num dos locais mais suntuosos de Washington, o Mellon Auditorium, um prédio neoclássico histórico batizado com o nome do ex-secretário do Tesouro Andrew Mellon. O vice-presidente Pence oficiou a cerimônia e todo mundo que era importante no governo compareceu, incluindo o presidente Trump e a primeira-dama, Melania Trump.

Após os votos, o sr. e a sra. Mnuchin foram levados para uma sessão fotográfica enquanto os convidados eram conduzidos ao coquetel de recepção. Quando os convidados beliscavam entradas, à espera do jantar formal, Kellyanne Conway viu Trump conversando com um pequeno grupo próximo e sugeriu que seu marido fosse até lá cumprimentá-lo.

Trump o recebeu com um grande sorriso. Mas, sem se dar ao trabalho de tentar quaisquer amenidades — nada de "Olá, prazer em ver você" ou "Como vão os filhos?" —, enveredou de imediato por uma ladainha de queixas e xingamentos sobre como Jeff Sessions o decepcionara como procurador-geral. Comentou que era "terrível" e "louco" Sessions se recusar a participar da investigação russa. De algum modo, Trump se convencera de que George Conway rejeitara a função no Departamento de Justiça porque não queria trabalhar com um sujeito tão fraco quanto Sessions.

"Olha, ouvi dizer que os advogados no Departamento de Justiça achavam que ele precisava fazer aquilo", disse George Conway.

"Não, não", disse Trump. Então apontou para o peito de Conway. "Você foi esperto em não querer trabalhar para aquele fraco", disse Trump, sorrindo abertamente. "Muito esperto!"

George Conway sorriu constrangido. Após mais alguns minutos ouvindo Trump malhar Sessions, os Conway se despediram, dizendo que outras pessoas também queriam conversar com o presidente e que era hora de procurarem seus lugares no jantar. Ironicamente, era para Sessions se sentar na mesma mesa que os Conway, mas ele não apareceu.

Os Conway pararam para tomar uma bebida. Uma vez a sós, George Conway começou a rir por Trump viver batendo na mesma tecla. O presidente sofria de uma obsessão incontrolável com o "fraco" Sessions. George achava tanta graça que se dobrou de rir.

Na manhã seguinte, George Conway repassou em sua mente a paródia que era Donald J. Trump. À luz do dia, via agora os eventos da noite anterior como profundamente perturbadores. Ele rira como uma criança do comportamento tolo de Trump. Rira dele, não das coisas que dissera. Mas o objeto de seu escárnio era o presidente dos Estados Unidos.

8. Acobertamento

Trump estava ansioso para encontrar Vladimir Putin. Sua impaciência era tanta que, durante a transição, ele interrompeu uma entrevista com um dos candidatos a secretário de Estado, olhou para Reince Priebus e perguntou: "Quando é que posso ver Putin? Pode ser antes da cerimônia inaugural?". Os conselheiros de Trump disseram que não seria adequado, claro. Esperava-se que o presidente americano se reunisse com aliados da Otan antes de qualquer encontro com o presidente da Rússia, uma nação adversária cujas forças haviam acabado de interferir ilegalmente na eleição americana. E havia a questão do protocolo, que determinava que presidentes eleitos só se reunissem com líderes estrangeiros após a posse, em respeito ao presidente em exercício. Trump, porém, não era nenhum seguidor de protocolos diplomáticos. Ele sabia o que queria, e não queria um "não" como resposta. Na mesma reunião, voltou a insistir: "Quando você acha que dá para eu encontrar Putin?".

Trump teve que esperar 168 dias de mandato até o grande momento. Àquela altura, ele e Putin já haviam se falado por telefone algumas vezes, e Trump gostava de se gabar de que tinha uma relação especial com Putin porque tinham sido "colegas de baia" no *60 Minutes*, ao ser entrevistados separadamente em segmentos isolados que por acaso foram veiculados no mesmo episódio de 2015 do célebre programa da CBS News. Mas foi só em 7 de julho de 2017 que os dois se encontraram pessoalmente, quando Trump e Putin se sentaram nas frisas da cúpula de líderes mundiais do Grupo dos Vinte em Hamburgo, na Alemanha.

"É uma honra encontrá-lo", disse Trump ao cumprimentar Putin, exibindo aquele sorrisinho de chefe brabo que ele havia exercitado ao longo de anos e anos no programa *O Aprendiz*.

"Ilustríssimo sr. presidente", disse Putin, com a astúcia de lisonjear um homem especialmente suscetível a elogios. "Falamos diversas vezes pelo telefone para tratar de questões bilaterais e internacionais muito importantes, mas conversas telefônicas nunca são o bastante."

Os dois homens trocaram um firme aperto de mãos. O que lhes faltava em simpatia tentaram compensar com masculinidade. Acompanhados do secretário de Estado Rex Tillerson e do ministro das Relações Exteriores russo Sergei Lavrov, Trump e Putin conversaram durante duas horas e dezesseis minutos. Trump tocou no assunto da interferência russa na eleição presidencial de 2016, mas, quando Putin negou envolvimento de seu governo, eles seguiram para outras questões. Putin convenceu Trump de que pessoas da comunidade de inteligência dos Estados Unidos estavam usando acusações falsas de intromissão para tentar prejudicar o relacionamento entre Estados Unidos e Rússia. Os russos ficaram com a nítida impressão de que Trump não os responsabilizaria. "O presidente americano disse que ouviu declarações explícitas do presidente Putin quanto à falsidade disso e que aceitava tais declarações", relatou Lavrov, resumindo a reunião para os repórteres. Trump encarou Hamburgo como o início de uma nova era da diplomacia entre os Estados Unidos e a Rússia. Ele orientou Tillerson a dizer aos repórteres que houvera uma "química positiva muito clara".

No entanto, Trump, que nutria profunda desconfiança quanto à lealdade de indivíduos nos setores de segurança nacional e inteligência, e os acusara antes de vazar informações referentes às suas conversas particulares com líderes estrangeiros a fim de comprometê-lo, fez esforços extraordinários para omitir detalhes de sua reunião com Putin. Ele se apossou pessoalmente das anotações do intérprete americano e orientou-o a não falar com outros integrantes do governo sobre o que havia ocorrido.

Como resultado, autoridades nas agências de inteligência e em outras partes do governo não tinham qualquer registro detalhado do que fora tratado entre os dois presidentes, apenas a declaração que Tillerson forneceu para a imprensa. O único detalhe que membros do governo receberam do intérprete foi que, quando Putin negou envolvimento russo na eleição americana, a resposta de Trump foi: "Eu acredito".

Ao ver imagens da interação de Trump com Putin, John Brennan sentiu o sangue ferver. Como diretor da CIA durante todo o segundo mandato de Obama, Brennan acompanhara de camarote não apenas a interferência sistemática da Rússia na eleição americana, mas também a anexação da Crimeia, na Ucrânia, e o tom autoritário e assassino do governo de Putin.

"Quando vi o sr. Trump se inclinar e dizer para Putin que era uma grande honra conhecê-lo, o mesmo sr. Putin que atacou um dos pilares fundamentais da nossa democracia, nosso sistema eleitoral, que invadiu a Ucrânia, anexou a Crimeia, abafou e reprimiu opositores políticos na Rússia e, francamente, provocou a morte de muitos deles, uma pessoa que supostamente conhece a arte da negociação, me pareceu uma técnica de negociação muito, muito ruim, e tive a sensação de que não era um comentário honrado", disse Brennan, algumas semanas depois, a profissionais de segurança nacional reunidos no Fórum de Segurança de Aspen.

Trump ainda queria discutir outros assuntos com Putin. Na noite de 7 de julho, os dois homens compareceram a um jantar de gala oferecido pela chanceler alemã Angela Merkel para os líderes do G20 e seus cônjuges. Dentro da deslumbrante e moderna sala de concertos Elbphilharmonie, à margem do rio Elba, os presidentes e primeiros-ministros e seus cônjuges se sentaram à volta de uma longa mesa de banquetes com toalha branca.

Putin foi colocado ao lado de Melania Trump, e Donald Trump teve medo de ficar para trás. Quando serviram as sobremesas, ele se levantou de sua cadeira ao lado do primeiro-ministro japonês Shinzo Abe e foi se sentar ao lado de Putin. Trump e Putin, acompanhados apenas por um intérprete oficial do Kremlin, papearam por uma hora enquanto os demais líderes circulavam pelo salão com expressão de divertimento e confusão diante daquela conversa animada. Eles ficaram tanto tempo ali que estavam entre os últimos líderes a ir embora: Putin às 23h50 e Trump às 23h54, muito depois da saída da anfitriã, Merkel.

Segundo uma regra básica da diplomacia, um dos componentes mais importantes do relacionamento entre dois países é o vínculo pessoal entre seus respectivos líderes. Franklin D. Roosevelt tinha Winston Churchill. Ronald Reagan tinha Margaret Thatcher. Naquele momento do mandato de Trump, a lista de líderes estrangeiros dispostos a ocupar a posição de aliado e confidente mais próximo do presidente americano era longa. A amizade com os Estados Unidos era do interesse da maior parte dos países, e governos estrangeiros estimavam que seria relativamente fácil conquistar Trump por meio de elogios e reverência.

Shinzo Abe foi correndo para a Trump Tower durante a transição a fim de presentear Trump com um taco de golfe dourado de 3755 dólares e, assim, cair nas suas graças. Os dois jogaram 27 buracos juntos na Flórida em fevereiro. Theresa May, a primeira-ministra britânica, voou a Washington já no sétimo dia útil do mandato de Trump na esperança de reafirmar o "relacionamento especial" entre os dois países. Eles até caminharam de mãos dadas pela Colunata da Ala Oeste.

Mas Trump estava de olho em Putin. Seu guia para transitar por aquele relacionamento nascente era Tillerson. De todos os conselheiros do presidente, ele era o que mais conhecia Putin, por ter negociado exportações da Rússia na condição de líder da Exxon, e depois como diretor executivo da gigante energética. Eles se conheceram nos anos 1990, e já haviam se encontrado outras vezes ao longo dos anos na ornamentada sala de reuniões de Putin no Kremlin.

O relacionamento era tão próximo que, em 2013 — mesmo ano em que o presidente russo rechaçou Trump ao recusar o convite para comparecer ao concurso de Miss Universo em Moscou —, Putin convidou pessoalmente Tillerson para uma comemoração em Sochi, a fim de exibir o progresso da Rússia nas reformas da cidade turística para os Jogos Olímpicos de Inverno. Durante aquela viagem de verão, Putin chamou Tillerson para um almoço particular em seu iate. Levado até o cais na Mercedes do presidente russo, Tillerson subiu a bordo e percebeu que seus assessores ficaram em terra quando a tripulação soltou as cordas e zarpou. O iate foi acompanhado por navios de escolta pretos durante um breve passeio por águas mais profundas no mar Negro. No almoço ao ar livre, Putin confidenciou a Tillerson que detestava Obama. Ele disse que o presidente americano o havia enganado com declarações de que queria formar parcerias com a Rússia e parecia incapaz de tomar uma decisão firme.

"Desisti do seu presidente", disse Putin a Tillerson. "Vou esperar o próximo e ver se consigo me dar bem com ele."

Tillerson se dava bem com Putin, mas também entendia como ele raciocinava. Quando se tornou secretário de Estado, quatro anos mais tarde, ele tentou usar sabiamente sua vasta experiência com o presidente russo para educar Trump. Tillerson explicou o forte desejo de Putin de restabelecer a grandeza e a credibilidade da Rússia, ou de pelo menos criar uma imagem de país a ser temido, em parte por meio de uma parceria estabelecida com uma potência mundial como os Estados Unidos. Ele destacou que Putin sempre tentaria passar uma boa impressão junto a seu povo. E disse que a tática secreta de Putin era cutucar as feridas dos inimigos.

"As únicas coisas que Putin entende são verdade e poder", explicou Tillerson para Trump. "Ele vai fazer o máximo possível de pressão até sentir risco de derrota. A última coisa que quer é uma derrota com seu próprio povo."

Tillerson chamou atenção para a característica mais importante que achava que Trump precisava saber: as ações de Putin podiam parecer vistosas e imediatas, mas ele pensava no longo prazo, sempre calculando vários passos com antecedência, em uma escala de anos. Tillerson insistiu com Trump no fato de que Putin pretendia desestabilizar alianças ocidentais e reformular a estrutura de poder pós-Segunda Guerra de modo a diminuir a influência global dos Estados Unidos. Segundo Tillerson, ele "acorda e se pergunta todo dia: 'Onde estão as dificuldades dos Estados Unidos? Vamos lá agora piorar a situação'". Tillerson explicou que o governo de Putin era ágil e ateava incêndios pelo mundo todo, enquanto os Estados Unidos demoravam para reagir.

Ao ajudar Bashar al-Assad na Síria, Putin permitiu que a Rússia botasse um pé no Oriente Médio. Na Coreia do Norte, ele pretendia se aproximar de Kim Jong Un e assim evitar a consolidação do poder americano no Pacífico Asiático. Putin também anexara a Crimeia, no leste da Ucrânia, determinado a provar que a Mãe Rússia era a legítima soberana da região e a demonstrar firmeza em uma questão de orgulho nacional.

Antes da reunião de Trump com o presidente russo em Hamburgo, Tillerson visitou Moscou em abril de 2017 para preparar o terreno, e encontrou Putin na mesma sala de reuniões do Kremlin onde eles haviam conversado quando o primeiro trabalhava para a Exxon. Ao entrar no bastião de Putin, Tillerson apontou para si e disse: "Outra função. Mesmo homem".

"*Da*", disse Putin, sorrindo diante daquilo.

Eles discutiram tópicos polêmicos, e um dos principais foi o apoio que o Kremlin dera ao regime de Assad, que estava usando poder de fogo dos russos para massacrar civis. Tillerson também transmitiu a mensagem de que os Estados Unidos resistiriam à agressão da Rússia à Ucrânia. De volta a Washington, Tillerson recomendou a Trump que uma disciplina estável era crucial para lidar com Putin.

"Com Putin, o senhor precisa ficar alerta todo dia", explicou Tillerson. "Ele vai esperar até a pressão diminuir, e aí vai aproveitar a oportunidade."

Trump ouviu Tillerson, mas, para quem estava presente, ele parecia distraído. Não fez nenhuma pergunta nem tentou continuar a conversa. Só teve um comentário direto a fazer. Ele rejeitava a noção de que Putin tentaria tirar proveito dos Estados Unidos.

"Acho que não é isso que Putin está pretendendo", disse Trump.

A certeza dele da maneira para lidar com Putin mudou drasticamente após a reunião dos dois em Hamburgo no dia 7 de julho. Trump acreditava que agora era ele quem sabia tudo da Rússia. Que dominava o relacionamento. Os anos de experiência de Tillerson negociando com o presidente russo e estudando seus movimentos no tabuleiro de repente se tornaram irrelevantes.

"Tive uma reunião de duas horas com Putin", disse Trump a Tillerson. "Isso é o bastante para mim... Já saquei tudo. Pode deixar comigo."

O código moral de Tillerson e sua experiência galgando os degraus da hierarquia corporativa o ensinaram a respeitar o comandante em chefe americano. Naquele momento, ele precisava empregar todos os dotes diplomáticos que havia desenvolvido para recomendar cuidado ao presidente, lembrando-o de que Putin sabia tirar proveito de uma abertura caso ela existisse. Putin era um exímio manipulador, um ex-agente da KGB treinado para encontrar os pontos fracos dos inimigos e explorá-los. Mas Trump ignorou Tillerson.

"Eu sei mais disso que você", respondeu.

Em 7 de julho, quando Trump se concentrava em fazer amizade com Putin na Alemanha, seus advogados nos Estados Unidos previam uma catástrofe de relações públicas, a pior desde que Robert Mueller fora nomeado procurador especial. Ao longo das semanas anteriores, advogados que representavam o presidente, seus negócios, a campanha e alguns parentes haviam analisado blocos de e-mails da campanha e do período de transição, preparando-se para entregar os documentos às comissões de inteligência do Senado e da Câmara, que estavam investigando a interferência da Rússia.

Os advogados tinham descoberto correspondências que sugeriam um acesso especial da Rússia à campanha, e que algumas pessoas em torno de Trump sabiam que o Kremlin estava tentando ajudar sua candidatura. Eles achavam que essas trocas de mensagens eram terríveis, e demonstravam que Trump havia mentido, mas não constituíam necessariamente um problema de ordem legal.

"Qualquer pessoa com dois neurônios entendia que era politicamente explosivo, mesmo que fosse legalmente irrelevante", comentou um dos advogados que analisou o material. "Era horrível."

Os e-mails revelavam que Donald Trump Jr. se empolgara e, ingenuamente, marcara uma reunião na Trump Tower em 2016 com Natalia Veselnitskaya, uma advogada russa com ligações com o Kremlin. Na troca de mensagens, Rob Goldstone, um promotor de talentos britânico que estava ajudando a organizar a reunião, disse que os russos se ofereceram para "fornecer à campanha de Trump informações e documentos oficiais que incriminariam Hillary e sua relação com a Rússia e seriam muito úteis para seu pai. São, obviamente, informações delicadas de altíssimo escalão, mas fazem parte do apoio que a Rússia e o governo querem dar ao sr. Trump".

"Se for como está dizendo, adorei", escrevera Trump Jr. em um dos e-mails para Goldstone.

Jared Kushner fora à reunião no 25º andar da Trump Tower em 9 de junho de 2016, a convite de Trump Jr. Paul Manafort, então diretor da campanha, também comparecera.

Todos os advogados sabiam que, assim que entregassem os documentos ao Congresso, os democratas divulgariam os detalhes mais prejudiciais. Depois de Trump passar meses alegando que não houvera conluio, ali estava a primeira reunião de que se sabia entre o alto escalão da campanha de Trump, parentes dele e uma cidadã russa. Era a receita para uma crise completa.

Marc Kasowitz e Mike Bowe, advogados de Trump, haviam avisado ao presidente em 21 de junho que os e-mails existiam, explicando que provavelmente permaneceriam restritos ao círculo de advogados até o outono, quando teriam que ser apresentados às comissões do Congresso que estavam investigando a interferência da Rússia na eleição.

Hope Hicks também trabalhava para controlar as consequências, mas o presidente rejeitou os conselhos de sua diretora de comunicação. Como revelou mais tarde ao procurador especial, ela se reuniu com Trump, Kushner e Ivanka na ala residencial da Casa Branca no final de junho. Kushner tentou mostrar os e-mails que o Congresso logo receberia, mas o presidente cortou a conversa e disse que não queria saber. E então, em 29 de junho, Hicks falou a sós com Trump para comunicar seu receio quanto ao caos político que aqueles e-mails provocariam. Ele disse que achava que as mensagens não vazariam se ficassem na mão de um único advogado. Mais tarde, no mesmo dia, em uma segunda reunião com a presença de Kushner e Ivanka, Hicks disse a Trump que os e-mails eram "muito ruins" e que a repercussão seria "imensa" quando viesse a público. Hicks sugeriu que Trump Jr. revelasse a existência dos e-mails por iniciativa própria e resumisse o conteúdo de modo a tentar amenizar o impacto, mas Trump reafirmou que não queria saber os detalhes e insistiu que não achava que os e-mails vazariam.

Mais ou menos na mesma época, os advogados de Trump, da campanha e da família traçaram estratégias diferentes para conter a história. Abbe Lowell, advogado de Kushner, insistiu que um deles vazasse a informação a um noticiário aliado logo antes de entregar o material, para ajustar a narrativa do modo que fosse mais favorável a todos os clientes deles. Considerado um dos melhores advogados especialistas em escândalos de Washington, Lowell acreditava que a reunião com a advogada russa era constrangedora e demonstrava a ingenuidade da equipe de Trump, mas não achava que indicasse intenção de formar conluio com a Rússia. Lowell ficou extasiado quando, vasculhando os documentos, encontrou e-mails que mostravam que Kushner chegou atrasado para a reunião e tentou sair mais cedo.

Na opinião de Lowell, Trump Jr., Kushner e Manafort se reuniam com um pessoal esquisito, incluindo Veselnitskaya, coisa que não deviam ter feito, mas não houvera nenhum acordo, e a reunião com ela não dera em nada. Kushner havia brincado mais de uma vez que a acusação dos democratas de que Trump ou seus conselheiros teriam feito conluio com os russos era ridícula porque a campanha fora tão desorganizada que "não conseguiríamos fazer conluio nem entre nós mesmos".

Lowell queria que Trump Jr. assumisse a responsabilidade por ter marcado a reunião e "bancasse" a história. "Todo mundo sabia que Abbe queria que Don Jr. contasse", disse uma pessoa familiarizada com o plano. "Os advogados sabiam. Todos falávamos disso", disse outra.

Lowell insistiu que os outros advogados aceitassem um plano de vazar a história para uma organização responsável, como o *New York Times* ou o *Washington Post*, na mesma época em que os documentos fossem entregues ao Congresso. Alan Futerfas, o advogado recém-contratado de Trump Jr., respeitava Lowell e reconhecia algum valor na ideia. Mas Futerfas, que tinha sido contratado havia apenas uma semana, ainda estava descobrindo os fatos relativos à reunião e não queria ir a público antes de saber exatamente o que acontecera. Contudo, outro advogado ciente de parte das informações estava executando seu próprio plano.

Reginald "Reg" Brown representava Manafort nas investigações em andamento no Congresso sobre a interferência da Rússia nas eleições, e em maio daquele ano havia fornecido respostas de seu cliente a diversas comissões parlamentares. Brown relatou, por carta, que Manafort não se lembrava de nenhuma reunião pessoal com russos durante a campanha. No entanto, em junho, outros advogados com acesso aos e-mails de campanha de Kushner alertaram Brown de que Manafort havia comparecido à reunião misteriosa e apresentado informações imprecisas ao Congresso. Brown não queria que seu cliente fosse acusado de mentir para o Congresso, e ao mesmo tempo viu a oportunidade de mostrar que Manafort era transparente e franco. Veterano de investigações parlamentares, ele não queria que a informação viesse a público e permitisse que seu cliente fosse marcado como alguém que tentou esconder algo. Brown consultou Lowell e obteve sua aprovação para notificar diversas comissões de que Manafort havia comparecido a uma reunião com uma cidadã russa. O aviso de Brown para as comissões — que ele transmitiu pelo telefone por volta do dia 30 de junho, logo antes do recesso de 4 de julho no Congresso — informava que Manafort fora à reunião a convite de Donald Trump Jr., sem fazer qualquer menção à presença de Kushner.

As Organizações Trump e Trump Jr. não faziam a menor ideia da rapidez com que o mundo ia desabar em cima deles. A notícia do aviso de Brown para o Congresso logo chegou ao *New York Times*. Em 7 de julho, repórteres ligaram para membros da Casa Branca e advogados da família Trump para informar que o jornal pretendia publicar uma matéria sobre uma reunião misteriosa na Trump Tower em 2016 com uma advogada russa. Trump estava a mais de 6 mil quilômetros de distância de seus advogados em Washington e Nova York, e seus assessores se esforçaram para ganhar tempo. Hicks propôs uma teleconferência com os repórteres do New York Times na manhã seguinte. Mas a manhã de 9 de julho passou sem qualquer telefonema da Casa Branca. E, àquela altura, Trump e sua comitiva já haviam embarcado no Força Aérea Um, em Hamburgo, para o voo de volta a Washington. Os repórteres do New York Times tinham enviado por e-mail uma lista de perguntas para assessores da Casa Branca, que as discutiram no avião. E perceberam imediatamente que estavam diante de uma crise.

Os advogados tinham temido aquele pesadelo iminente de relações públicas, mas não esperavam que viesse à tona tão cedo, e foram pegos desprevenidos. Marc Kasowitz e Mike Bowe, advogados do próprio presidente, ainda não haviam terminado de informá-lo sobre o rastro digital. Eles estavam trabalhando com o Circa, um serviço de notícias conservador favorável, que também sabia um pouco sobre uma reunião com os russos. Bowe e o estrategista de comunicação Mark Corallo pretendiam apresentar a história sob uma luz muito diferente da que Lowell havia imaginado. Eles disseram ao repórter do Circa que a advogada russa tinha ligações com uma empresa concorrente, de pesquisa dos democratas, e parecia estar tentando fazer a campanha de Trump passar vergonha. Mas, naquele sábado, eles ainda não tinham conseguido decidir um plano de mídia com os outros advogados.

Lowell, o advogado de Kushner, jogava tênis quando foi tirado da quadra para atender a uma ligação urgente. O New York Times estava prestes a publicar detalhes da reunião na Trump Tower. Era justamente a história que Lowell havia convencido a equipe jurídica principal a moldar cuidadosamente e comunicar da maneira mais favorável, mas agora a coisa ia estourar a qualquer momento, e não havia ninguém no controle.

Quando o Times perguntou sobre a reunião na Trump Tower, a pessoa que tinha mais detalhes em primeira mão, Trump Jr., não podia ser localizada facilmente. O filho xará do presidente, com 39 anos e ávido por atividades ao ar livre, estava pescando em um lago no interior do estado de Nova York. Seu celular estava com pouco sinal, e tiveram dificuldade para falar com ele, mas Hicks conseguiu enviar uma série de mensagens de texto.

Trump Jr. já havia analisado cuidadosamente os e-mails com seu advogado na semana anterior, sobretudo a fim de montar uma estratégia para lidar com a imprensa, porque os e-mails provavelmente teriam que ser apresentados ao Congresso. Ele tinha explicado que, embora estivesse ansioso para a reunião com Veselnitskaya, e torcesse para descobrir algo incriminador sobre Hillary Clinton, acabara concluindo que a reunião fora um fiasco. Ele se lembrava de ter ficado ligeiramente irritado porque Veselnitskaya não fornecera nenhuma prova concreta que associasse Clinton a algum escândalo. A advogada passara a maior parte da reunião falando de uma proposta: seu governo revogaria uma proibição de adoções de crianças russas nos Estados Unidos se o governo americano revogasse uma lei que sancionava bilionários russos proeminentes. Aquela era uma prioridade pessoal de Putin, e Veselnitskaya havia passado anos fazendo campanha contra a Lei Magnitsky, que impunha sanções a uma suposta lista de pessoas acusadas de infringir direitos humanos. Como disse mais tarde Trump Jr., foram "vinte minutos perdidos". Ele e seus advogados tinham preparado algumas versões de uma declaração para explicar a reunião quando fosse a hora, e Trump Jr. preferia um relato detalhado: uma página descrevendo como fora a reunião e tudo o que acontecera.

Kushner também havia analisado e-mails e mensagens de texto com seu advogado antes do telefonema do *New York Times*. Ele lembrava que a reunião com Veselnitskaya tinha sido relativamente estranha e irrelevante. Enquanto Trump Jr. pescava, Kushner e Ivanka voltavam da Alemanha com o presidente e consultaram Hicks e Josh Raffel, o assessor de comunicação de Kushner, para formular uma estratégia da reação de Kushner à investigação.

As pessoas na Alemanha sabiam que a revelação da reunião representava um perigo político e talvez jurídico, e logo definiram uma estratégia. Trump Jr. emitiria uma declaração ao *New York Times* para conter o escândalo. Seu relato seria honesto — incluindo o fato, que eles acharam que seria útil, de que a oferta de informações comprometedoras sobre Hillary por parte de Veselnitskaya nunca se concretizara —, para que não pudesse ser desmentido depois caso todos os detalhes viessem à tona ou se, como os advogados da família sabiam que aconteceria mais cedo ou mais tarde, cópias dos e-mails fossem divulgadas.

"Tudo vai vir a público em algum momento", disse Futerfas para algumas das pessoas que discutiam o que fazer. Ele concordava com a opinião de Trump Jr.: não deviam tentar esconder que os russos haviam oferecido informações desfavoráveis sobre Hillary Clinton.

Uma declaração foi preparada em nome de Trump Jr. Ela afirmava, na verdade, que um conhecido havia pedido que ele se encontrasse "com uma pessoa que me disseram que talvez tivesse informações úteis para a campanha".

* * *

Entretanto, ao embarcar no Força Aérea Um, o presidente mudou de rumo. Adaptado para viagens presidenciais, o icônico Boeing 747 militar é segmentado em camarotes. O camarote pessoal do presidente fica na frente da fuselagem, perto do nariz do avião, e a partir dali se estendem os outros, em que os passageiros são alocados de acordo com o nível hierárquico: primeiro, conselheiros principais; depois, outros assessores; agentes do serviço secreto; convidados diversos, como amigos; e, por fim, no fundo, um grupo itinerante de treze jornalistas. Durante as primeiras horas do voo, Trump trabalhou furiosamente no camarote dianteiro com Hicks para formular uma estratégia sobre a história da advogada do Kremlin, que estava fervilhando. Outros assessores, incluindo Sean Spicer, porta-voz da Casa Branca, e sua auxiliar, Sarah Sanders, foram colocados no camarote geral, sentindo-se excluídos da atividade lá na frente.

Microgestor por natureza, Trump pretendia minimizar o que ele considerava um desastre de relações públicas — para seu filho, mas, principalmente, para si próprio. Como muitas vezes ocorria com o presidente, ele não sabia de todos os detalhes, mas ao mesmo tempo sabia que o que pretendia dizer não era 100% verdade. Trump só queria tentar assumir o controle da manchete do dia e sobreviver.

"Vocês todos acham que ele tem uma grande estratégia, mas a verdade é que ele só está tentando superar a crise do momento", disse um assessor do alto escalão. "Ele pensou consigo mesmo: 'Esses e-mails só vão aparecer no outono', e já estamos falando disso agora. Aquilo era uma eternidade para ele." Então Trump se encarregou de acobertar a verdade. Hicks mandou uma série de mensagens de texto para Trump Jr. durante o voo para explicar que o presidente estava sugerindo uma abordagem diferente. Eles destacariam que a reunião com Veselnitskaya tinha sido sobre a política russa de adoção e não falariam nada da campanha. Durante a conversa com Kushner e Hicks, Trump insistiu que a declaração não mencionasse a campanha, concentrando-se nas ligações obscuras entre a proibição de adoções russas e a Lei Magnitsky nos Estados Unidos. Trump Jr. comunicou sua irritação diante do fato de que o pai estava redigindo uma declaração que ignorava a questão Clinton, uma omissão evidente e problemática.

Como o presidente e seus assessores estavam em um avião, a um oceano de distância, não havia chance de realizar uma teleconferência cuidadosa e estratégica com todos os envolvidos. Hicks continuava trocando mensagens de texto com Trump Jr., enquanto o filho do presidente discutia as opções com seus advogados, Futerfas e Alan Garten, o advogado-geral das Organizações Trump. Lowell conversava com Kushner e Ivanka. Outros assessores da Casa Branca trocavam mensagens com Garten. Mas o presidente foi categórico. No camarote dianteiro do Força Aérea Um, Hicks redigiu o que Trump ditou, produzindo um rascunho que ela tentava aperfeiçoar incessantemente.

No último segundo, Trump Jr. insistiu que Hicks acrescentasse uma palavra, para afirmar que a reunião fora para discutir "principalmente" adoções.

"Também acho bom, mas o chefe receia que vá levantar muitas perguntas", digitou Hicks para Trump Jr.

"Se não tiver isso lá depois vai parecer que eu menti quando eles acabarem vazando alguma coisa", respondeu Trump Jr.

Pouco depois das 13h30, Garten enviou para o *New York Times* uma declaração atribuída a Trump Jr., sem dizer que o próprio presidente havia sido o autor.

"Foi uma reunião introdutória curta", dizia a declaração. "Pedi para Jared e Paul darem uma passada. Conversamos principalmente sobre um programa de adoção de crianças russas que existia e era bem procurado por famílias americanas anos atrás e que foi encerrado pelo governo russo, mas isso não era uma questão para a campanha na época, e não houve seguimento. Um conhecido me pediu que eu fosse à reunião, mas eu não sabia com antecedência o nome da pessoa que encontraria."

Trump Jr., Lowell, Futerfas e Garten estavam de mãos atadas. Todos eles sabiam o que havia na troca de e-mails, e sabiam que mais cedo ou mais tarde aquilo não só ia estourar na cara de Trump Jr. como comprometeria o próprio presidente. No entanto, nenhum deles tinha como contestá-lo de longe. Quando os advogados pessoais de Trump opinaram, já era tarde demais. Depois que enviou a declaração para o *New York Times*, Garten encaminhou cópias para outros advogados do presidente e seus conselheiros. Bowe vinha tentando entrar em contato com Futerfas desde sexta-feira; ele queria que Trump Jr. desse uma declaração para a matéria no *Circa*. Futerfas o enrolara, dizendo que ligaria à uma da tarde. Não ligou. Eram quase duas e Bowe estava a caminho do aeroporto LaGuardia para buscar a esposa quando recebeu o e-mail sobre a declaração que havia sido enviada ao *New York Times* por volta de 13h30. Ele parou o carro e leu a declaração, furioso. Havia formulado uma estratégia de imprensa que apresentaria uma explicação mais completa sobre a reunião, e agora Trump Jr. emitira um relato totalmente distinto. Ele voltou para a estrada e ligou para o celular de Futerfas.

"Alan, que porra é essa?", gritou Bowe. "Nosso cliente é o presidente da porra dos Estados Unidos. Por que é que você não falou comigo, caralho?"

Futerfas tentou manter a calma em meio à sequência de impropérios. "Não tive muito controle neste caso, Mike", disse ele.

"A gente tinha um plano!", urrou Bowe. "Você ferrou com tudo. Não respondeu minha ligação. Cacete!"

Bowe explicou em mais detalhes o plano que ele, Kasowitz, o advogado Jay Sekulow e Mark Corallo haviam iniciado no dia anterior com o *Circa* para neutralizar os e-mails constrangedores sobre a reunião na Trump Tower. Enquanto falava, Bowe passava por um trecho da estrada que ele provavelmente havia percorrido umas cem vezes. Só que sua raiva era tanta que ele errou a saída do aeroporto.

Futerfas também estava frustrado. Assim como Bowe, não gostava de estar naquela situação. Havia estudado a fundo a reunião na Trump Tower durante a semana anterior e agora sabia mais dela do que quase ninguém. Tinha conversado com algumas das pessoas menos conhecidas que haviam participado dela, incluindo Goldstone, o publicitário inglês que incentivara Trump Jr. a ir à reunião.

Futerfas bufou para a estratégia de Bowe, que imaginava que nenhum jornalista bom aceitaria. "Você estava planejando uma reportagem sobre meu cliente?", perguntou Futerfas. "E quando pretendia me contar?"

"Você nunca retornou minha ligação, porra", disse Bowe.

Futerfas disse que foi orientado a não ligar para os advogados do presidente. Bowe exigiu saber quem tinha feito aquilo. Futerfas se recusou a dizer. A Bowe só restou imaginar. Ele buscou a esposa, levou-a para City Island para um almoço à beira-mar e tentou se acalmar. Ligou para Kasowitz para avisar da merda que o cliente deles tinha feito sem aconselhamento jurídico. Kasowitz ligou para a linha segura de Trump no Força Aérea Um. Pouco antes das três da tarde, o presidente consultou seu próprio advogado pela primeira vez. O *New*

135

York Times já estava com a declaração enganosa, e o advogado do presidente não podia fazer muito além de ouvir seu cliente explicar a estratégia. A versão de Trump para os acontecimentos agora era fato consumado. O *New York Times* publicou a reportagem naquela mesma tarde. Kasowitz conseguiu que Trump aprovasse uma declaração que ele enviaria para o *Circa*, alegando que a reunião parecia ser um esforço para sabotar sua campanha, mas aquela narrativa seria atropelada imediatamente pela reportagem do *New York Times*, segundo a qual a família de Trump se reunira com russos que queriam prejudicar Hillary Clinton e ajudar Trump.

Lowell leu a matéria pela internet e ficou desolado. A declaração enviada do avião era altamente enganosa, na melhor das hipóteses. Só havia um aspecto positivo: a reportagem se concentrava na atuação de Trump Jr., não no fato de que Kushner mais uma vez deixou de revelar todos os seus contatos no exterior. Lowell telefonou para Kushner no Força Aérea Um pouco antes das seis da tarde e insistiu que seu cliente desviasse questionamentos futuros sobre a reunião para a equipe de Trump Jr.

"Deixe essa cair em Don Jr.", disse Lowell para Kushner. "A reunião é de Don Jr."

Por volta de oito da noite, o Força Aérea Um pousou na base aérea Andrews, nos arredores de Washington. Os parentes e conselheiros de Trump saíram da aeronave exaustos e ansiosos. Sabiam que o estrago já estava feito. O problema que eles tinham se atropelado para conter só ficaria maior. Naquela noite, Corallo estava no templo maçônico de Alexandria, na Virgínia, vendo um espetáculo de fogos de artifício, quando recebeu uma ligação furiosa de Hicks.

Pelo que Corallo se lembrava da conversa, Hicks perguntou: "O que vocês estão fazendo? Quem diabos é *Circa*?".

Corallo disse ter explicado a Hicks que o plano de passar informações ao *Circa* fora aprovado pelos advogados de Trump, e que ele presumira que o próprio presidente tinha sido informado.

"Eu tinha resolvido com o *New York Times*", disse Hicks, segundo Corallo. "Agora virou essa bagunça."

"Você tinha resolvido?", teria respondido Corallo. "Você trabalha para a Casa Branca. Trabalha para o presidente. É uma funcionária pública federal. Desde quando mexe com esse tipo de coisa?" E acrescentou: "Você acabou de se tornar uma testemunha em uma investigação federal. Parabéns".

Hicks sabia que seria uma testemunha de qualquer jeito, considerando sua proximidade com o presidente.

No dia seguinte, 9 de julho, o clima ainda era de tensão. Corallo recebeu um telefonema da Casa Branca. Trump e Hicks estavam do outro lado da linha. Acusações foram disparadas de um lado para outro, segundo a descrição que Corallo fez da conversa.

"Quem autorizou que a declaração fosse publicada em meu nome?", perguntou Trump.

Corallo explicou que o texto enviado ao *Circa* não estava no nome de Trump, e sim no de Corallo, na condição de representante da equipe jurídica do presidente.

"Vocês transformaram essa história em algo grande", disse Trump.

"Sr. presidente, essa história ficaria grande de qualquer jeito", respondeu Corallo. E acrescentou: "Não podemos seguir com esta conversa sem os advogados. Esta conversa não é sigilosa. O senhor precisa chamar seus advogados. Fale com eles".

Hicks então disse a Corallo: "Vocês fizeram uma lambança. Tínhamos tudo planejado. A história ia sumir".

"A reunião foi sobre adoção", disse Trump, defendendo o texto que havia ditado em nome do filho.

Corallo sentiu um nó na garganta. Ele não gostou que Hicks aparentemente o estivesse criticando na frente de Trump, e achava que ela exibia um nível de insensatez e arrogância que sugeria que não era uma pessoa apta para o trabalho, se não era capaz de perceber o perigo de se fazer uma descrição incompleta. Hicks, por sua vez, estava exasperada com o estresse de passar alguns dias tentando fazer com que a crise fosse enfrentada com transparência e honestidade, apesar da insistência do presidente no sentido contrário. Ela acreditava que a declaração dada ao *Circa* representava uma séria falta de discernimento. Hicks achava que, em vez de conter o incêndio, Corallo e Kasowitz tinham jogado gasolina nele. Corallo reafirmou que não era recomendável continuarem a conversa sem advogados na linha, e todos desligaram.

Ao mesmo tempo, repórteres de diversas organizações recorriam às suas fontes para descobrir o que suscitara a reunião de junho de 2016. A pressão sobre a equipe de Trump para fornecer respostas era intensa. Ao meio-dia de 9 de julho, diversos repórteres souberam por suas fontes que o propósito original da reunião não era a adoção de crianças russas, e sim a oferta de informações incriminadoras sobre Hillary Clinton. O *New York Times* tinha tantas fontes entregando Trump Jr. que Garten e Futerfas decidiram que era melhor seu cliente apresentar a descrição honesta que eles haviam tentado propor, sem sucesso, no dia anterior. Então Trump Jr. divulgou uma declaração ao *New York Times* explicando que ele havia se reunido com Veselnitskaya a pedido de um conhecido em comum da época do Miss Universo 2013, que o pai dele havia promovido em Moscou.

"Depois da troca de cumprimentos", disse Trump Jr., "a mulher afirmou ter informações de que indivíduos associados à Rússia estavam financiando o Comitê Nacional Democrata e dando apoio à sra. Clinton. Suas afirmações foram vagas, ambíguas e não faziam sentido. Não se forneceu ou sequer ofereceu qualquer detalhe ou informação que as amparasse. Logo ficou evidente que ela não possuía nenhuma informação relevante."

Trump Jr. então disse que Veselnitskaya mudou de assunto, passando à adoção de crianças russas e à Lei Magnitsky. "Ficou claro que era esse o objetivo verdadeiro dela, e que a alegação de ter informações potencialmente úteis foi um pretexto para a reunião", dizia a declaração de Trump Jr.

A revogação da Lei Magnitsky de 2012, pouco conhecida, era de fato uma das maiores prioridades do presidente russo. A legislação americana havia enfurecido Putin, porque congelara os bens e limitara as viagens de um grupo de empresários russos poderosos que serviam como extensões do poder dele. Em retaliação, Putin havia proibido a adoção de crianças russas nos Estados Unidos. Sempre que ele tocava naquele assunto, na verdade era em nome de sua guerra para revogar as sanções impertinentes do país. Mas, quando Veselnitskaya mencionou a palavra-chave "adoções" para Trump Jr. na Trump Tower em junho de 2016, ele nem se deu conta disso.

Na Ala Oeste, a situação esquentou quando assessores perceberam a magnitude do acobertamento. A história só piorava. Na manhã de 11 de julho, a Casa Branca descobriu que o *New York Times* agora tinha uma cópia dos e-mails originais de Trump Jr. em que Goldstone propunha a reunião com Veselnitskaya, como Hicks havia alertado ao presidente que aconteceria. Trump Jr. normalmente era uma pessoa tranquila, mas suas emoções estavam a mil, alternando-se entre infelicidade e a fúria em relação à mídia. Ele e o pai haviam enfrentado três dias seguidos de cobertura corrosiva da imprensa por causa de uma reunião de que Trump Jr. aceitara participar, e agora estavam prestes a levar mais um golpe, pelo quarto dia consecutivo. Mais tarde, repórteres e advogados brincariam que a maneira equivocada como o presidente e seus assessores lidaram com a história da Trump Tower poderia ser usada como estudo de caso em um curso de pós-graduação de como não administrar a comunicação durante uma crise. Depois de uma longa existência à sombra da célebre irmã caçula, que o pai claramente favorecia, Trump Jr. tinha gostado de exercer um papel importante na campanha, mas as revelações sobre a reunião na Trump Tower o haviam transformado em um fardo.

Trump Jr. e seus advogados, todos em Nova York, resolveram fazer uma teleconferência às pressas com o presidente, que estava em seus aposentos particulares na ala residencial da Casa Branca, além de outros advogados e assessores. Foi uma conversa rápida. O filho teve que explicar a Trump sobre a bomba dos e-mails constrangedores que estava prestes a explodir. O presidente ouviu atentamente, interrompendo de vez em quando com um grunhido. "Sinto muito mesmo, pai", disse Trump Jr.

O presidente deixou claro que não estava feliz, mas não admitiu que ele próprio havia causado grande parte do problema ao ditar a declaração enganosa. "É uma zona do cacete", disse Trump. "Está interferindo nos meus planos. Isso está atrapalhando o que estou tentando fazer."

Então o presidente, seu filho e os conselheiros debateram se deviam divulgar todos os e-mails ou só uma parte deles. Trump Jr. e seus advogados recomendaram que fosse tudo.

"O resto vai vazar de qualquer jeito", disse Trump Jr., e o presidente concordou.

"Foda-se", declarou Trump. "Publiquem tudo."

Depois de desligar, pouco após as dez da manhã, Trump tuitou uma defesa do filho para o mundo todo ver: "Muitos políticos teriam ido a uma reunião como a de Don Jr. para conseguir informações sobre um oponente. Política é isso!".

Enquanto isso, Trump Jr. preparou imagens de todos os dezesseis e-mails trocados entre ele, Goldstone, Kushner e Manafort sobre a reunião de junho de 2016 com Veselnitskaya. Às onze, Trump Jr. as publicou no Twitter. Ele havia tirado o furo do *New York Times*.

Trump ficou furioso com a confusão causada ao longo dos últimos quatro dias. Durante uma reunião na Casa Branca com alguns conselheiros, segundo Corallo, o presidente o atacou de novo, agora acusando-o de ter vazado detalhes dos e-mails para o *New York Times*, o que Corallo negou.

"Você é um desses anti-Trump?", perguntou o presidente a seu consultor de comunicação jurídica.

"Sr. presidente, eu votei no senhor. Eu o apoiei", respondeu Corallo. "Isso não significa que concorde com tudo o que faz, mas estou à sua disposição. Pode me demitir a qualquer momento."

Corallo estava arrasado. De alguma forma, ele havia se tornado o bode expiatório. Estava à procura de uma saída, e a encontrou uma semana depois. Em 19 de julho, Trump atacou o procurador-geral Jeff Sessions, questionou a lealdade do vice-procurador-geral Rod Rosenstein e criticou a investigação de Mueller durante uma entrevista com Peter Baker, Michael Schmidt e Maggie Haberman, do *New York Times*. A entrevista foi um ponto de virada na opinião de Corallo sobre Trump. Ele considerava Sessions, Rosenstein e Mueller funcionários públicos honestos que não mereciam ser humilhados. O presidente fizera com que o trabalho dele ficasse insustentável. Corallo ligou para Bowe.

"Para mim chega", disse ele.

"É", respondeu Bowe. "Entendo perfeitamente."

Corallo pediu demissão da equipe jurídica e não recebeu sequer um tuíte presidencial em agradecimento por seus serviços.

Nos bastidores, uma análise discreta no Departamento de Justiça sobre a conduta durante a investigação dos e-mails de Hillary Clinton descobriu transgressões novelescas de uma dupla do FBI, uma revelação que macularia para sempre a sondagem de Mueller. Embora o caso extraconjugal dos dois e as mensagens de texto descuidadas fossem muito anteriores à indicação de Mueller, o aparente viés político deles contra Trump, no início de uma investigação sobre sua campanha, foi usado para comprometer todo o processo. Em 27 de julho, o inspetor-geral Michael Horowitz convocou um grupo de autoridades do Departamento de Justiça e do FBI para alertá-los da existência de mensagens de texto que ele havia descoberto entre o supervisor de contrainteligência Peter Strzok e a advogada Lisa Page, do FBI. A comunicação entre eles havia passado a impressão de que algumas pessoas no FBI tinham a intenção de impedir que Trump fosse presidente. Strzok na época trabalhava na equipe de Mueller; o FBI o dispensou imediatamente com base nas mensagens constrangedoras.

Trump ainda não sabia de todos os detalhes das mensagens, mas ele e seus aliados no Congresso já estavam acusando a equipe de Mueller de ser democratas politicamente motivados tentando comprometer seu mandato. Fora da sala de reuniões protegida no centro de comando do Departamento de Justiça, onde o inspetor-geral havia comunicado a todos a existência das mensagens, Rosenstein chamou Mueller de lado para pedir desculpas. Ele lamentava que um herói nacional estivesse sendo atacado pelo presidente e por legisladores cuja ideia de serviço ao público era aparecer na televisão e tuitar. Sabia que as mensagens de texto, quando fossem divulgadas, só complicariam o trabalho de Mueller.

"Sinto muito por ter metido você nesta", disse Rosenstein.

Mueller não deu importância. "Eu teria lamentado muito se não tivesse aceitado", disse ele.

9. Um choque para a consciência

Nenhum espaço militar é mais sagrado que a sala 2E924 do Pentágono. Essa catacumba protegida e sem janelas, onde o Estado-Maior Conjunto se reúne regularmente para lidar com assuntos confidenciais, é mais conhecida como "Tanque". O nome veio do lugar em que o Estado-Maior Conjunto se reunia originalmente durante a Segunda Guerra Mundial, no porão de um prédio federal na Constitution Avenue, em Washington, onde os participantes precisavam passar por um portal austero em arco com fiação elétrica visível que dava a impressão de que estavam entrando em um tanque. Ao contrário dos centros de comando imaginados em filmes de Hollywood, o Tanque no Pentágono parece uma sala de reuniões pequena normal, com decoração de meio do século que inclui uma mesa de carvalho dourada e lustrosa e cadeiras giratórias com estofamento de couro. A sala, saturada de história, também é conhecida como Sala Dourada em função do carpete grosso e das cortinas ornamentais.

Para oficiais militares, o Tanque é mais ou menos um templo. Entre suas paredes, os generais adotam um espírito de reverência e decoro pelas decisões difíceis que já foram tomadas ali. É uma grande honra ocupar um lugar àquela mesa. A sala é controlada por generais de quatro estrelas, não pelos indicados civis do presidente, e é um local seguro para que eles possam falar francamente sem interferência dos dramas políticos do momento. O Tanque é reservado para discussões sérias sobre táticas militares. É ali que se determinam questões de guerra e paz, onde o Estado-Maior decide enviar jovens para a morte.

Exibido com destaque em uma das paredes, junto da bandeira americana e do estandarte de cada força militar, ficava o quadro *The Peacemakers*, que retrata uma reunião histórica entre um presidente e seus chefes do Estado-Maior: uma sessão estratégica de 1865, durante a Guerra da Secessão, com o presidente Abraham Lincoln, o general de divisão Ulysses S. Grant, o general de brigada William Tecumseh Sherman e o contra-almirante David Dixon Porter. Passados 152 anos dos planos traçados por Lincoln para preservar a União, os conselheiros do presidente Trump formularam uma intervenção no Tanque para preservar a ordem mundial. A reunião de 20 de julho de 2017 no Tanque foi documentada diversas vezes, a mais memorável delas em *Medo: Trump na Casa Branca*, de Bob Woodward, mas relatos posteriores revelam uma imagem mais completa do momento e o efeito perturbador que as declarações e a hostilidade de Trump produziram na liderança das Forças Armadas americanas e da segurança nacional.

O secretário de Defesa Jim Mattis, o secretário de Estado Rex Tillerson e Gary Cohn, diretor do Conselho Econômico Nacional, ficaram aflitos ao longo dos seis primeiros meses do governo Trump diante das enormes lacunas que o presidente demonstrava em seu conhecimento sobre história, e as alianças forjadas após a Segunda Guerra Mundial, que serviram como base para a força dos Estados Unidos no resto do mundo. Trump havia irritado amigos de confiança ao desprezar relações estabelecidas com democracias ocidentais, chegando até a questionar o valor da Otan e a cultivar relações mais amistosas com a Rússia e outros regimes autoritários. Ele queria jogar fora acordos comerciais para extrair mais dos parceiros do país. E defendia a remoção de tropas não apenas de teatros de operações ativos, como o Afeganistão, mas também de postos estratégicos como a Coreia do Sul, onde as forças americanas ajudavam a manter a paz, queixando-se de que a presença militar pelo mundo era um desperdício de bilhões de dólares.

Trump organizava sua visão de mundo pouco ortodoxa sob o slogan simplista da América em Primeiro Lugar, mas Mattis, Tillerson e Cohn temiam que suas propostas fossem afobadas, impensadas, e um perigo para a posição de superpotência dos Estados Unidos. Também acreditavam que muitas das ideias impulsivas de Trump — e a constante dificuldade de comunicar ao presidente os interesses do país no exterior — derivavam da falta de conhecimento dele sobre a história americana, e até sobre o mapa-múndi. Cohn havia confidenciado aos colegas que ficara surpreso com a quantidade de lacunas na compreensão de Trump sobre questões mundiais. O trio concordava que, para conseguir manter uma conversa útil com o presidente, eles precisariam preparar uma base e estabelecer um conhecimento elementar, uma linguagem em comum. Então, em 20 de julho, Mattis convidou Trump ao Tanque para o que ele, Tillerson e Cohn haviam organizado cuidadosamente para ser um curso personalizado sobre o estado do mundo e os interesses americanos no exterior.

A reunião foi apresentada como um relatório sobre o Afeganistão, porque Trump estava tentando desenvolver uma estratégia no longo prazo para derrotar o Estado Islâmico ali, mas, na realidade, a sessão seria uma aula sutil sobre o poder dos Estados Unidos, tendo o presidente como aluno. Os organizadores a encaravam como uma correção de trajetória, uma intervenção para educar Trump e proporcionar alguma base para que analisasse o mundo.

O Tanque foi escolhido como local porque Trump ficou impressionado com o espaço quando o visitou pela primeira vez em janeiro de 2017, dizendo a seus conselheiros que era um lugar legal, um clássico, uma relíquia do passado. Ficara encantado com a ideia de que ele, Donald Trump, se encontrava na mesma sala onde seus antecessores haviam traçado planos de guerra. Se não ficasse do outro lado do rio Potomac, na Virgínia, e não fosse uma viagem tão complicada desde a Casa Branca, Trump teria gostado de fazer ali todas as reuniões de segurança nacional.

Em 20 de julho, logo antes das dez da manhã de uma quinta-feira de verão muito quente, Trump chegou ao Pentágono. Ele saiu do comboio, seguiu por um corredor decorado com retratos em homenagem a antigos chefes do Estado-Maior Conjunto e entrou no Tanque. Os oficiais receberam seu comandante em chefe. O general Joseph Dunford, chefe do Estado-Maior Conjunto, sentou-se no lugar de honra no meio da mesa, porque a sala era dele; Trump ficou à cabeceira, de frente para um telão. Mattis e Patrick Shanahan, recém-confirmado como vice-secretário de Defesa, sentaram-se à esquerda do presidente, e o vice-presidente Pence e Tillerson ficaram à direita. Ao longo da mesa sentaram-se os chefes das Forças Armadas, além de Cohn e do secretário do Tesouro Steven Mnuchin. Steve Bannon ficou na roda exterior de cadeiras com outros assessores, sentando-se logo atrás de Mattis e diretamente à vista de Trump.

Na outra extremidade da sala, diante do presidente, havia um telão opaco pendurado na parede para exibir as projeções de slides, além de uma segunda tela instalada em um trilho com mapas de diversas partes do mundo. Mattis, Cohn e Tillerson, com seus assessores, decidiram usar mapas, gráficos e diagramas para educar o presidente, para não o entediar.

Durante as reuniões regulares de inteligência, Trump ingeria pedacinhos brilhantes de informação com voracidade e se aferrava a nomes que reconhecia ou locais de destaque que tinha ouvido no jornal, mas não lia materiais escritos nem tinha paciência para palestras. Então seus conselheiros se aglomeravam em volta da mesa presidencial e exibiam mapas, gráficos, fotos e vídeos, além de "imagens de arrasar", como descreveu Mike Pompeo, diretor da CIA. Eles constataram que um jeito garantido de atrair a atenção de Trump era incluir o nome dele em algum ponto do texto. "Nosso trabalho é esse, não? Apresentar materiais de modo que ele possa compreender melhor as informações que estamos tentando comunicar", disse Pompeo.

Mattis iniciou a reunião de 20 de julho no Tanque com uma apresentação de slides, salpicada de diagramas e mapas, e decorada com vários sinais de cifrão. A estratégia dele era transmitir o valor de investimentos americanos no exterior por meio de termos que o presidente inquieto, formado no mercado imobiliário, pudesse compreender. Ele tentou explicar por que havia tropas americanas em tantas regiões, e por que a segurança do país dependia de uma rede complexa de acordos comerciais, alianças e bases espalhadas pelo globo. Em situações normais, comércio não seria considerado um tema relevante em reuniões de segurança nacional, mas Trump, ao contrário de presidentes anteriores, fazia uma associação direta entre acordos comerciais, tratados com países estrangeiros e a dinâmica geral de poder. Para Trump, o poder econômico dos Estados Unidos fazia parte de seu poderio militar. Se outro país impunha tarifas sobre produtos americanos, ele achava que era uma falta de respeito, e que aquele país estava se aproveitando dos Estados Unidos, de modo que devia perder a proteção fornecida pelas tropas americanas. Uma frase inicial apareceu no telão, marcando o tom: "A ordem internacional pós-guerra calcada em regras é o maior presente da maior geração". Mattis fez então uma apresentação de vinte minutos sobre o poder da aliança da Otan de estabilizar a Europa e preservar a segurança dos Estados Unidos. Bannon pensou consigo mesmo: "Péssimo. Trump não vai gostar nem um pouco disso". O vocabulário internacionalista que Mattis estava usando era um problema para Trump.

"Ah, cara, vai ser uma loucura da porra", pensou Bannon. "Ele [Trump] não conseguiria dizer 'ordem internacional pós-guerra calcada em regras' nem se alguém ameaçasse lhe dar um tiro. Não é assim que ele pensa."

Durante noventa minutos, Mattis, Tillerson e Cohn se alternaram para tentar destacar seus argumentos, apontando para os gráficos e diagramas. Eles mostraram onde as unidades americanas estavam posicionadas, em bases militares, escritórios da CIA e embaixadas, e como as tropas despachadas rechaçavam a ameaça de células terroristas, explosões nucleares e inimigos instáveis em lugares como Afeganistão, Irã, Iraque, a península coreana e Síria. Cohn falou por uns vinte minutos sobre a importância do livre-comércio com os aliados dos Estados Unidos, ressaltando que ele considerava que cada acordo comercial funcionava em conjunto com uma estrutura geral para solidificar a segurança econômica e nacional do país.

Trump parecia contrariado pelo tom de escolinha, mas também o repelia a dinâmica de conselheiros dando sermão. A capacidade efêmera de atenção dele o fez interromper repetidas vezes a aula. O presidente ouvia um conselheiro dizer alguma palavra ou expressão e desatava a intervir com sua opinião. Por exemplo, a palavra "base" o inspirou a dizer que era "loucura" e "burrice" pagar por bases em alguns países.

A primeira queixa de Trump foi repetir o que ele havia desabafado com seu conselheiro de Segurança Nacional meses antes: a Coreia do Sul devia pagar por um sistema de defesa antimíssil de 10 bilhões de dólares que os Estados Unidos haviam construído para o país. O sistema fora projetado para abater qualquer míssil balístico de curto e médio alcance da Coreia do Norte e proteger a Coreia do Sul e as forças americanas posicionadas lá. Mas Trump insistia que os sul-coreanos deviam pagar, sugerindo que o governo retirasse as tropas americanas da região ou cobrasse pagamento da Coreia do Sul pela proteção.

"Devíamos cobrar aluguel", disse Trump em relação à Coreia do Sul. "Devíamos fazê-los pagar pelos nossos soldados. Devíamos ganhar dinheiro com tudo."

Trump disse que tropas e sistemas de defesa dos Estados Unidos na Coreia do Sul não aumentavam a segurança dos americanos. Disse que poderia eliminar a ameaça nuclear na península se fechasse um simples acordo com o ditador norte-coreano Kim Jong Un. "É tudo uma questão de líder contra líder. Homem contra homem. Eu contra Kim", disse ele.

Trump então explicou que a Otan também era inútil. Os generais americanos estavam permitindo que países membros aliados matassem impunemente, disse ele, insistindo que esses países deviam muito dinheiro aos Estados Unidos por não terem cumprido a promessa de pagar suas dívidas.

"Eles estão em mora", disse Trump, recuando para o jargão do mercado imobiliário. O presidente levantou os braços em sinal de frustração e criticou o alto escalão pelos incontáveis milhões de dólares que ele acreditava terem sido perdidos em função de permitir que aliados se esquivassem de suas obrigações.

"Tem gente devendo dinheiro, e vocês não estão cobrando!", disse Trump. "Vocês iriam todos à falência se tivessem que administrar suas próprias empresas."

Mattis não estava tentando convencer o presidente de nada, só explicar alguns fatos. A situação degringolava rapidamente. O general tentou explicar com calma que o presidente não tinha muita razão. Os aliados da Otan não deviam aluguéis atrasados aos Estados Unidos. A verdade era mais complicada. A Otan tinha uma meta não vinculante de que os países membros aplicassem pelo menos 2% do PIB na defesa nacional. No momento, só cinco dos países atendiam a meta, mas aquilo não significava que estavam passando a perna nos Estados Unidos.

Mattis argumentou que, de maneira geral, a aliança da Otan não servia só para proteger a Europa Ocidental. Ela protegia os Estados Unidos também. "É isso que garante nossa segurança", disse Mattis. Cohn tentou explicar a Trump que ele precisava entender o valor dos acordos comerciais. "São compromissos que ajudam a nos proteger", disse Cohn.

Bannon interveio. "Pode parar, pode parar", disse ele. "Vocês todos estão falando esse monte de maravilhas, que todos eles são nossos parceiros, e eu quero que vocês digam agora um país ou uma empresa que vai segurar a barra dele."

Trump então contestou cada argumento que Cohn tinha feito para promover os benefícios de acordos comerciais em vigor.

"Gary, não quero saber de livre-comércio", disse Trump. "Estamos de cabeça para baixo. Eles estão passando a perna na gente. Todos os empregos sumiram. Estão passando a perna na gente."

O presidente acrescentou: "Quero acordos comerciais recíprocos em que isso seja equilibrado. Quero que esses caras comecem a contribuir. Não dá para continuar assim".

Trump então repetiu uma ameaça que já havia feito inúmeras vezes. Queria sair do acordo nuclear com o Irã que o presidente Obama havia fechado em 2015, que obrigava o outro país a reduzir seu estoque de urânio e eliminar seu armamento nuclear.

"É o pior acordo da história!", declarou Trump.

"Bom, na verdade...", interveio Tillerson.

"Não quero saber", disse o presidente, interrompendo o secretário de Estado antes que ele pudesse explicar alguns dos benefícios do acordo. "Eles estão mentindo. Estão aumentando. Vamos sair disso. Eu vivo falando para vocês, vivo dando mais tempo, e vocês vivem me atrasando. Eu quero sair."

Antes que eles conseguissem discutir o acordo com o Irã, Trump resolveu desenterrar outra queixa frequente: a guerra no Afeganistão, que se tornara a guerra mais longa da história dos Estados Unidos. Ele exigiu que alguém explicasse por que ainda não haviam vencido, depois de dezesseis anos de combate após os ataques terroristas do Onze de Setembro. Trump deslanchou seu desdém, chamando aquilo de "guerra de perdedor". A expressão pairou no ar e ofendeu não apenas os líderes militares à mesa como também os homens e mulheres fardados sentados junto à parede, perto de seus superiores. Todos haviam jurado obedecer ao comandante em chefe, e ali estava ele dizendo que estavam travando uma guerra de perdedor.

"Vocês são todos perdedores", disse Trump. "Não sabem mais vencer."

Trump perguntou por que os Estados Unidos não conseguiam receber petróleo como pagamento pelas tropas posicionadas no golfo Pérsico. "Gastamos 7 trilhões de dólares; eles estão passando a perna na gente", gritou Trump. "Cadê a porra do petróleo?"

Parecia que o presidente falava para seus eleitores, e alguns dos presentes tiveram a impressão de ouvir Bannon em suas palavras. Ele vinha tentando convencer Trump a retirar as tropas, dizendo: "O povo americano está reclamando que não podemos gastar 1 trilhão de dólares por ano nisso. Não dá. Vai levar o país à falência. E, ainda por cima, os deploráveis não querem que os filhos deles fiquem para todo o sempre no mar da China Meridional, no paralelo 38º, na Síria ou no Afeganistão".

Trump divagou sobre dispensar o general John Nicholson, o comandante americano responsável pelas tropas no Afeganistão. "Acho que ele não sabe vencer", disse o presidente, atacando Nicholson, que não estava presente na reunião.

148

O pacato Dunford tentou sair em defesa de Nicholson, mas sofreu para expressar seus argumentos para alguém tão irascível.

"Sr. presidente, não é...", começou Dunford. "Nossas ordens eram outras."

Dunford tentou explicar que ele não havia sido encarregado de aniquilar o inimigo no Afeganistão, e sim de seguir uma estratégia iniciada pelo governo Obama de reduzir gradualmente a presença militar no país na esperança de treinar as forças locais para que mantivessem um governo estável, de modo que os Estados Unidos pudessem se retirar em algum momento. Trump retrucou com termos mais explícitos.

"Quero vencer", disse ele. "Não vencemos mais nenhuma guerra. [...] Gastamos 7 trilhões de dólares, todo mundo menos nós fica com o petróleo, não vencemos mais."

Trump havia começado um de seus surtos. Ele estava com tanta raiva que mal parava para respirar. Durante a manhã toda tinha sido mal-educado e arrogante, mas os comentários que ele berrou em seguida iam além dessa descrição. Quase todo mundo dentro da sala ficou chocado, e alguns juraram jamais repetir o que foi dito.

"Eu não iria para a guerra com vocês", disse Trump ao alto-comando ali reunido.

Dirigindo-se a todos os presentes, o comandante em chefe gritou: "Vocês são um bando de tapados e bebês chorões".

Era o pior insulto que poderia ser proferido contra aquelas pessoas naquele lugar sagrado, vindo de um presidente conhecido por palavreados que ele mesmo classificava com o eufemismo "papo de vestiário". Os oficiais presentes ficaram chocados. Alguns assessores começaram a olhar para os papéis que seguravam e reorganizar pastas, como se quisessem desaparecer. Alguns consideraram sair. Tentaram não revelar a repulsa no rosto, mas suas cabeças se enchiam de perguntas. "Como é que o comandante em chefe diz uma coisa dessa?", pensou um. "O que nossos piores adversários achariam se soubessem que ele disse isso?"

Aquele era um presidente que havia sido tachado de "fujão" por ter evitado ir à Guerra do Vietnã em circunstâncias questionáveis. O jovem Trump levava uma vida de privilégios e estava em condições de saúde aparentemente perfeitas, com 1,85 metro de altura, porte musculoso e um histórico médico impecável. Ele praticava diversos esportes, incluindo futebol americano. E então, em 1968, aos 22 anos, conseguiu um diagnóstico de esporão do calcâneo que o isentou de serviço militar na mesma época em que os Estados Unidos estavam promovendo o alistamento obrigatório de homens naquela faixa etária para despachar enormes quantidades de tropas ao Vietnã.

Tillerson, em particular, ficou atordoado pelas recriminações de Trump e começou a fumegar visivelmente. Outras pessoas na sala repararam que ele passou uma quantidade excessiva de minutos olhando fixo, embasbacado, para Mattis, que estava calado, com a cabeça abaixada na direção da mesa. Tillerson pensou consigo mesmo: "Puxa vida, Jim, diga alguma coisa. Por que você não está falando nada?". Mas, como Tillerson diria mais tarde a assessores próximos, ele percebeu naquele momento que Mattis tinha DNA de fuzileiro naval e era incapaz de retrucar ao comandante em chefe, por maiores que fossem os absurdos a sair daquela boca.

O silêncio mais estapafúrdio era o de Pence, um líder que devia ter sido capaz de enfrentar Trump. Uma pessoa presente pensou: "Ele está sentado ali, imóvel feito uma estátua. Por que não impede o presidente?". Outra lembrou que o vice-presidente era "uma figura de museu de cera". Desde o início da reunião, parecia que Pence queria fugir e dar um fim à torrente de Trump. Ele certamente discordava do presidente quanto a caracterizar líderes militares como "tapados e bebês chorões", considerando que Michael, seu filho, era primeiro-tenente do Corpo de Fuzileiros Navais e treinava para ser aviador naval. Mas algumas pessoas especularam que Pence tinha medo de contrariar Trump. "Feito um alce na frente dos faróis", descreveu uma terceira testemunha.

Outros à mesa repararam que o manancial de veneno de Trump havia causado danos emocionais. Muitos dentro daquela sala tinham ido para a guerra e arriscado a própria vida pelo país, e agora estavam sendo humilhados por um presidente que não havia feito nada daquilo. Eles ficaram enojados. Tillerson disse a algumas pessoas que achou ter visto uma mulher na sala chorando em silêncio. Ele ficou furioso e decidiu que não aguentava nem mais um minuto. Sua voz interrompeu a ralhação de Trump, que estava falando de tentar ganhar dinheiro em cima das tropas americanas.

"Não, isso não existe", disse o secretário de Estado. "Sr. presidente, está totalmente enganado. Nada disso é verdade."

Tanto o pai quanto o tio-avô de Tillerson haviam sido veteranos de guerra, e ele tinha muito orgulho do serviço dos dois.

"Os homens e mulheres que vestem farda não fazem isso para virar mercenários", disse Tillerson. "Não é para isso que eles vestem a farda e enfrentam a morte. [...] Eles fazem isso para proteger nossa liberdade."

Fez-se um silêncio no Tanque. Alguns oficiais presentes ficaram gratos ao secretário de Estado por defendê-los quando ninguém mais tentou. A reunião acabou logo e Trump saiu, despedindo-se de um grupo de militares dispostos ao longo do corredor enquanto ele seguia para o comboio que o esperava fora do prédio. Mattis, Tillerson e Cohn estavam exauridos. Parado no corredor com um pequeno grupo de pessoas de confiança, Tillerson finalmente baixou a guarda.

"Ele é um imbecil", disse o secretário de Estado sobre o presidente.

Era nítido que o plano de Mattis, Tillerson e Cohn de treinar o presidente a compreender a visão internacionalista tinha saído pela culatra.

"Estávamos começando a seguir por um caminho errado, e precisávamos muito fazer uma correção de trajetória, precisávamos educar, ensinar, ajudar o presidente a entender o motivo e a fundamentação de muitas dessas coisas", disse uma autoridade envolvida no planejamento. "Precisávamos mudar a maneira como ele pensava naquilo, corrigir a trajetória. Todo mundo topou, concordou totalmente com essa opinião. Ficaram arrasados e chocados quando não só não tivemos o efeito pretendido, como ele se entrincheirou e radicalizou mais ainda, enrijecendo suas opiniões."

Alguns dias depois, Andrea Thompson, coronel reformada do Exército que havia servido no Afeganistão e no Iraque e atuava como conselheira de Segurança Nacional de Pence, entrou em contato com Tillerson e agradeceu por ele ter saído em defesa das Forças Armadas e dos funcionários públicos presentes no Tanque. Em setembro, ela sairia da Casa Branca e iria trabalhar com Tillerson como subsecretária de Estado para assuntos de controle de armas e segurança internacional.

A reunião no Tanque havia sido um choque tão grande para a consciência dos líderes militares que eles tentaram guardar segredo. No Fórum de Segurança de Aspen, dois dias depois, Andrea Mitchell, correspondente de longa data da NBC News, perguntou a Dunford como tinha sido a interação de Trump durante a reunião. O chefe do Estado-Maior Conjunto ofereceu uma descrição enganosa, omitindo o espetáculo.

"Ele fez muitas perguntas difíceis, e o que ele sempre faz é questionar algumas de nossas premissas fundamentais na condição de líderes militares, simplesmente chegar e questionar", disse Dunford para Mitchell em 22 de julho. "É um diálogo bastante enérgico e interativo."

Uma das vítimas da reunião no Tanque foi o relacionamento entre Trump e Tillerson, que nunca mais iria se recuperar. O secretário de Estado encarou aquilo como o começo do fim. A situação só ia piorar quando o fato de que Tillerson havia chamado Trump de "imbecil" veio à tona em outubro, em uma reportagem da NBC News.

No fim de semana seguinte, o procurador-geral Jeff Sessions voltou a entrar na mira do presidente. Ele estava sendo investigado de novo por suas duas conversas em 2016 com o embaixador russo Sergei Kislyak. Em 21 de julho, o *Washington Post* divulgou que agências de inteligência americanas haviam interceptado relatos das conversas que Kislyak enviara para seus superiores em Moscou, e que ele afirmava ter discutido com Sessions questões relativas à campanha de Trump. Aquilo era importante porque Sessions tinha negado qualquer conversa sobre a campanha com Kislyak.

Mais uma vez, a cobertura da imprensa despertou um espasmo de fúria em Trump, que em conversas com assessores chamara o procurador-geral de "inútil do cacete", "idiota do cacete", "babaca do cacete", "imbecil do cacete" e "escroto". Trump vinha imitando abertamente o sotaque arrastado de Sessions e debochando dele por ser uma mulher, Kate McKinnon, quem fazia o papel dele no *Saturday Night Live*.

Em 22 de julho, Trump viajou para Newport News, na Virgínia, para comparecer à cerimônia de incorporação do USS *Gerald R. Ford*, o navio mais recente da Marinha. Enquanto o helicóptero Marine One os levava para a embarcação, Trump deu uma ordem a Reince Priebus: "A gente tem que se livrar de Jeff". "Você precisa fazer com que ele peça demissão, e não me venha com nenhuma palhaçada de me enrolar. Dê um jeito."

Trump mandou Priebus anotar o motivo dele para obrigar o procurador-geral a pedir demissão: "O povo americano não aguenta mais isso", referindo-se à publicidade negativa. O secretário do Tesouro Steven Mnuchin e Stephen Miller, conselheiro de políticas da Casa Branca e antigo protegido de Sessions, também estavam a bordo e não tentaram dissuadir o presidente daquele ato impensado. A certa altura, Trump perguntou o que Mnuchin achava de afastar

Sessions, e ele respondeu que concordava. Priebus foi o único a tentar conter o presidente.

No navio, Priebus permaneceu nos bastidores, ligando para Don McGahn, advogado da Casa Branca, para tentar descobrir o que fazer. Ele sabia que se seguisse a ordem de Trump seria um desastre. De qualquer jeito, Jody Hunt, a chefe de gabinete do procurador-geral, já havia falado a Priebus que Sessions não pediria para sair e teria que ser demitido. Então Priebus e McGahn decidiram protelar. Depois da cerimônia, Trump consultou Priebus sobre o pedido de demissão. "Resolveu?", perguntou o presidente. Priebus o convenceu a adiar. O dia seguinte seria domingo, e ele disse ao presidente que não seria bom se a demissão dominasse os programas dominicais de entrevista e política. "Vamos lidar com isso amanhã", disse Priebus. Trump cedeu. Ao longo dos dias seguintes, as reclamações do presidente com outros conselheiros sobre a "fraqueza" de Priebus chegariam a um ponto de ebulição. "Se ouvíamos uma vez, ouvíamos vinte [naquela] semana, essa erosão da confiança", relatou uma pessoa do alto escalão da Casa Branca. "A palavra era 'fraco'. 'Fraco', 'fraco', 'fraco'. Não dá conta."

No dia 24 de julho, segunda-feira, sem que qualquer ação tivesse sido tomada contra Sessions, Trump entrou no Twitter para desabafar. Em um disparo às 7h49, o presidente censurou "nosso perturbado P. G.". Para Sessions e seus assessores, o tuíte foi arrasador. Ao longo de 24 horas, a mídia aguardou o sacrifício de Sessions. No dia seguinte, pouco depois das três da tarde, Trump saiu para o Jardim das Rosas para uma coletiva de imprensa. A liderança do Departamento de Justiça se reuniu na sala do procurador-geral para acompanhar na televisão. Sessions e seus subordinados acharam que ele usaria o momento para anunciar a demissão. O presidente chamou Margaret Talev, do Bloomberg News, que se levantou para fazer a pergunta: "Seu, bom, slogan ou chavão antes da Casa Branca era 'Você está demitido'. Então eu gostaria de saber se o senhor poderia nos contar um pouco sobre se perdeu confiança em Jeff Sessions, se quer que ele peça demissão, se está preparado para demiti-lo caso ele não peça, e por que o senhor está meio que o deixando à deriva em vez de decidir logo por conta própria".

Diante da televisão, Sessions estava calmo. Ele se recostou na cadeira da escrivaninha como se estivesse vendo um jogo. Hunt estava com a mão na boca. Rachel Brand, a número três do departamento, considerada uma possível sucessora, estava muito concentrada. Noel Francisco, o advogado-geral, levou a mão à cabeça. Sarah Isgur Flores, a porta-voz do procurador-geral, e Stephen Boyd, chefe de assuntos legislativos, se inclinaram para a frente, ansiosos para ver o que o presidente diria.

"Bom, acho que não vou fazer isso, mas estou decepcionado com o procurador-geral", disse Trump. "Ele não devia ter se declarado impedido quase imediatamente depois de assumir o cargo. Se ele pretendia fazer isso, devia ter me falado antes de assumir, e eu simplesmente teria escolhido outra pessoa. Então acho que isso é ruim não para o presidente, mas para a presidência. Acho que é injusto com a presidência. Essa é minha opinião."

Sessions havia sobrevivido por enquanto. Mas, nos dias que se seguiram, ele e seus assessores prepararam planos para um "Massacre de Sábado à Noite", em referência à série de demissões no Departamento de Justiça causada pela ordem do presidente Nixon, em 1973, de que o procurador-geral demitisse o procurador especial independente do caso Watergate. Eles se prepararam para diversas situações: se Trump demitisse Sessions, se Trump demitisse Rosenstein, se Trump desse ordem para a demissão de Mueller. Algumas autoridades refletiram se também deviam pedir demissão, e alguns até redigiram suas cartas de demissão. Por exemplo, Hunt depois disse ao procurador especial que Sessions preparou uma carta de demissão nessa época e a carregou consigo sempre que ia à Casa Branca pelo resto do ano. Às vezes, assessores brincavam que os planos para um Massacre de Sábado à Noite pareciam simulações de ataque nuclear dos anos 1950: *Embaixo da mesa! Agachar! Esconder!*

Rosenstein alertou à Casa Branca que, na prática, o prédio do Departamento de Justiça ia se esvaziar em uma hora se Trump tomasse alguma ação do tipo. O objetivo dele era incutir medo de um êxodo em massa que poderia ser politicamente danoso para o presidente. Porém, Rosenstein e companhia conceberam outro plano secreto. A decisão de ficar ou sair dependia da consciência de cada um, claro, mas Rosenstein achava importante que permanecesse uma quantidade suficiente de pessoal do alto escalão para proteger o Departamento de Justiça e a integridade da investigação da procuradoria especial. Ele e sua equipe alertaram Brand a estar sempre preparada para assumir o controle de repente. Se Trump a nomeasse procuradora-geral, o plano era que ela convocasse uma coletiva de imprensa 45 minutos depois para tranquilizar a confiança do público em relação à investigação.

Rosenstein disse a Brand mais ou menos nessa época que havia uma boa chance de que ele fosse demitido, e, se ela assumisse a investigação sobre a Rússia, o mais importante seria ganhar tempo e não agir imediatamente quando a Casa Branca desse alguma ordem. Rosenstein disse que Brand precisaria consultar logo os três subordinados dele que estavam atualizados em relação à investigação. "Está sob controle", disse Rosenstein a ela. "Não é uma caça às bruxas. Não é jogar verde para colher maduro. Estamos acompanhando de perto. Estamos nos reunindo com o pessoal de Mueller a cada quinze dias. Se eu for demitido, meu conselho é que, se falarem alguma coisa, você responda só: 'Preciso de tempo para organizar isso tudo'."

Em 24 de julho, Sessions e Priebus não foram os únicos conselheiros a chamar a atenção de Trump. Jared Kushner defendeu publicamente sua reunião de 2016 com a advogada russa na Trump Tower, dizendo "não fiz conluio com a Rússia" e insistindo que todas as suas ações durante a campanha tinham sido "adequadas". Como a aparição dele na entrada da Ala Oeste foi sua primeira declaração televisionada à imprensa, recebeu cobertura de destaque, e o presidente a acompanhou. "Jared parece um menininho", disse Trump a outros conselheiros.

Desde que a notícia da reunião na Trump Tower tinha vindo à tona em 8 de julho, Trump havia lamentado o que acontecera com sua filha Ivanka e com Kushner. Ele achava que os dois estavam sendo criticados injustamente pela imprensa e receava que fossem sofrer com a atenção de Mueller. Trump tinha certeza de que o casal estava sob ataque não por causa de suas próprias infrações ou decisões equivocadas, mas por seu parentesco com ele.

"Vocês não deviam ter vindo para cá", disse Trump a Ivanka e Kushner mais ou menos nessa época, na presença de outros conselheiros da Casa Branca. "Estão vendo a zona que é? Vocês estão sendo detonados. Por que vieram para cá? A vida é melhor lá em Nova York. Não entendo por que querem ficar aqui."

O dia 24 de julho acabou se revelando uma segunda-feira movimentada para Trump. Ele viajou até Mount Hope, na Virgínia Ocidental, para fazer um discurso no Jamboree Escoteiro anual. Cerca de 40 mil meninos entre doze e dezoito anos se reuniram sob o sol quente de verão para ouvir palavras inspiradoras do presidente. Do palanque na Virgínia Ocidental, Trump descreveu Washington como uma "fossa", atacou o presidente Obama, humilhou Hillary Clinton, ameaçou demitir Tom Price, o secretário de Saúde e Serviços Humanos, criticou a mídia "mentirosa", debochou das pessoas que faziam pesquisas de opinião e contou uma história interminável sobre um construtor famoso que frequentava o circuito de festas chiques de Manhattan e fazia atividades "interessantes" no iate dele, algo que preferiu deixar para a imaginação dos meninos. "Será que eu digo?", perguntou Trump, provocando o público. "Ah, vocês são escoteiros, mas sabem da vida. Vocês sabem da vida."

Conforme Trump tagarelava de improviso, falando por um total de 35 minutos, seus assessores torciam o nariz. Atrás dele, em posição de continência, estavam dois ex-escoteiros que faziam parte de seu gabinete — o secretário do Interior Ryan Zinke e o secretário de Energia Rick Perry —, mas outros dois — Tillerson e Sessions — não tinham sido incluídos na viagem. Zinke usava um uniforme de escoteiro, do qual assessores da Casa Branca debocharam por parecer uma fantasia do Urso Smokey, e dizendo que deixava o ex-SEAL ridículo. A certa altura do discurso, Trump refletiu sobre os valores dos escoteiros: "Segundo a lei escoteira, um escoteiro é digno de confiança, leal... Seria bom ter um pouco mais de lealdade, só digo isso".

Os meninos entoaram outros dez atributos da lei escoteira: "ser útil, amigo, cortês, gentil, obediente, alegre, econômico, valente, limpo e respeitoso". Mas o presidente não representava bem nada daquilo. Depois a diretoria da Boy Scouts of America pediu desculpas às famílias de escoteiros que se ofenderam com os comentários do presidente.

Quatro dias depois, em 28 de julho, Trump provocou mais revolta de seus críticos quando discursou para um grupo de policiais na Suffolk County Community College, em Nova York. O presidente usou palavras grosseiras para descrever a violenta gangue transnacional MS-13 e, na prática, aprovar o uso excessivo de força por parte da polícia no combate à imigração ilegal. Ele disse que, quando a polícia fosse jogar "esses bandidos" no camburão, "por favor não sejam muito bonzinhos".

"Quando vocês colocam alguém dentro do carro e protegem a cabeça da pessoa, sabem como é, vocês colocam a mão por cima, assim, para ela não bater a cabeça, e a pessoa acabou de matar alguém... não bater a cabeça", disse Trump. Ele imitou o gesto de um policial protegendo a cabeça de um suspeito para não bater na viatura. "Podem tirar a mão, tudo bem?"

Alguns policiais que compareceram chegaram até a dar risada e aplaudir. O Departamento de Polícia de Suffolk County procurou se distanciar daquilo com um tuíte: "Não aceitamos, nem aceitaremos, o uso de agressão contra presos".

Em Washington, Chuck Rosenberg, chefe interino da Agência de Repressão às Drogas (DEA), acompanhou horrorizado o discurso. O promotor, já revoltado pela maneira como Trump tratara seu amigo, Jim Comey, achou que precisava dizer algo para deixar claro que as autoridades policiais rejeitariam a sugestão grosseira do presidente. Rosenberg enviou um memorando geral para todo o quadro da agência citando os comentários de Trump e reforçando sua confiança de que todos continuariam defendendo os direitos dos réus e agindo com integridade.

"O presidente, em discurso feito ontem em Nova York, promoveu desvio de conduta policial referente ao tratamento de indivíduos detidos por agentes policiais", dizia o memorando de Rosenberg. "Então por que escrevo? Escrevo para fornecer uma reafirmação robusta dos princípios de atuação que nós, como profissionais da lei, seguimos. Escrevo porque temos a obrigação de nos pronunciar quando há algo errado."

"Você sabe que não pode fazer isso", disse Rosenstein, o superior do chefe da DEA no Departamento de Justiça, a Rosenberg ao ler o e-mail. Rosenberg era funcionário de carreira, não um político nomeado, então Trump não podia demiti-lo sumariamente. Ainda assim, sua posição era insustentável. Rosenberg permaneceria na DEA por mais algum tempo e anunciaria sua saída em 26 de setembro de 2017.

Em 28 de julho, na viagem de volta depois do discurso pró-agressão para os policiais em Long Island, Trump agrediu um dos seus homens de forma humilhante. Quando o Força Aérea Um pousou na base aérea Andrews no fim da tarde daquela sexta-feira, enquanto a maioria do pessoal desembarcava, o presidente ficou no camarote e dedilhou um tuíte: "É um prazer informar que acabei de nomear o general/secretário John F. Kelly para o cargo de chefe de gabinete da Casa Branca".

Priebus, que estivera na viagem, fora demitido. Daquele jeito. Priebus atravessou a pista debaixo da chuva torrencial e entrou em um utilitário preto do governo, que o levou embora sozinho, fora do comboio presidencial, sem alarde. Minutos depois, quando Trump saiu do avião, embaixo de um guarda-chuva gigantesco, ele gritou para os repórteres: "Reince é um homem bom".

Já fazia algum tempo que Trump estava de olho em Kelly. Depois de demitir Comey em maio, o presidente pedira para Kelly assumir a direção do FBI. Kelly recusara, dizendo que preferia continuar como secretário de Segurança Doméstica, mas ele comentara com Trump que o gabinete o havia assessorado mal, permitindo que demitisse o diretor do FBI sem um plano B. A conversa marcou Trump, e na última semana de julho ele pediu que Kelly assumisse o posto de chefe de gabinete. Kelly pediu o fim de semana para pensar, mas o presidente não tinha paciência. Tuitou sobre a nomeação de Kelly antes que ele aceitasse o cargo.

Priebus estivera em uma posição impossível. Apesar de seus esforços incansáveis, nunca conseguiu controlar funções básicas da Casa Branca, como comunicação e formulação de políticas, em grande parte por causa dos impulsos do presidente. E Trump nunca lhe deu plena liberdade de ação, permitindo que Bannon, Kushner e Ivanka atuassem como forças independentes fora da autoridade do chefe de gabinete. Priebus reclamava com amigos que muitas vezes se sentia menosprezado pela maneira como o presidente o tratava. Trump havia prejudicado Priebus ao chamá-lo de "Reince-y". Quando eles viajaram para Kenosha, no Wisconsin, cidade natal de Priebus, para um evento industrial em abril, o chefe de gabinete dera uma olhada pela janela do Força Aérea Um e reconhecera sua casa lá do alto. O presidente debochara dele por causa disso. Esses episódios ilustravam o que alguns subordinados de Trump consideravam o comportamento de um gestor cruel. O presidente estava disposto — e era até afeito — a ridicularizar as pessoas que trabalhavam para ele.

10. Descontrolado

Na manhã do dia 31 de julho, segunda-feira, John Kelly assumiu o cargo de chefe de gabinete em uma pequena cerimônia reservada no Salão Oval. Kelly havia acabado de chefiar a Segurança Doméstica, um leviatã burocrático responsável por coordenar uma série de agências concorrentes, cada uma com sua própria cultura. Veterano de guerra cuja bravura em combate fora registrada em livros, Kelly a princípio conquistou o respeito da equipe de Trump, incluindo até mesmo Ivanka Trump e Jared Kushner. "Esta é a 11ª vez que presto o juramento de defender a Constituição, e quero que todos saibam que estou aqui para defender a Constituição e o estado de direito", disse Kelly às outras autoridades presentes. Mais tarde, quando se dirigiu ao restante da equipe no amplo saguão do edifício do gabinete executivo Eisenhower, ele destacou que o juramento "não diz nada sobre lealdade ao presidente. Não diz nada sobre o Partido Republicano ser mais importante que nossa integridade".

A primeira tarefa de Kelly foi decidir o que fazer com o diretor de comunicação Anthony Scaramucci, 53 anos. O extravagante financista de Manhattan, que chamava a si mesmo de Mooch, era amigo do presidente e fora recrutado como diretor de comunicação por Ivanka e Kushner em parte para ajudar a expulsar Reince Priebus. Scaramucci pisara em cima de Priebus e Steve Bannon em uma entrevista cheia de impropérios com Ryan Lizza, da *New Yorker*, feita em 26 de julho e publicada no dia seguinte.

Minutos antes da cerimônia de posse de Kelly em 31 de julho, Scaramucci abordou o secretário de Defesa no saguão da Ala Oeste. "Ei, general Mattis", disse ele. "Sei que você e Kelly são chegados. Consegue arranjar uma reunião entre nós dois? Ele não quer me receber."

Espantado, Mattis respondeu: "Talvez você deva falar com a pessoa responsável pela agenda dele".

"Ah, não", disse Scaramucci. "Eles estão me enrolando. Você não está entendendo, general."

Mattis se esquivou do pedido. Mais tarde, naquele mesmo dia, Kelly demitiu Scaramucci. Ele durou apenas onze dias no cargo.

Esse 31 de julho também foi o primeiro dia de Ty Cobb na Casa Branca na condição de advogado especial para a investigação sobre a Rússia. Cobb não ia representar Trump pessoalmente, mas foi contratado para coordenar o envolvimento da Casa Branca no processo, em parte porque Don McGahn tinha declarado a si mesmo e à maioria de seus subordinados impedidos, visto que alguns deles agora eram testemunhas.

No primeiro dia, Cobb descobriu que aquelas distinções eram meio difusas no mundo de Trump. Ele estava preenchendo a papelada administrativa e se preparando para se instalar em sua sala nova quando duas pessoas do alto escalão chegaram com o mesmo pedido. McGahn e Bannon queriam sua ajuda para remover Kushner e Ivanka dos quadros da Casa Branca. Cada um deles tentou convencer Cobb de que aquela era a melhor forma de proteger o presidente.

McGahn, que já estava em maus lençóis com Trump por ter se recusado a atender algumas exigências dele, incluindo pedir que Rosenstein demitisse o procurador especial Robert Mueller, disse a Cobb que era preciso persuadir Trump em relação aos problemas que a filha e o genro dele criavam. Bannon foi mais incisivo, ressaltando a quantidade de obstáculos que eles representavam. "Você precisa meter uma bala na porra da cabeça deles", disse Bannon para Cobb, em tom de brincadeira.

Cobb era avesso a tomar qualquer decisão brusca tão cedo. Mas sua perspectiva também foi moldada, em parte, por um olho atento às intrigas palacianas. Priebus tinha acabado de ser demitido, e Bannon talvez fosse o próximo, enquanto McGahn tinha uma relação especialmente espinhosa com o presidente e as crianças. Cobb pensou que não daria conta do trabalho sem o apoio de Kushner e Ivanka, e passou a apreciá-los e a confiar nos dois.

Ele tinha suas próprias questões com McGahn, que havia sugerido que Trump nomeasse outros advogados para seu cargo. A primeira grande tarefa de Cobb era analisar documentos e apresentá-los à equipe de Mueller. Mas, no início, ele não tinha subordinados, e McGahn não quis ceder advogados para ajudá-lo. No primeiro dia, Cobb descobriu que McGahn havia tentado impedir que ele recebesse a prestigiosa sala na Ala Oeste que Trump tinha lhe prometido. Contudo, em setembro, Cobb preencheria o cargo de assistente com Steven Groves, um advogado competente e estrategista habilidoso que havia sido chefe de gabinete da embaixadora americana na ONU Nikki Haley.

Em 1º de agosto, seu segundo dia no cargo, Cobb ligou para James Quarles, o auxiliar de Mueller que estava encarregado das interações do procurador especial com a Casa Branca, para tentar se apresentar. A ligação foi retornada por Quarles e Michael Dreeben, um advogado tranquilo e conhecido, especializado em recursos e parte da equipe de Mueller. Dreeben explicou que a equipe de Mueller estava um pouco frustrada. Eles tinham encaminhado uma série de solicitações para a Casa Branca e ainda não haviam recebido qualquer resposta satisfatória. Queriam particularmente que a Casa Branca desse permissão para analisar um documento importante, um dos rascunhos que Trump redigiu em maio em Bedminster quando estava se preparando para demitir Comey. A equipe de Mueller sentia que estava sendo barrada. Tinha uma ideia geral do conteúdo, mas estava esperando a Casa Branca decidir se queria segurar o documento por questões de sigilo executivo.

Dreeben descreveu para Cobb uma forma de a Casa Branca colaborar. Ele citou uma decisão judicial de 2008, durante o mandato do procurador-geral Michael Mukasey, segundo a qual a Casa Branca podia compartilhar documentos internos confidenciais com outra divisão do executivo, como o Departamento de Justiça, para contribuir com alguma investigação. Como Dreeben explicou, a Casa Branca não teria que lidar com a questão de proteger ou não esses documentos pelo sigilo executivo, porque, de acordo com a norma de Mukasey, o poder executivo concordaria em não divulgar qualquer informação sem a autorização da Casa Branca. Cobb consultou um servidor de carreira da Advocacia-Geral do Departamento de Justiça, que confirmou a interpretação de Dreeben: a Casa Branca não renunciaria ao sigilo executivo nem correria qualquer risco se compartilhasse anotações internas ou relatos de funcionários com a procuradoria especial.

Veterano de outras disputas jurídicas independentes, Cobb acreditava que a colaboração era a melhor alternativa por diversos motivos. Trump havia enfatizado para ele que não tinha feito nada de errado e queria que a investigação acabasse o mais rápido possível. Para Cobb, uma cooperação plena com os investigadores contribuiria para isso, apresentando todos os documentos de que eles precisassem, ajudando a organizar entrevistas com testemunhas da equipe e chegando a uma resolução sem intimações e brigas judiciais. Cobb expôs essa linha colaborativa para John Dowd e o também advogado Jay Sekulow, que então explicou as vantagens daquilo para Trump. De acordo com memorando de Mukasey, nenhum material com potencial delicado ou constrangedor seria divulgado automaticamente sem anuência da Casa Branca, e a franca cooperação com Mueller aceleraria a investigação. Trump aceitou imediatamente o que advogados da equipe chamaram de estratégia do "quimono aberto".

Em 1º de agosto, Cobb autorizou o Departamento de Justiça a entregar à equipe de Mueller o rascunho da carta de Trump sobre a demissão de Comey. Os advogados de Trump haviam revisado quatro versões da carta de demissão, incluindo a final, que Keith Schiller levou em um envelope pardo até a sede do FBI. Eles acreditavam que a carta exonerava Trump da acusação de obstrução de justiça, porque, em sua opinião, o texto demonstrava que Comey fora demitido por se recusar a declarar publicamente que o presidente não estava sendo investigado, não por causa de uma tentativa corrupta de encerrar a investigação sobre a Rússia.

Nos dias que se seguiram, Cobb consultou novamente a Advocacia-Geral, estudou a legislação e se convenceu ainda mais. Ele conhecia a decisão de uma investigação independente sobre Mike Espy, um secretário da Agricultura do governo Clinton, que estabeleceu critérios muito rígidos que deveriam ser atendidos antes que um presidente pudesse ser interrogado e obrigado a depor. Os investigadores precisavam demonstrar que seria impossível obter as informações de outra forma. De acordo com o precedente de Espy, quanto mais a Casa Branca colaborasse, com registros detalhados e testemunhas dispostas, mais difícil seria para Mueller intimar o próprio presidente.

"O senhor pode estabelecer um histórico de colaboração a cada dia que colabora; conforme fornece documentos e as pessoas depõem voluntariamente, a montanha vai ficando maior", disse Cobb a Trump e seus conselheiros. Ele afirmou que a montanha de colaboração protegeria o presidente da obrigação de responder às perguntas dos investigadores, o que os advogados pessoais de Trump queriam evitar em parte pelo receio de que ele prestasse falso testemunho, devido à sua tendência a florear ou inventar fatos.

Dowd, que vinha se reunindo com a equipe de Mueller, disse a Cobb que achava que conseguia enxergar a luz no fim do túnel e o pronto encerramento da investigação, pelo menos no que dizia respeito à conclusão de que a campanha de Trump não havia se envolvido em conluio com a Rússia. Dowd acreditava que Mueller garantira que não demoraria a tomar uma decisão e que avisaria Dowd em breve. Ele ficou animado com a insistência de Mueller em agir com diligência. Cobb gostou da ideia, porque achou que poderia usar a promessa de Mueller de conduzir uma investigação rápida para pressioná-lo publicamente, dizendo à imprensa que a Casa Branca apresentaria todos os documentos e testemunhos até o Dia de Ação de Graças ou o fim do ano, e assim a investigação poderia se encerrar em seguida. Dowd apresentou um prognóstico otimista para o presidente.

"Pode ser que isso acabe até o final de janeiro", ele disse a Trump.

Cobb, de 67 anos, percebeu logo que ele e o presidente tinham estilos diferentes. Cobb gostava de pensar antes de falar, enquanto Trump gostava de improvisar, como parte de seu processo para testar ideias e coletar informação. Cobb via Trump arremessar teorias e propostas para ver as reações, mas reconhecia que o presidente não era bobo. O hábito de Trump de manter um ranking de popularidade e um "índice de desempenho" de seus assessores o intrigava.

Outros perceberam que o presidente estava obcecado por destruir tudo o que seus antecessores haviam construído. "O DNA dele é assim: tudo o que qualquer outra pessoa fez é idiotice, eu sou mais esperto, e é por isso que ele sai quebrando vidro por todo canto", descreveu um experiente senador republicano. "Ele arrebentou muita coisa. Gosta de quebrar coisas. Mas o que construiu até agora?"

Em agosto, Trump teve uma mudança de ares, com a Ala Oeste em reforma por duas semanas. A equipe foi deslocada enquanto Kelly ainda estava se acostumando ao novo cargo, e Trump debandou para seu clube de golfe em Bedminster, Nova Jersey. Trump era extremamente sensível a qualquer insinuação de que estava de férias, ainda que na prática estivesse mesmo, e exigiu que seus assessores planejassem eventos públicos para cada dia: uma reunião sobre saúde ou uma mesa-redonda para discutir opioides, por exemplo. Mas essas coisas ocupavam só uma hora do tempo dele, mais ou menos, e o restante do dia passava jogando golfe, batendo papo com amigos na sede do clube ou relaxando em seu chalé particular.

O presidente estava acompanhado de um pequeno séquito de assessores, incluindo Kelly, a diretora de comunicação Hope Hicks e o secretário de gabinete Rob Porter. Mas ele passava horas por dia sozinho no chalé, assistindo a noticiários e lendo jornais. Assessores despacharam de Washington caixas cheias de edições antigas do *New York Times* e do *Washington Post* que o presidente não tivera chance de folhear direito na Casa Branca. A ampla cobertura que a imprensa estava fazendo da investigação de Mueller — "ódio puro", como Bannon diria — deixava Trump de péssimo humor.

"Dá para acreditar na obsessão deles com isso?", bufou Trump para assessores. "É um exagero. Só querem falar disso. É ridículo. A gente não fez nada."

Trump não estava apenas irritado com a investigação sobre a Rússia. Ele não fazia a menor ideia de como agir em relação à Coreia do Norte. Desde que Obama lhe dissera, em novembro de 2016, que aquele país seria o maior desafio que o presidente enfrentaria, Trump se afligira com a ameaça que Kim Jung Un representava. Uma série de testes de mísseis na primavera e no verão de 2017 o abalou, e, durante o retiro em Bedminster, o conselheiro de Segurança Nacional H. R. McMaster e outros assessores lhe enviaram informes regulares sobre o país rebelde. Em 8 de agosto, Trump enviou uma advertência nova para Kim quando a Coreia do Norte jurou desenvolver um arsenal nuclear capaz de alcançar o território americano.

"A resposta vai ser fogo e fúria, de uma maneira que o mundo nunca viu", disse Trump, cruzando os braços e olhando bem para as câmeras.

A ameaça beligerante foi interpretada como mais uma erupção improvisada do presidente, mas cuja consequência foi agravar a guerra de palavras entre os dois países e seus líderes imprevisíveis. Os conselheiros de Trump se apressaram para acalmar a súbita ansiedade dos líderes mundiais e garantir que a declaração dele fazia parte de uma política de pressão planejada em relação a Pyongyang. Mas as pessoas próximas de Trump reconheciam que não havia nenhuma estratégia maior em ação e que o presidente estava incomodado.

Durante a temporada em Bedminster, Trump convidou Chris Christie e a esposa, Mary Pat, para um jantar certa noite. Os três comeram a sós na varanda. Melania não estava (e, na realidade, visitara a Casa Branca apenas algumas vezes no inverno e na primavera; ela continuava morando em Nova York para que o filho deles, Barron, pudesse terminar o ano letivo). Trump geralmente era pontual no jantar, mas chegou à mesa quinze minutos atrasado e parecia distraído e até abalado. Fazia quase duas décadas que conhecia os Christie, e ele e Mary Pat sempre se cumprimentavam com um abraço e um beijo, mas, dessa vez, o presidente estendeu a mão para um aperto mais formal.

Após se sentar, Trump quase não falou. Os Christie estavam acostumados a jantares com Trump tagarelando por duas horas sem parar, mas nesse o presidente passou a maior parte do tempo em silêncio. Ele acabou explicando o motivo do atraso: tinha acabado de falar ao telefone com Shinzo Abe, o primeiro-ministro japonês, e Moon Jae-in, o presidente da Coreia do Sul, para tratar da queda de braço nuclear com a Coreia do Norte.

"É muito complicado", disse Trump aos Christie, acrescentando que ele precisava que o governador de Nova Jersey o aconselhasse regularmente quanto ao que fazer. Na mesma hora ficou evidente para o casal que a situação com a Coreia do Norte era simplesmente demais para Trump.

A investigação de Mueller continuava atormentando Trump a cada instante. Em 9 de agosto, quando ainda estava em Bedminster, o presidente viu a notícia chocante de que agentes do FBI haviam feito uma batida na casa de Paul Manafort, seu antigo diretor de campanha. Armados com um mandado de busca, os agentes tinham entrado na residência em Alexandria, na Virgínia, ao raiar do dia 26 de julho, e apreendido documentos e outros materiais relativos ao caso envolvendo a Rússia. Foi o primeiro ato de intimidação de Mueller e apontou para uma nova etapa da investigação, mais agressiva.

Trump ficou nervoso. "Bastante grosseiras", disse ele aos repórteres sobre as táticas do FBI. Em particular, ele disse a seus conselheiros que estava preocupado com o bem-estar de Manafort e também chateado porque a mídia disse que os dois eram próximos. "A imprensa está agindo como se fôssemos melhores amigos", lamentou Trump para Kelly, Porter e Hicks.

No fim de semana, um grupo de supremacistas brancos e neonazistas fez um protesto chamado Unite the Right [Unir a Direita] em Charlottesville, na Virgínia. As pessoas saíram em uma passeata noturna em 11 de agosto com tochas, entoando: "Os judeus não vão nos substituir". No dia 12 de agosto, a celebração do nacionalismo branco se mostrou fatal quando um dos supremacistas avançou deliberadamente com o carro em cima de um grupo de pessoas que protestavam pacificamente contra eles, matando uma mulher e ferindo outras 28 pessoas.

Trump disse que havia "gente muito boa dos dois lados" e, a princípio, recusou-se a condenar a supremacia branca, uma ambiguidade chocante que suscitou críticas de democratas e republicanos. Tal abdicação da liderança moral foi um dos pontos mais baixos de sua presidência e inspirou Gary Cohn, diretor do Conselho Econômico Nacional e um de seus principais conselheiros, a fazer uma entrevista oficial com o *Financial Times* e condenar a maneira como o presidente lidara com Charlottesville.

O protesto dos supremacistas brancos aconteceu em uma época em que cidades do país inteiro, como Annapolis, New Orleans e Louisville, removiam monumentos que homenageavam a Confederação. Trump se opunha ao que vinha acontecendo. "É triste ver a história e a cultura de nosso grande país serem assoladas pela remoção de nossos belos monumentos e estátuas", tuitou ele em 17 de agosto. Trump havia comentado diversas vezes com seus assessores naquele verão: "É uma pena. Estão destruindo nossa herança. Isso é ridículo".

Em 18 de agosto, após quase uma semana de comoção racial por causa da resposta de Trump a Charlottesville, e enquanto Kelly tentava desfazer as facções em guerra dentro da Ala Oeste, Trump dispensou Bannon, chutando para escanteio o conselheiro que mais se empenhara em canalizar os impulsos pugilistas e nacionalistas do presidente. Envolvido em um tortuoso conflito pessoal e ideológico com Kushner, McMaster e outros assessores do alto escalão que ele desprezava como "globalistas", Bannon se tornou a personificação das tendências destrutivas e disfuncionais da Casa Branca.

O conselheiro se considerava uma figura histórica, e comparava sua atuação junto a Trump à liderança de uma revolução, e definiu sua saída como o fim de uma era. "O governo Trump pelo qual lutamos, e que conquistamos, acabou", disse ele em uma entrevista final para o *Weekly Standard*, acrescentando que se sentia livre e jurando conseguir um nível de influência maior ainda fora do governo. "Eu me sinto cheio de gás. Agora estou livre. Botei as mãos nas minhas armas de novo. Alguém disse: 'É Bannon, o Bárbaro.'"

A eliminação de Bannon ressaltava o fato de que o presidente queria ficar com toda a glória para si. Ele se ressentira profundamente da maneira como o *Saturday Night Live* havia representado Bannon como a Morte, tomando decisões na mesa presidencial enquanto Trump se entretinha com um brinquedo em uma mesinha infantil. Sem Bannon, Kelly passou a centralizar o poder na Casa Branca e inspirou uma confiança renovada de que seria capaz de fazer Trump ter um comportamento mais presidencial.

Em 23 de agosto, Trump viajou a Phoenix para um comício, o primeiro desde Charlottesville. Seus seguidores haviam esperado horas debaixo de um sol de quarenta graus até conseguirem passar pelo esquema de segurança, e um quarteto de figuras introdutórias, incluindo Alveda King — sobrinha de Martin Luther King Jr. — e o evangelista Franklin Graham, apresentou discursos cuidadosamente preparados para condenar o racismo e aclamar Trump como unificador. O presidente então subiu ao palanque e gritou e reclamou por 75 minutos, dezesseis dos quais dedicou a atacar a "maldita mídia desonesta" pela cobertura feita de suas tergiversações sobre Charlottesville. A certa altura, Trump chamou Kelly para o palanque. "Cadê John?", perguntou o presidente. "Cadê ele? Cadê o general Kelly? Mandem-no para cá. Ele é ótimo. Está fazendo um ótimo trabalho."

Kelly não subiu ao palanque, o que irritou Trump, que mais tarde desabafou com outros assessores que seu chefe de gabinete não seguia suas ordens. Trump havia começado a resistir às restrições de Kelly, que Kirstjen Nielsen, auxiliar dele, aplicava bruscamente. Ela mandava fecharem as portas do Salão Oval para impedir que as pessoas entrassem sem hora marcada; filtrava os telefonemas que chegavam para o presidente, dificultando o contato de amigos externos; e determinou a triagem de todos os jornais, incluindo os recortes de matérias sobre ele próprio que Trump gostava de ler, antes de chegar à mesa presidencial.

Praticamente tudo em Kelly era contrário à espontaneidade de Trump, pondo os dois em rota de colisão. Trump tinha vergonha da narrativa da mídia de que Kelly estaria "administrando" o presidente com suas estruturas rígidas. Kelly instruiu os operadores da Casa Branca a incluí-lo em muitos telefonemas de Trump para que pudesse escutar o que as pessoas diziam ao presidente e vice-versa. E tentou restringir a quantidade de gente com acesso direto a Trump. Quando alguns amigos dele reclamaram que suas ligações não estavam sendo transferidas, Trump às vezes berrava com Madeleine Westerhout, sua assistente pessoal. "Estão dizendo que faz duas semanas que não conseguem falar comigo", bufou o presidente. Westerhout barrava as ligações por ordem de Kelly. Mas o pior era que Trump achava que Kelly estava agindo como se fosse moralmente superior. O presidente começou a debochar dele, chamando-o pelas costas de "velhinha de igreja".

O perigo para Kelly era que outras pessoas também estavam começando a se voltar contra ele por causa desses novos protocolos rígidos. Foi Trump, claro, que criou esse ninho de cobras, permitindo que seus subordinados atacassem desafetos e às vezes recompensando-os por isso. Alguns seguidores dele haviam passado a considerar o caos da Ala Oeste uma escada para suas ambições pessoais, recorrendo diretamente ao presidente e influenciando o governo em aspectos que iam além das atribuições de seus cargos. Mas, quando suas asas foram cortadas, eles trataram de prejudicar Kelly, e de formas que o novo chefe de gabinete não necessariamente percebia.

"Quando você invade Fallujah, sabe que os tiros estão vindo da sua frente, porque dá para ver", explicou um conselheiro de Trump. "Quando você está em Washington, os tiros vêm de todos os lados […] Você não tem como saber se vão te matar de dentro do alojamento ou de fora."

Desde o início, Kelly decidiu não oferecer nenhum tratamento especial a Ivanka e Kushner, uma opção que mais tarde levaria as crianças a tramarem contra ele e comprometerem sua capacidade de administrar adequadamente. Corey Lewandowski, antigo gestor de campanha de Trump, que continuava próximo do presidente e era uma das figuras de fora que Kelly tentava afastar, tratou de alertar o novo chefe de gabinete. Quando Kelly ainda era novo no cargo, Lewandowski explicou o que considerava um mecanismo de sobrevivência no mundo de Trump: "Aceite a família, porque, quando você voltar para casa e passar o Dia de Ação de Graças com sua própria família, o presidente estará com eles, e, se você não os aceitar, vai acabar perdendo".

Mas Kelly não aceitou a família. Deixou claro que esperava que Ivanka e Kushner agissem como funcionários comuns e seguissem suas regras, incluindo a de pedir aprovação a ele antes de discutir qualquer decisão ou assunto político com o presidente. Em particular, Kelly disse a Mattis e outras autoridades do governo que achava que Ivanka e Kushner eram "idiotas" e precisavam sair da Casa Branca, porque "a gente tem que administrar este país". Evidentemente, as crianças passaram a rejeitar Kelly, achando que ele e seus agentes, sobretudo Nielsen, tentavam dissipar sua influência e seu acesso, que na era Priebus fora praticamente irrestrito.

"Estão querendo foder comigo", confidenciou Kushner a algumas pessoas.

Kelly se matava de trabalhar. Ele acordava às quatro da madrugada. Sua escolta do Serviço Secreto o esperava na porta de casa em Manassas, na Virgínia, para levá-lo ao trabalho. Durante o percurso de cerca de 45 minutos — não havia trânsito àquela hora, antes do amanhecer —, lia o *Washington Post*, o *New York Times*, o *Wall Street Journal*, a *Politico*, os sites da Fox News e do Breitbart, e o *Axios*. Ele aprendeu cedo que o vício que o presidente tinha de ler reportagens sobre si mesmo era tão forte que as atividades e conversas de cada dia sempre seriam determinadas pelo noticiário.

Quando Kelly chegava à Casa Branca, agentes da CIA repassavam os últimos relatórios de inteligência com ele para o briefing diário do presidente. Enquanto Trump não descia da ala residencial — o que geralmente acontecia entre onze da manhã e meio-dia, incrivelmente tarde para um comandante em chefe —, Kelly resolvia questões normais de gabinete. Mas, assim que o presidente entrava no Salão Oval, toda a normalidade ia para o espaço, e o chefe de gabinete colava nele. Quando Trump voltava para a ala residencial, por volta de cinco ou seis da tarde, Kelly aproveitava para trabalhar mais algumas horas. Em muitos dias, ele dormia por apenas quatro ou cinco horas.

Famoso pela rispidez, Kelly se lamentava rotineiramente com outros membros do gabinete sobre a dificuldade de trabalhar para Trump. "Ele não consegue se decidir", disse certa vez a assessores. "Ele fala uma coisa e faz outra. É com isso que tenho que lidar."

Ainda assim, Kelly era considerado uma força estabilizadora pelo Capitólio, onde legisladores veteranos vinham observando o governo Trump estarrecidos. Eles encaravam Kelly, Mattis e Rex Tillerson, secretário de Estado, como barreiras essenciais para um presidente errático. Bob Corker, presidente da Comissão de Relações Exteriores do Senado, expressou esse sentimento em 4 de outubro, quando disse a repórteres: "Acho que o secretário Tillerson, o secretário Mattis e o chefe de gabinete Kelly são as pessoas que ajudam a separar nosso país do caos, e dou muito apoio a eles".

A disposição de Corker de dizer sua opinião sobre Trump fazia dele um espécime raro de parlamentar republicano, e sua referência a "separar nosso país do caos" se alastrou imediatamente pela televisão, chamando a atenção do telespectador em chefe da nação. Preocupado com a agitação do presidente, Kelly ligou para Corker naquela tarde.

"Bob, o que foi que aconteceu hoje?", perguntou ele.

Corker explicou que só respondeu sinceramente à pergunta de jornalistas. "Se você quiser que eu pare de elogiar você, eu paro", disse. Kelly riu. Trump foi ficando mais irrequieto conforme a frase de Corker era repetida na televisão, e em 8 de outubro o presidente o atacou no Twitter. Trump alegou, falsamente, que Corker havia "implorado" que ele o apoiasse e que, após ouvir "NÃO" do presidente, o senador decidira não tentar a reeleição. Na realidade, Trump havia falado diversas vezes para Corker que o apoiaria, e ainda naquela semana ligara para pedir que o senador reconsiderasse a decisão e tentasse mais um mandato. Corker respondeu cerca de uma hora depois, também pelo Twitter: "É uma pena que a Casa Branca tenha se tornado uma creche para adultos. Obviamente, alguém não bateu ponto hoje cedo".

Enquanto Kelly e outros tentavam ajudar a conter os impulsos perigosos de Trump, Mueller e sua equipe buscavam desenterrar cada detalhe do ataque cibernético da Rússia na eleição de 2016. Os investigadores vasculhavam dezenas de milhares de e-mails de democratas que haviam sido roubados pelo governo russo por ordem de Vladimir Putin a fim de prejudicar a candidatura presidencial de Hillary Clinton. Isso exigia um trabalho de detetive à moda antiga: era como procurar pegadas de um ladrão nas trilhas digitais obscuras percorridas por espiões e hackers misteriosos. A equipe comparou quais e-mails — idênticos — do Comitê Nacional Democrata estavam armazenados nos arquivos digitais do WikiLeaks.

Sob a direção da ex-procuradora federal Jeannie Rhee e de Rush Atkinson, seu incansável parceiro, a equipe chamava informalmente a operação de "Hack-n-Dump" [Invasão e Desova], embora mais tarde viessem a adotar o nome mais sonoro "Matchy" [Bate-Bate]. Mas era trabalho sério. Eles rastrearam "a invasão" para confirmar o roubo virtual, realizado pela Unidade 26165, a divisão secreta de golpes baixos políticos do Departamento Central de Inteligência russo (GRU). A equipe de elite de cientistas da computação, que atuava em salas no centro de Moscou, foi estabelecida durante a Guerra Fria para atuar como um setor de decodificação de sinais críticos para as Forças Armadas soviéticas, e um site russo a descrevera recentemente como "capaz de decifrar qualquer código em três minutos e voltar a codificá-lo enquanto escreve uma tese de doutorado sobre física quântica". Os integrantes da unidade haviam criado servidores "de proteção" entre seus próprios equipamentos e os servidores democratas para armazenar o material roubado e os instalara no Arizona, aparentemente a fim de tentar despistar investigadores.

Em alguns sentidos, o rastreamento da "desova" era muito mais importante para comprovar a interferência criminosa na eleição. A Unidade 74455, outra divisão do GRU, espalhou o material depois de criar duas figuras de fachada: o site DCLeaks, que armazenava o butim hackeado, e o perfil de redes sociais Guccifer 2.0, que fingia ser um hacker e tentava se comunicar com jornalistas e outros influenciadores-chave. Investigar o roubo dos hackers parecia perseguir um ladrão domiciliar.

"É como se uma casa tivesse sido invadida, e algumas joias tivessem sido levadas", disse uma pessoa familiarizada com o trabalho. "A pulseira roubada está em uma casa de penhor naquela esquina. Encontramos a pulseira. É ela!"

No dia 30 de outubro, Trump acordou de madrugada, ligou a televisão e se preparou para ver a bomba que esperava cair naquela manhã. Era segunda-feira, um dia antes do Halloween, e a mídia havia passado o fim de semana todo especulando sobre a possibilidade de Mueller fazer suas primeiras denúncias. Depois de receber um aviso do Departamento de Justiça sobre as denúncias iminentes de Mueller, Trump viu cenas ao vivo de Manafort e seu auxiliar,

Rick Gates, antes confidentes do presidente, se entregando ao FBI. Eles eram acusados de fraude fiscal, por terem omitido uma renda milionária e enganado o governo federal a respeito de sua atuação secreta como lobistas para líderes pró-Rússia na Ucrânia. Trump ficou feliz e aliviado de ver que as acusações contra Manafort e Gates se concentravam principalmente em atividades que começaram antes da campanha. Às 10h28, ele tuitou: "NADA DE CONLUIO!".

Em questão de minutos, a mídia descobriu uma ligação entre a campanha de Trump e a Rússia. Os procuradores removeram o sigilo de registros do tribunal que revelavam que, três semanas antes, George Papadopoulos, um conselheiro de campanha de Trump, declarou-se culpado de mentir para o FBI quanto a ter sido avisado de antemão por um agente de inteligência russo de que a Rússia havia obtido informações comprometedoras sobre Hillary Clinton. Trump ficou bravo, e o clima nos corredores da Casa Branca naquele dia foi de exaustão e medo do desconhecido. Os funcionários estavam em pânico. Trump detestava Gates, mas lamentava genuinamente por Manafort, acreditando que havia sido acusado de crimes antigos pelos procuradores só para encurralá-lo.

"É uma pena", disse Trump a McGahn pouco depois do início da ação penal. "Não teve nada a ver com a campanha. Foi tudo coisa de antes de me conhecer."

Acima de tudo, Trump estava furioso porque as acusações criavam muita publicidade negativa para ele, uma espécie de culpa por associação. O presidente insistiu que seus advogados reforçassem publicamente que as acusações não tinham qualquer relação com ele ou a campanha.

"Por que os jornais não falam isso?", resmungou Trump. "Isso foi quando ele trabalhava para o presidente Reagan!" E acrescentou: "Eu mal o conhecia. Preciso que vocês digam isso à imprensa".

Os conselheiros de Trump já o haviam visto cair naquele buraco. Ele não conseguia ficar quieto e esperar a tempestade passar. Queria estar sempre na ofensiva. Cobb teve que explicar que a Casa Branca não devia falar nada sobre Manafort.

"Nenhuma das acusações de Manafort tem a ver com a Casa Branca, não podemos ficar na defensiva", disse Cobb. "Sugeriria que há alguma ansiedade em relação a Manafort."

Trump levantava a voz com frequência com outros assessores, mas não com Cobb. Parecia respeitar o tom calmo e direto dele. O presidente se recostou na cadeira e acatou o conselho do advogado. Cobb lembrou Trump e seus conselheiros políticos de que os advogados de Manafort já haviam falado com a mídia na escadaria do fórum federal e deixado claro que seu cliente não tinha informações inoportunas sobre o presidente para fornecer aos procuradores.

"É melhor que o senhor deixe essa ser a mensagem oficial, em vez de criar confusão a seu respeito", disse Cobb.

Era uma boa notícia para Trump. Mas o que o presidente não sabia era que Mueller estava trabalhando para garantir a colaboração de outra testemunha. A equipe do procurador especial ia falar com o ex-conselheiro de Segurança Nacional de Trump.

11. Improvisando

O secretário de Estado Rex Tillerson trabalhou para promover o relacionamento americano com a Índia durante todo o primeiro ano do governo Trump. A república sul-asiática, a democracia mais populosa e uma das economias de mais rápido crescimento no mundo, era um aliado natural dos Estados Unidos. Tillerson tinha a firme convicção de que os Estados Unidos precisavam fortalecer suas alianças e impedir que os rivais, em especial a China, se aproveitassem de qualquer brecha ou atrito entre o país e seus parceiros estratégicos. Ele acreditava que, se os Estados Unidos reforçassem a aliança transpacífica — com a Índia, o Japão e a Austrália — com liberdade de comércio e de rotas mercantis, seria possível conter a China.

Em outubro de 2017, Tillerson sinalizou as esperanças do governo para a região e para a Índia num discurso no Centro de Estudos Estratégicos e Internacionais, então tomou um voo para Nova Delhi, para discutir pessoalmente a aliança com o primeiro-ministro Narendra Modi. Tillerson ficou impressionado com Modi imediatamente. O primeiro-ministro era um indivíduo sério, experiente em firmar acordos, motivado pelas perspectivas de uma parceria estratégica com os Estados Unidos. Modi foi franco com Tillerson quanto a suas dificuldades. Estava operando numa área com uma vizinhança difícil. Uma de suas fronteiras era com o Paquistão, a maior ameaça à Índia, e outra era com a China, que andara tentando uma parceria com o Paquistão. Ao norte ficava o Afeganistão, devastado pela guerra, altamente instável e vulnerável à Rússia e a outros países. Modi podia avaliar alianças para a Índia e escolher. Estava inclinado a negociar com os Estados Unidos, mas, se as coisas não dessem certo, a Rússia estava batendo à sua porta.

Na segunda semana de novembro, Trump fez sua primeira viagem à Ásia, num périplo de dez dias por cinco países que se encerrou nas Filipinas, onde compareceu a uma cúpula global de chefes de governo e de Estado. Em 13 de novembro, o presidente americano se sentou com Modi em Manila, num encontro paralelo ao da cúpula. Tillerson tinha grandes esperanças para o encontro. Ainda que na Casa Branca Trump costumasse arremedar um sotaque indiano para imitar Modi, num sinal de desrespeito pelo primeiro-ministro.

Tal como na maioria de suas reuniões com líderes estrangeiros, Trump recebera um quadro geral das questões, mas pareceu não ter gravado o material na memória e tentou improvisar. Passou bruscamente para reclamações miúdas sobre desequilíbrios comerciais. Modi tentou retomar o foco, que eram as ameaças que o Afeganistão, a China e o Paquistão representavam à Índia. Sua menção ao Afeganistão levou Trump a uma longa digressão sobre a tolice dos Estados Unidos em manter a presença militar no país por tantos anos. Quando Modi mencionou sua preocupação quanto às ambições e à agressão da China na região, Trump revelou uma ignorância assombrosa sobre geografia.

"Bom, vocês não fazem fronteira com a China", disse ele, parecendo descartar a ameaça à Índia.

Modi arregalou os olhos de surpresa. Alguns assessores notaram que ele lançou um olhar de lado para Tillerson, que acompanhava Trump na delegação americana. O primeiro-ministro indiano considerava o secretário de Estado um dos americanos mais versados sobre os problemas de segurança da região, e os dois vinham esboçando juntos uma nova parceria. Tillerson soltou faíscas pelos olhos diante do comentário de Trump, mas rapidamente pôs a mão na fronte, num gesto que se afigurou à delegação indiana como uma tentativa de não ofender seu próprio presidente e, ao mesmo tempo, sinalizar a Modi que sabia que aquela declaração era uma loucura.

Aparentemente, Trump não percebeu aquele diálogo silencioso. Continuou falando à toa, vagueando entre temas soltos. Modi procurava manter o nível da conversa, esperando seguir o caminho que Tillerson traçara para eles nas semanas anteriores, de trabalharem juntos para proteger a Índia e repelir a Iniciativa Cinturão e Rota, da China. Mas, a cada vez que Modi tentava conversar com Trump sobre o conteúdo das relações Estados Unidos-Índia, o presidente americano se desviava para algum outro tema relacionado a déficits comerciais ou à guerra interminável no Afeganistão. Os presentes naquele dia em Manila ficaram desalentados. A expressão de Modi mudou aos poucos, passando de choque e preocupação para resignação.

"Creio que ele deixou aquela reunião e disse: 'Esse homem não é sério. Não posso contar com ele como parceiro'", relembrou um assessor de Trump. Depois daquele encontro, "os indianos recuaram um passo" nas relações diplomáticas com os Estados Unidos.

O encontro com Modi foi um grande revés não só para as relações Estados Unidos-Índia, mas também para as esperanças do governo de dar um xeque-mate na China naquela região. A reunião se deu num momento em que a influência de Tillerson junto a Trump vinha aumentando, apenas porque o presidente se cansara dos outros em sua órbita. Nos preparativos para a viagem asiática, John Kelly perguntou a Tillerson se poderia acrescentar outra tarefa à sua lista já cheia: poderia entregar durante a viagem seus briefings sobre a segurança nacional ao presidente?

Era um pedido estranho. Normalmente, cabia ao conselheiro de Segurança Nacional a responsabilidade de apresentar um briefing ao presidente. Tillerson indagou a razão a Kelly.

"Ele não quer ver McMaster", respondeu o secretário de gabinete.

Trump dera sinais dolorosamente evidentes durante todo o outono de que sua paciência com H. R. McMaster estava chegando ao fim. Os integrantes da leal equipe de McMaster detestavam admitir, mas sabiam que aquele relacionamento não estava mais funcionando.

Militar intelectual e de grande habilidade em política externa, McMaster era amplamente respeitado na área de relações exteriores de Washington e no Capitólio, mas não se dava bem na órbita de Trump. Isso ficou patente desde o início. Em sua primeira reunião da equipe do Conselho de Segurança Nacional, logo após sua nomeação em fevereiro de 2017, McMaster frisou que, como oficial apartidário do Exército, não votava. Queria que a equipe de profissionais soubesse que valorizava a contribuição deles, mas seu alerta sobre o voto enviou inadvertidamente uma mensagem a Trump, que exigia lealdade política de todos os que estavam em seu governo.

McMaster vivia segundo documentos e procedimentos. Acreditava que seu dever era fornecer informações ao presidente para que ele pudesse tomar as melhores decisões, e assim contribuiria para executar a vontade do comandante em chefe. Mas seus briefings a Trump eram acadêmicos e detalhados, e as diferenças estilísticas entre ambos geravam conflitos épicos.

McMaster tinha dificuldade em prender a atenção do presidente. Trump aborrecia-se com o estilo dele, que considerava professoral. O presidente tinha a impressão de que seu conselheiro de Segurança Nacional estava sempre decidido a "me ensinar alguma coisa". Com efeito, Trump se agitava e resmungava constantemente quando a equipe tentava atualizá-lo sobre um tema, sentindo-se imediatamente ameaçado pela ideia de que, se precisava de especialistas, era porque não tinha conhecimento suficiente. Como sempre repetia a Kelly, quando ele propunha um briefing sobre um assunto: "Não quero falar com ninguém. Sei mais do que eles. Sei mais do que qualquer um".

McMaster chegou como se conduzisse um tanque, e parecia incapaz de mudar de marcha para o modo politicamente muito mais cauteloso da Casa Branca de avançar por meio de esquivas e rodeios. Quando falava, parecia latir, o que certamente transmitia força e objetividade no mundo em que vivia antes. Mas o tom desagradou imediatamente a Trump, como se fosse um apito ultrassônico penetrante.

Algumas manhãs, o presidente ia até o Salão Oval, via na agenda um horário marcado para o briefing diário do presidente, ao qual se seguia uma reunião com o conselheiro de Segurança Nacional, e reclamava. "Não vou fazer essa porra", dizia aos assessores. "Não vou ficar falando uma hora com McMaster. Vocês estão de brincadeira comigo?" Então o presidente entrava em sua sala de jantar privada, ligava a televisão e chamava Gary Cohn, diretor do Conselho Econômico Nacional, Steven Mnuchin, o secretário do Tesouro, ou Wilbur Ross, secretário de Comércio, para lhe fazer companhia.

Em março, McMaster estava no Salão Oval instruindo Trump sobre a visita da chanceler alemã, Angela Merkel, um dos alvos favoritos do presidente. Trump ficou tão impaciente que se levantou, foi para um banheiro contíguo, deixou a porta entreaberta e disse a McMaster para falar mais alto e continuar sua exposição. Não ficou claro se a cena bizarra refletia os sentimentos de Trump sobre McMaster, Merkel ou ambos.

McMaster julgava ter a obrigação de dizer a verdade a seu comandante, de notificar o presidente sobre questões de importância crucial e até de destacar os reveses e os pontos negativos de alguma estratégia que Trump estivesse considerando. Era assim que ele sempre falara com seus comandantes durante a guerra, quando dava notícias do campo de batalha: "Foi um desastre completo, senhor. Foi isso mesmo". Mas o pessoal do serviço de inteligência encarregado de atualizar Trump minimizava ou ocultava novos desdobramentos na questão da interferência eleitoral da Rússia ou das invasões cibernéticas para não inquietar o comandante em chefe. Quando omitiam uma informação essencial do briefing diário do presidente, apresentado oralmente, McMaster a abordava diretamente com Trump depois, só para virar seu saco de pancadas quando ele — inevitavelmente — estourava. A rotina frustrava o conselheiro de Segurança Nacional.

Uma parte dos procedimentos de McMaster consistia em fornecer a Trump briefings por escrito de cada decisão importante, com descrições pormenorizadas dos riscos e dos possíveis ganhos. McMaster tentara ser conciso desde o começo, reduzindo o material a três páginas, mas ele e sua equipe logo perceberam que o presidente não estava lendo nenhum dos briefings, nem mesmo a versão concisa de três páginas. O secretário de gabinete Rob Porter resumia os memorandos numa página só, na folha da frente, redigidos numa prosa que o presidente talvez considerasse mais fácil de digerir. Como disse um dos amigos próximos de Trump: "Chamo o presidente de 'o homem dos dois minutos'. Ele tem paciência para meia página". Mas McMaster se ressentia, compreensivelmente, por Trump estar lendo a versão escolar de Porter. Porter e Reince Priebus propuseram uma alternativa: McMaster podia apresentar briefings orais para Trump, nada por escrito.

"Todos estavam de acordo que precisávamos parar de dar ao presidente papéis para ler", lembrou um ex-integrante do Conselho de Segurança Nacional. "H. R. ficou incomodado com isso. McMaster ficava dizendo: 'Como não vamos dar nada por escrito ao presidente?'".

McMaster e seus auxiliares eram ciosos quanto aos registros e temiam deixar de documentar um risco ou omitir um alerta importante. O presidente George W. Bush enfrentara tremendas críticas quando se descobrira que ele fora informado, no verão de 2001, sobre dados da inteligência sugerindo que Osama bin Laden planejava orquestrar ataques terroristas utilizando aviões. De fato, Bush recebera briefings a esse respeito, mas as informações não levaram a nenhuma ação corretiva. Eliminar os briefings por escrito para o presidente era como cortejar o desastre. McMaster apareceu com mais um plano, que a equipe implantou em setembro: fichas com itens resumindo as notícias.

Outros altos integrantes da Casa Branca consideravam McMaster e seus principais assessores francamente suspeitos. Preocupavam-se com a posição do conselheiro de Segurança Nacional junto ao presidente e às vezes brigavam com outros da casa, inclusive Keith Kellogg, general de divisão do Exército que era chefe de gabinete do Conselho de Segurança Nacional e, acima de tudo, leal a Trump.

Na época da viagem à Ásia, em novembro, Trump escarnecia explicitamente de McMaster. Quando o conselheiro chegava a seu gabinete para um briefing, Trump estufava o peito, empertigava-se na cadeira e fingia gritar como um sargento treinando recrutas. Na encenação, fazia-se de McMaster. "Sou seu conselheiro de Segurança Nacional, general McMaster, senhor!", dizia Trump, para divertir os outros presentes na sala. "Estou aqui para lhe dar seu briefing, senhor!"

A seguir, Trump ridicularizava ainda mais McMaster, descrevendo o tema do dia e desfiando uma série de expressões longas e complicadas para mostrar como o briefing de McMaster seria maçante. Os integrantes da equipe do Conselho de Segurança Nacional se sentiam profundamente incomodados com o tratamento que Trump dispensava ao chefe deles. "O presidente não demite as pessoas", disse um dos assessores de McMaster. "Apenas as tortura até quererem sair." Jim Mattis, secretário de Defesa, Kelly e outros conselheiros também se sentiam incomodados ao presenciar as cenas. O chefe de gabinete estava farto da incapacidade de McMaster de entender os sinais de que Trump tinha parado de ouvir. Um dia, no outono, Trump estava reunido com um grupo de conselheiros no Salão Oval quando Kelly considerou que o presidente estava se obstinando demais numa questão e era hora de encerrar a reunião.

"Muito obrigado a todos", disse o chefe de gabinete. "Agora todos podem sair."

McMaster se aproximou mais da mesa presidencial e disse: "Sr. presidente, gostaria que continuássemos a falar. Tenho mais algumas coisas a dizer".

Kelly não gostou que McMaster desobedecesse à sua ordem. O chefe de gabinete se pôs frente a frente com o conselheiro de Segurança Nacional e decretou: "Eu disse que a reunião terminou".

Ali estavam um general de quatro estrelas da Marinha e um general de três estrelas do Exército quase saindo aos socos na frente do presidente dos

Estados Unidos. Trump adorou a cena, e mais tarde disse a outro conselheiro que se impressionara com a disposição de Kelly em confrontar McMaster e com a franca virilidade que ele emanava. "Esse cara é um animal", comentou num elogio a Kelly. Pelo visto, não passou pela cabeça do presidente que a causa básica do atrito tinha sido a estreiteza de sua capacidade mental.

Na viagem à Ásia, Tillerson e McMaster entraram um após o outro no carro presidencial, para se ocupar da atualização matinal de Trump, antes que a comitiva partisse para os compromissos marcados. Mas o presidente fechou a cara, deu as costas a McMaster e o interrompeu no meio de uma frase para perguntar algo a Tillerson. Era uma deixa não muito gentil para que Tillerson assumisse o papel de atualizá-lo dos fatos centrais que precisava saber. Eles trocaram algumas amenidades, então Tillerson voltou a enfocar os debates que Trump teria nas reuniões daquele dia.

"Como H. R. estava dizendo, sr. presidente", começou Tillerson, num sinal de respeito e deferência para com o conselheiro de Segurança Nacional num momento difícil. O secretário de Estado nem sempre concordava com o estilo ou os procedimentos de McMaster, mas disse a alguns assessores que ele era altruísta e muito dedicado à sua missão.

McMaster tinha divergências ocasionais com Trump, como sobre a estratégia de longo prazo no Afeganistão e o acordo nuclear iraniano. Ao contrário de vários outros altos conselheiros, porém, ele realmente tentava cumprir os desejos do presidente. Em vez de impor sua própria pauta, McMaster procurava reunir as opiniões das autoridades pertinentes dentro do governo e apresentar a Trump um leque de opções.

"Às vezes há diferenças de opinião muito marcadas entre os altos conselheiros do presidente", disse na época o senador Tom Cotton, aliado de McMaster. "H. R. é indispensável para ajudar o presidente a ouvir todos esses pontos de vista e a ter as informações de que precisa, organizadas em tempo para que tome uma decisão."

A embaixadora americana na ONU Nikki Haley acrescentou: "Quando estamos nessas reuniões, ele trata apenas de ter opções na mesa para apresentar ao presidente".

Houve outro episódio que surpreendeu os conselheiros de Trump na viagem à Ásia. Depois de partirem, o presidente e sua comitiva pousaram no Havaí em 3 de novembro para descansar do longo voo e para que o Força Aérea Um reabastecesse. Os assessores da Casa Branca organizaram para o presidente e a primeira-dama uma dolorosa peregrinação que fora feita por inúmeros predecessores: visitar Pearl Harbor e prestar homenagem aos 2300 marinheiros, soldados e fuzileiros navais americanos que perderam a vida no local.

O casal presidencial faria uma turnê privada pelo Memorial do USS *Arizona*, que fica logo junto à costa de Honolulu, estendendo-se sobre o casco do navio de combate que naufragara no Pacífico durante o bombardeio no ataque surpresa do Japão em 1941. Enquanto um barco de passageiros levava o casal Trump ao memorial de alva brancura, o presidente puxou Kelly de lado para uma consulta discreta.

"Ei, John, do que se trata? É uma turnê de quê?", ele perguntou a seu chefe de gabinete.

Kelly ficou momentaneamente desconcertado. Trump tinha ouvido a expressão "Pearl Harbor" e demonstrara entender que estava visitando a cena de uma batalha histórica, mas parecia não saber muito mais do que aquilo. Kelly lhe explicou que o inesperado ataque japonês no local havia devastado a frota americana no Pacífico e levara o país a entrar na Segunda Guerra Mundial, culminando no lançamento de bombas atômicas sobre o Japão. Se Trump aprendeu na escola alguma coisa sobre "uma data que viverá na infâmia", o fato não chegou realmente à sua consciência ou não se gravou em sua memória.

"Ele às vezes era perigosamente desinformado", disse um antigo alto conselheiro.

A falta de conhecimentos históricos básicos de Trump também surpreendia alguns líderes estrangeiros. Ao encontrar Emmanuel Macron, presidente da França, na ONU em setembro de 2017, Trump o parabenizou pelo espetacular desfile militar no Dia da Queda da Bastilha, a que tinham assistido juntos naquele verão em Paris. O presidente americano disse que, até assistir ao desfile, não sabia que a França tinha uma história tão rica em conquistas militares. Ele disse a Macron algo como: "Eu realmente não sabia, mas os franceses ganharam um monte de batalhas. Eu não tinha ideia".

Um alto funcionário europeu disse: "Ele é totalmente ignorante de tudo. Mas não se importa. Não está interessado".

Tillerson desenvolveu um modo educado e discreto de lidar com as lacunas no conhecimento de Trump. Outros conselheiros notaram que, se visse o presidente completamente perdido na conversa com um líder estrangeiro, o secretário de Estado intervinha, perguntando alguma coisa. Depois, Tillerson reformulava o tema explicando alguns dos elementos básicos em questão, dando a Trump alguns momentos para pensar.

Com o tempo, o presidente desenvolveu um truque que usava para sair de conversas embaraçosas, quando um líder mundial mencionava um tema que lhe era totalmente estranho ou irreconhecível. Virava-se para McMaster, Tillerson ou outro conselheiro e dizia: "O que você pensa disso?".

"Quando não tinha mais ninguém presente, sempre havia a preocupação de que ele fosse manobrado e levado a uma situação ou a um acordo sem saber o compromisso que assumira", disse um antigo alto conselheiro. "Dizem-lhe para fazer alguma coisa, e ele faz."

Depois das reuniões com Trump, muitas vezes Kelly e Jim Mattis, secretário de Defesa, se juntavam — às vezes com McMaster no gabinete do conselheiro de Segurança Nacional, às vezes sem ele — para comparar as anotações sobre o desempenho presidencial que acabavam de presenciar. Às vezes apenas com expressões faciais, um transmitia ao outro a mesma preocupação: "Esse cara não sabe o que está fazendo".

Um dia, na primavera de 2017, os assessores reunidos no Salão Oval para atualizar Trump sobre os próximos encontros com líderes estrangeiros fizeram uma rápida referência a alguns funcionários de governos estrangeiros que estavam sob escrutínio por corrupção e propinas. Trump se empertigou à menção das propinas e ficou bastante agitado. Disse a Tillerson que queria que ele o ajudasse a se livrar da Lei contra Práticas Corruptas no Exterior (FCPA, na sigla em inglês).

"É muito injusto que as empresas americanas não possam pagar propina para fazer negócios fora", disse Trump ao grupo. "Vamos mudar isso."

Olhando para Tillerson, Trump disse: "Preciso que acabe com essa lei", como se o secretário de Estado tivesse poderes de revogar num passe de mágica uma lei do Congresso.

O incorporador imobiliário convertido em presidente estava irritado com a FCPA aparentemente porque ela impedia que seus colegas do setor ou os executivos de sua empresa subornassem governos estrangeiros em terras distantes. Outros assessores na sala se viraram para Tillerson para ver a reação dele. Surpreso com a solicitação de Trump, o secretário de Estado demorou um pouco para encontrar palavras.

Por fim, disse: "Sr. presidente, não sou o homem para isso".

Tillerson explicou como as leis funcionam. Disse que era preciso consultar o Departamento de Justiça sobre uma série de estatutos pelos quais agora era crime que empresários americanos pagassem propinas a funcionários estrangeiros ou a líderes empresariais para firmar acordos ou contratos em outros países. Então, como se em um episódio do programa educativo infantil *Schoolhouse Rock!*, que se tornara uma característica constante da educação do presidente no Salão Oval, Tillerson disse que o Congresso teria de concordar com a revogação da lei.

Trump não se abalou. Sem que as explicações do secretário de Estado o demovessem, ele se virou para Stephen Miller, o alto conselheiro político da Casa Branca que demonstrara muito tempo antes ser de confiança para executar fielmente quase todos os desejos do presidente.

"Stephen, quero que você redija um decreto e revogue aquela lei", determinou Trump, evidentemente ainda sem saber ou sem se convencer de que ele sozinho não tinha poderes de revogar a FCPA.

Mais tarde, finda a reunião, Tillerson alcançou Miller no corredor. Miller, que defendera muitos dos planos mais impopulares do presidente, disse ao secretário de Estado que tinha algumas dúvidas de que a ideia do decreto funcionasse, num raro momento de acordo entre os dois.

Houve sinais de problemas na investigação da Rússia depois que Trump voltou da Ásia. Os advogados de várias testemunhas e temas no inquérito do procurador especial Robert Mueller andavam trocando informações e estratégias como parte de um acordo conjunto da defesa. Em 22 de novembro, a quarta-feira anterior ao Dia de Ação de Graças, Robert Kelner, o advogado de Michael Flynn, ex-conselheiro de Segurança Nacional, alertou os advogados de Trump de que seu cliente estava se retirando do acordo conjunto da defesa e não poderia mais se comunicar sigilosamente com o presidente nem com a Casa Branca. Kelner não foi explícito ao telefone, mas John Dowd, principal advogado pessoal de Trump, tomou a saída de Flynn do acordo como uma indicação de que ele começara ou estava tentando começar a cooperar com Mueller. Em ambos os casos, os advogados de Flynn teriam a obrigação de encerrar os contatos com outras equipes de defesa.

Em 22 de novembro à noite, Dowd deixou uma mensagem de voz para Kelner dizendo que não ficaria surpreso se Flynn estivesse disposto "a fazer um acordo" com o escritório do procurador especial, mas que, se ele tivesse "informações que implicam o presidente, temos aí uma questão de segurança nacional". Dowd pediu um "aviso" a fim de "proteger todos os nossos interesses" e lhe relembrou o caloroso apreço de Trump por Flynn.

"Lembre o que sempre dissemos sobre o presidente e seus sentimentos em relação a Flynn, e que eles ainda persistem", disse Dowd no final. Parecia conciliador, até amistoso.

Era uma situação delicada. Os advogados de Flynn tinham esperanças de vir a obter um indulto presidencial para Flynn, caso fosse acusado ou se declarasse culpado das acusações. No dia seguinte, Kelner respondeu à mensagem de Dowd e reiterou ao telefone que não podia discutir nada com ele ou com qualquer outro advogado do presidente. O humor de Dowd mudou radicalmente. Ele ficou furioso, e advertiu a Kelner que tomava aquilo como sinal da hostilidade de Flynn em relação ao presidente e que estava pensando em avisar Trump. Kelner e seu colega Steve Anthony enxergaram a questão com grande clareza: Dowd os ameaçava indiretamente com a ira de Trump caso não mudassem seus planos e fizessem Flynn cooperar. Tal como Dowd, eles também sabiam que Flynn não queria despertar a fúria do presidente.

A notícia chegou num momento muito tenso para os advogados de Trump. Desde o verão, Dowd e Ty Cobb, advogado da Casa Branca, tinham persuadido Trump a aceitar a estratégia de cooperar integralmente com a investigação, garantindo ao presidente que, se procedesse assim, Mueller teria de encerrá-la com mais rapidez. Primeiramente, Dowd disse a Trump que a investigação de Mueller sobre um possível conluio com os russos poderia se encerrar em questão de semanas ou meses, o que não acontecera. Cobb andara dizendo aos repórteres que a parte da Casa Branca na investigação estaria encerrada no Dia de Ação de Graças, mas aquele prazo passou, e ele agora indicava o final do ano. Dowd sentia a pressão crescente para atender a seu impaciente cliente, mas o resultado que Trump queria — um pedido público de desculpas por parte de Mueller — não dependia dele.

A essa altura, a Casa Branca, as Organizações Trump e a campanha Trump haviam entregado as pilhas de documentos e e-mails internos que Mueller solicitara, e todos os membros da equipe da Casa Branca solicitados por Mueller haviam feito entrevista ou tinham uma entrevista marcada com o escritório do procurador especial, sendo Don McGahn o último da lista. Agora eles se perguntavam: e se Mueller quiser entrevistar o presidente? Seria uma solicitação natural. Cobb disse que não rejeitariam publicamente aquela ideia. Dowd ficou alerta, mas achava que uma entrevista poderia dar ao "velho" o que ele queria.

Jay Sekulow, outro advogado de Trump, estava cauteloso. No dia seguinte ao Dia de Ação de Graças, ele ligou para Mike Bowe, que também representava o presidente, para conversar sobre o assunto.

"O que você acha de uma entrevista com o presidente?", perguntou Sekulow a Bowe, que estava trabalhando em sua garagem.

Após uma breve pausa, Bowe lhe disse o que realmente pensava: "Seria prática jurídica imprópria".

Colocar qualquer cliente para depor era arriscado, mas os riscos aumentavam exponencialmente com um cliente como Trump, que tendia a exagerar e tinha um conceito muito particular de realidade. Os advogados de Trump haviam preparado diretores executivos para depoimentos durante centenas de horas e sempre lhes relembravam cuidadosamente as regras. Se você não consegue se lembrar de todos os detalhes ou partes fundamentais, diga apenas: "Não me lembro". Se não tem certeza do que sabe, diga: "Não sei". Mas esses executivos eram treinados para ter respostas e costumavam ser de uma obstinação irremediável. Era como se fossem geneticamente incapazes de dizer: "Não tenho certeza". Trump era uma versão extrema disso. Seus advogados notaram que a equipe de Mueller já mostrara que indiciava quem desse versões incoerentes.

Os advogados continuavam a avaliar as possibilidades quando então se revelou a razão pela qual a equipe de Flynn guardava silêncio. Em 1º de dezembro, o ex-conselheiro de Segurança Nacional se reconheceu culpado de mentir ao FBI sobre seus contatos com o embaixador russo Sergei Kislyak, o primeiro assessor da Casa Branca a enfrentar acusações na investigação. A admissão de culpa revelou que Flynn estava cooperando com a equipe de Mueller no trabalho em andamento e lhe passara as conversas que tivera com altos funcionários não nomeados na transição de Trump. Embora não estivesse claro o que mais ele poderia ter dito ao procurador especial sobre a campanha ou o governo Trump, sua cooperação indicava que a investigação de Mueller não estava arrefecendo, mas aquecendo, e provavelmente prosseguiria assim por muitos meses mais.

Trump estava nervoso e foi se enfurecendo cada vez mais enquanto assistia à cobertura da CNN sobre a declaração de culpa de Flynn naquele dia. Ligou para Steve Bannon, que estava na Escócia. "Como Flynn pode ser acusado?", disse o presidente. "Flynn não fez nada. Ele é inocente."

O presidente disse que toda a cena o deixou furioso. Disse que estava preocupado porque Flynn não havia feito nada de errado.

"Tomaram o cara como alvo porque ele trabalhava para mim", reclamou Trump.

Bannon aproveitou a oportunidade para expor sua opinião sobre os advogados de Trump e a estratégia adotada. Fazia muito tempo que ele duvidava que Mueller fosse eximir rapidamente o presidente da suspeita de conduta imprópria, acreditando que Dowd e Cobb tinham uma visão indevidamente otimista e estavam iludindo o cliente.

"Você tem de se livrar de Cobb e Dowd", disse Bannon a Trump. "Eles estão te conduzindo a uma armadilha que vai explodir. Você precisa de advogados de verdade. Precisa de um escritório de advocacia. Precisa contratar Jones Day. É o único que trabalhará com a gente. Você precisa de montes de advogados. Tem de exercer o privilégio executivo e não enviar mais documentos nem apresentar mais testemunhas."

Bannon tentou mobilizar os impulsos pugilistas e litigiosos de Trump.

"Precisa lutar contra isso", disse ao presidente. "Você pode estender a coisa por vários anos."

Trump respondeu que Dowd e Cobb haviam lhe garantido que a melhor estratégia era a cooperação.

"Eles me disseram que vou conseguir uma carta de desculpas", disse Trump a Bannon. A questão ia se encerrar a qualquer momento. Trump tinha certeza.

Bannon se mostrou totalmente cético quanto à ideia de que Mueller estava para dar ao presidente uma carta limpando seu nome.

No dia 2 de dezembro de manhã, Trump ficou transtornado ao ver que nenhum de seus advogados estava fazendo sua defesa na mídia e refutando as especulações de que Flynn mentira para o FBI provavelmente para evitar implicá-lo. Às 12h14, cerca de 24 horas depois que o acordo de Flynn reconhecendo-se culpado dera entrada no tribunal federal, Trump se defendeu no Twitter, como muitas vezes fazia, e com isso apresentou uma perspectiva nova e surpreendente sobre as ações criminosas de Flynn.

"Tive de demitir o general Flynn porque ele mentiu para o vice-presidente e para o FBI", tuitou Trump. "Reconheceu-se culpado dessas mentiras. É uma pena, porque suas ações durante a transição foram legais. Não havia nada a esconder!"

O tuíte surpreendeu e frustrou Cobb. A seu ver, era explicitamente o que ele e Dowd haviam persuadido Trump a não fazer. Ademais, o conteúdo da mensagem criou todo um novo cenário explosivo, indicando que Trump sabia havia muito tempo que Flynn mentira sobre seus contatos com Kislyak, algo que o presidente nunca reconhecera. A mensagem ocupou os noticiários durante toda a manhã de sábado, e repórteres lotaram a sala de imprensa da Casa Branca, em um bombardeio de perguntas sobre aquele desdobramento.

Cobb confrontou Dowd quanto ao tuíte.

"De onde veio isso?", perguntou ao colega. "É o contrário de tudo o que combinamos."

"O velho me pediu", disse Dowd, referindo-se ao presidente. Mais tarde, Dowd negou essa versão, alegando que Cobb tinha conhecimento prévio do tuíte.

Dowd então soltou uma declaração afirmando que ele redigira o texto para Trump.

Dowd e Sekulow se preparavam para uma reunião que haviam marcado com Mueller para a terceira semana de dezembro. Tinham esperanças de que ela levasse a algum tipo de encerramento, pelo menos concluindo que não houvera conluio envolvendo o presidente e sua campanha. Trump andava dizendo a amigos que a investigação estaria em larga medida finalizada dentro de algumas semanas; quando isso foi noticiado no *Washington Post*, seus advogados sentiram uma pressão ainda maior para conseguir levar de alguma maneira a investigação a termo.

Em 6 de dezembro, Bowe foi a Washington para ver Dowd. Encontraram-se no Shelly's Back Room, bar e charcutaria a duas quadras da Casa Branca. A preocupação de Bowe com o que andava ouvindo foi suficiente para fazê-lo ir pessoalmente até lá. Queria garantir que Dowd não ia concordar com uma entrevista presidencial como forma de cumprir sua promessa a Trump, em parte porque não havia qualquer garantia de que a presença do presidente diante de Mueller fosse obrigatoriamente encerrar o inquérito.

"Tenho certeza de que vai acabar logo", disse Dowd a Bowe. "Estou seguro de que podemos obter uma carta." Bowe receava que Dowd concordasse com uma entrevista para tentar encerrar o inquérito; mais tarde, Dowd disse que não tinha nenhuma intenção de permitir uma entrevista.

"Seria prática imprópria, John", respondeu Bowe, acenando com a bandeirinha vermelha que, sabia ele, tinha efeito dissuasor nos advogados. "E não há necessidade. Para conseguir resolver rápido, não podemos cometer erros graves."

Os advogados estavam em situação difícil, sem nenhuma carta que eximisse o presidente no horizonte. Enquanto isso, Trump continuava a negar as provas conclusivas, reunidas por suas próprias agências de inteligência, de que a Rússia empreendera um ataque à democracia americana, interferindo na eleição de 2016 em favor de sua candidatura. Mesmo ao se declarar totalmente inocente de conspirar com os russos, Trump ainda se negava a afirmar de modo definitivo que eles haviam interferido na eleição.

"O que o presidente precisa dizer é: 'Sabemos que os russos fizeram isso, eles sabem que fizeram, eu sei que fizeram, e não descansaremos enquanto não soubermos tudo o que há para saber a esse respeito e fizermos todo o possível para impedir que aconteça outra vez", disse Michael Hayden, que trabalhou como diretor da CIA sob o presidente George W. Bush, a Greg Miller, do *Washington Post*. Trump "nunca disse nada que chegasse perto disso e nunca dirá nada que chegue perto disso".

Aproximando-se o final do ano, Trump e seu governo pouco haviam feito para responsabilizar a Rússia por suas atividades ilegais ou para impedir futuros ataques do Kremlin e salvaguardar as eleições americanas. A única punição à Rússia veio do Congresso, que em agosto votou por impor penalidades adicionais contra Moscou, apesar da ferrenha resistência de Trump. Enquanto o presidente buscava uma aliança com Vladimir Putin, em nenhum momento convocou uma reunião em nível ministerial sobre a interferência eleitoral russa em 2017.

Em dezembro, Trump chamara seus generais e principais diplomatas para uma reunião como parte das conversações estratégicas correntes do governo sobre o uso de tropas no Afeganistão, a se realizar na Sala de Crise, sala de reuniões de grande segurança no andar térreo da Ala Oeste. Trump não gostava daquele lugar por julgar que não era solene o suficiente. Não impressionava.

Mas lá estava ele, esforçando-se em apresentar uma nova política para o Afeganistão, contrariado com a presença de tantas forças militares americanas em tantos lugares do mundo. A conversa começou a se encaminhar para a mesma direção para a qual se encaminhara em julho, quando o presidente se reunira no Tanque do Pentágono, a sala de reuniões ultraconfidenciais, com o alto escalão das Forças Armadas e da segurança nacional.

"Todos esses países precisam começar a nos pagar pelas tropas que estamos enviando. Precisamos lucrar", disse Trump. "Podemos lucrar com isso."

O general Joseph Dunford, presidente do Estado-Maior Conjunto, tentou mais uma vez explicar polidamente ao presidente que as tropas proporcionavam estabilidade naquelas regiões, o que ajudava a proteger os Estados Unidos. Outro oficial objetou que cobrar pagamento de outros países pela presença dos soldados americanos ia contra a lei.

"Mas não estava adiantando", relembrou um ex-assessor de Trump. "Nada adiantava."

Depois da reunião no Tanque em julho, Tillerson dissera a seus assessores que jamais toleraria em silêncio aquela conversa degradante de Trump querendo lucrar em cima do deslocamento de soldados. Quando tinha dezessete anos, o pai de Tillerson prometera que ia se alistar na Marinha em seu próximo aniversário, muito ansioso em querer servir a seu país na Segunda Guerra Mundial. Seu tio-avô era oficial de carreira na Marinha. Ambos lhe vieram à lembrança, disse Tillerson a alguns assessores, quando Trump soltou sua tirada no Tanque e quando repetiu os mesmos pontos na Sala de Crise, em dezembro.

"Precisamos recuperar nosso dinheiro", disse Trump aos presentes.

Foi a gota d'água. Tillerson se levantou. Ao fazer isso, deu as costas ao presidente e fitou os oficiais militares e todos os assessores na sala. Não queria uma repetição da cena no Tanque.

"Nunca vesti um uniforme, mas sei de uma coisa", disse Tillerson. "Todos os que vestem um uniforme, todos os presentes nesta sala, não fazem isso para ganhar dinheiro. Fazem isso por seu país, para nos proteger. Quero que todos tenham clareza sobre o grande valor que nós, como país, damos a seus serviços."

A réplica de Tillerson irritou Trump. Seu rosto ficou levemente vermelho. Mas o presidente preferiu não o atacar naquele momento. Aguardaria outro dia para pegá-lo.

Mais tarde, depois das oito da noite, Tillerson trabalhava em seu escritório na sede do Departamento de Estado na Foggy Bottom, preparando-se para o dia seguinte. O telefone tocou. Era Dunford. A voz do presidente do Estado-Maior Conjunto tremulava de emoção. Dunford, muito tempo antes, gracejara com Tillerson, dizendo que, nos governos anteriores, os secretários de Estado e os dirigentes do Departamento de Defesa nem mortos seriam vistos andando no mesmo lado da rua, pois a rivalidade entre eles era feroz. Mas, agora, quando ambos serviam sob Trump, eram irmãos unidos contra o que lhes parecia ser um desrespeito aos integrantes do serviço militar. Dunford agradeceu Tillerson por se manifestar em favor deles na Sala de Crise.

"Você levou a pancada por nós", disse Dunford. "Soco após soco. Obrigado. Nunca vou me esquecer disso."

A fatídica reunião entre Dowd, Sekulow e Mueller finalmente ocorreu, no final de dezembro. Quando Dowd perguntou o que mais era necessário para encerrar a investigação que estava obstruindo a presidência, Mueller lhes deu a resposta que esperavam com preocupação.

"Bem, vamos precisar entrevistar o presidente", disse Mueller.

Então o procurador especial esclareceu a razão. Mueller confirmou que precisava de uma entrevista com o presidente para concluir um relatório que estava redigindo sobre sua investigação. Pelos regulamentos da procuradoria especial, o relatório era o instrumento por meio do qual Mueller comunicaria suas descobertas ao procurador-geral, mas os advogados nunca tinham ouvido qualquer menção anterior de Mueller a respeito.

Dowd e Sekulow não negaram a entrevista. Fizeram mais perguntas.

"Você precisa nos dizer o assunto sobre o qual quer entrevistar o presidente", disse Dowd.

De início, os representantes de Mueller insistiram que não iam apresentar as perguntas, mas depois concordaram que James Quarles, um dos representantes de Mueller, informasse alguns assuntos básicos sobre os quais perguntariam. Dowd e Sekulow não tinham objeção a que a procuradoria especial interrogasse Trump sobre suas ligações com russos ou sua participação em qualquer interferência conspiratória durante a campanha. Acreditavam que ele não tinha nenhuma. Mas se preocupavam com outros assuntos, como questões que entrariam no que Trump dissera ao ex-diretor do FBI James Comey sobre Flynn. Trump dizia simplesmente que não se lembrava de dizer que tinha esperanças de que Comey deixasse "para lá" ao discutir a investigação de Flynn, como escrevera Comey em suas anotações da época, mas um promotor poderia concluir que Comey fora honesto e Trump não. Promotores acostumados a identificar crimes de perjúrio eram versados naquele tipo de pergunta.

A reunião terminou sem que chegassem a um acordo sobre a entrevista. Dow e Sekulow informaram Trump sobre as declarações de Mueller e sua equipe. O presidente ficou empolgado. Estava doido para ficar numa sala com Mueller.

"Eles vão concordar que assim se encerra?", perguntou Trump a seus advogados. "Agora consigo minha carta?"

"Bem, eles querem uma entrevista", disse Dowd.

Ele explicou como poderiam negociar os termos de uma entrevista.

"Ótimo", respondeu Trump. "Vamos fazer isso."

Ele tinha uma fé inabalável em sua capacidade de persuadir Mueller. "O presidente pensou: 'Consigo fazer isso. Consigo fazer dar certo'", relembrou um conselheiro.

O que os advogados de Trump viam como assunto jurídico com algumas ressonâncias políticas ele via como acontecimento político com um aspecto jurídico. Sentia que estava sendo massacrado na mídia por tudo o que se referia à Rússia, perseguido em proporções históricas, até bíblicas. Foi inflexível: era preciso dissipar a nuvem que pesava sobre ele por qualquer meio que se fizesse necessário, mesmo que significasse assumir pessoalmente o controle da crise.

"Qualquer outro presidente teria dito: 'Faça sua parte e volte quando acabar'", disse o mesmo conselheiro. "Não o presidente Trump. Ele queria que acabasse já... Não havia como reconfortar o presidente dizendo: 'Vamos lidar com esse caso como lidamos com todos os casos'. Ele diria: 'É uma estratégia furada. Esse caso não é normal'."

PARTE TRÊS

12. Spygate

O dia 11 de janeiro de 2018 começou como uma manhã típica de um dia útil na Casa Branca. O presidente Trump se levantou e ficou assistindo TV. Era uma parte do dia que ele adorava. Sozinho no quarto, sem nenhum assessor para incomodar, Trump pegava o controle remoto e passava pelos canais em suas duas telas grandes. O sistema de TV estava programado para gravar todos os noticiários, e assim Trump podia acelerar ou voltar aos trechos em que os âncoras e os convidados falavam sobre ele — o que, evidentemente, ocupava a maior parte do tempo. "A televisão é em geral a força diretriz do dia dele, arma e bisturi, megafone e noticiário", escreveram Ashley Parker e Robert Costa no *Washington Post*. Ele gostava muito de assistir a *Morning Joe* na MSNBC e à CNN para ver o que os inimigos estavam falando dele, mas era em *Fox & Friends*, com seus apresentadores puxa-sacos, que o presidente pegava algumas de suas ideias preferidas.

Em 11 de janeiro, às 6h46, depois de mais de meia hora de *Fox & Friends*, Andrew Napolitano entrou no ar. Ele era um dos analistas favoritos de Trump, a tal ponto que alguns conselheiros do presidente haviam conversado seriamente sobre a possibilidade de indicar o ex-juiz de Nova Jersey para a Suprema Corte. Naquele dia, esperava-se que a Câmara dos Deputados, controlada pelos republicanos, votaria a revalidação de uma parte essencial da Lei de Vigilância de Inteligência Estrangeira (FISA), o que a Casa Branca endossara. A medida, conhecida como programa Seção 702 devido à sua referência numérica no estatuto, era essencial para as agências de inteligência americanas porque autorizava a vigilância do governo sobre estrangeiros no exterior, como forma de pegar os terroristas antes que eles atacassem.

"Estou confuso", disse Napolitano. "Não entendo por que Donald Trump é a favor dela."

Napolitano disse que não confiava no programa de vigilância e advertiu, de forma equivocada, que ele provavelmente fora utilizado para espionar a campanha de Trump e dar origem à investigação sobre a Rússia. Então, 47 minutos depois, às 7h33, lapso de tempo explicável por Trump talvez estar assistindo à gravação de *Fox & Friends*, o presidente anunciou ser contrário ao projeto de lei de revalidação, que sua própria Casa Branca defendera, numa linguagem em que ressoava misteriosamente o comentário de Napolitano.

"Hoje a Câmara vota a controvertida LEI FISA", escreveu Trump no Twitter, citando literalmente a chamada que a Fox usara durante a apresentação de Napolitano. "Essa é a lei que pode ter sido usada pelo governo anterior e outros, com a ajuda do dossiê falso e desacreditado, para vigiar e prejudicar tão gravemente a campanha de Trump?" O tuíte tinha apenas 39 palavras, mas desencadeou instantaneamente um enorme alvoroço na Casa Branca e no Capitólio. Membros do alto escalão cancelaram os compromissos da manhã para tentar remediar o pandemônio que o presidente criara.

Trump tinha se enganado. Ele confundiu, como Napolitano confundira, a Seção 702 com a lei mais abrangente da FISA, que rege uma ampla variedade de práticas de vigilância. Trump e aliados tinham se irritado com autorizações da FISA assinadas e aprovadas três vezes por três juízes, que haviam sido emitidas para vigiar Carter Page, ex-assessor da campanha Trump. Mas a Seção 702 era um programa secreto valioso e independente que visava basicamente a estrangeiros no exterior, suspeitos de conspirar para matar americanos ou de dar apoio a células terroristas. O programa permitia que as agências de inteligência grampeassem esses cidadãos estrangeiros, embora também pudessem captar eventuais comunicações com americanos que estivessem em contato com os alvos. A Seção 702 tinha sido o alicerce dos trabalhos do FBI pós-Onze de Setembro, tanto para localizar esses complôs na fase de elaboração quanto para fornecer informações cruciais no briefing diário do presidente.

John Kelly interveio para reiterar a importância do programa para o presidente. Ele pediu a Paul Ryan, presidente da Câmara, para dar a Trump uma aula elementar de trinta minutos sobre a diferença entre vigiar americanos com uma autorização aprovada pelo juiz e espionar estrangeiros. Kelly e Marc Short, diretor de assuntos legislativos da Casa Branca, reuniram-se então com parlamentares no Capitólio que simplesmente não acreditavam na bola fora do presidente com aquele tuíte, tentando acalmá-los e arrebanhar votos.

Tom Bossert, o conselheiro de Segurança Interna e de cibersegurança da Casa Branca, estava em viagem naquela manhã, mas recebeu uma ligação de emergência da Casa Branca, pedindo-lhe para redigir um tuíte a fim de sanar o problema, o qual o presidente poderia postar imediatamente para reverter sua posição sobre a revalidação da Seção 702. Enquanto isso, parlamentares protestavam contra a posição de Trump, indignados com sua evidente falta de conhecimento.

"Isso é irresponsável, falso e põe em franco risco nossa segurança nacional", tuitou o senador democrata Mark Warner. "A FISA é algo que o presidente devia conhecer muito antes de ligar a TV na Fox hoje de manhã."

A tarefa da Casa Branca de reunir votos para revalidar a Seção 702 se complicou ainda mais com a oposição de dois parlamentares republicanos que eram próximos do presidente. O senador Rand Paul, republicano de linha libertária, ligou para Trump no dia 11 de manhã para expor sua preocupação de que os alvos de vigilância estrangeiros pudessem capturar informações sobre cidadãos americanos. Paul disse que, se o projeto de lei chegasse ao Senado, obstruiria os trabalhos devido a suas preocupações com privacidade. O parlamentar Mark Meadows, que presidia o Freedom Caucus, grupo de parlamentares republicanos libertários da Câmara, e era um dos mais leais defensores de Trump, também ligou para o presidente naquela manhã para reiterar sua oposição ao programa, devido a preocupações com as liberdades civis.

Quando um repórter da CNN encontrou Kelly nos corredores do Congresso para perguntar se o comportamento de Trump tornava mais difícil o trabalho de legislar, o chefe de gabinete disse: "Não torna mais difícil. Torna um malabarismo". Enquanto isso, Kelly se apressava em consertar a situação, providenciando que Christopher Wray, diretor do FBI, e Dan Coats, diretor da Inteligência Nacional, explicassem a Trump como funcionava o programa Seção 702 e expusessem seu valor para manter a segurança dos americanos. Trump não admitiu em momento algum durante a explicação que cometera um erro, não expressou qualquer pesar por desperdiçar o tempo de sua equipe e pôr em risco a pauta legislativa de seu próprio governo.

"Ele é incapaz de se desculpar", disse um alto membro do governo.

O presidente finalmente tuitou uma retificação às 9h14, usando a linguagem recomendada por Bossert. Foi uma resposta a seu tuíte original, como se estivesse apenas dando continuidade ao mesmo raciocínio.

"Dito isso", dizia a mensagem de Trump, "tenho conduzido pessoalmente o processo de desmascaramento desde que assumi o governo e a votação de hoje é sobre vigilância estrangeira de bandidos estrangeiros em terras estrangeiras. Precisamos disso! Fiquem espertos!"

O tuíte serviu de explicação da política de Trump para ele mesmo e para todos os outros. Os republicanos da Câmara estavam reunidos naquele exato momento, alarmados com o tuíte inicial de Trump, e o nervosismo deles só diminuiu com a publicação do segundo tuíte. Horas depois, a Câmara aprovou com maioria esmagadora a revalidação do programa de vigilância estrangeira, por 256 a 164, e o Senado começou imediatamente a debater a medida. Evitou-se a crise. Mas o lapso do presidente continuou a repercutir.

Em seu briefing da tarde de 11 de janeiro, Sarah Sanders, porta-voz da Casa Branca, teve dificuldade em explicar os tuítes de Trump, insistindo que não havia discrepância e que qualquer confusão sobre o posicionamento do presidente nessa questão era culpa da mídia. "O presidente apoia plenamente o 702 e ficou contente em ver que foi aprovado hoje na Câmara", disse ela. "Não vemos aí nenhuma contradição ou confusão."

Quando Hallie Jackson, correspondente da NBC News, perguntou sobre as contradições de Trump, Sanders estourou: "A premissa de sua pergunta é totalmente ridícula e mostra sua falta de conhecimento nesse processo".

Mas, em caráter reservado, os principais conselheiros de Trump ficaram exasperados com uma crise que julgavam provável que se repetisse, considerando-se o grande valor que o presidente dava às especulações dos telejornais e o pouco valor que dava à expertise de seu próprio governo. Alguns assessores de Trump também sentiram pena dele. Estava tão obcecado com a crença de que o "Estado profundo" tentava minar sua presidência espionando seu conselheiro de campanha que a mera menção à sigla "FISA" era como agitar um pano vermelho diante de um touro.

Ainda em 11 de janeiro, Trump manteve no Salão Oval uma reunião sobre política de imigração com um grupo de parlamentares que incluía o senador democrata Dick Durbin, os senadores republicanos Lindsey Graham e Tom Cotton e o congressista republicano Bob Goodlatte. Enquanto o grupo debatia um possível acordo de imigração bipartidário que protegeria migrantes de Haiti, El Salvador e países africanos, Trump foi ficando contrariado.

"Por que ter toda essa gente de países de merda vindo para cá?", perguntou o presidente. Ele foi especialmente depreciativo em relação ao Haiti, uma nação caribenha pobre formada basicamente por descendentes de escravos africanos. Ele disse que, em vez disso, os Estados Unidos deviam receber migrantes da Noruega, Estado nórdico que é um dos mais brancos e mais ricos do mundo, e de outros países.

O comentário de Trump na reunião a portas fechadas, que foi noticiado em primeiro lugar por Josh Dawsey, do *Washington Post*, desencadeou uma revolta que se estendeu por dias. Os funcionários da Casa Branca sabiam que Trump utilizara termos de baixo calão e não tentaram negar o episódio. Na manhã seguinte, dia 12 de janeiro, Durbin disse aos jornalistas que ouvira pessoalmente Trump dizer "frases cheias de ódio, abjetas e racistas".

Mas Trump negou depois o que os assessores não negaram, tuitando que usara um tom "duro, mas não foi esse o tom usado".

Em 19 de janeiro à noite, sentado numa enorme poltrona na residência da Casa Branca, Trump ficou tramando ao telefone até tarde com Kelly, em alto e bom som. Sua voz transmitia grande confiança. Ele acreditava ter finalmente encontrado a bala de prata que liquidaria com a investigação de Mueller.

"Isso pode acabar com a investigação sobre nós", disse Trump a Kelly. "É nossa oportunidade de demitir Rod... E aí acaba."

O presidente parecia satisfeito, até exultante. "Rod" era Rod Rosenstein, o vice-procurador-geral e o homem com poderes de refrear Mueller. A animação de Trump derivava de um memorando republicano secreto, que lhe fora confidenciado por Meadows e outros aliados conservadores na Câmara. Eles haviam dito que, se conseguissem permissão do Departamento de Justiça para liberar o memorando para o público, ele prejudicaria Rosenstein, ao mostrar seu papel inicial na aprovação de uma vigilância questionável, de modo que as provas para prolongar a investigação de Mueller estariam contaminadas.

Devin Nunes, que presidia o Comitê Especial Permanente de Inteligência na Câmara, redigira as quatro páginas do memorando junto com um integrante fundamental da equipe, Kashyap Patel, baseando-se em documentos secretos da investigação do FBI sobre a campanha de Trump. Saudado como herói por conservadores pró-Trump e descartado como um imprudente teórico da conspiração por alguns agentes do FBI, Nunes afirmava no memorando que, para começo de conversa, a agência abusara de seus poderes de vigilância ultrassecreta e enganara um juiz federal a fim de criar a investigação sobre Trump. O memorando alegava que o FBI usara informações do ex-espião britânico Christopher Steele a fim de obter autorização para vigiar Carter Page, ex-conselheiro da campanha de Trump. Nunes insistia que o FBI deixara de avisar o tribunal sobre a pauta anti-Trump de Steele. Agora fazia semanas que Nunes tentava obter a liberação do memorando junto ao alto escalão do Departamento de Justiça. Antes disso, ele e Rosenstein mantinham uma relação cordial, às vezes até amigável, mas a obsessão do parlamentar com as alegadas irregularidades na investigação sobre a Rússia cavara um fosso entre eles.

Em 10 de janeiro, numa sala protegida no Capitólio, Nunes e Patel se reuniram com Rosenstein, Wray, Stephen Boyd, chefe de assuntos legislativos do Departamento de Justiça, Gregory Brower, chefe de assuntos legislativos do FBI, e outros para examinar suas solicitações de divulgação. A reunião tomou um rumo hostil quando Patel, que em 2017 já se definira como antagonista do Departamento de Justiça ameaçando processar Rosenstein e Wray por desacato, insistiu que Brower deixasse a sala por ter dito que o comitê de Nunes o estava investigando por obstruir sua investigação no Congresso.

Rosenstein considerou que era mais uma intimidação infantil da turma de Nunes. "Estamos tentando encaminhar suas solicitações", disse ele a Patel. "O diretor Wray e eu não podemos rever pessoalmente todos os documentos. Precisamos de ligações no Congresso para fazer isso. Ameaçá-los com falsas alegações não ajudará em nada se vocês quiserem a cooperação deles."

Mais tarde, na reunião, Rosenstein trouxe à tona as bobagens anteriores de Patel e disse a Nunes: "Se realmente me processasse por desacato, eu chamaria você e os membros de sua equipe como testemunhas de defesa para provar que estou agindo de boa-fé, de modo que solicito que você preserve mensagens de texto e e-mails pertinentes".

Em 19 de janeiro, Nunes ligou para Rosenstein e Wray para atualizá-los. Disse que logo divulgaria um memorando criticando o processo da FISA do FBI. Rosenstein recebeu a ligação quando estava a caminho de um memorial fúnebre para sua ex-colega da Procuradoria-Geral em Maryland Deborah Johnston. Rosenstein ficou nervoso com Nunes. "Você disse ao diretor Wray e a mim que não estava trabalhando num relatório que atacava o FBI", falou ele ao parlamentar. "Eu lhe pedi várias vezes para nos apresentar qualquer indício de irregularidade, para que pudéssemos investigar."

"É um memorando, não um relatório", respondeu Nunes. Ele disse acreditar que houvera "abuso sistemático da FISA" e uma "conspiração".

"Quem são os suspeitos e quais são os crimes?", perguntou Rosenstein.

Nunes não respondeu.

Em 19 de janeiro à noite, Trump disse a Kelly pelo telefone que os comentários públicos sobre o memorando de Nunes e suas revelações sobre uma investigação corrupta estavam "ganhando impulso". Ele previu que, quando o conteúdo do memorando viesse a público, teria amplas justificativas para demitir Rosenstein por não refrear uma investigação tão falha. Finalmente, disse Trump, o memorando revelaria o esforço dos setores de inteligência e segurança nacional, a que chamava de "Estado profundo", em tirar a legitimidade de sua vitória eleitoral.

"Ótimo, não é?", perguntou Trump a Kelly.

"É, sim", respondeu o chefe de gabinete.

O surto de otimismo de Trump quanto ao encerramento da investigação de Mueller se deu entre preparativos secretos de sua equipe jurídica e da Casa Branca para uma entrevista com o procurador especial. Desde o Ano-Novo, os advogados de Trump trabalhavam com Kelly para montar uma entrevista experimental em Camp David, o retiro presidencial em Maryland onde os convidados podiam passar despercebidos à mídia. Estavam tão adiantados nisso que já tinham organizado os helicópteros para transportar Trump e seus advogados e para que Mueller e sua equipe entrassem sigilosamente no local. Haviam até marcado a data: 27 de janeiro.

Os advogados pessoais de Trump, John Dowd e Jay Sekulow, viam os perigos de deixar que seu cliente conversasse com os promotores, e temiam que um homem com tanta dificuldade em se ater aos fatos pudesse, por descuido, ficar sujeito a uma acusação de perjúrio. Sekulow era o mais cauteloso perante a ideia e não via justificativa para a solicitação de Mueller. Mas Trump foi intransigente na decisão de fazer a entrevista, porque acreditava que conseguiria convencer Mueller de sua inocência e ser isentado da suspeita de conduta imprópria. Os advogados de Trump chegaram à conclusão de que decepcionar o chefe poderia ser muito pior. Dowd receava a conversa presidencial, mas os advogados prosseguiram com os preparativos.

Os advogados de Trump tentaram reduzir os riscos para o presidente pressionando Mueller e James Quarles para ser mais específicos sobre a natureza das perguntas que fariam a Trump. Quarles deu mais detalhes. No entanto, em várias discussões com a equipe de Mueller, Dowd sentiu que o procurador especial estava recuando de compromissos que, no julgamento de Dowd, ele havia assumido, e agora acrescentava novas condições para a entrevista. Dali a alguns dias, Dowd decidiu encerrar a questão. Ligou para Quarles a fim de avisá-lo que a entrevista fora desmarcada. Sekolow e Cobb ficaram surpresos ao saber da decisão alguns dias depois; Dowd não apresentara sua ideia aos colegas advogados. Ao explicar sua relutância em prosseguir com a entrevista, Dowd disse a Trump que seria uma missão suicida e que não podia enviá-lo para a destruição.

"Só vou falar com eles", respondeu Trump. "Por que não posso só falar com eles?"

Dowd respondeu ao presidente: "Não podemos fazer isso".

"Por que não posso?", revidou o presidente.

Em várias conversas, Dowd tentou expor os riscos de um único deslize numa única resposta a uma única pergunta, tentou mostrar a Trump como seria fácil dizer algo que não fosse verdade, mesmo que ele não pretendesse mentir.

Apesar do relatado por versões anteriores, Dowd não fez uma sessão de ensaio prévio nem uma entrevista simulada com o presidente. Ficou apenas frente a frente com ele, fazendo algumas perguntas para tentar convencê-lo de que uma entrevista com Mueller não seria uma negociação coroada com um aperto de mãos durante alguma reunião de um conselho diretor, e sim uma sessão de tortura e um exame final em que seria fatalmente reprovado.

Bastou que Dowd fizesse uma ou duas perguntas para ficar óbvio que o presidente estava improvisando. Evidenciou-se claramente que Trump não estava a par dos fatos do caso nem pensara muito como ia responder às perguntas de Mueller. Usou variantes de "Fiz isso" e "Fiz aquilo" — apresentando-se como o cara no comando, o sujeito ao leme. Dowd apontou que várias de suas alegações eram incorretas e entravam em conflito com as versões dos fatos fornecidas por várias testemunhas.

Trump contestou os fatos. Irritou-se quando Dowd apontou seus erros e imperfeições. O advogado tentou explicar a Trump algo que já procurara incutir nele muitas vezes: havia uma grande diferença entre dizer "Não" e dizer "Não me lembro". Trump costumava se gabar de ter "a melhor memória do mundo", mas Dowd lhe repetiu que, num contexto jurídico, era plenamente aceitável — e até preferível — dizer: "Não me lembro".

Os amigos e conselheiros de Trump já haviam notado muito tempo antes que ele tinha uma capacidade assombrosa de se dissociar dos fatos e recordar as experiências da maneira que lhe fosse conveniente no momento, hábito perigoso numa entrevista feita por promotores federais numa investigação criminal.

"O problema com ele: diz o que pensa saber ou o que pensa lembrar", falou um conselheiro. "Pode realmente acreditar naquilo. E pode achar que não está mentindo. Quando você o confronta e diz: 'Mas lembra tal fato?', ele diz: 'Está certo'. Ele vai trabalhar mais próximo da verdade. Não é desatenção ao detalhe. É sua ideia de que os detalhes não têm importância. Ele é um cara do quadro geral, do ponto de vista mais amplo. Ele diz: 'Ei, sei que esse grande aspecto é verdade. Que importância tem o resto?'"

A mentira fez parte da atuação de Trump durante toda a sua vida. "As pessoas me perguntam se o presidente mente. Vocês estão doidos? Porra, ele é um completo mentiroso", disse Scaramucci. "Mente o tempo inteiro. Trump me ligou uma noite depois que estive em *Bill Maher* e falou: 'Porra, como você sempre enxerga como eu sou?'. Falei: 'Faz vinte anos que vejo você por aí. Conheço seu teatro. Sei quando está dizendo merda que na verdade nem pretende dizer e sei quando está dizendo merda de verdade'. Ele deu risada."

Scaramucci relembrou que perguntou a Trump: "Você está fazendo teatro?". Trump respondeu: "Estou sempre fazendo teatro, e não entendo como as pessoas não percebem".

Trump continuou furioso com a mudança de planos no vaivém com Dowd sobre a entrevista em meados de janeiro. Estava confuso e irritado por não poder prosseguir e terminar logo com aquela história de entrevista. Mais tarde, Dowd ligou para um colega, reclamando das repreensões que recebera de Trump. "Não preciso dessa merda. Tenho 67 anos", disse. "Não preciso ser tratado assim." Depois Dowd contestou esse relato e disse que Trump sempre o tratou com cortesia.

Relutante, o presidente se resignou à ideia de que seus advogados estavam certos ao decidir cancelar a entrevista. Mas então tentou convencer o público do contrário, anunciando que a ideia ainda estava de pé, mesmo depois que Dowd cancelara tudo em caráter reservado.

Em 24 de janeiro à tarde, Trump estava em reunião com alguns conselheiros quando se levantou de repente e disse: "Esperem aí. Já volto". Mais adiante no corredor, em seu escritório, o chefe de gabinete estava reunido com cerca de vinte repórteres para um briefing sobre a política de imigração do governo. Trump detestava ter um grupo de repórteres com gravadores ligados para outra pessoa que não fosse ele, então os surpreendeu — assim como o anfitrião deles, Kelly — escancarando a porta e entrando.

"Olá, todo mundo", disse o presidente alegremente. "Como estamos indo?"

Trump estava bem-disposto, e teve início uma sessão improvisada de perguntas e respostas. O presidente se gabou do desempenho da economia e falou de seu esforço em proteger a fronteira e impor novos critérios sobre a "migração em cadeia". Não haviam transcorrido nem dez minutos quando um repórter fez a Trump uma das perguntas que dominavam a cobertura da imprensa naquele mês: o presidente ainda estava disposto a se sentar para uma entrevista com Mueller?

"Na verdade, mal posso esperar", disse Trump. "A história é a seguinte, só para vocês entenderem. Não houve conluio nenhum. Não existe nenhum obstáculo, e mal posso esperar pela entrevista."

Kelly franziu os lábios. Ele sabia que Trump não tinha se atido à verdade ao sugerir que em breve haveria uma entrevista . "Creio que eles estão falando em daqui a duas ou três semanas", disse Trump sobre a provável data da entrevista. "Devo dizer que depende dos meus advogados e essas coisas, mas eu adoraria fazer."

Aquela ressalva — "depende dos meus advogados e essas coisas" — foi uma grande sacada de Trump. Para os repórteres e para o público, parecia que era o presidente quem estava planejando uma entrevista. Para seus advogados, a cuidadosa escolha de palavras sinalizava que ele finalmente concordava com o plano de resistir à entrevista.

Trump também falou aos repórteres que lhe parecia "preocupante" que a investigação do FBI sobre sua campanha fosse tão tendenciosa, com dois funcionários do serviço de inteligência, Peter Strzok e Lisa Page, tendo comentado seus receios de Trump na presidência. Ele insistiu que derrotara Hillary Clinton por mérito exclusivamente.

"O fato é que vocês não vão dizer, então digo eu", acrescentou Trump. "Eu era um candidato muito melhor do que ela. Vocês sempre dizem que ela era uma candidata *ruim*. Vocês nunca dizem que eu era um bom candidato. Eu fui um dos *maiores* candidatos. Nenhum outro derrotaria a máquina Clinton, desonesta do jeito que era. Mas eu era um *grande* candidato. Algum dia vocês vão dizer isso! Tchau a todos."

E saiu.

A visita súbita do presidente aos repórteres levou a outra tentativa clássica da Casa Branca de remediar a situação. Quando os assessores de imprensa souberam que Trump havia dito que mal podia esperar pela entrevista com Mueller, a notícia já era destaque nos telejornais. Cobb fez uma declaração explicando que Trump falara às pressas e que só pretendia dizer que estava disposto a se encontrar com o procurador especial, e não que ia se encontrar com ele.

"O presidente está preparado para se encontrar com eles, mas será guiado pelo conselho de seu consultor pessoal", disse Cobb.

Depois Trump foi à residência oficial para se preparar para uma grande viagem. Partiria no final do dia para a Suíça, a fim de comparecer ao Fórum Econômico Mundial em Davos, onde se encontraria com vários líderes estrangeiros. Enquanto Trump estava no quarto, Kelly voltou à sua longa lista de tarefas. Ligou para Goodlatte para conversar sobre uma resolução orçamentária, um preparativo normal para a semana legislativa que vinha pela frente. Então baixou um pouco a guarda. Num tom de "pobre de mim", contou para o parlamentar republicano daquela irrupção de Trump junto à imprensa, e que a história de que faria uma entrevista com Mueller aparecera do nada e não fazia parte de nenhum plano ou estratégia.

"Não invejo você", disse Goodlatte a Kelly.

* * *

Naquele anoitecer de 24 de janeiro, aguardando na Casa Branca antes de partir para Davos, Trump se enfureceu diante da TV. Entregava-se a um de seus prazeres proibidos: assistir com ódio à CNN. Ligou para Kelly, colérico, e xingou o Departamento de Justiça.

Os assessores da Casa Branca às vezes definiam o humor de Trump por uma escala de 1 a 10. Quando o humor de Trump estava em 1 ou 2, os conselheiros se preocupavam que ele estivesse tão entediado que parara de ouvir qualquer coisa. Em 9 ou 10, o presidente soava ao telefone como se estivesse dando pulos de raiva, e alguns conselheiros às vezes cogitavam pedir a um agente do Serviço Secreto que desse uma verificada nele.

Naquela noite, Kelly estava ao telefone com um Trump nível 9.

Kelly já fora para casa, dando o expediente por encerrado. Não iria a Davos e ficaria em Washington para trabalhar com os congressistas num plano de imigração. Trump comentou com ele que achou o convidado no noticiário das sete da noite na CNN muito interessante ao falar sobre um assunto exasperante. O congressista republicano Trey Gowdy estava criticando a mais recente revolta do "Estado profundo" contra o presidente: o alto escalão do Departamento de Justiça e o diretor do FBI estavam dizendo que os republicanos da Câmara não podiam trazer a público seu memorando secreto porque poderia revelar segredos sensíveis sobre um inquérito em andamento. Gowdy falou à apresentadora da CNN Erin Burnett que o Departamento de Justiça parecia estar escondendo alguma coisa. Trump devia ir até o Gramado Sul para embarcar no Marine One, mas antes conferenciou com Kelly sobre os comentários de Gowdy.

O que se seguiu foi mais uma maquinação de Trump para acabar com uma investigação federal que, pelo visto, passou despercebida a Mueller, pois não recebeu nenhuma menção no relatório final do procurador especial.

O presidente se pôs aos berros com Kelly, o qual conseguia ouvir ao fundo Gowdy falando na televisão.

"Essas porras desses caras da Justiça estão bloqueando a divulgação, e são supostamente gente minha!", esbravejou Trump. "Não entendo por que o

Departamento de Justiça Trump não libera um memorando pró-Trump que me ajude! Nunca se viu coisa pior!"

O presidente foi se exaltando à medida que falava.

"Esse é o *meu* Departamento de Justiça. Supostamente seriam *gente minha*", disse Trump a Kelly. "Esse é o 'Estado profundo'... Está na mão de Mueller."

Gowdy expunha na televisão o conselho que daria ao presidente. Sugeriu que Trump interviesse para liberar o memorando e então compartilhasse com o povo americano aqueles segredos sobre as origens do inquérito do FBI.

"Meu conselho a ele é... divulgá-lo num fórum apropriado e deixar que o público decida", disse Gowdy a Burnett.

Trump mandou Kelly ligar para Jeff Sessions ou Rosenstein para assegurar que o Departamento de Justiça parasse de bloquear a liberação do memorando. O presidente garantiu a seu chefe de gabinete que o caso não pararia por aí. Mostraria a eles quem estava no poder.

"Se não liberarem", disse Trump, "eu libero."

Trump logo embarcou no Marine One para ir até a base aérea Andrews e tomou o avião para Davos. Mas mesmo nos Alpes nevados da Suíça, para onde fora a fim de promover os interesses econômicos americanos, o presidente continuou obcecado por se opor ao investigador que o enfurecia e o atormentava diariamente: Mueller.

No final de janeiro, de volta a Washington, Trump resolveu garantir que o memorando secreto de Nunes fosse liberado. O Comitê Seleto Permanente de Inteligência da Câmara, presidido por Nunes, votou a liberação do memorando em 29 de janeiro, dando cinco dias ao presidente para examinar o documento e apresentar qualquer eventual objeção.

A Casa Branca imediatamente ouviu ressalvas de toda a comunidade de inteligência. Wray, Coats e Rosenstein discutiram com Kelly sobre a liberação do memorando, dizendo que aquilo criaria um precedente perigoso ao expor informações secretas e revelar fontes e métodos que os Estados Unidos empregavam para a obtenção de informações. Além disso, segundo eles, o documento fazia uma descrição incorreta dos métodos de investigação da agência.

As preocupações do serviço secreto e policial, porém, pouca importância tinham para Trump. Ele estava decidido a se agarrar a qualquer coisa, mesmo um memorando partidário, para sustentar sua afirmação de que a investigação sobre a Rússia era uma "caça às bruxas".

"Ele acreditava que ia realmente ser a panaceia que esperava", relembrou um conselheiro.

Os assessores da Casa Branca afirmavam peremptoriamente que o presidente seguiria um procedimento correto e deliberativo ao examinar a decisão de suspender o sigilo, mas Trump fora flagrado revelando sua posição numa gravação de 30 de janeiro à noite, quando fez o Discurso sobre o Estado da União numa plenária do Congresso. Quando um parlamentar republicano lhe pediu para "liberar o memorando", Trump respondeu: "Não se preocupe, 100%", e gesticulou afirmativamente.

No final da semana, Trump conseguiu o que queria e liberou o memorando de Nunes. "É uma desgraça o que está acontecendo em nosso país", disse em 2 de fevereiro aos repórteres no Salão Oval. "Muitos deveriam se envergonhar de si mesmos, e coisa muito pior."

A decisão despertou recriminações dos democratas do Congresso, que advertiram que qualquer demissão no Departamento de Justiça desencadearia uma crise constitucional. Mas o memorando não teve o efeito que Trump pretendia. O argumento central do texto era que o pedido de autorização para espionar Page se baseava no dossiê Steele financiado pelos democratas e que o Departamento de Justiça e o alto escalão do FBI ocultaram esse lado tendencioso aos juízes que estavam examinando o pedido de autorização. O memorando de Nunes sustentava que o fato de ocultar esse detalhe pró-Hillary-Clinton aos juízes constituía uma conspiração anti-Trump e que faltava objetividade a Rosenstein porque ele também aprovara uma dessas autorizações duvidosas.

Ao fim e ao cabo, com a liberação do texto polarizado do memorando, os republicanos tiveram de admitir que o governo realmente revelara o papel dos adversários políticos de Trump no financiamento da pesquisa. Rosenstein se manteve no cargo e a investigação de Mueller prosseguiu em ritmo acelerado. No FBI, Wray teve uma reação surpreendente à liberação do memorando. Enviou uma declaração em vídeo e por escrito para os funcionários, mirando indiretamente a tática do presidente e recomendando aos agentes que continuassem a se concentrar em suas missões para o país.

"O povo americano lê jornal e ouve os mais diversos comentários na TV e nas redes sociais. Mas enxerga e vivencia o trabalho efetivo que vocês fazem — manter as comunidades a salvo e nossa nação em segurança, muitas vezes lidando com assuntos delicados e tomando decisões em circunstâncias difíceis", disse Wray. "E esse trabalho sempre será mais importante. Falar é fácil; o que vocês fazem é que vai ficar."

13. Colapso

O nome da função de Rob Porter, secretário de gabinete da Casa Branca, não fazia jus a seu poder e influência. Ele controlava os documentos encaminhados ao presidente, administrava o desenrolar das diretrizes de governo, inclusive mediando os debates internos muitas vezes tumultuados sobre o comércio, e passava muitas horas por dia ao lado de Trump, incorporando suas preferências e moldando os rumos de sua presidência. Porter era o parceiro de confiança do chefe de gabinete John Kelly.

Numa Casa Branca notável por seus renegados e desajustados, Porter, com quarenta anos, era uma figura singular. Com realizações importantes, era agradável e carismático. Formara-se em direito em Harvard, estudara em Oxford com bolsa da Rhodes e então subira no escalão do Capitólio, vindo a se tornar, com trinta e poucos anos apenas, chefe de gabinete do importante senador republicano Orrin Hatch. Amigos e antigos colegas de Porter disseram a Katie Rogers do *New York Times*: "Ele era articulado o suficiente para ser secretário de Estado. Inteligente o suficiente para ser juiz da Suprema Corte. Motivado o suficiente para ser presidente".

Mas o tabloide britânico *Daily Mail* publicou em 6 de fevereiro de 2018 acusações de suas duas ex-esposas contra ele por violência doméstica. Porter negou que tivesse feito qualquer coisa do tipo e alegou que se tratava de uma "campanha coordenada de difamação". Kelly e outros altos funcionários haviam adotado uma postura defensiva numa Casa Branca sob cerco constante. No começo defenderam Porter, tomando as indagações dos jornalistas como "pegadinhas".

A declaração inicial de Kelly sobre o assunto, que foi em larga medida ditada para Sarah Sanders, porta-voz da Casa Branca, que ia digitando no teclado do computador, afirmava que Porter era "um homem de verdadeira integridade e honra, e não tenho palavras suficientes para descrever todas as suas qualidades". Mas, em 7 de fevereiro, o *Intercept* publicou fotos de uma das mulheres, Colbie Holderness, com um olho roxo. Então Kelly soltou uma segunda declaração, dizendo-se "chocado" com as alegações e que "não há lugar para a violência doméstica em nossa sociedade". No mesmo dia, Porter anunciou sua renúncia.

Ao assumir a função de secretário de gabinete em janeiro de 2017, Porter recebera autorização temporária para lidar com materiais confidenciais, muitas vezes passando-os diretamente para o presidente examiná-los ou assiná-los. Mas na investigação de seu passado haviam surgido alegações problemáticas. Os agentes do FBI entrevistaram suas ex-esposas como parte da investigação usual para ter autorização de acesso aos materiais sigilosos, e em julho de 2017 a agência sinalizou à Casa Branca que havia encontrado informações degradantes.

Os detalhes específicos sobre quem fizera o quê e quando ao longo da saga de Porter permanecem obscuros e variam conforme a versão de cada envolvido, mas entre os agentes havia consenso sobre uma coisa: Kelly dera uma versão distorcida de suas ações. Numa reunião de alto escalão em 9 de fevereiro, depois de ter lançado duas declarações públicas divergentes sobre Porter, o chefe de gabinete disse que tomara providências para afastar Porter quarenta minutos depois de saber que as alegações de violência tinham credibilidade. Mas muitos membros da equipe disseram que a alegação de Kelly sobre suas rápidas providências era desonesta e contradizia os registros públicos.

"Ficamos tipo: 'O que você está dizendo?'", relembrou um conselheiro da Casa Branca. "Ele estava mentindo descaradamente. Não, você não fez isso."

Sanders e seus auxiliares, que ficaram encarregados de explicar as ações do governo para a mídia noticiosa indócil, estavam exasperados. Sanders era uma enérgica defensora de Trump, às vezes sacrificando sua credibilidade pessoal a serviço de um presidente que enganava e mentia por esporte, mas um dia, durante o escândalo Porter, ela perdeu a calma. Estava farta de receber informações incompletas e enganosas de seus colegas.

No meio de um corredor na Ala Oeste onde ficava o escritório de Joe Hagin, vice-chefe de gabinete, Sanders foi para cima de Don McGahn, em tamanha gritaria que mais de uma dúzia de auxiliares ouviu a briga. Ela disse a McGahn que não ia falar publicamente em favor do governo a menos que recebesse mais informações sobre a situação de Porter. Sanders logo recebeu os esclarecimentos que queria. Resolveu-se a querela e ela avisou os repórteres, mas as tensões entre o departamento de imprensa, McGahn e Kelly persistiram. "Não se conseguia obter uma resposta direta de John Kelly", lembrou um assessor. "Ou ele era desonesto ou um velho que não conseguia lembrar as coisas."

Enquanto reformulava suas explicações sobre as providências no caso Porter, Kelly fazia consultas regulares a Trump. Os dois gostavam muito de Porter e ficaram desapontados com sua saída da Casa Branca. "Desejamos a ele tudo de bom", disse Trump aos repórteres em 9 de fevereiro. E continuou: "Como provavelmente vocês sabem, ele diz que é inocente, e acho que vocês devem se lembrar disso".

Na noite de 9 de fevereiro e na manhã de 10 de fevereiro, Trump e Kelly conversaram longamente sobre o escândalo. O presidente reclamou que montes de mulheres inventam coisas sobre os homens só para se favorecer. "Ele é um bom sujeito", disse Kelly a Trump, referindo-se a Porter. Será que Holderness, disse Trump, não se jogou de propósito na frente de uma geladeira para se machucar e tentar arrancar uma grana de Porter? O presidente insistiu que o chefe de gabinete fizesse a Casa Branca alardear a injustiça e explicar por que era um enorme erro acusar ou julgar um indivíduo sem dispor de todos os fatos. Os paralelos entre Porter e o presidente eram flagrantes. Mais de uma dúzia de mulheres acusou Trump de assédio e agressão sexual, e ele negou todas as alegações — apesar da infame gravação de 2005 em que ele se vangloriava ao apresentador Billy Bush do *Access Hollywood* de agarrar mulheres pelos órgãos genitais contra a vontade delas.

Além disso, o caso Porter coincidiu com o rápido desenvolvimento do escândalo da atriz pornô Stormy Daniels, que havia estourado em janeiro, quando o *Wall Street Journal* noticiou pela primeira vez os pagamentos que ela recebia por seu silêncio. Daniels, cujo nome verdadeiro é Stephanie Clifford, recebera 130 mil dólares nas semanas finais da campanha de 2016, pagamento feito por Michael Cohen, advogado pessoal e quebra-galho de longa data de

Trump, em troca de seu silêncio sobre um encontro sexual que tivera com seu cliente em 2006, primeiro ano de seu casamento com Melania.

Na manhã de 10 de fevereiro, Trump resolveu que queria se manifestar mais uma vez sobre Porter. Às dez e meia, tuitou ao mundo: "Vidas estão sendo destroçadas e destruídas por mera alegação... Não há recuperação para quem é falsamente acusado — vida e carreira se acabam. Não existe mais uma coisa chamada Devido Processo Legal?".

O escândalo Porter lançou uma luz crua sobre os procedimentos para obter licença de acesso a materiais sigilosos. Dezenas de funcionários da Casa Branca trabalhavam com licenças temporárias em níveis variados, tendo acesso a alguns dos materiais mais sensíveis da nação enquanto as investigações do FBI sobre o passado deles ainda estavam em andamento. Mas apenas um desses integrantes do governo interessava à imprensa — e, em última análise, a Trump —: Jared Kushner. O genro do presidente tinha um amplo leque de responsabilidades que exigiam acesso a informações sensíveis, e dispunha de acesso livre à "área sacrossanta" do tesouro de inteligência da CIA. Normalmente, a licença temporária do alto escalão não ia além de três meses; Kushner, àquela altura, gozava de acesso havia treze meses.

Em meio ao escrutínio da imprensa no caso Porter, Trump determinara que McGahn descobrisse em que pé estava a investigação do FBI sobre o passado de Kushner. Em 9 de fevereiro, McGahn recebeu uma ligação de Rod Rosenstein numa linha telefônica protegida. O vice-procurador-geral deu más notícias. Não entrou em detalhes, mas disse que Kushner continuava a ter problemas em obter acesso de alto nível, e que era de se esperar uma delonga maior. Rosenstein falou que era necessário proceder com investigações adicionais.

Como Mark Corallo prenunciara em maio de 2017, não havia a menor hipótese de que uma pessoa que tivesse deixado várias vezes de revelar todos os seus contatos estrangeiros recebesse pelos procedimentos normais o nível máximo de acesso. E Kushner, que tinha uma história especialmente complicada de transações financeiras e acordos empresariais com estrangeiros, não era exceção.

Bill Daley, ex-chefe de gabinete da Casa Branca e secretário de Comércio respectivamente no governo do presidente Obama e no do presidente Clinton, disse que o caminho correto era que Kushner seguisse as mesmas regras de todos os outros altos integrantes do governo, independentemente de seu parentesco. "Um membro da família sem nenhuma experiência em nada a não ser no setor imobiliário, nenhuma atividade real a não ser numa empresa comandada pela família com um passado nebuloso, incumbido de tarefas incrivelmente complicadas, era uma piada", disse Daley. "As pessoas elegem um presidente sabendo muitas coisas, boas ou ruins, sobre ele, mas ninguém conhece Jared Kushner no jogo que está fazendo. O fato de ter cometido tantos erros crassos, a começar pelas conversas nos bastidores com os russos, já devia ter mostrado como ele era."

Kelly andara preocupado com o alto nível de acesso de Kushner sem autorização permanente e agora estava sob pressão, na esteira do escândalo Porter, para rever os procedimentos de todas as licenças de acesso na Casa Branca. Em 16 de fevereiro, o chefe de gabinete anunciou que ia impor novas regras rigorosas que impediriam que alguns funcionários com licenças temporárias tivessem acesso a informações ultrassecretas. Um assessor, informado sobre a ideia de Kelly, disse ao *Washington Post* que o chefe de gabinete sabia que sua diretriz atingia Kushner "na mosca", mas que as regras se destinavam à segurança nacional e não podiam ser ignoradas.

"Os acontecimentos dos últimos dez dias têm atraído enorme atenção sobre um procedimento de liberação de acesso que tem operado há vários governos", escreveu Kelly num memorando destacando a nova diretriz. "Precisamos — e, no futuro, devemos — melhorar."

A credibilidade que tornava Kelly um elemento tão valioso na Casa Branca de Trump, e que fora conquistada no campo de batalha, agora estava manchada por seu papel na saga Porter. Amigos seus disseram que a figura de Kelly a serviço de Trump guardava pouca semelhança com o comandante que conheciam. "É um homem que, tendo passado quarenta anos nas Forças Armadas, era considerado o modelo exemplar de integridade e princípios morais", disse John R. Allen, general de quatro estrelas do Corpo de Fuzileiros Navais agora aposentado, em meio ao escândalo Porter. "Era um servidor altruísta em todos os aspectos possíveis — grande coragem pessoal, coragem moral de fazer o correto. Seus valores eram solidamente formados, e é muito difícil encontrar alguma falha em minhas lembranças de meu serviço militar com ele."

Os problemas para Kelly vinham se acumulando. Ele sofreu críticas severas em outubro de 2017 por utilizar sua posição como pai que perdera um filho na guerra para ajudar a conter uma crise política, por causa dos telefonemas desajeitados de Trump para as famílias de soldados tombados e pelos ataques sem fundamento à congressista Frederica Wilson. Depois que a democrata da Flórida criticou o telefonema de Trump para a viúva de um soldado, Kelly chamou a congressista de "embusteira" e alegou que ela atribuíra falsamente a si a responsabilidade pela implantação de um novo escritório do FBI em Miami. Quando o *Sun Sentinel* divulgou um vídeo mostrando que ela nunca dissera tal coisa, Kelly falou que "de maneira nenhuma" ia se desculpar.

Então, em janeiro, Kelly entrou em rota de colisão com Trump, ao dizer numa entrevista ao Fox News Channel que as posições do presidente sobre imigração tinham evoluído e que ele não estava "plenamente informado" quando propusera um muro na fronteira durante a campanha. "Fazer campanha e governar são duas coisas diferentes, e este presidente tem sido muito, muito flexível em termos do que pertence ao reino do possível", disse Kelly a Bret Baier, da Fox. E acrescentou: "O presidente está em um processo de evolução".

O espectador-mor de TV a cabo não gostou. "Baseado em quê você disse que sou totalmente desinformado e não sei do que estou falando?!", esbravejou Trump contra Kelly depois que a entrevista foi ao ar. "Você disse que não sei de que porra estou falando!"

"Não foi isso que eu disse", respondeu Kelly, explicando que a posição de Trump em relação ao muro realmente evoluíra desde que assumira o cargo, momento em que pensava numa barreira de concreto de cerca de treze metros de espessura se estendendo ao longo de toda a fronteira, do golfo do México ao oceano Pacífico.

"Não", devolveu Trump. "Isso é o que você disse."

Sendo ambos explosivos, Trump e Kelly tinham atritos frequentes e cada vez mais intensos. Alguns terminavam com a ameaça de renúncia de Kelly. "Estou fora", dizia o chefe de gabinete, dando vazão à raiva.

Trump estava irritado com a presença constante do caso Porter nos noticiários por vários dias seguidos, e naquela semana começou a ligar discretamente para alguns amigos, reclamando de Kelly e procurando possíveis substitutos. Depois disso, Kelly diminuiu a frequência com que espreitava o Salão Oval ou ouvia os telefonemas do presidente. Trump parou de consultá-lo em algumas decisões importantes referentes aos integrantes do governo. E Kelly perdeu a confiança e o apoio de alguns membros da equipe.

"Quando você perde esse poder, quando perde a capacidade de realmente comandar a equipe da Casa Branca, como é necessário fazer para dar sustentação ao presidente, você perde basicamente a capacidade de cumprir a função. Pode continuar por ali. Imagino que pode deixar que o presidente resolva quando vai ou não vai usar seus serviços. Mas o que acontece é que você vira uma espécie de estagiário da Casa Branca, com os outros lhe dizendo o que fazer e aonde ir", disse mais tarde naquela primavera Leon Panetta, democrata que fora chefe de gabinete da Casa Branca, secretário de Defesa e diretor da CIA.

"Creio que não vai demorar muito até John dizer: 'Que raios estou fazendo aqui?'", acrescentou Panetta. "Se você é honesto consigo mesmo, sabe que a situação chegou a um ponto em que precisa decidir quem é e o que a história vai dizer a respeito."

Em 16 de fevereiro, uma sexta-feira, Rosenstein anunciou um amplo indiciamento de treze russos e de três empresas russas em um extenso esquema criminoso para interferir na eleição presidencial americana de 2016. O indiciamento, com 37 páginas, desnudava detalhadamente uma ambiciosa campanha russa de propaganda e trolls na internet para levar os americanos a apoiar Trump. Rosenstein acusou os suspeitos russos de conduzir o que ele chamou de "guerra de informação contra os Estados Unidos". O indiciamento, embora não acusasse ninguém da campanha de Trump, foi um golpe fatal num dos temas favoritos de conversa do presidente, a saber, que a interferência russa era uma invencionice criada pelos democratas como desculpa pela derrota numa eleição que deveriam ganhar.

Naquele fim de semana na Flórida, Trump investiu contra o inquérito sobre a Rússia numa enxurrada de tuítes provocadores e pesados, começando no sábado, 17 de fevereiro, depois das onze da noite, e terminando no domingo, 18 de fevereiro, por volta do meio-dia. Ele acusou os democratas de permitir que um adversário estrangeiro interferisse na eleição. Atacou o FBI por não perceber os sinais do tiroteio escolar em Parkland, na Flórida. Investiu contra seu próprio conselheiro de Segurança Nacional, H. R. McMaster. E atacou alguns de seus alvos favoritos: os meios de comunicação, o congressista Adam Schiff e Hillary Clinton.

Trump criticou a investigação de Mueller e outros inquéritos sobre a Rússia por semearem discórdia nos Estados Unidos. Num dos tuítes, escreveu: "Se o OBJETIVO da Rússia era criar discórdia, fratura e caos nos Estados Unidos, então, com todo o ódio das Audiências de Comitês, Investigações e Partido, ela conseguiu muito mais do que jamais sonhou. Estão morrendo de rir lá em Moscou. Fique esperta, América!".

Trump passou grande parte do fim de semana assistindo aos noticiários da TV e falando com os amigos sobre como a investigação da Rússia agora dominava o ciclo noticioso. Naquela noite, jantou com o apresentador de talk show Geraldo Rivera, depois se recolheu a seus aposentos privados e soltou o primeiro de sua série de tuítes polêmicos. Trump ficou especialmente irritado com McMaster, que estava na Alemanha discursando na Conferência de Segurança, realizada anualmente em Munique. No discurso, McMaster disse que as provas de interferência russa na eleição americana eram "incontroversas".

Trump, que acreditava convictamente que qualquer admissão dos crimes russos prejudicava a validade de sua vitória eleitoral, repreendeu o conselheiro de Segurança Nacional no Twitter: "O general McMaster se esqueceu de dizer que os resultados das eleições de 2016 não foram afetados nem alterados pelos russos e que o único conluio foi entre a Rússia e a H Desonesta, o CND [Comitê Nacional Democrata] e os Dems. Lembrem o Dossiê Sujo, o Urânio, os Discursos, os E-mails e a Podesta!"

Quando Trump voltou à Casa Branca, as pressões continuaram. Em 21 de fevereiro, ele convidou Corey Lewandowski, seu ex-administrador de campanha que considerava quase como um filho, para o Salão Oval. Kelly e Lewandowski tinham uma relação especialmente abespinhada. Por exemplo, dias antes, Lewandowski criticara o chefe de gabinete na TV pelo tratamento dado ao escândalo Porter. Tal como Trump, Lewandowski era grosseiro, combativo e arrogante. Durante a campanha, fora acusado de contato físico impróprio por agarrar o braço de uma repórter. Kelly considerava que Lewandowski era só problema, um sicofanta de Trump e encrenqueiro palaciano que atiçava os instintos mais temerários do presidente e se aproveitava de sua relação com ele para manter um lucrativo escritório de consultoria. Uns dois meses antes, Kelly e Lewandowski tinham brigado na frente do presidente e de outros conselheiros durante uma reunião sobre estratégias políticas. Lewandowski apresentou uma perspectiva fatalista sobre as eleições gerais de 2018: "Vocês vão se foder total. Não se unem, porra". Ele passou a criticar Kelly e Bill Stepien, diretor político da Casa Branca, por falhas na operação política e na relação com o Congresso. Declarou que a equipe não estava usando de maneira estratégica os poderes do cargo para construir uma base para as eleições gerais, dali a menos de um ano.

Na reunião de 21 de fevereiro, Trump e Lewandowski tinham passado cerca de quinze ou vinte minutos a sós, pondo a conversa em dia e falando de política, quando o presidente chamou Kelly para se juntar a eles. A conversa foi abespinhada, e acabou sendo interrompida por um telefonema urgente para Trump. Kelly e Lewandowski saíram do Salão Oval para deixar o presidente atender à ligação. Enquanto estavam ali fora da sala, os dois ficaram brigando. Kelly disse a alguns outros para "botar esse cara pra fora da minha casa".

Foi quando o concurso de berros começou, com Lewandowski e Kelly cara a cara. Os dois gritavam tanto que podiam ser ouvidos no vestíbulo de entrada da Ala Oeste, de onde veio correndo um assessor para fechar a porta e tentar abafar a barulheira.

"Aqui não é sua casa", Lewandowski respondeu berrando para Kelly. "Aqui é a casa do povo. Vá se foder. Não sou seu empregado."

Os dois gritavam tanto que estavam vermelhos. Kelly agarrou Lewandowski pelo colarinho e tentou empurrá-lo contra uma parede. O chefe de gabinete tinha proteção do serviço secreto, e agentes acorreram para garantir sua segurança.

"Se puser a mão em mim, vai passar o resto da carreira na Sibéria", disse Lewandowski a um dos agentes. "Não trabalho aqui. Sou amigo do presidente. Não encoste em mim."

Os dois logo se acalmaram e concordaram numa trégua. Mas, antes que cada qual seguisse seu caminho, Lewandowski disse a Kelly: "O dia em que você sair vai ser o dia em que vou voltar, pois não vou embora daqui jamais".

Em 27 de fevereiro, Kelly expôs em mais detalhes a nova política do governo para a autorização de acesso aos arquivos. Todos os que estivessem operando com licença temporária de acesso a materiais ultrassecretos, nível TS, ou no nível mais especializado TS/SCI (ultrassecreto/informação sensível compartimentada) por um ano ou mais teriam seu acesso reduzido para o nível secreto (S). Era um nível muito mais baixo de acesso, concedido a literalmente milhões de funcionários do governo em suas respectivas funções, que normalmente era insuficiente para permitir que um alto conselheiro da Casa Branca desempenhasse seu papel a contento. A diretriz de Kelly rebaixava a licença de Kushner, sendo uma limitação severa ao acesso do genro de Trump a dados de inteligência e a outras informações sigilosas.

Kushner tinha o perfil clássico do indivíduo a quem a segurança nacional recusaria autorização de acesso, e a medida de Kelly tranquilizava a CIA ao rebaixar seu nível de acesso. Funcionários da agência eram muito cautelosos em permitir que Kushner visse informações altamente sensíveis sobre fontes e métodos, em vista de seu costume de conversar com líderes estrangeiros no Oriente Médio — inclusive Mohammed bin Salman, príncipe herdeiro da Arábia Saudita — sem orientação de diplomatas do Departamento de Estado ou de outros especialistas do governo.

As agências de inteligências estavam em guarda em parte porque, como noticiara o *Washington Post* em 27 de fevereiro, tinham interceptado conversas privadas de líderes em China, Israel, México e Emirados Árabes Unidos comentando a facilidade com que poderiam manipular Kushner. Alguns desses líderes estrangeiros definiram o genro de Trump como um indivíduo ingênuo, fácil de manobrar; outros disseram que suas dívidas e sua tentativa de obter refinanciamento para um arranha-céu aquático em Manhattan o tornavam vulnerável a pressões.

Logo após a determinação de Kelly, a equipe de segurança nacional na Casa Branca recebeu novas instruções sobre a maneira de lidar com Kushner. Não poderiam mais lhe fornecer dados de inteligência especialmente sensíveis e adaptavam seus relatórios para assegurar que ele tivesse as informações necessárias sobre assuntos em que trabalhava. Kushner e Ivanka Trump queriam que Kelly devolvesse a ele sua licença anterior, e disseram-lhe que a situação atual era problemática. Não conseguindo demovê-lo, Ivanka recorreu ao pai, queixando-se a Trump pelo menos duas vezes de que Kelly tinha removido o acesso dela também. Ivanka disse que ela e Kushner ficariam marginalizados e não teriam condições de cumprir suas tarefas sem licença de acesso em nível mais alto, e insistiu que o pai resolvesse a situação. Logo Kelly soube o que ela estava dizendo a Trump e ficou furioso — pois não era verdade. Ivanka ingressara na equipe da Casa Branca em abril de 2017, o que significava que sua licença temporária não tinha completado um ano; portanto, ela não era afetada pela nova diretriz.

"Ivanka mentiu na cara do pai, dizendo que sua licença de acesso também tinha sido rebaixada", relembrou um conselheiro da Casa Branca. "Disse ao pai que Kelly havia retirado sua licença. Era uma mentira completa."

Publicamente, Trump procurou se distanciar do dilema das licenças de acesso a materiais da segurança nacional. Quando os repórteres lhe perguntaram sobre o acesso de Kushner dias antes, em fevereiro, o presidente respondeu: "Vou deixar que o general Kelly tome essa decisão, e ele vai fazer o que é correto para o país. Não tenho dúvidas de que tomará a decisão correta".

Mas, em caráter privado, Trump interveio e pressionou Kelly. Perguntou a seu chefe de gabinete se não tinha um jeito de conseguir uma licença permanente de acesso em nível ultrassecreto para as crianças. Trump nunca deu uma ordem direta, mas sugeriu enfaticamente que Kelly devia priorizar a questão e resolvê-la para ele.

"Gostaria que a gente pudesse acabar com isso. É um problema", disse Trump a Kelly, frisando que a questão estava prejudicando a imagem dele e de sua família.

Kushner e Ivanka contestaram junto a seus assessores que tivessem tentado exercer pressões indevidas, depois o genro de Trump negou publicamente que tivesse sequer mencionado ao presidente a situação de sua licença de acesso em algum momento. "Não comentei isso com ele", disse Kushner à *Axios*.

Mas outros membros do governo sentiam uma pressão incessante de Kushner e Ivanka. A filha do presidente instigou McGahn para que interviesse, algo que ela depois negou a seus assessores, mas, quando o conselheiro jurídico McGahn não fez o que Ivanka queria, ela disse ao pai e a outros assessores da Casa Branca que McGahn era um "vazador" e não se podia confiar nele. O termo "vazador" era o pano do vermelho mais vivo que se podia brandir diante do touro chamado Donald Trump.

A relação entre McGahn e Ivanka nunca fora muito cordial. O advogado já era extremamente precavido com a filha do presidente, e ambos tinham entrado em vários atritos no ano anterior. Mas a questão das licenças de acesso acabou arruinando de vez a relação de Kelly com as crianças. Ele ficou furioso que Ivanka estivesse usando sua posição para aliciar o pai e fazê-lo intervir numa questão de segurança nacional de grande importância. Nunca mais confiaria nela ou em Kushner.

Duas saídas ameaçaram fazer ainda mais estrago na Casa Branca. Em 28 de fevereiro, Hope Hicks, diretora de comunicação que se tornara terapeuta efetiva do presidente, capaz de controlar seus humores e dissuadi-lo de ideias temerárias, anunciou que logo deixaria o governo. O momento de sua saída parecia significativo; no dia anterior, ela passara mais de oito horas depondo perante a Comissão de Inteligência da Câmara, como parte de sua investigação sobre a Rússia, e admitiu que soltara algumas mentiras inofensivas em favor do presidente. Mas sua saída já vinha sendo preparada durante várias semanas e não tinha nada a ver com os diversos inquéritos. Depois de mais de três anos tumultuados à disposição de Trump, Hicks estava esgotada e ansiosa em recomeçar fora da órbita dele. Meses depois, mudou-se para longe, em Los Angeles, como executiva da New Fox, o império da mídia da família Murdoch.

Passada uma semana, Gary Cohn renunciou ao cargo de diretor do Conselho Econômico Nacional em meio a um feroz choque interno entre políticas comerciais. Ex-presidente do Goldman Sachs, Cohn, favorável ao livre mercado, servira como contrapeso aos impulsos protecionistas de Trump e como interlocutor com a comunidade empresarial. Quando o presidente resolveu prosseguir com a taxação das importações de aço e alumínio, que ameaçava desencadear uma guerra comercial global, Cohn desistiu.

As saídas de Cohn, Hicks e Porter constituíram um ponto de inflexão na presidência. Os estabilizadores de Trump, os conselheiros que insistiam na cautela e obtinham consenso, tinham ido embora. Disso resultou um clima de ansiedade e volatilidade na Casa Branca. O presidente confidenciou a alguns amigos que não sabia em quem poderia confiar no governo. E ficava agitado enxergando traições, como numa foto obtida pela *Axios* que foi divulgada por todos os canais de TV a cabo mostrando Rosenstein, o procurador-geral Jeff Sessions e o vice-procurador-geral Noel Francisco num jantar em 28 de fevereiro. A cena foi vista como gesto de solidariedade dos dois membros mais altos do Departamento de Justiça, depois que Trump voltara a atacar Sessions no Twitter.

Os observadores notaram um novo nível de alarme. "Esta é uma situação de caos sem precedentes", disse na época Barry McCaffrey, general aposentado de quatro estrelas do Exército. "Acho que a estabilidade emocional do presidente está começando a oscilar, e isso não vai terminar bem."

Kelly, ao visitar seu antigo local de trabalho em 1º de março, não disfarçou seu desprezo por alguns aspectos de sua função na Casa Branca. Num evento de comemoração do 15º aniversário do Departamento de Segurança Interna, Kelly disse a funcionários do departamento que "todos os dias" sentia falta de trabalhar com eles e lamentou ter ficado apenas seis meses como secretário de Segurança Interna.

"A última coisa que eu queria era me afastar de uma das maiores honras de minha vida: ser secretário de Segurança Interna", disse Kelly. "Mas acho que fiz alguma coisa de errado e Deus me castigou."

14. Pelotão de fuzilamento de um homem só

Em março de 2018, as intenções de Robert Mueller ainda eram completamente desconhecidas para aqueles que viviam na órbita do presidente. Trump expunha seu estado de espírito nas redes sociais de hora em hora, ao passo que Mueller era um enigma. Ele não concedia entrevistas e não fazia aparições públicas. Sua equipe de procuradores e investigadores mantinha a boca igualmente fechada, e o porta-voz da procuradoria não confirmava nem negava matérias na imprensa sobre o andamento da investigação.

A Casa Branca enviou a Mueller montes de e-mails e outros documentos depois que Ty Cobb e John Dowd convenceram Trump de que a cooperação total seria sua melhor estratégia. Os assessores e conselheiros do presidente foram informados de que eram obrigados a servir de testemunha e responder a perguntas do procurador especial. No final de fevereiro, o escritório de Mueller havia entrevistado quase todos na Casa Branca que poderiam ter informações relevantes, incluindo Don McGahn, Hope Hicks e Avi Berkowitz, o assistente de 29 anos de idade de Jared Kushner. As entrevistas continuaram primavera adentro.

Para alguns assessores de Trump, a experiência foi aterrorizante. Eles foram instruídos por seus advogados a não falar com os colegas — muito menos com o presidente — sobre a investigação, de modo que não sabiam o que esperar. Em segredo, eram levados às pressas para uma sala de conferências em um prédio do governo desprovido de janelas, onde se sentavam diante de meia dúzia ou mais de procuradores especiais e agentes do FBI. Outros agentes, incluindo um especialista em linguagem corporal do FBI, às vezes espreitavam dos cantos da sala, observando.

Os entrevistadores eram minuciosos e incrivelmente bem preparados, fazendo as mesmas perguntas de várias maneiras diferentes para arrancar respostas reveladoras. "Eles não fazem nenhuma pergunta cuja resposta não saibam", de acordo com a lembrança de uma testemunha. As entrevistas geralmente duravam muitas horas e, às vezes, vários dias. As pessoas tinham medo tanto de revelar detalhes demais, por receio de enfrentar a ira do presidente, como de acabar contando uma mentira e se tornar o próximo Michael Flynn.

Os assistentes de Mueller comandavam a maior parte dos interrogatórios, mas ele próprio entrava e saía da sala, pairando silenciosamente sobre as sessões com seu comportamento rígido. Uma segunda testemunha descreveu o olhar fixo de Mueller como absolutamente assustador: "Ele entra e coloca aqueles olhos mortos em você feito a porra de um tubarão... olhos de tubarão. Olhos mortos. Olhos grandes, velhos, mortos".

Steve Bannon acreditava estar pronto para a primeira de suas várias rodadas de entrevistas com a equipe de Mueller. Ele passara o mês anterior sendo interrogado por seu advogado, William Burck, e uma equipe de associados, para treinar suas respostas. Bannon estudara os eventos que muito provavelmente seriam objeto do minucioso escrutínio dos procuradores e revisou cópias de sua correspondência. Todavia, na manhã da entrevista, ele teve um ataque de pânico. Espiou a sala de conferências e viu cerca de 25 pessoas — procuradores, agentes do FBI e outros investigadores. Pensou que Mueller estava prestes a virar o jogo para cima dele e, por um momento, temeu não sair de lá na condição de homem livre. Bannon puxou Burck de lado.

"Que porra é essa?", indagou Bannon ao advogado. "Tem um esquadrão da morte inteiro ali dentro."

Burck também representava Reince Priebus e McGahn, e Bannon perguntou se um contingente tão numeroso de membros da equipe de Mueller era padrão.

"Quantos havia pro Reince?", quis saber Bannon.

"Com o Reince foram uns cinco", disse Burck. Ele ofereceu uma explicação a seu preocupado cliente: "Todo mundo quer contar aos netos que estava aqui quando Darth Vader foi deposto".

Os dois caíram na risada, e Bannon se acalmou. Quando entraram na sala, Mueller caminhou na direção de sua testemunha estelar para cumprimentá-la. Mais uma vez, mencionou a filha de Bannon, Maureen, exatamente como havia feito quando tinham se encontrado pela primeira vez, na entrada do Salão Oval, em maio de 2017.

"Acho que Maureen vai ficar muito feliz com a decisão de voltar para West Point", disse Mueller a Bannon. Sua filha havia feito aquela escolha muito recentemente, e Bannon não fazia ideia de como Mueller sabia daquilo. O procurador alegou ter ouvido a notícia de um amigo.

Mais tarde, Bannon comentou com Burck: "Ele fez aquilo simplesmente pra dizer: 'Você é um de nós. Deixando de lado todas as suas besteiras, você é na verdade um oficial da Marinha, e a sua filha é formada em West Point. Lembre-se disso'".

Mueller tinha em sua mira uma testemunha muito mais importante: o próprio presidente. Em 5 de março, os advogados de Trump se reuniram com o procurador especial pela primeira vez desde que Dowd cancelara sumariamente a entrevista prevista para 27 de janeiro.

Diante de Mueller e Quarles, e acompanhado pelo advogado Jay Sekulow, Dowd mais uma vez expôs sua teoria jurídica explicando por que o presidente não precisava responder às perguntas dos procuradores especiais. Dowd disse que Trump tinha amplo poder executivo para tomar, dentro da legalidade, as medidas que a equipe de Mueller estava esquadrinhando. Ele citou de novo a decisão no caso Mike Espy, que estabeleceu que os procuradores precisavam demonstrar que não eram capazes de obter informações decisivas e necessárias de nenhuma outra maneira antes de exigir uma entrevista com o presidente.

Dowd declarou que a entrevista não aconteceria. "Vocês não têm o direito", disse ele.

Por um momento, ninguém abriu a boca. Silêncio. Então Mueller elevou o tom. "Bem, John, nós podemos intimá-lo", disse Mueller.

Era uma ameaça sutil e, em certo sentido, a declaração mais básica que qualquer procurador poderia fazer a um advogado de defesa. Mas foi a primeira vez que Mueller usou a palavra de forma tão direta com os advogados de Trump, o que fez Dowd recuar. Dowd disse a Mueller que intimar o presidente para comparecer perante um grande júri seria uma ação altamente agressiva, levando-os a uma batalha campal nos tribunais federais que poderia demorar muitos meses para ser resolvida. Certamente iriam parar na Suprema Corte. E, embora estivesse confiante de que o lado de Trump triunfaria, no âmbito privado Dowd pensava que uma batalha de intimações seria horrível. O embate manteria uma nuvem pairando indefinidamente sobre a presidência, o oposto do que seu cliente queria.

Dowd deu um tapa na mesa da sala de conferências. "Bom, vá em frente. Mal posso esperar para levar você diante de um juiz federal para se explicar por que precisa dessas informações quando não tem prova alguma [de crime] e tem todas as respostas."

Dowd continuou, com rispidez: "Isso não é um jogo. Você está ferrando com o trabalho do presidente dos Estados Unidos".

Mueller se manteve sentado ouvindo, com a fisionomia impassível, então reiterou que sua equipe precisava de uma entrevista com o presidente para "aparar as arestas". Seus assessores reiteraram que as respostas do presidente eram essenciais para a investigação. Os tribunais não haviam estabelecido precedentes sobre a legalidade de emitir uma intimação obrigando o presidente a prestar depoimento. Embora o advogado independente Kenneth Starr tivesse intimado o presidente Bill Clinton para depor diante do grande júri em 1998, isso jamais foi posto à prova em tribunal, porque Starr retirou a intimação tão logo o presidente concordou voluntariamente em dar uma entrevista. Paul Rosenzweig, que trabalhou como procurador sênior na investigação de Starr, explicou ao *Washington Post* que os juízes geralmente tendem a favorecer os presidentes para que eles possam se concentrar em seus deveres executivos juramentados, como administrar assuntos mundiais, mas também relutam em protegê-los de investigações porque *nenhum homem está acima da lei*, e se for uma investigação legal, então o chefe da nação deve ser entrevistado.

A reunião de 5 de março terminou sem acordo. Os advogados de Trump começaram a debater entre si uma maneira de lidar com as contínuas solicitações de Mueller para uma entrevista. Enquanto isso, o presidente continuava se remoendo por causa da entrevista cancelada de janeiro, acreditando que poderia ter limpado seu próprio nome.

Em 6 de março, em meio a essas discussões acerca de uma entrevista presidencial, Rex Tillerson partiu em uma delicada missão diplomática na África para consertar estragos, reatar laços de amizade e aliviar as tensões causadas pela retórica indubitavelmente não diplomática de Trump. Como quase todas as pessoas que habitavam o mundo do presidente, Tillerson tinha um alvo estampado nas costas. Ele tinha inimigos internos. No outono de 2017, enfrentou rumores de que Trump estava elaborando um plano para expulsá-lo da função de principal diplomata do país. Os boatos de sua demissão eram tão incisivos que assumiram um nome próprio — *Rexit* —, embora poucas pessoas soubessem com que vigor Tillerson havia enfrentado Trump.

No entanto, apesar de todas as chuvas e trovoadas, Trump tolerou Tillerson e o manteve a seu lado. De fato, em janeiro, após a publicação da notícia de que o presidente havia chamado algumas nações africanas e caribenhas de "países de merda", um constrangimento diplomático para os Estados Unidos, Trump buscou a garantia de Tillerson de que ele permaneceria no cargo de secretário de Estado.

"Estamos bem, certo, Rex?", perguntou Trump quando os dois terminaram uma reunião no Salão Oval.

"Como assim, senhor?", respondeu Tillerson.

"Você vai ficar, certo?", disse Trump. "Você vai ficar?"

"Sim", disse Tillerson. "Enquanto o senhor achar que sou útil, continuarei a servir o país."

O presidente deu um tapa nas costas do secretário de Estado. "Bom, bom", disse Trump. "Você vai ficar."

A visita de Tillerson a cinco países africanos em março foi a primeira viagem que ele fez ao continente como secretário de Estado. Foi, mais do que qualquer outra coisa, uma jornada de escuta, uma tentativa de reparar as relações que haviam sido prejudicadas pelo comentário de Trump sobre os "países de merda". Os primeiros dias de Tillerson no exterior foram tranquilos, mas, a partir de 9 de março, ele e alguns de seus assessores começaram a sofrer de uma angustiante intoxicação alimentar. O médico que acompanhava a comitiva concluiu que o diplomata e sua equipe haviam comido ou bebido alguma coisa estragada e passariam mal durante um ou dois dias, mas então se recuperariam. Enquanto isso, sem o conhecimento de Tillerson, problemas estavam fermentando em casa.

Na sexta-feira, 9 de março, por volta das sete da noite em Washington, o chefe de gabinete da Casa Branca, John Kelly, disse a seus assessores que precisava ligar para o secretário de Estado imediatamente de um telefone seguro. Eram cerca de duas horas da manhã de sábado no Quênia, onde Tillerson estava hospedado, mas Kelly insistiu que o acordassem. Era importante.

"O presidente está realmente chateado", disse Kelly a Tillerson, insistindo que ele voltasse para casa. "Você tem que encerrar sua viagem."

Kelly tentou transmitir a urgência da situação a Tillerson, em quem ele confiava como um aliado para manter Trump longe das catástrofes. No início daquele dia, o chefe de gabinete tinha visto Nikki Haley, embaixadora na ONU e rival de Tillerson, e H. R. McMaster, conselheiro de Segurança Nacional que às vezes brigava com o secretário, deixando o Salão Oval. Assim que Kelly entrou na sala, o presidente começou a vociferar impropérios contra Tillerson, dizendo que ele era um secretário de Estado terrível. O chefe de gabinete não tinha certeza, mas presumiu que o que Haley e McMaster haviam dito ao presidente, fosse o que fosse, o deixara ensandecido.

Primeiro, Tillerson teve que avaliar cuidadosamente a logística. Ele tinha uma agenda lotada a cumprir nos três dias seguintes, mas já estava cancelando os primeiros eventos, porque sua equipe estava muito debilitada.

"John, tenho um bocado de coisas programadas", respondeu Tillerson. "Eu posso fazer isso, mas..." A voz dele sumiu.

Kelly disse que verificaria e ligaria de volta. Foi o que ele fez.

"Está tudo certo", disse o chefe de Estado. "Não se preocupe com isso. Não há necessidade de voltar correndo."

Ainda assim, Tillerson sabia que alguma coisa estava acontecendo. Mais tarde naquela manhã, ele tomou providências para encurtar sua viagem em um dia, embarcando na segunda-feira, 12 de março, em vez de na terça.

Kelly ligou na noite seguinte com outro alerta áspero. Era fim de sábado em Washington, mas aproximadamente duas da manhã de domingo na África.

"Você realmente precisa voltar", disse Kelly a Tillerson. "O presidente vai te demitir."

Kelly explicou que Trump queria exonerar Tillerson por meio de um tuíte, e que ele estava tentando impedi-lo. O chefe de Estado empurrava a coisa toda com a barriga, tentando ganhar tempo. Tillerson não parecia muito chateado com a perspectiva de perder o emprego. No entanto, ele se preocupou com a percepção pública, que seria terrível. Como o presidente poderia demitir seu secretário de Estado enquanto ele estava em uma missão no exterior? Sinalizaria um colapso no governo americano.

"John, isso realmente não é nada bom", disse Tillerson. "Vai pegar muito mal. Vai ser terrível para o país."

Tillerson disse a Kelly que conseguiria voltar a Washington por volta das quatro da manhã da terça-feira; iria para sua casa em Kalorama a fim de dormir algumas horas antes de voltar para o gabinete.

Na noite de segunda-feira, rumores de que Tillerson provavelmente estava fora do governo começaram a se espalhar pela imprensa de Washington, mas funcionários do Departamento de Estado descartaram categoricamente os boatos como fake news. Tillerson não comentou de imediato com os jornalistas que viajavam com ele para a África o que Kelly lhe dissera, tampouco mentira ao explicar a razão pela qual estava interrompendo a viagem.

"Vejam, eu senti que precisava voltar", disse Tillerson a repórteres a bordo de seu voo da Nigéria para os Estados Unidos. "Tive a sensação de que precisava voltar."

Naquele que Tillerson sabia que poderia ser seu último bate-papo com jornalistas, ele decidiu divergir do presidente na questão da Rússia.

O governo britânico acabara de acusar a Rússia de orquestrar o envenenamento de um ex-espião russo e sua filha em Salisbury, Inglaterra. A porta-voz da Casa Branca, Sarah Sanders, recusou-se a culpar Moscou, mas Tillerson foi claro em sua avaliação: "Ainda há muito trabalho a se fazer para responder aos perturbadores comportamentos e ações por parte do governo russo".

O avião de Tillerson pousou na base aérea Andrews bem na hora, por volta das quatro da manhã da terça-feira, e o motorista levou o secretário às pressas para casa, de modo que ele pudesse dormir um pouco. Depois que Tillerson se levantou para se vestir e se preparar para o dia, o tuíte de Trump caiu com estrondo. Eram 8h44.

"Mike Pompeo, diretor da CIA, vai se tornar nosso novo secretário de Estado", Trump escreveu. "Ele fará um trabalho fantástico! Obrigado a Rex Tillerson por seus serviços! Gina Haspel vai se tornar a nova diretora da CIA, como a primeira mulher escolhida para o cargo. Parabéns a todos!"

Alertado sobre o tuíte por um telefonema de sua chefe de gabinete, Margaret Peterlin, Tillerson julgou importante dizer algo rapidamente para acalmar o pessoal do Departamento de Estado. Ele instruiu Peterlin sobre o que queria comunicar e pediu que Steve Goldstein, subsecretário de Estado para diplomacia e assuntos de interesse público, emitisse uma declaração em seu nome.

Goldstein acordara por volta das três da manhã, apenas por precaução, no caso de ser necessário quando o secretário chegasse à base aérea Andrews, mas não fazia ideia do drama que presenciaria ao longo do fim de semana. Por volta das 8h45, ele estava em uma conversa por Skype com alguns funcionários das embaixadas americanas em países africanos quando dois assessores apareceram e fizeram o gesto de uma garganta sendo cortada. "Você tem que ir", disse um deles finalmente a Goldstein, que encerrou abruptamente a sessão. Por um momento, ele pensou que alguma coisa poderia ter acontecido com sua esposa.

"O secretário foi demitido pelo Twitter", disse um dos assessores.

"O quê?", perguntou Goldstein.

Mostraram-lhe o tuíte. Ele engoliu em seco.

"Vamos pegar o elevador dos fundos e voltar ao meu gabinete", disse Goldstein.

Ele olhou de relance para seu telefone. Havia dezenas de mensagens de áudio e de texto, a maioria de jornalistas.

Quando chegou ao gabinete, as telas de TV alardeavam que Trump havia demitido Tillerson e que fora Kelly quem comunicara a Tillerson que ele era carta fora do baralho. Goldstein ligou para o celular de Peterlin. Ela acabara de telefonar para Tillerson e deu a Goldstein as informações que poderia incluir na declaração a ser emitida. A nota oficial transmitia a verdade, mas deixava de fora alguns detalhes desagradáveis.

"O secretário não conversou com o presidente nesta manhã e não está ciente do motivo, mas é grato pela oportunidade que teve de servir o país e ainda acredita firmemente que o serviço público é um chamado nobre e não deve ser lamentado", disse Goldstein na declaração.

Em questão de minutos, o Twitter e os canais a cabo de notícias pegaram fogo, enfatizando as diferenças entre a versão dos fatos da Casa Branca e a do Departamento de Estado, e citando a declaração de Goldstein. Assistindo à cobertura na televisão, Trump fervilhava. Um dos assessores de Goldstein entrou correndo no gabinete dele para dizer que Steve Doocy estava ao telefone. Goldstein não reconheceu de imediato o nome. Ficou intrigado por um minuto, achando que lhe parecia familiar.

"Steve Doocy? Da Fox News?", perguntou Goldstein. "Eu não o conheço. Não vou falar com ninguém que não conheço."

Então o assessor voltou e disse: "Não, é *Sean Doocey*".

Goldstein pediu que ele fizesse o favor de descobrir quem era. A resposta: Doocey trabalhava na Casa Branca, no escritório de recursos humanos e gestão de pessoal.

Goldstein retornou a ligação.

"O presidente exonerou você", disse-lhe Doocey.

Goldstein esperou a ficha cair.

Em meio ao silêncio, a voz de Doocey voltou.

"Quer alguma coisa por escrito nesse sentido?", perguntou Doocey.

Goldstein manteve a calma e disse: "Sim, por favor".

Quando Tillerson entrou no gabinete e soube da demissão de Goldstein, ficou chateado.

"Isso não está certo", disse Tillerson a seu chefe de assuntos públicos. "Você só emitiu minha declaração."

Tillerson disse que ligaria para Kelly para dizer que seu ex-funcionário não deveria ser culpado por emitir sua nota oficial, mas Goldstein lhe disse que não havia necessidade de tentar reverter a decisão. Ele reiterou que estava muito triste com o fato de que o país perderia um servidor público tão íntegro como Tillerson. Não se importava com seu próprio cargo.

Não muito tempo depois, Trump, a bordo do Força Aérea Um a caminho da Califórnia para um evento de arrecadação de fundos, ligou para Tillerson. Ele falou como se fossem velhos amigos botando as novidades em dia.

"Oi, Rex", disse o presidente. "Espero que você tenha visto todas as coisas boas que eu disse sobre você na TV."

Tillerson não havia tido tempo nem sequer de ligar a televisão, muito menos de se sentar para assistir a qualquer coisa. Ele não tinha ideia do que Trump estava falando, mas horas antes o presidente o elogiara para os repórteres. "Na verdade, eu me dava bem com o Rex", Trump disse a eles, "mas realmente era uma mentalidade diferente, um pensamento diferente."

"Você deveria ficar muito feliz", disse Trump a Tillerson. "Você nunca quis fazer esse trabalho de verdade. Agora pode se aposentar, voltar para seu rancho e relaxar."

Tillerson achou aquilo inacreditável. Ele respondeu, sem emoção:

"Sim, sr. presidente."

"Vai ser ótimo", disse Trump.

"Sim, sr. presidente", respondeu Tillerson, roboticamente.

"Certo. Estarei de volta na sexta-feira", disse Trump. "Dê uma passada lá no Salão Oval, nós tiramos uma foto e eu a autografo."

"Sim", disse Tillerson. "Claro, sr. presidente."

Eles desligaram.

Trump agiu como se ele e Tillerson fossem amigos do peito, e em momento algum mencionou a demissão ou apresentou uma justificativa racional para ela. Ao mesmo tempo, alguns de seus principais assessores massacravam Tillerson em conversas privadas com jornalistas. Alegavam que ele tinha sido um péssimo gestor do Departamento de Estado, isolando-se de milhares de diplomatas de carreira e se atolando em um burocrático plano de reestruturação. Disseram que a relação de Trump com ele tinha azedado em parte por causa da quantidade de críticas negativas que o secretário de Estado recebia na imprensa e porque o presidente o considerava muito arrogante. Também disseram que Tillerson carecia da imponência austera necessária no exterior, e que os líderes estrangeiros não acreditavam que ele falasse em nome do presidente. Ninguém mencionou a verdadeira razão daquela descrença: Trump havia repetidas vezes desmentido e desautorizado Tillerson publicamente.

Kelly se sentiu derrotado. Ele lutara para proteger o trabalho de Tillerson e temia o que aconteceria com Trump demolindo outro de seus baluartes. A bordo do Força Aérea Um, a caminho da Califórnia, Kelly proferiu para vários outros assessores uma perspectiva agourenta: "As forças das trevas venceram hoje".

Tillerson decidiu que queria falar por si mesmo, fazendo uma declaração na frente das câmeras no Departamento de Estado às duas da tarde. Ele ligou para Kelly para lhe contar o esboço geral do que planejava dizer e para se certificar de que estava tudo bem. Não queria criar mais confusão com a Casa Branca, como ocorrera com a nota oficial divulgada por Goldstein. Kelly deu o sinal verde para seu esboço.

Em seus comentários, Tillerson não agradeceu a Trump e tampouco o elogiou. Só afirmou que tinha sido uma honra servir a seu país, enalteceu o secretário de Defesa Jim Mattis, agradeceu aos diplomatas de carreira por trabalharem com "honestidade e integridade" e expressou gratidão ao povo americano por seus "atos de bondade".

A omissão enfureceu Trump, que era rápido para ver desfeitas pessoais nas palavras de seus subordinados.

Alguns dias depois, a Casa Branca desferiu mais um humilhante insulto a Tillerson, na forma de uma gafe de Kelly, seu amigo. O chefe de gabinete convocou uma sessão confidencial com duas dúzias de repórteres e compartilhou com eles sua versão da demissão de Tillerson. Kelly disse que quando entrou em contato com o então secretário de Estado, que estava em Nairóbi, para avisá-lo de que em breve seria demitido, Tillerson estava com diarreia.

"Ele sofreu a vingança de Montezuma, ou seja lá o nome que a coisa tenha lá", disse Kelly. "Ele estava falando comigo do banheiro."

Os jornalistas e assessores da Casa Branca fizeram uma careta. Kelly mais tarde lamentou que seu comentário extraoficial fosse divulgado na mídia, outra humilhação para Tillerson. Aquilo nem era verdade. Tillerson e sua equipe haviam contraído uma bactéria que causara vômitos violentos e desidratação. O caso de Tillerson foi moderado em comparação com o de alguns membros de sua equipe, e ele cancelou alguns de seus compromissos para deixá-los descansar. Quando Kelly telefonou para Tillerson com as más notícias, seu chefe de gabinete e outro assessor, ambos muito debilitados, foram diligentemente ao quarto do secretário para acordá-lo de um sono profundo. Ele atendeu a ligação na suíte do quarto.

Tillerson permaneceu no cargo até 31 de março, para ajudar a garantir uma transição ordeira, mas nunca apareceu na Casa Branca para tirar uma foto com o presidente. Quase um ano ia se passar antes que ele e Kelly voltassem a se falar.

Ao mesmo tempo que se livrava de seu secretário de Estado, Trump intimidava Dowd para que usasse a televisão e o Twitter a fim de desancar Mueller — exatamente os tipos de ataque que sua equipe jurídica inicial evitava — e destacar o que o presidente via como motivações partidárias do procurador especial e de seus investigadores. Trump acreditava na teoria do congressista Devin Nunes de que a investigação estava contaminada desde o início. Na sexta-feira, 16 de março, ele aproveitou a oportunidade para se vingar.

Por seu papel na condução da investigação inicial sobre a interferência eleitoral da Rússia e o possível conluio entre o Kremlin e a campanha de Trump, Andrew McCabe era um alvo frequente da ira do presidente. McCabe já havia deixado o cargo de diretor adjunto do FBI sob pressão depois que o inspetor-geral do Departamento de Justiça descobriu que ele havia autorizado o vazamento para a mídia de informações confidenciais sobre o caso dos e-mails de Hillary Clinton, mas tecnicamente ainda era funcionário do FBI.

Veterano com vinte anos de carreira na Polícia Federal americana, McCabe ia se aposentar assim que completasse cinquenta anos de idade, em 18 de março, quando teria acesso a todos os benefícios da aposentadoria. Mas Trump tinha a intenção de puni-lo, e contava com a ajuda do procurador-geral Jeff Sessions. Pouco antes das dez horas da noite de 16 de março, Sessions demitiu McCabe sumariamente, alegando que agia de acordo com as recomendações do inspetor geral e da agência reguladora interna do FBI que lida com questões disciplinares. A exoneração imediata poderia custar a McCabe uma parte de seus benefícios de aposentadoria.

Embora tecnicamente a demissão tenha sido executada por Sessions, as celebrações mais barulhentas vieram da residência da Casa Branca. O presidente tuitou pouco depois da meia-noite, à 00h08: "Andrew McCabe DESPEDIDO — um ótimo dia para os homens e mulheres que trabalham duro no FBI — um ótimo dia para a Democracia. O santarrão James Comey era o chefe dele e fazia McCabe parecer um coroinha. Ele sabia tudo sobre as mentiras e a corrupção nos níveis mais altos do FBI!".

Em 17 de março, Dia de São Patrício, Trump começou um fim de semana de meditações públicas e privadas acerca da investigação sobre a Rússia. Ele tuitou que o inquérito de Mueller era uma "CAÇA ÀS BRUXAS" e que "nunca deveria ter começado", e ainda afirmou que era "baseado em atividades fraudulentas e em um dossiê falso". O presidente passou o fim de semana em Washington e reclamou com amigos e conselheiros que seus advogados estavam fazendo um péssimo trabalho no que dizia respeito a protegê-lo. Ele disse que a situação era especialmente dolorosa porque acreditava que Rod Rosenstein, que supervisionara a investigação, era mal-intencionado e estava blindando uma investigação corrupta do escrutínio de Nunes e outros aliados de Trump no Congresso. Dowd sucumbiu aos desejos de Trump de agredir publicamente Mueller quando enviou por e-mail a jornalistas um comunicado a Rosenstein exigindo que encerrasse de imediato a investigação.

"Rezo para que o vice-procurador-geral Rosenstein siga o brilhante e corajoso exemplo do Gabinete de Responsabilidade Profissional do FBI e do Procurador-Geral Jeff Sessions e ponha um fim à suposta investigação sobre o Conluio com a Rússia fabricada pelo chefe de McCabe, James Comey, com base em um dossiê fraudulento e corrupto", Dowd escreveu nele.

O advogado se embaralhou todo tentando explicar sua declaração. Primeiro disse ao *Daily Beast* que estava falando em nome do presidente. Algumas horas depois, voltou atrás, dizendo ao *Washington Post* que falava por si mesmo, e não por Trump.

Independentemente disso, o líder da minoria do Senado, Charles Schumer, alertou sobre as "graves consequências" caso Trump e sua equipe jurídica tomassem medidas para interferir na investigação sobre a Rússia ou encerrá-la. Robert Bauer, um dos conselheiros da Casa Branca na era Obama, disse em tom jocoso: "Essa é certamente uma maneira pouco convencional de preparar uma defesa legal". Dowd sentia-se cada vez mais exaurido pelo acúmulo de acusações por parte de Trump, que atribuía a ele a culpa por a investigação não ter sido concluída rapidamente. Mas, nesse ponto, o presidente estava certo. Dowd lhe dera uma previsão otimista demais.

Naquele fim de semana, o advogado confidenciou a outro conselheiro de Trump: "Ele está me moendo de pancada. É abusivo".

Enquanto isso, o presidente trabalhava para minar Dowd. Da mesma maneira como Trump achava enfadonhas as recomendações de seus profissionais de Segurança Nacional, estava frustrado com sua equipe jurídica. Queria dar uma agitada nas coisas. De início, sem confiar em Dowd ou em seu conselheiro na Casa Branca, Trump começou a trabalhar para adicionar musculatura à sua defesa legal. Ele pediu para entrevistar Emmet Flood, um especialista em impeachment e poderes presidenciais, que receava representar Trump caso não tivesse a última palavra na hora de tomar decisões.

A gota d'água para Dowd veio em 19 de março, quando Trump anunciou que estava contratando Joseph diGenova, um ex-promotor e crítico de longa data dos Clinton, que vinha alegando, em frequentes participações na Fox News, que Trump estava sendo vítima de uma armação do FBI e de autoridades do

Departamento de Justiça. Sem papas na língua, DiGenova tinha a vantagem de ser um crítico persuasivo da investigação de Mueller na mídia. Trump queria como seu advogado um guerreiro televisivo, e admirava o modo como DiGenova atacava Mueller. Ele imaginou que o advogado estava preparado para ir à televisão noite após noite para atacar Mueller por ele, no exato momento em que a temporada das eleições de meio de mandato se aproximava, colocando o controle republicano da Câmara em jogo. Dowd disse aos colegas que viu o novo contratado como um grave insulto. Publicamente, ele parabenizou DiGenova e apoiou a nomeação. Na esfera privada, entretanto, disse a um conselheiro da Casa Branca que aquilo era demais para ele. "DiGenova não trabalha em um caso legal há quarenta anos", disse Dowd. "Não vou advogar com ele."

Na manhã de 22 de março, Dowd pulou fora. Ele alertou a equipe de advogados de defesa que estava apresentando sua demissão. Sekulow e Cobb sabiam que Dowd estava infeliz e que sua relação com Trump azedava; eram muito constantes as trocas de xingamentos entre os dois. Eles sabiam que Trump andava falando em adicionar mais advogados à sua equipe, um potencial rebaixamento para Dowd. Ainda assim, foram pegos desprevenidos por sua decisão.

Dowd emitiu uma nota oficial curta e simples anunciando sua saída: "Eu amo o presidente e lhe desejo felicidades". Mas deixou a equipe jurídica em uma situação complicada, sem um substituto definido. Ele era o único advogado de Trump com autorização de acesso a informações sigilosas, o que significava que na equipe jurídica pessoal do presidente não restava ninguém que pudesse analisar informações de alto nível de confidencialidade relativas ao caso.

15. Parabenizando Putin

Em março, o presidente Trump disse a outros assessores que estava pensando em demitir seu conselheiro de Segurança Nacional, H. R. McMaster. John Kelly, que não era fã do estilo McMaster, não perdeu a oportunidade para arregimentar substitutos. Em pouco tempo, as notícias das intenções do presidente vazaram para a mídia. A Casa Branca negou que McMaster estivesse com a cabeça a prêmio, mas Trump reiterou a assessores que ele seria demitido, e o ciclo se repetiu.

Durante esse período, o clima dentro da Casa Branca beirava a loucura. O presidente estava empolgadíssimo, encorajado pelas decisões, a seu ver triunfantes, de impor tarifas sobre aço e alumínio, e pelos planos que ele vinha preparando para uma histórica cúpula com o ditador coreano Kim Jong Un, em junho.

Tillerson não era sua única vítima de humilhação recente. Em 12 de março, assessores da Casa Branca testemunharam a súbita demissão de Johnny McEntee, assistente pessoal do presidente, expulso por Kelly e escoltado do terreno da Casa Branca depois que sua permissão de acesso a informações sigilosas foi revogada em meio a uma investigação sobre suas finanças pessoais e ligações com jogos de azar on-line. "Todo mundo teme a exposição pública do acusado de crime", observou um alto funcionário da Casa Branca. "Se aconteceu com Johnny, assistente pessoal do presidente, poderia acontecer com qualquer pessoa."

Era essa a areia movediça em que McMaster estava pisando no domingo, 18 de março, quando Vladimir Putin foi reeleito presidente da Rússia. Era uma noite gelada em Moscou quando Putin subiu a passos largos em um palco erguido junto aos muros do Kremlin para comemorar sua vitória. O governo russo disse que ele venceu por grande margem, com mais de 75% dos votos, diante de um elevado índice de comparecimento às urnas graças a uma extensa campanha de propaganda. Durante o dia inteiro, a TV estatal russa transmitiu imagens de longas filas de russos esperando ansiosamente para apoiar Putin — em locais de votação que iam de praias a montanhas e assentamentos remotos no Ártico. A imprensa informou que um cosmonauta russo na Estação Espacial Internacional havia votado em órbita.

"O sucesso nos espera!", disse Putin a seus simpatizantes. "Juntos, trabalharemos em grande escala em nome da Rússia."

A ruidosa multidão respondeu com brados de "Rússia! Rússia!".

Não houve menção alguma ao fato de que as eleições russas foram tudo menos justas. O mais popular opositor de Putin, Alexei Navalny, teve a candidatura rejeitada e não pôde concorrer. Outro adversário, Pável Grudinin, candidato do Partido Comunista, foi implacavelmente atacado pela mídia estatal, controlada por Putin e seus homens, e terminou em um distante segundo lugar, com 12% dos votos. De acordo com a definição da BBC, Putin "não tinha como perder" aquela eleição.

Em Washington, Trump monitorou os resultados das eleições e se inchou de orgulho por Putin. Ele ficou impressionado com o tamanho de sua vitória. Tinha sido uma lavada. Trump disse a McMaster que queria ligar para Putin a fim de parabenizá-lo. McMaster estava acostumado a ouvir o presidente jogar ideias impulsivas no ar para avaliar a reação dele. Mas sabia que Trump estava inflexível quanto àquilo: ele ligaria para Putin.

No dia seguinte, em sua costumeira reunião das segundas-feiras, McMaster tentou delicadamente demovê-lo da ideia de parabenizar o presidente russo. Ele explicou que o Kremlin usaria as palavras do presidente americano para afirmar que a principal democracia do mundo dera sua bênção a uma eleição fraudulenta. McMaster sugeriu que Trump condenasse o ataque com substância neurotóxica ao ex-espião russo em Salisbury. Sugeriu também que Trump aludisse ao conflito na Síria para tentar proteger os civis dos ataques de Bashar al-Assad às fortalezas rebeldes. Trump ouviu, mas permaneceu resoluto acerca da ideia de fazer a ligação, então McMaster procurou o ministro das Relações Exteriores da Rússia, Sergei Lavrov, e marcou um horário para um telefonema entre os dois presidentes na terça-feira, 20 de março.

Mais tarde naquela segunda-feira, 19 de março, em uma sessão de preparação antes da ligação para Putin, Trump disse novamente a seus conselheiros que queria congratular Putin por sua vitória nas eleições. McMaster havia se resignado à altíssima probabilidade de Trump fazer o que bem quisesse no telefonema. Era assim que as coisas aconteciam com o presidente. "A ligação foi ideia de Trump, e seu único objetivo era felicitar Putin", disse um conselheiro da Casa Branca. "H. R. não conseguiu detê-lo."

McMaster fez uma última tentativa de dar seu conselho ponderado. Ele pediu à equipe do Conselho de Segurança Nacional que preparasse da noite para o dia um alentado livro de instruções para Trump, com quase oito centímetros de espessura. O secretário responsável pela papelada da Casa Branca o entregou na residência do presidente na noite de segunda-feira. O fato de que incluía quatro fichas para anotações de treze por dezoito centímetros, do mesmo tipo usado por estudantes que se preparavam para uma prova, é digno de nota. Com o selo da Casa Branca no topo, as fichas, uma espécie de teleprompter de papel, continham assuntos bons e fáceis, que Trump poderia usar na conversa. Para garantir que seu conteúdo não passasse despercebido pelo presidente, a primeira dizia em maiúsculo e negrito, com todas as letras: "NÃO O PARABENIZE PELA VITÓRIA ELEITORAL".

De acordo com o que se lembra uma pessoa da equipe de carreira da Casa Branca trabalhando na segurança nacional, foi a primeira vez que um presidente recebeu ordens do Conselho de Segurança Nacional (CSN) em letras maiúsculas.

Na terça-feira de manhã, McMaster ligou para Trump em sua residência para uma rápida verificação antes do telefonema para Putin. McMaster não reiterou o "NÃO O PARABENIZE" da ficha.

Ele achou que não precisava. Afinal de contas, os assuntos principais estavam anotados em letras maiúsculas. Como Trump poderia não os enxergar? Pouco depois, a Sala de Crise da Casa Branca fez a ligação, conectando o Kremlin à residência de Trump. O presidente americano abriu sua conversa com Putin como se estivesse cumprimentando um velho amigo, parabenizando-o por sua incrível vitória nas eleições.

Trump ignorou na íntegra a primeira ficha. Em seguida, ignorou as demais. Ele não disse uma palavra sobre o que a Inglaterra havia concluído se tratar do envenenamento em seu território de um ex-agente da KGB, ordenado por Putin, e se recusou a confrontar o homem forte da Rússia em defesa do aliado mais antigo dos Estados Unidos. Trump e Putin conversaram por cerca de quarenta minutos, o primeiro seguindo seu instinto e se entretendo numa troca de comentários com o segundo sobre como os dois poderiam gerar acordos econômicos entre seus países.

Putin havia desenvolvido um jeito especial de manipular Trump, fazendo-o acreditar que os dois poderiam realizar grandes coisas se ignorassem suas respectivas equipes e trabalhassem direta e individualmente um com o outro. Os assessores de Segurança Nacional temiam que Putin soubesse alimentar a incomum combinação de ego e insegurança de Trump e cultivar conspirações na mente dele. O russo disse que as ideias do presidente americano eram brilhantes, mas o alertou de que não podia confiar em ninguém em seu governo em Washington para executá-las.

"Não somos nós", disse Putin a Trump. "São os subordinados lutando contra nossa amizade."

No mesmo ato reflexo de Trump ao falar com outros líderes estrangeiros, ele convidou Putin para ir a Washington em uma visita de Estado. Aquele era um dos muitos tiques do presidente que deixavam McMaster perplexo. Em geral, os convites eram feitos de modo estratégico, e somente após considerável deliberação interna sobre os possíveis ganhos diplomáticos e políticos. Mas Trump convidava a todos, criando dores de cabeça para sua equipe. Algumas das maiores enxaquecas ocorriam quando Trump convidava líderes de nações minúsculas, a exemplo do primeiro-ministro de Trinidad e Tobago, o dr. Keith Rowley, e pessoas envolvidas em profunda controvérsia em seu próprio país, caso do então presidente do Brasil, Michel Temer, para dar um pulo na Casa Branca sempre que estivessem na cidade.

A programação oficial de Trump previa uma conversa com Temer em março de 2017, quando o presidente brasileiro estava enredado em um escândalo de corrupção de grandes proporções. Antes do telefonema, assessores da Casa Branca previram o que poderia acontecer e pediram com insistência que Trump não convidasse o mandatário brasileiro para ir a Washington. Mesmo assim, Trump o convidou. Assessores da Casa Branca passaram as semanas seguintes educadamente evitando ligações do embaixador brasileiro, que estava tentando fazer cumprir o convite de Trump para marcar a data da visita. No caso de Trinidad e Tobago, o convite de Trump para Rowley obrigou a equipe do Conselho de Segurança Nacional a criar maneiras educadas de retirar a oferta, explicando que Trump estava tão ocupado que não conseguia encontrar tempo em sua agenda para recebê-lo.

Na manhã de 20 de março, depois de encerrar a ligação para Putin, Trump dirigiu-se ao Salão Oval. Ele estava animado, e disse a McMaster que queria fazer uma declaração de imediato. O presidente gostava de ditar, para que a equipe da Casa Branca distribuísse publicamente, o que considerava os sucessos históricos de suas conversas com líderes estrangeiros. Os assessores tentavam sugerir modificações, mas em geral cabia a McMaster convencer Trump a desistir de divulgar ideias que revelariam demais ou irritariam aliados ocidentais. Naquele dia, Trump foi inflexível sobre o que ele queria dizer na declaração oficial.

"Quero que Putin venha aqui", disse Trump a McMaster.

"Sim, sr. presidente", concordou McMaster. "Começaremos a trabalhar nisso o mais rápido possível."

"Vamos anunciar o convite e fazer uma nota oficial", disse Trump.

McMaster era da opinião de que o presidente não deveria anunciar publicamente seu convite, e de que não devia receber Putin em Washington, mas imaginou que a situação poderia ser gerenciada. Ele explicou a Trump que visitas de Estado ou reuniões cara a cara daquela magnitude deviam ser mantidas em segredo até o mais perto possível da data do evento, e até que os dois países negociassem uma agenda concreta.

Trump pareceu ceder, encolhendo os ombros.

McMaster instruiu Fiona Hill, especialista em Rússia do CSN, a entrar em contato com o embaixador russo e iniciar conversas sobre uma possível reunião. Mas ele enfatizou que ela não precisava ter pressa. Se Hill de fato agendasse uma reunião com o embaixador, eles poderiam dizer que estavam trabalhando na ideia da visita para a próxima vez que Trump tocasse no assunto. Enquanto McMaster redigia e editava com sua equipe a declaração da Casa Branca sobre o telefonema com Putin, o Kremlin divulgou sua própria leitura dele. Os russos quase sempre divulgavam suas declarações antes dos americanos, o que lhes permitia moldar em seus próprios termos a narrativa da mídia global. A nota oficial do Kremlin deixou claro o que Trump havia dito.

"Donald Trump parabenizou Vladimir Putin por sua vitória nas eleições presidenciais", começava a declaração. "Deu-se especial atenção ao avanço na possibilidade de realização de uma reunião no mais alto nível. De maneira geral, a conversa teve um caráter construtivo e profissional, e foi orientada para a superação dos problemas que se acumulam nas relações Estados Unidos-Rússia."

Diplomatas britânicos, conversando com suas próprias fontes, ficaram furiosos. Eles tinham notícias de que Trump em momento algum trouxera à baila a questão do envenenamento do ex-agente duplo russo e britânico Sergei Skripal e sua filha, que tinham desertado para o Reino Unido. Eles ligaram para seus contatos americanos no Departamento de Estado e na Casa Branca exigindo uma explicação.

De sua parte, a primeira-ministra britânica Theresa May optou intencionalmente por não congratular Putin, ainda aguardando que ele admitisse o envenenamento. Seu porta-voz disse a repórteres que, antes de fazer comentários, May queria que observadores independentes avaliassem a eleição russa.

Os russos não haviam exagerado ou deturpado o teor do telefonema, como costumavam fazer, e Trump não se acanhou nem um pouco antes de confirmar a verdade. No início da tarde, Sarah Sanders disse a jornalistas da Casa Branca que a leitura do Kremlin era precisa.

Mais tarde naquele dia, o *Washington Post* noticiou que Trump ignorou as instruções recebidas de "NÃO O PARABENIZE". O furo foi divulgado às 19h16, e dominou os canais de notícias a cabo pelo resto da noite. Os profissionais de Segurança Nacional de Washington e os falcões da Rússia ficaram indignados.

No final da noite de terça-feira, Sean Hannity, da Fox, falou com Trump por telefone, parte do ritual de ambos de trocar ideias todas as noites após a transmissão do programa do primeiro. Trump disse a assessores que Hannity tinha uma pista sobre os judas em seu meio: adjuntos de McMaster.

Um vento nordeste varreu o meio do Atlântico no início da manhã de quarta-feira, 21 de março, despejando quinze centímetros de neve sobre a região de Washington, na mais intensa nevasca da temporada. A companhia metropolitana de transportes interrompeu grande parte do serviço de ônibus e metrô, e as agências federais de Washington fecharam, exceto os serviços essenciais. McMaster e outros funcionários da Segurança Nacional apresentaram-se para o trabalho e receberam uma recepção glacial no Salão Oval. Trump estava furioso, e exigiu que McMaster encontrasse quem havia divulgado para os repórteres do *Post* os detalhes sobre as fichas de instruções. McMaster disse a Trump que também estava furioso com o vazamento e que já havia começado a caçada. O presidente deixou claro que queria uma resposta em breve. Em horas, não dias.

Trump e McMaster não eram os únicos do alto escalão encolerizados com o vazamento não autorizado. Kelly compartilhava da frustração de Trump com a cobertura implacavelmente negativa que a imprensa fazia da administração e estava furioso com o fato de informações confidenciais terem se tornado públicas. Ele também empreendeu uma busca das fontes. O chefe de gabinete e os advogados da Casa Branca colocaram a caçada nas mãos de um assessor de confiança de McMaster que nunca havia acessado ou revisado as notas sigilosas, de acordo com o sistema digital da Casa Branca, que rastreia todas as pessoas que abrem ou revisam documentos confidenciais. Ironicamente, esse assessor era uma das pessoas que Hannity havia acusado de ser um vazador.

No Capitólio, parlamentares republicanos ecoavam a mesma indignação. "A equipe de um presidente não deve vazar material", disse o senador Ben Sasse, republicano que às vezes criticava Trump. "Em casos de princípios, pode ser necessário que a pessoa renuncie. Que renuncie, então. Faça a coisa certa e honrada se você acredita que sua consciência é obrigada a fazê-lo e renuncie a seu cargo."

Horas depois, na mesma tarde, Trump ligou para o gabinete de McMaster.

"Descobriu quem fez?", perguntou o presidente.

"Não, senhor." McMaster expôs sua estratégia para a investigação. Eles calculavam que cerca de cem pessoas haviam tido acesso às anotações, sem contar com o pessoal diplomático mais largamente distribuído, de modo que aquilo levaria algum tempo. McMaster disse que tinham uma ideia para pegar o vazador, mas os advogados da Casa Branca temiam que não fosse infalível e que corressem o risco de identificar a pessoa errada.

"Bem, eu sei quem fez isso", anunciou Trump, surpreendendo McMaster e um punhado de outros assessores na sala. "Foi o seu pessoal."

Há controvérsia sobre se Trump disse os nomes em voz alta nessa ocasião ou mais tarde. Contudo, em outras conversas com funcionários de alto escalão da Casa Branca, o presidente diria que Hannity havia apontado Fernando Cutz e Ylli Bajraktari como vazadores.

"Se livra deles!", berrou Trump. "Isso é intolerável, porra!"

McMaster, que se recusava firmemente a demitir pessoas com base em suspeitas infundadas, tentou acalmar Trump dizendo que nenhum dos dois poderia ser o vazador. "Eles nunca fariam isso, sr. presidente", disse. "Nunca."

No dia seguinte, 22 de março, a tempestade de neve continuou a complicar os deslocamentos de casa para o trabalho. As agências federais abriram com duas horas de atraso. McMaster estava em sua casa em Fort McNair, numa península na extremidade de Washington, onde os rios Potomac e Anacostia confluem. Naquela tarde, ele teve reuniões com seus colegas da Segurança Nacional no Quad, a aliança estratégica entre Estados Unidos, Austrália, Japão e Índia. À noite, ofereceria um jantar para eles em sua casa.

Na Casa Branca, uma esquelética equipe de McMaster, reduzida aos poucos que haviam conseguido chegar ao trabalho naquele dia, ficou preocupada ao saber quem estava subindo a entrada principal, coberta de neve, até a Ala Oeste pouco antes das quatro da tarde. Era John Bolton. "Ele não estava sendo muito discreto", disse um assessor de McMaster, observando que em seu caminho Bolton passara por equipes de televisão com câmeras.

Havia o burburinho de que Bolton, um astuto veterano do governo George W. Bush, conhecido naquela época por suas opiniões neoconservadoras de linha dura e por suas rixas burocráticas, estava sendo cotado como candidato para substituir McMaster no posto de conselheiro de Segurança Nacional. Trump o admirava em parte por fazer o que McMaster nunca fizera: ferozes performances na Fox News em defesa do presidente.

Os assessores de McMaster suspeitavam que Bolton tivesse ido visitar Trump. Eles pediram a Ivanka Trump e a Hope Hicks, a diretora de comunicação que estava em seus últimos dias no cargo, para descobrir o que estava acontecendo. Os funcionários do CSN queriam tentar impedir Trump de demitir McMaster sem nenhum aviso. Ivanka e Hicks conversaram com o presidente e o convenceram a não exonerar McMaster por meio de tuíte, como fizera com Tillerson uma semana antes. Elas argumentaram que o oficial militar merecia mais respeito — no mínimo, a cortesia de um telefonema. Em meio à confusão, Cutz sentiu que tinha que fazer alguma coisa. Pela primeira vez em seus anos de trabalho na Casa Branca, entrou a passos largos no escritório do chefe de gabinete sem horário marcado. Aparentemente, não se deu conta de que, depois daquilo, seria impossível voltar atrás.

"Preciso ver o chefe imediatamente", disse Cutz à assistente de Kelly.

Uma vez lá dentro, Cutz explicou que não aguentava ver McMaster, um profissional com princípios tão firmes e um exemplo a ser seguido, ser sacrificado para que ele, um funcionário de nível relativamente baixo, pudesse permanecer.

"Eu imploro, não deixe McMaster fazer isso", disse Cutz a Kelly. "Eu me demito."

Mas o chefe de gabinete balançou a cabeça enfaticamente.

"Não, não", disse Kelly. "Você é ótimo. Continue fazendo o que está fazendo. Do que está falando?"

Cutz piscou, perplexo. Ele não podia acreditar no que estava ouvindo. Trump vinha insistindo para que McMaster demitisse os vazadores. Hannity havia apontado os assessores de McMaster como os culpados. Na internet, os trumpistas da direita alternativa acusavam nominalmente Cutz, apesar de uma investigação interna inicial ter descartado o envolvimento de Cutz e de Bajraktari, porque nenhum dos dois jamais tivera acesso ao documento. Ainda assim, ali estava Kelly, de pé na frente de Cutz, insistindo que tanto ele quanto o presidente queriam que permanecesse no cargo.

Ao mesmo tempo ou pouco depois, Trump ligou para McMaster. A convocação telefônica o tirou de suas reuniões com líderes estrangeiros.

O presidente foi conciso. Ele disse algo no sentido de "Acho que é hora de você ir embora".

"Sim, sr. presidente. Eu entendo", disse McMaster. "Com que rapidez quer que eu vá embora?"

"Sexta-feira", respondeu Trump, ou seja, no dia seguinte.

McMaster sugeriu uma transição mais estruturada, talvez ao longo de um período de duas semanas, para que ele pudesse compartilhar com seu sucessor o material informativo.

Trump disse que tudo bem. Mas queria anunciar na mesma hora a mudança. McMaster rapidamente convocou os principais nomes de sua equipe de conselheiros do CSN para uma teleconferência. Queria que eles ouvissem as notícias de sua própria boca antes de Trump tuitar a demissão. Quando todos desligaram, os dois principais assessores de McMaster, acusados do

245

vazamento, enviaram a Kelly um e-mail informando que apresentariam suas cartas de demissão, que entrariam em efeito no momento em que McMaster deixasse seu gabinete.

Demorou apenas alguns minutos para Trump fazer seu próprio anúncio. O tuíte publicado às 18h26 dizia: "Tenho o prazer de anunciar que, a partir de 9/4/18, @AmbJohnBolton será meu novo conselheiro de Segurança Nacional. Sou muito grato pelos serviços do general H. R. McMaster, que fez um excelente trabalho e sempre será meu amigo. A transferência oficial do cargo será em 9/4".

McMaster não saiu em silêncio, no entanto. Durante o período de transição de duas semanas, ele fez críticas extremamente mordazes à política de Trump em relação à Rússia. Em 3 de abril, em um discurso no Atlantic Council, denunciou abertamente a agressão da Rússia em todo o mundo e disse que os Estados Unidos estavam deixando a desejar em termos de enfrentá-la.

"A Rússia tem usado formas antigas e novas de agressão para minar nossas sociedades livres e os alicerces da paz e da estabilidade internacionais", disse McMaster. "Por muito tempo, algumas nações fizeram vista grossa diante dessas ameaças. De maneira descarada e implausível, a Rússia nega suas ações. E não conseguimos impor sanções suficientes a ela."

Horas antes, no mesmo dia, Trump disse durante uma entrevista coletiva com os líderes dos Estados bálticos que esperava criar uma aliança com Putin. "Idealmente, queremos ser capazes de nos dar bem com a Rússia", afirmou o presidente.

McMaster deixou claro que via pouca virtude em se dar bem com a Rússia. "Você prefere fazer parte de um clubinho de autocratas e talvez alternar suas reuniões entre Moscou, Teerã, Damasco, Havana, Caracas e Pyongyang, ou prefere fazer parte de um clube de povos livres que respeitam a soberania, os direitos individuais e o estado de direito?", disse ele ao Atlantic Council. "Acho que nosso clube é melhor."

A plateia irrompeu em aplausos. O presidente do Atlantic Council, Frederick Kempe, parabenizou McMaster "por essa retumbante voz de clareza". Foi a última vez que McMaster falou publicamente como membro do governo Trump.

O tumulto na equipe jurídica de Trump refletia o caos em sua Casa Branca — praticamente uma montanha-russa no escuro —, com o presidente pressionando os botões feito um operador no parque de diversões. Joe diGenova, o advogado que Trump anunciou que estava contratando com base em suas participações em debates na Fox News, durou menos de uma semana no cargo. Em 23 de março, Trump se encontrou com DiGenova e sua esposa, Victoria Toensing. Advogados experientes com um sólido histórico, ambos vinham como um pacote, mas Trump disse aos assessores que estava menos impressionado com o casal do que esperava. O presidente descartou explicitamente a ideia de Toensing falar por ele na televisão, reclamando que ela apareceu no Salão Oval usando um esvoaçante vestido transpassado e luvas sem dedos. DiGenova, por sua vez, vestia um terno mal-ajambrado. Trump sonhava em contar com advogados "matadores", e DiGenova e Toensing simplesmente não tinham "o visual".

O presidente encontrou uma maneira honrosa de desistir de contratar DiGenova e Toensing sem ofendê-los diretamente. De maneira responsável, o casal havia sinalizado um potencial conflito de interesses do qual ele precisaria estar ciente caso viesse a trabalhar com eles. Ambos representavam Mark Corallo, ex-porta-voz da equipe jurídica de Trump, que era uma testemunha em potencial na investigação sobre a possível obstrução de justiça por parte do presidente. Para DiGenova e Toensing continuarem, Trump teria que estar ciente do conflito e decidir que não o incomodava. Jay Sekulow anunciou em 25 de março que DiGenova e Toensing não iam mais se unir à equipe jurídica.

Sekulow tinha a expectativa de finalmente diminuir o tamanho de seu próprio papel na batalha legal de Trump. Apesar de ser um ardoroso fã do presidente, ele nunca planejara liderar sua equipe de defesa legal. Contudo, depois de uma semana de turbulência, Sekulow, que adorava rock, adotou uma atitude zen e um humor negro para tentar passar por cima dos problemas. "Bem-vindo ao Hotel Califórnia", disse Sekulow, em uma brincadeira que fazia referência ao megassucesso da banda Eagles, quando um colega lhe perguntou o que aquela alta rotatividade significava para ele. "Você pode fazer o check-out quando quiser. Mas nunca poderá ir embora."

16. Uma batida policial assustadora

Em 5 de abril de 2018, quando visitou Miami Beach, Michael Cohen foi recebido no hotel Four Seasons com honras de dignitário por uma delegação representando um fundo de investimento soberano do Catar. Todos se curvaram aos pés de Cohen. O deslumbrante tratamento dispensado a ele impressionou um de seus clientes, Franklin Haney. O bilionário do Tennessee havia contratado o advogado e lobista de longa data de Trump como consultor para ajudá-lo a ganhar o apoio financeiro do governo do Catar para um projeto nuclear que poderia torná-lo ainda mais rico.

"Ele foi tratado como *realeza* pelo Catar porque era o advogado do presidente", disse Haney ao jornal de sua cidade natal, o *Daily Memphian*. "Foi como se tivéssemos ido jantar com um príncipe ou coisa assim."

Haney estava entre mais de meia dúzia de abastados executivos que pagaram a Cohen generosos honorários de consultoria, apostando que sua influência junto a Trump se traduziria em lucros para eles e suas empresas.

Antes de voltar para Manhattan no dia seguinte, Cohen passou a noite a bordo do iate de Haney, avaliado em 35 milhões de dólares, atracado em um porto de Miami Beach.

Também em 5 de abril, Trump viajou para a Virgínia Ocidental. A bordo do Força Aérea Um, repórteres lhe perguntaram sobre pagamentos a Stormy Daniels, a estrela de cinema pornô que alegou que Cohen lhe dera 130 mil dólares para ficar em silêncio sobre um encontro sexual com Trump.

"O senhor sabia sobre o pagamento de 130 mil para Stormy Daniels?", perguntou Catherine Lucey, da Associated Press.

"Não", respondeu Trump.

"Então por que Michael Cohen fez isso [o pagamento], se não havia verdade nas alegações dela?", insistiu Lucey.

"Você vai precisar perguntar a Michael Cohen", respondeu Trump. "Michael é meu advogado, e você vai ter que perguntar a ele."

Jenna Johnson, do *Washington Post*, tentou outra pergunta: "O senhor sabe onde ele conseguiu o dinheiro para fazer esse pagamento?".

"Não", disse Trump. "Eu não sei."

Em 9 de abril, quatro dias depois, policiais federais usaram mandados de busca e apreensão para obter algumas respostas, protegidas a ferro e fogo, para essa pergunta. Era uma fria manhã de segunda-feira, em meio à primavera em Manhattan, com os termômetros marcando apenas 0°C ao ar livre e o sol nascendo em um céu límpido, quando uma equipe de agentes do FBI apareceu no hotel Loews Regency, na Park Avenue. Por volta das 7h30 da manhã, eles bateram à porta do quarto onde Cohen e sua esposa, Laura, estavam hospedados. Eles moravam temporariamente no hotel, enquanto os técnicos consertavam os estragos causados por um vazamento em seu apartamento em Manhattan.

Os agentes federais de jaqueta azul foram educados mas firmes. Disseram a Cohen que precisariam vasculhar o local e pediram que lhes entregassem seus celulares, além de laptops e quaisquer outros dispositivos eletrônicos em seu poder. Simultaneamente, os agentes realizaram uma batida no apartamento e no escritório de Cohen, isolando as áreas para apreender computadores, servidores e caixas de arquivos, incluindo declarações de imposto de renda e outros registros financeiros. Os agentes tiveram que arrombar a porta da frente do escritório, porque àquela hora não havia ninguém lá para abrir. A operação policial foi algo extraordinário. Cohen não era apenas o advogado de Trump. Ele era praticamente o cofre de Trump — o detentor de seus segredos e o executor de seus desejos, de negócios a assuntos pessoais. "Esse mandado de busca é como jogar uma bomba na varanda da frente da casa de Trump", observou Joyce White Vance, ex-procuradora federal.

Os três estatutos criminais arrolados perto do cabeçalho do mandado que os agentes federais apresentaram eram um borrão indistinto para Cohen. Mas, em poucas horas, ele entenderia que transmitiam uma dupla ameaça. As seções dos códigos criminais dos Estados Unidos impressas no documento legal mostraram que os agentes do FBI, sob a supervisão dos procuradores do Distrito Sul de Nova York, famosos por sua agressividade, tinham evidências significativas para suspeitar que Cohen havia cometido três tipos de crimes federais: fraude bancária, fraude postal e violações de financiamento de campanha.

A investigação colocava Cohen em significativo perigo jurídico, porque os procuradores apurariam se ele havia mentido aos bancos a fim de obter milhões de dólares em empréstimos para sua empresa de táxis. Também estava prestes a desmascarar a conspiração para pagar a amante de Trump em uma fase decisiva da campanha eleitoral de 2016, de modo a ajudar o candidato a vencer a disputa pela Casa Branca. O que era muito maior.

O advogado de Cohen, Steve Ryan, acordara cedo naquela manhã de segunda-feira e já estava em seu escritório de advocacia em Washington. Ryan vinha trabalhando em estreita colaboração com Cohen para representá-lo no tratamento aos depoimentos a comissões do Congresso sobre seus contatos na Rússia, como parte das várias investigações sobre a interferência eleitoral.

A sede do escritório era predominantemente branca e ensolarada, com vistas deslumbrantes do Capitólio e da Union Station, a poucos quarteirões de distância. Naquele momento, porém, Ryan estava na academia no porão, para sua habitual sessão das oito da manhã com seu personal trainer. Ele havia dito à sua equipe que gostaria que não interrompessem aquele tempinho que tirava para si, uma brecha que havia encaixado em seu cronograma de trabalho, de resto esmagado por prazos apertados. Por isso, Ryan ficou surpreso quando sua assistente entrou na academia alguns minutos depois do início do treino.

"Você tem que subir", disse ela.

"Por quê?", perguntou Ryan. "O que foi?"

"Estão cumprindo um mandado de busca na casa do Michael", disse ela. "Está passando ao vivo na TV. Ele ligou para você."

Ryan piscou, perplexo. Correu para o vestiário, tomou uma ducha apressada e subiu as escadas para sua sala. Quando chegou à escrivaninha, já não conseguiu entrar em contato com Cohen, que tivera seu celular apreendido pelo FBI.

Nesse ínterim, os advogados de Trump, Michael Bowe e Jay Sekulow, e alguns de seus associados estavam reunidos nos escritórios de Sekulow em Washington, D.C., preparando-se para uma reunião naquela tarde com Robert

Mueller e seus homens, a primeira desde que John Dowd deixara sumariamente a função de principal advogado do presidente. O celular de Sekulow tocou e ele virou a cabeça para o outro lado da mesa da sala de reuniões para atender a ligação. Ao longo de um ano representando Trump, pulando de um drama para o outro, Sekulow provara ser uma pessoa bastante calma. Por isso, sua reação atordoada chamou a atenção de todos.

"O quê?", ele disse em voz alta.

Todos ficaram em silêncio e viraram a cabeça na direção do advogado. Quando desligou, Sekulow parecia espantado.

"Era o Ryan", anunciou. "O FBI está fazendo uma batida no escritório do Michael."

Ryan contou a Sekulow o que sabia até aquela hora, que era apenas o básico sobre a operação de busca e apreensão nos três locais, incluindo que os agentes haviam tido que arrombar a porta do escritório de advocacia de Cohen no Rockefeller Center porque não havia ninguém lá. Mais tarde, Trump interpretou com uma ligeira dose de equívoco os detalhes, ao afirmar que os agentes "invadiram" o escritório de Cohen, quando na verdade tinham um mandado adequado e aprovado por um tribunal para vasculhar o local.

Ao longo da hora seguinte, Ryan seria informado de novos e preocupantes detalhes sobre o objetivo da operação policial de múltiplas frentes. Ele ligou para a Procuradoria Federal em Manhattan e pediu para falar com o procurador encarregado da questão Cohen, de modo a tomar ciência do teor essencial do mandado. Ryan percebeu de imediato a magnitude daquilo: os investigadores tinham aberto uma nova frente na investigação sobre o presidente.

O mandado especificava que Cohen entregasse todas as suas comunicações com Trump nos últimos anos, além de registros relacionados aos pagamentos que negociara com duas mulheres que alegavam haver tido casos extraconjugais com Trump — Daniels e Karen McDougal, ex-coelhinha da *Playboy*. Uma vez que Cohen se considerava advogado pessoal de Trump durante a maior parte do tempo, suas comunicações normalmente seriam sagradas e estariam protegidas pelo privilégio advogado-cliente. Mas tal proteção seria inútil se os procuradores conseguissem demonstrar que as comunicações faziam parte de um esquema criminoso, o que provavelmente era o caso nos pagamentos em dinheiro de Cohen como suborno a modelos e estrelas pornô em nome de Trump.

Para Ryan, aquilo parecia a reprise de um impasse anterior que ele tivera com o Gabinete da Procuradoria Especial. Em novembro de 2017, advogados da equipe de Mueller lhe disseram que queriam autorização para analisar todas as comunicações que Cohen mantivera com Trump e outros altos funcionários das Organizações Trump nos dez anos anteriores. Ryan recusou aquilo, qualificando a solicitação como uma diligência ridiculamente injusta para passar um pente-fino em todos os aspectos da vida de Cohen. Ele alegou que a equipe de Mueller não tinha justificativa para empreender uma investigação tão aprofundada.

"Vamos intimar você, então", ameaçou Jeannie Rhee, integrante da equipe de procuradores.

Indignado, Ryan disse-lhe para ir em frente.

"Você vai perder", disse a ela. "Eu cresci neste tribunal. Vou sair na rua e dizer que é isto que o procurador especial quer: uma operação policial cercando feito uma rede de arrasto todos os caras que ele já conheceu e tudo o que ele já fez em toda a vida."

Rhee jamais recorreu à intimação. Ryan imaginou que a equipe de Mueller percebera que suas chances eram ínfimas. Mas agora, cinco meses depois, os procuradores do Distrito Sul de Nova York tinham obviamente encontrado algo de podre na forma como Cohen havia administrado sua empresa de táxis e nos pagamentos que fizera a mulheres. Para Ryan, aqueles fatos ruins seriam tão eficazes quanto um pé de cabra para conseguir o que Rhee queria em primeiro lugar: todas as comunicações de Cohen com Trump.

Na manhã de 9 de abril, quando Ryan telefonou para um assistente especial da procuradoria federal em Nova York, ele se identificou como advogado de Cohen, mas se poupou dos típicos gracejos.

"Quero meus documentos de volta", disse Ryan ao procurador. "Vocês estão de posse de documentos sigilosos da relação cliente-advogado, e não quero que os leiam. Vou lutar contra o que estão fazendo."

Trump estava na Casa Branca quando soube da incursão dos agentes federais por meio de telefonemas de Sekulow, e de Ty Cobb e John Kelly, que haviam recebido um aviso do Departamento de Justiça. Quando tomava conhecimento de novos desdobramentos na investigação sobre a Rússia, Trump normalmente vociferava e esbravejava, dando a impressão de que soltava fumaça pelas orelhas. O presidente fez a Cobb cerca de uma dúzia de perguntas. Ele queria saber se algo do tipo já havia acontecido antes. Alguma vez o advogado do próprio presidente já se tornara alvo de uma investigação? Trump queria conhecer com exaustivo grau de detalhe o histórico daquele tipo de evento. Não se tratava de algo sem precedentes e provavelmente ilegal? O que era necessário antes que os procuradores pudessem apreender legalmente os registros de um advogado? Em que circunstâncias era possível obter registros do advogado de um servidor público? Havia alguma restrição? Cobb explicou que, em seus tempos de procurador, havia vasculhado os registros dos advogados dezenas de vezes, e geralmente quando tinha condições de alegar que esses registros continham evidências implicando os advogados em um esquema criminal.

Trump ficou mais do que ensandecido. No entanto, tinha mais perguntas a fazer. Quem especificamente autorizava esse mandado de busca? Até que escalão do Departamento de Justiça os procuradores precisavam ir? Cobb respondeu que tinha quase certeza de que Rod Rosenstein precisaria dar o sinal verde para uma operação daquela natureza. Trump desabafou com consultores sobre Rosenstein e reclamou que ninguém no Departamento de Justiça estava trabalhando para refrear adequadamente os procuradores e controlar o escopo da investigação.

Trump também perguntou a Cobb o que deveria fazer agora para proteger os registros dos olhares indiscretos dos procuradores. Na verdade, aquele não era o trabalho de Cobb, procurador especial do presidente na investigação sobre a Rússia. A batelada de perguntas, combinada com o visível desconforto de Trump, criou incômodo nele. O presidente precisava conversar com seu advogado pessoal, alguém com quem pudesse desabafar e que fosse inviolável. Cobb trabalhava para a Casa Branca e não representava Trump pessoalmente; portanto, suas interações com o presidente não eram protegidas pelo privilégio advogado-cliente.

Com Dowd fora de cena, o papel de "mexeriqueiro" de Trump era de Sekulow. Cobb ligou para ele. "Você realmente precisa vir aqui, porque isso não envolve a Casa Branca", disse ele a Sekulow. "É uma coisa pessoal."

Na manhã da batida policial dirigida a Cohen, Sekulow ligara para o escritório de Mueller e perguntara o que estava acontecendo. A equipe de Mueller tinha alguma participação naquela operação de busca e apreensão?

Sekulow fora informado de que era uma questão com a qual o Distrito Sul estava lidando de forma independente. Nem Trump nem seus advogados tinham acreditado na equipe de Mueller. Estavam convencidos de que a investigação sobre a vida e os negócios de Cohen era um atalho clandestino que os procuradores especiais usariam para chegar ao presidente.

Os advogados de Trump não sabiam em quem podiam confiar. Duvidavam de todo mundo, preocupados com o possível envolvimento de Cohen em esquemas desleixados e secretos que agora poderiam voltar para assombrar o presidente. Os advogados de Trump cancelaram uma reunião marcada para aquele dia com Mueller. Eles e Cohen acreditavam que a investigação sobre esse último fora orquestrada como um meio de pressionar Cohen a cooperar com o inquérito do procurador especial e coagi-lo a revelar suas conversas particulares com Trump durante a campanha.

Um indício era o fato de que os dois principais procuradores do caso Cohen — Thomas McKay e Nicolas Roos — eram da unidade de combate à corrupção pública de Nova York, e seu trabalho era focado em servidores públicos envolvidos em conspiração ou fraude contra o governo. Outra indicação de que os procuradores de Manhattan estavam investigando o presidente era o mandado de busca especificando as comunicações entre Cohen e Trump. Mais tarde os procuradores argumentariam para um juiz federal que muitos dos registros não deveriam ser protegidos pelo privilégio advogado-cliente, porque muito pouco do que Cohen fazia por Trump era no exercício da advocacia.

"É tudo uma agonia, porque é um trabalho de amadores", disse um conselheiro de Trump na ocasião. "É uma morte lenta causada por mil cortes, e eles vão morrer. Mueller fez todo mundo cair em cima de todo mundo. O presidente em si não estava envolvido em conluio. Mas toda essa coisa debaixo de nós vai nos derrubar."

Na tarde de 9 de abril, Trump escolheu um momento inadequado para revelar sua repentina vulnerabilidade: uma reunião geral especial com os líderes do Pentágono para discutir de que maneira responder ao mais recente massacre de civis inocentes empreendido pelo governo sírio, que atacara a população com armas químicas.

O líder sírio Bashar al-Assad havia despejado gás contra seu próprio povo, e os principais oficiais militares americanos tinham ido à Casa Branca para se reunir com Trump a fim de passar em revista suas opções. Autoridades do Conselho de Segurança Nacional haviam trabalhado com o alto escalão do Departamento de Defesa para preparar alvos específicos, caso Trump autorizasse uma missão para destruir, ou pelo menos enfraquecer temporariamente, a capacidade da Síria de lançar aeronaves para novos ataques com armas químicas. No entanto, quando a reunião começou, a mente de Trump estava ocupada por um único assunto, e não eram os cadáveres de crianças sírias.

"Então, acabei de saber que policiais federais invadiram o escritório de um dos meus advogados pessoais, um homem bom, e é uma situação vergonhosa. É uma total caça às bruxas", disse Trump com firmeza, sentado ligeiramente encurvado sobre a mesa da sala de conferências, com os braços cruzados.

"É, francamente, uma verdadeira desgraça", acrescentou o presidente. "É um ataque ao nosso país, no verdadeiro sentido da palavra. É um ataque ao que todos nós defendemos. Então, quando eu vi isso e quando fiquei sabendo — eu soube como vocês —, eu disse: 'Agora realmente chegamos a um novo nível de injustiça.'"

Os líderes militares entreolhavam-se com uma expressão pétrea no rosto.

A operação de busca e apreensão nos endereços de Cohen ocorreu em um dia de transição na liderança do Departamento de Justiça. Foi em 9 de abril que Ed O'Callaghan assumiu integralmente o cargo de principal vice-procurador-geral adjunto (Padag, na sigla em inglês). É uma função sem muita visibilidade, ainda que uma das mais poderosas na alta hierarquia do Departamento de Justiça. O Padag ajuda o vice-procurador-geral a administrar o departamento e molda todas as investigações e decisões políticas de grande envergadura. Uma vez que Rod Rosenstein estava encarregado da investigação de Mueller, O'Callaghan assumiu a responsabilidade pelas interações do dia a dia com o procurador especial e sua equipe.

O'Callaghan ia se estabelecer imediatamente como protetor interno de Mueller e traria para o trabalho uma sofisticada compreensão da política e da mídia, o que ajudaria Rosenstein a enfrentar as mais traiçoeiras guinadas da investigação. As autoridades do Departamento de Justiça orgulhavam-se de sua tradicional independência da Casa Branca. No entanto, a investigação de Mueller tornou-se um espetáculo público de tamanha repercussão, alvo de pressões da Casa Branca, do Capitólio e de toda a mídia, que Rosenstein valorizou a experiência de O'Callaghan quanto a navegar em meio às agitadas águas políticas e seu sólido discernimento jurídico.

O'Callaghan era a terceira pessoa a servir como Padag sob o comando de Rosenstein. Embora seus predecessores, Robert Hur e James Crowell, fossem leais e procuradores de reputação incólume, não tinham seu cabedal político. Por outro lado, O'Callaghan havia trabalhado na campanha presidencial de John McCain em 2008, ajudando a investigar e defender os antecedentes da candidata a vice Sarah Palin no Alasca, e tentando gerenciar o circo midiático que se seguiu. Ele também trabalhara como procurador na divisão de Segurança Nacional do Departamento de Justiça e no Ministério Público Federal no Distrito Sul de Nova York, onde conhecera Mueller, Aaron Zebley e alguns outros membros da equipe de procuradores especiais.

Na manhã de 9 de abril, ao se instalar no espaçoso gabinete do Padag, com vistas deslumbrantes para o Monumento a George Washington e a Casa Branca, O'Callaghan ligou uma pequena televisão sobre sua mesa de trabalho e viu que os canais de notícias a cabo estavam transmitindo imagens da frente do seu prédio. Ele sabia que Trump ficaria furioso com a batida policial e a apreensão dos materiais privados de seu advogado. Mas a fúria do presidente era um problema que cabia a Rosenstein administrar. O trabalho de O'Callaghan era aconselhar Rosenstein, resolver pendengas e exaurir as possibilidades para garantir que todas as medidas investigativas fossem defensáveis e executadas de acordo com os princípios do Departamento de Justiça. Acima de tudo, a responsabilidade de Callaghan era proteger a investigação de Mueller, mantendo-a em andamento e imune a influências políticas — ou presidenciais.

Em 19 de abril, menos de duas semanas após a batida dos agentes federais nos endereços de Cohen, Sekulow deu um suspiro de alívio e anunciou o que considerava um triunfo. Trump contratara três novos advogados: Rudy Giuliani, ex-prefeito de Nova York e outrora um lendário advogado, e Jane e Martin Raskin, casal de experientes defensores criminais.

Giuliani não precisava de apresentação. Ele havia sido "o prefeito dos Estados Unidos", encampando um papel de liderança em Nova York após os ataques terroristas do Onze de Setembro, e na década de 1980 fora um dos mais destacados procuradores do país. Agora com 73 anos de idade, era visto como um titã esmorecido e um partidário engajado, após seus ataques ad hominem a Hillary Clinton durante a campanha eleitoral de 2016.

Giuliani, que imediatamente ia se tornar presença constante nos canais de TV a cabo como guerreiro jurídico de Trump, ofuscou os Raskin. O casal não era conhecido entre os grandes advogados de defesa do país e nos meses seguintes mal teria o nome mencionado na cobertura noticiosa 24 horas por dia dedicada à investigação. Mas os Raskin estavam contentes em trabalhar nas sombras. Eram profissionais com a credibilidade que provinha de terem atuado nos dois lados de uma investigação criminal, e sua prática jurídica se mostrara essencial para o caso do presidente.

Cobb, que ia acabar se demitindo da Casa Branca em 1º de maio, recomendara o casal Raskin a Trump porque conhecia Jane desde o período em que ela processava mafiosos como parte de uma força-tarefa de combate ao crime organizado em Boston. O presidente fora apresentado aos Raskin em Mar-a-Lago no fim de semana anterior e decidira contratá-los após uma única conversa. Jane e Martin Raskin haviam trabalhado como promotores do Departamento de Justiça e, em seguida, construído a reputação de fazer uma defesa de boa qualidade, obtendo vitórias suficientes para abrir um pequeno escritório particular no sul da Flórida. Os Raskin eram republicanos e haviam desempenhado um importante papel apoiando os esforços legais de George W. Bush na recontagem dos votos da Flórida em 2000, mas não eram abertamente políticos, pelo menos não em comparação com Giuliani e Sekulow.

O casal trazia um benefício adicional à operação jurídica de Trump. Jane já havia trabalhado lado a lado com Mueller na Procuradoria Federal em Boston e com Quarles em um escritório de advocacia. E Marty conhecia o pai de Andrew Goldstein, outro adjunto de Mueller que vinha se concentrando em entrevistas com funcionários da Casa Branca e estava na disputa entre os que pretendiam se sentar frente a frente com o presidente.

Os Raskin esperavam seguir dois princípios fundamentais. Primeiro, não queriam mudar a forma como atuavam apenas porque seu cliente era o presidente. Eles acreditavam que tinham bons fatos e boas leis a seu lado para ajudar Trump, e se aferrariam a isso. Segundo, tinham um estilo à moda antiga e não interagiam muito com os repórteres. Não queriam fazer da imprensa um tribunal, tampouco correriam para os estúdios de TV a fim de defender

Trump. Não fazer isso era parte do acordo do casal com o presidente. Esse seria exclusivamente território de Giuliani e Sekulow.

Quando o trio de novos advogados de defesa entrou em cena e se juntou a Sekulow, eles ficaram estarrecidos ao descobrir que não conseguiam encontrar volumosos arquivos com documentos do caso. Os Raskin sentiram que estavam trabalhando um pouco no escuro. Mas dois fatos serviram de consolo a eles: não havia nem sequer um fiapo de evidência ligando Trump pessoalmente a nenhuma comunicação ou coordenação com russos, e havia imensos obstáculos que impediam Mueller de obrigá-lo a responder perguntas sob juramento.

Uma das primeiras tarefas de Giuliani e dos Raskin foi se atualizar com Mueller e seus adjuntos. Desde que os advogados de Trump haviam cancelado a reunião de 9 de abril, havia uma calmaria gelada entre os dois lados. Uma nova data foi marcada: 24 de abril. Mueller tomou providências para que os defensores do presidente recebessem o tratamento "entrada secreta". Um agente do FBI destacado para o caso apareceu no escritório de Sekulow em uma casa nas imediações do Capitólio em um utilitário preto para pegar Giuliani, os Raskin, Sekulow e dois de seus associados para levá-los ao Gabinete da Procuradoria Especial no sudoeste de Washington, onde entraram pela área de carga e descarga. Assim que se viram em um corredor, os advogados foram convidados a depositar seus celulares em cofres embutidos na parede e depois foram escoltados ao andar superior até uma sala de conferências segura, sem janelas e com uma mesa comprida. Os representantes de Trump ficaram de pé por alguns minutos enquanto aguardavam seus anfitriões.

Mueller entrou, seguido por Quarles, Goldstein, Zebley e Michael Dreeben. Mueller e Giuliani, que haviam trabalhado juntos no rescaldo do Onze de Setembro, trocaram apertos de mãos e um "olá" respeitoso. Mas Jane Raskin, Mueller e Quarles cumprimentaram-se como os velhos amigos que eram, e Mueller beijou Jane na bochecha. "É bom ver você, Jane", disse Mueller.

Enquanto papeavam um pouco e perguntavam sobre a família um do outro, os demais participantes trocaram apresentações. A equipe do procurador especial se sentou a um dos lados da mesa, com Mueller no meio. Os advogados da equipe do presidente tomaram aquilo como sugestão e se sentaram em cadeiras do lado oposto, com Giuliani no meio, de frente para Mueller.

Ambos os lados entraram na reunião se sentindo sobrecarregados. Giuliani e os Raskin tinham muitos fatos para dominar em pouco tempo. Sekulow ainda lambia suas feridas por causa da operação policial nos endereços de Cohen, uma busca obviamente engendrada pelo trabalho inicial do procurador especial. A equipe de Mueller, por sua vez, sentiu-se preterida, em meados de janeiro, quando Dowd cancelou sem a menor cerimônia uma entrevista provisória de Trump marcada para Camp David. O pedido de entrevista de Mueller fora suspenso e estava na geladeira havia três meses.

A equipe de Trump concordara anteriormente em usar a reunião com Mueller para acalmar os ânimos e apresentar os novos advogados do caso. Depois, indagaria sobre as insistentes demandas do procurador especial por uma entrevista com o presidente.

Giuliani assumiu as rédeas, o que eles haviam determinado com antecedência, e abriu sua fala com gentilezas.

"Obrigado por se reunirem conosco. Somos novos e queríamos dar um oi", ele disse, olhando principalmente para Mueller. "Estamos ansiosos para trabalhar com vocês. Queremos ter uma noção de onde estamos."

Mueller, como sempre, foi seco e direto ao ponto. Disse que ele e seus adjuntos estavam ansiosos para trabalhar com a equipe renovada de Trump.

A reunião de verdade começou quando Giuliani fez a pergunta fundamental: por que o procurador especial se sentia no direito de pedir uma entrevista com o presidente? Assim como seus antecessores tinham feito, Giuliani citou a decisão de Mike Espy, na qual um tribunal de apelação concluiu que os procuradores tinham que provar que não eram capazes de obter informações importantes de nenhuma outra maneira antes de tentar entrevistar um presidente.

"Temos muito trabalho a fazer para nos inteirarmos das coisas", disse Giuliani. "Ajudaria se vocês nos explicassem, sob o arcabouço de Espy, o que é que acham que precisam obter do presidente que seriam incapazes de obter de outras pessoas ou a partir dos documentos?"

"Precisamos saber qual era o estado de espírito do presidente", respondeu Mueller. "Precisamos conhecer a intenção dele no momento em que realizava essas várias ações que estamos investigando."

Mueller não demonstrou emoção. Ele era o primeiro a responder às perguntas de Giuliani, mas o fazia com respostas curtas e diretas, sem cores ou nuances. Sentados de frente para Mueller, todos os advogados de Trump estavam ligeiramente agitados. Todos tinham algo a dizer, entravam na conversa e eram imediatamente forçados a recuar, um após o outro.

Giuliani rebateu, dizendo algo no sentido de "Vocês têm outras maneiras de determinar a intenção do presidente". Ele argumentou que Mueller e seus investigadores já tinham uma montanha de evidências, mais do que promotores obteriam em quase qualquer outro caso. Tinham ouvido as explicações públicas de Trump e entrevistado dezenas de assessores que haviam conversado com o presidente na época sobre por que motivos ele tomara decisões importantes, inclusive demitir James Comey.

Jane Raskin disse que aquela estratégia para descobrir a intenção de um sujeito não batia com a prática de procuradores em outros casos. A praxe era acusar suspeitos de obstruir a justiça sem entrevistá-los.

"Por que vocês precisam que ele venha e fale sobre intenção?", perguntou ela. "Por quê?"

"Porque precisamos", disse Mueller. "Ele é o único que pode nos contar."

A equipe do procurador especial explicou que Trump poderia ter motivações corruptas, equivocadas ou inocentes para ter tomado certas medidas que impactaram a investigação.

"Precisamos perguntar a ele", disse um dos adjuntos de Mueller.

Os novos advogados de Trump conseguiram algumas informações importantes na reunião. Embora jamais tenham dito a palavra "obstrução", os adjuntos de Mueller deixaram claro que suas perguntas para Trump giravam em torno de obstrução de justiça. Eles não mencionaram nada sobre ações coordenadas com os russos ou comunicação com eles.

Em dado momento, a equipe de Trump levantou a questão do que os promotores poderiam ter concluído acerca da intenção de Trump na entrevista que o presidente dera a Lester Holt logo após a demissão de Comey. Sekulow ficara meio desnorteado com relação à opinião da mídia sobre a entrevista para Holt, e temia que a equipe de Mueller interpretasse mal o que Trump dissera e quisera dizer. Os jornalistas se concentraram na explicação do presidente de que havia exonerado Comey por causa da "coisa da Rússia", mas Sekulow argumentou que eles não tinham levado em consideração todo o contexto. No restante da entrevista, Trump deixara claro que o motivo que o levara a despedir Comey fora a frustração com o diretor do FBI, que não contara ao mundo o que ele havia dito ao presidente em particular, a saber, que Trump não estava sob investigação. O presidente também explicara que seus conselheiros o tinham alertado de que demitir Comey provavelmente prolongaria a investigação, mas ele o exonerara mesmo assim, julgando que era a coisa certa a fazer.

"Ouçam o resto da entrevista", disse Sekulow.

Os advogados de Trump apresentaram alternativas para uma entrevista cara a cara com o presidente.

Eles aceitariam uma descrição feita por advogados do relato de Trump, em vez de uma sessão de perguntas com o presidente? A resposta dos procuradores especiais foi não. Marty Raskin pressionou Mueller e seus adjuntos a considerar a possibilidade de perguntas por escrito, em vez de uma entrevista presencial. Ele ressaltou que aquilo já tinha sido feito com outros presidentes no passado. Nem pensar, respondeu Mueller. Isso não vai acontecer. Sem a menor chance.

"Precisamos de uma entrevista presencial", disse Mueller.

A discussão girava em círculos, da perspectiva dos advogados de Trump. *Ipse dixit.* Mueller precisava da entrevista porque dizia que precisava da entrevista. E a equipe de Trump, como Giuliani lembrou mais tarde, estava determinada a não permitir aquilo. "O medo que sempre tivemos de deixar Trump depor não era que ele mentisse, nem mesmo que cometesse erros de boa-fé, mas que dissesse: 'Eu nunca disse isso a Cohen', quando Cohen diria o contrário. Perjúrio", explicou Giuliani mais tarde.

No final, houve alguma discussão sobre os parâmetros de uma hipotética entrevista presencial, se as duas partes chegassem a um acordo. Onde ela aconteceria? Os advogados estariam presentes e teriam permissão para conversar com o presidente? A entrevista seria filmada? Na época, os advogados de Trump julgavam perfeitamente possível que Mueller intimasse o presidente. Ele não fez tal ameaça nessa reunião, mas ela pairava sobre as discussões desde que Mueller levantou a ideia pela primeira vez em sua reunião de 5 de março com Dowd.

A equipe de Trump também trouxe à baila uma pergunta premente, para a qual Dowd jamais havia obtido uma resposta. Mueller acreditava que a procuradoria especial era obrigada a acatar opiniões do Departamento de Justiça que proibiam os promotores federais de tentar acusar um presidente no exercício do cargo? Em sua reunião de março, Mueller havia dito a Dowd que não considerava Trump um alvo de sua investigação, o que era um bom sinal, mas não era uma resposta conclusiva.

O que ocorreu a seguir foi esquisito. As pessoas na sala se lembram de maneira um pouco diferente das palavras exatas de Mueller. Alguns acreditam que ele respondeu: "Não sei". Outros se lembram de Mueller dando de ombros e dizendo algo para indicar que não tinha certeza. Os advogados de Trump se lembram de ter tido a mesma reação ao que Mueller disse, o que quer que tenha sido: surpresa.

Era mesmo possível o procurador especial não ter pensado a respeito de dois pareceres seminais da Advocacia-Geral do Departamento de Justiça, que proibiam a acusação de um presidente no exercício do cargo, um de 1973 em meio ao Watergate e outro de 2000 após o pedido de impeachment do presidente Clinton? Ou Mueller estava simplesmente sendo evasivo?

Alguém da equipe de Mueller mudou de assunto, o que os advogados de Trump interpretaram como um esforço por parte dos subordinados de criar um subterfúgio elegante para o chefe. Então, no final da reunião, no que a equipe de Trump considerou uma estranha falácia lógica, Zebley retornou à questão da Advocacia-Geral. Ele também parecia estar tentando ajudar Mueller de alguma forma.

"Conheço a opinião da Advocacia-Geral de que vocês estão falando", disse Zebley. A equipe de Trump achou que Zebley estava evitando dar uma resposta; a equipe de Mueller achou que ele deixou claro que a opinião da Advocacia-Geral era a diretriz do Departamento de Justiça, sinalizando que o procurador especial teria que segui-la.

Após a reunião, os advogados de Trump acreditavam que a equipe de Mueller continuava pressionando quanto à obtenção de uma entrevista, sem responder diretamente às perguntas sobre a acusação de um presidente no exercício do cargo. Dando seguimento, Quarles fez uma teleconferência com os Raskin e Sekulow, para dizer que o Gabinete da Procuradoria Especial se sentia obrigado a obedecer às regras do Departamento de Justiça. Os ouvidos de Raskin se aguçaram. Quarles foi extremamente técnico em suas frases, sem responder explicitamente à pergunta. Eles ficaram pensando com seus botões se ele e Mueller estavam tentando preservar alguma flexibilidade.

Então Quarles os pressionou quanto a uma decisão sobre a entrevista com Trump.

"Quando podem nos dar uma resposta?", perguntou ele. "Uma semana? Duas?"

Os advogados de Trump queriam postergar a decisão. Em âmbito privado, estavam fortemente inclinados a vetar a entrevista, mas não a haviam descartado por completo.

"Faremos o melhor que pudermos. Acabamos de chegar aqui", disse um deles. "Como sabe, temos muito o que aprender sobre o caso."

Foram necessários vários telefonemas e cartas antes que os advogados de Trump julgassem que o procurador especial tinha dado uma resposta explícita sobre se acreditava que poderia indiciar um presidente em pleno exercício do cargo. A resposta foi não.

A reunião de 24 de abril foi uma das poucas vezes em que a nova equipe jurídica da Trump teria contato direto com Mueller. O procurador especial normalmente incumbia Quarles ou Zebley de interagir com o lado oposto — tanto que os advogados do presidente se perguntavam quanto trabalho Mueller estava realmente fazendo.

"Sempre tive a sensação de que eles o estavam escondendo", comentou Giuliani mais tarde. "Ele tinha apenas um caso. Era um caso contra o presidente dos Estados Unidos, um caso muito delicado. Os loucos estavam tomando conta do hospício."

Giuliani se lembrou de John Dowd lhe dizendo: "Bem, a verdade é que ele não está no comando do caso. Está meio que delegando a coisa".

A equipe de Trump não foi a única a notar a distância de Mueller. Funcionários do Departamento de Justiça que de tempos em tempos tinham que interagir com o Gabinete da Procuradoria Especial falavam de Mueller como o mágico de Oz. Eles batiam à porta. Zebley ou outro subordinado abria uma fresta e ouvia a pergunta ou se informava sobre qual era o problema. Em seguida a porta se fechava, a equipe de Mueller discutia internamente e a porta era reaberta, cabendo a Zebley ou a outra pessoa comunicar a ordem do mágico.

Mueller não permitia que gente de fora entrasse em seu santuário ou participasse das deliberações de sua equipe, mesmo que houvesse outras partes interessadas. Para os funcionários do Departamento de Justiça do outro lado da porta, aquilo era arrogância. Zebley e Quarles, em especial, protegiam seu chefe. Ao conversar com funcionários do Departamento de Justiça, referiram-se a ele como "o sr. Mueller", Diziam, por exemplo: "Você não precisa falar com o sr. Mueller".

Em maio, o problema da falta de permissão permanente a informações sigilosas de Kushner ressurgiu na Casa Branca. Às vezes, com ele ou Ivanka por perto, Trump atazanava Kelly para "dar um jeito nisso". Outras vezes, o presidente perguntava ao chefe de gabinete por que estava demorando tanto e se ele poderia fazer alguma coisa.

"Olha só, dá uma ajuda aqui", insistiu Trump certa vez com Kelly. "Eles querem o acesso. Estão constrangidos. Por que não podem ter autorização?"

O chefe do Estado-Maior, acostumado aos meticulosos cuidados das Forças Armadas em conceder permissões de acesso a informações de segurança, explicou a importância de seguir um processo não contaminado. Mas logo após as conversas de Kelly com o presidente, Kushner ou Ivanka visitavam o chefe de gabinete para dar seguimento à solicitação, com perguntas sobre como remover os obstáculos do caminho. Um dia, Trump deu a Kelly o que considerou uma ordem: "Quero que você dê [permissão] a eles". Kelly se recusou, dizendo que aquilo era irregular e politicamente tolo. Ele estava atento ao pessoal de carreira, para quem a concessão de credenciais de segurança era uma religião, e que teria motivos para denunciar um abuso.

"Não, eu não vou dar", disse o chefe de gabinete. "Não é ético. Isso vai voltar para nos atormentar."

Ainda assim, Kelly deu a Trump alguns conselhos sobre como ele poderia conseguir o que queria. Como presidente, Trump era a autoridade máxima sobre a questão do acesso a material confidencial. Com a palavra final, ele poderia legalmente decidir sozinho conceder a Kushner uma permissão de segurança permanente. A conversa chegou a um ponto de vaivém, em que Trump tentava convencer Kelly a fazer aquilo por ele e o chefe de gabinete se mantinha irredutível. No final, o presidente fez o que prometera à mídia que não faria: ignorou o processo normal para conceder a Kushner autorização de segurança, o que lhe permitia ver os segredos mais cuidadosamente guardados do país. Kelly escreveu um memorando em seu arquivo, à guisa dos movimentos do próprio Comey para documentar suas interações com Trump. O chefe de gabinete alertou o escritório de segurança da Casa Branca, que deu a Kushner o privilégio que lhe vinha sendo negado havia meses.

O debate veio à tona novamente quando os detalhes do memorando de Kelly foram revelados nove meses depois, bem como o fato de McGahn também ter documentado em seu próprio memorando a decisão do presidente. Ivanka e Kushner insistiram com colegas próximos que a permissão de segurança de alto nível de Kushner tinha sido obtida por meio do processo-padrão, supervisionado por profissionais de carreira. Como evidência disso, apontaram para Carl Kline, ex-diretor do Gabinete de Segurança de Pessoal, que em depoimento no Congresso em 2019 afirmou que havia concedido autorizações de acesso a informações ultrassecretas lançando mão de sua própria autoridade e não sob ordens de alguém da Casa Branca. No entanto, uma subordinada de Kline, Tricia Newbold, disse ao Congresso que ele frequentemente desconsiderava riscos nas solicitações de acesso a documentos sigilosos e anulava decisões de especialistas em segurança para conceder as autorizações.

Mais tarde, Ivanka disse à ABC News: "Houve vazamentos anônimos sobre a existência de problemas, mas o presidente não teve nenhum envolvimento relacionado à minha autorização de acesso ou à de meu marido, nenhuma". Kushner mais tarde alegou a assessores que Kelly lhe dissera que sua credencial de segurança de alto nível fora obtida por meio do processo normal. Mas havia pouquíssima coisa de normal naquela história.

No Departamento de Justiça, Rosenstein e o diretor do FBI, Chris Wray, tinham chegado ao limite com o grupo de republicanos da Câmara, que, na surdina, vinham prometendo a Trump ter evidências de um imenso esquema de acobertamento na investigação sobre a Rússia. Sem consultar primeiro o FBI, o presidente da Comissão Permanente de Inteligência da Câmara, Devin Nunes, enviou à Casa Branca uma carta que incluía informações altamente confidenciais, sem o devido tratamento técnico de segurança. Tanto os chefes de inteligência quanto as autoridades do FBI estavam preocupados com o fato de ele ter feito uma inadequada exposição de dados sigilosos. Se seria assim que Nunes lidaria com as coisas, Rosenstein e Wray não forneceriam mais informações a ele.

Nunes e alguns de seus colegas republicanos da Câmara acreditavam que o FBI e o Departamento de Justiça haviam cometido um terrível abuso de poder. Embora Nunes tenha optado por não ler os documentos em si — em vez disso pediu ao congressista Trey Gowdy que o fizesse —, ele acreditava que as duas agências haviam enganado o tribunal federal secreto a fim de obter aprovação para espionar o conselheiro de campanha de Trump, Carter Page. Os investigadores omitiram as motivações políticas de uma pessoa que havia fornecido algumas das informações, Christopher Steele.

Enquanto isso, Rosenstein ficava cada vez mais exasperado com a agressividade e a estratégia insidiosa de Nunes, que a seu ver extrapolava claramente a autoridade de supervisão de seu cargo. Em 4 de maio, Dia da Lei, Rosenstein proferiu um discurso sobre a separação dos poderes e a "incrivelmente complexa" interação dos três ramos do governo no subúrbio de Rockville, Maryland, área metropolitana de Washington, D.C. "A supervisão do Congresso é importante", disse ele. "O Congresso deve ser capaz de realizar audiências, conduzir inquéritos e exigir relatórios de modo a saber que as leis estão sendo fidedignamente cumpridas e que o dinheiro de que se apropria está sendo gasto de forma adequada. Mas a supervisão não visa eliminar a linha entre a autoridade do poder executivo e a autoridade do poder legislativo."

O que Rosenstein não disse foi que a supervisão do Congresso de suas próprias ações estava colocando em risco sua família. Em 8 de maio, um agitado dia de viagens que levaram o procurador-geral adjunto de Washington para a Filadélfia, de volta para Washington e de lá para Nova York, ele recebeu uma notificação do Serviço de Delegados dos Estados Unidos sobre uma ameaça de morte contra sua esposa, Lisa. Os delegados consideraram a ameaça suficientemente crível para requerer proteção para a família de Rosenstein. De repente, Lisa e suas filhas estavam sendo conduzidas em um utilitário preto com uma unidade de agentes de segurança mobilizada para acompanhá-las 24 horas por dia.

Por volta do meio-dia de 10 de maio, Stephen Boyd, adjunto de Rosenstein no Gabinete de Relações do Congresso, organizou uma reunião para que os principais caciques aliviassem as tensões nas instalações de informações sensíveis compartimentadas, no sexto andar do Departamento de Justiça. Estavam presentes Sue Gordon, diretora adjunta de Inteligência Nacional, e Rosenstein, Wray, O'Callaghan, Boyd, Nunes, Gowdy, além do vice-diretor do FBI David Bowdich. Rosenstein e Wray explicaram seu receio de entregar qualquer informação que pudesse ser exposta a perigo e afirmaram que sua relutância nada tinha a ver com esconder falcatruas.

"O FBI e o Departamento de Justiça são dirigidos por indicações políticas republicanas, pessoas que não estavam aqui durante a investigação sobre Clinton. Ninguém aqui tem motivo para esconder qualquer coisa. Não somos seus inimigos", disse Rosenstein. "Temos o dever de proteger informações confidenciais."

A princípio, Nunes negou ter escrito qualquer carta à Casa Branca com dados sensíveis de inteligência. Então, um dos assessores de Rosenstein mostrou a carta com a assinatura dele. Nunes ficou em silêncio. Os membros da equipe do Departamento de Justiça acharam aquilo intrigante. Eles se perguntaram se a equipe de Nunes havia escrito a carta sem lhe contar. Durante uma breve parte da reunião, os ânimos se acirraram. Em três décadas de serviço público, Rosenstein raramente levantara a voz em uma reunião e quase nunca tinha gritado. Essa foi uma das exceções. O lado pessoal tomou conta. Nunes e seus colegas republicanos atacaram furiosamente as redes sociais e as aparições na Fox News para acusar o Departamento de Justiça de Rosenstein de tentar esconder as evidências que provavam as corruptas táticas de investigação do departamento.

"Você precisa parar com isso", disse Rosenstein a Nunes. "É ridículo. Você está inventando todas essas teorias da conspiração ridículas. Está me acusando de fazer parte de uma vasta conspiração de esquerda. Sempre fui republicano, a minha vida inteira. Minha esposa é republicana. Ela está recebendo ameaças de morte desses malucos."

Rosenstein também sabia que Nunes estava arrecadando dinheiro entre os eleitores conservadores sob a alegação de que doações poderiam ajudar a revelar os segredos que Rosenstein estava tentando esconder da opinião pública. A mãe de Rosenstein, que morava na Flórida, o mais longe possível do distrito congressional de Nunes no centro da Califórnia, recebera algumas das cartas de arrecadação de fundos do congressista.

"Você está ganhando dinheiro com isso", gritou Rosenstein, enfurecido, inclinando-se sobre a mesa de conferências e encarando Nunes e Gowdy. "Estamos sofrendo as consequências de sua angariação de fundos. Minha esposa está recebendo ameaças de morte por causa do que você está fazendo."

Todo o Gabinete da Procuradoria Especial, localizado próximo aos trilhos de trem e ao recém-inaugurado Museu da Bíblia, era uma instalação de informações sensíveis compartimentadas. Todo o pessoal — incluindo investigadores, agentes, funcionários e visitantes — entregava o celular ao entrar, de modo a evitar qualquer minúscula chance de violação ou uso indevido de informações confidenciais. A equipe de Mueller se tornara especialista no vasto e inquietante poder dos criminosos de roubar e espionar comunicações privadas por e-mail, e não surpreendia que muitas vezes evitassem o hábito, típico de qualquer local de trabalho, de trocar mensagens eletrônicas só batendo papo com colegas a algumas mesas de distância. Quando queriam botar a conversa em dia, simplesmente gritavam uns para os outros.

Um dia, no final de maio de 2018, Rush Atkinson, um dos membros mais jovens da equipe e considerado um fenômeno por causa de sua aplicação e vigor, gritou para Rhee: "Você precisa vir aqui, Jeannie!". Atkinson estava analisando as tentativas de invasão por parte da Unidade 26165 do Departamento Central de Inteligência russo e encontrou algo incrível, que ele sabia que não poderia ser uma coincidência. O registro mostrava exatamente o que os hackers russos haviam tentado fazer em 27 de julho de 2016, apenas cinco horas depois de Trump fazer seu infame comentário "Rússia, se estiver ouvindo" em uma entrevista coletiva na Flórida, dizendo que tinha a esperança de encontrar os 30 mil e-mails perdidos de Hillary Clinton. Naquele bizarro momento, Trump incentivara ativamente um governo estrangeiro a invadir de maneira ilegal a privacidade de sua adversária política. Poucos dias antes, o WikiLeaks havia publicado quase 20 mil documentos que pareciam ter sido roubados dos servidores do Comitê Nacional Democrata, e as agências de inteligência dos Estados Unidos concluíram que o ladrão era a Rússia, em um golpe encomendado pelo próprio Putin.

No momento em que a imprensa noticiou o comentário "Rússia, se estiver ouvindo" de Trump, era hora do jantar em Moscou. A maioria dos escritórios do governo russo estava fechada. Entretanto, como Atkinson descobriu mais de um ano depois, naquele final de noite de julho alguns operadores da inteligência militar russa na Unidade 26165 estavam ocupados enviando tentativas de acesso remoto para o domínio privado de Hillary Clinton e disparando links maliciosos direcionados a quinze contas de e-mail no servidor dela. Foi uma descoberta atordoante, que as agências de inteligência dos Estados Unidos não haviam rastreado anteriormente. Essas investidas digitais não mostravam que Trump ou qualquer pessoa em sua campanha tinha cometido um crime, mas estabeleceram que os russos estavam cumprindo as ordens de Trump em tempo real, literalmente trabalhando no turno da madrugada a pedido dele, a meio mundo de distância.

PARTE QUATRO

17. Diplomacia da granada de mão

Em 9 de junho de 2018, o presidente Trump estava em seu segundo dia de reuniões na cúpula do G7, conduzida em Quebec pelo primeiro-ministro canadense Justin Trudeau. Era um encontro anual com os líderes de sete potências industriais: Canadá, França, Alemanha, Itália, Japão, Reino Unido e Estados Unidos. A conferência vinha sendo atipicamente acrimoniosa. Os aliados europeus, incluindo a chanceler alemã Angela Merkel, o presidente francês Emmanuel Macron e a primeira-ministra britânica Theresa May, pressionavam Trump a assinar uma declaração conjunta para o compromisso de manter "uma ordem internacional baseada em regras". No início, o presidente americano resistira, achando que formavam uma panelinha contra ele, mas acabou cedendo. Então levou a mão ao bolso do paletó, tirou duas balinhas Starburst, depositou-as na mesa diante de Merkel e, segundo Ian Bremmer, presidente do Eurasia Group, afirmou: "Toma, Angela. Para você não dizer que nunca te dei nada".

Tradicionalmente, o G7 é um foro anual para os Estados Unidos e seus aliados expressarem princípios democráticos comuns e fortalecerem parcerias e aspirações econômicas. No passado recente, as conferências se resumiam a um espetáculo cuidadosamente coreografado de união contra adversários autoritários, incluindo a Rússia, que fora membro do que então era o G8 até ser expulsa em 2014, após a anexação da Crimeia. Mas, em dois dias no Quebec, Trump na prática implodiu o G7. Ele retirou abruptamente o endosso americano a uma declaração conjunta de unidade, com a qual seus próprios representantes já haviam concordado, e censurou Trudeau no Twitter por ser "muito desonesto e fraco", por se objetar às tarifas americanas para as importações de aço e alumínio do Canadá e de outras nações. Em seguida, Trump deixou o encontro intempestivamente.

Pouco antes de partir, o presidente americano ameaçou entrar em guerra comercial com o Canadá, incluindo seus aliados. "Parecemos o porquinho em que todo mundo mete a mão. Um dia isso acaba", disse. A queixa de Trump no Quebec se alinhava a seu discurso de campanha sobre os "homens e mulheres esquecidos" da América, quando prometera fazer de tudo para pôr os interesses americanos em primeiro lugar, renegociando acordos comerciais para restringir as importações estrangeiras e aumentar as exportações dos Estados Unidos. Mas, segundo muitos economistas, bloquear as importações estrangeiras teria sido contraproducente e prejudicial à economia americana.

Trump seguiu diretamente para Cingapura, a ilha-nação do Pacífico, onde esperava fazer história. Ele ia se reunir com Kim Jong Un para as primeiras conversas frente a frente entre um presidente americano e um líder norte-coreano. No caminho, um dos principais assessores de Trump revelou que o chilique presidencial no Quebec talvez tivesse a ver com mais do que apenas disputas comerciais. "O presidente dos Estados Unidos não vai ser feito de gato e sapato por um primeiro-ministro canadense", disse à CNN Larry Kudlow, diretor do Conselho Nacional de Economia, em 10 de junho. "Ele não vai permitir uma demonstração de fraqueza na viagem para negociar com a Coreia do Norte, nem deve."

"Então aquilo foi por causa da Coreia do Norte?", perguntou o âncora Jake Tapper.

"Claro, em grande parte", respondeu Kudlow.

Para o presidente, a cúpula de desarmamento era a grande produção de Donald J. Trump. A seu ver, o encontro com Kim podia até lhe garantir um Nobel da Paz. Trump imaginava o espetáculo havia tempo. No começo do ano, quando ele e Kim faziam planos para uma conversa, a Agência de Comunicação da Casa Branca fabricara uma moeda comemorativa vermelha, branca e azul, gravada com as efígies em prata de Trump e Kim de perfil. Pouco antes de partir de Cingapura, no dia 9 de junho, Trump anunciou ser capaz de determinar a possibilidade de um acordo de desnuclearização "no primeiro minuto" após o encontro com Kim. Como? "Tenho facilidade pra perceber essas coisas", gabou-se aos repórteres.

Um antigo assessor de Trump resumiu a mentalidade presidencial nessas conversas com a Coreia do Norte: "Ele encara a questão como encara tudo o mais, ou seja, esse outro sujeito é só mais um rato que ruge, com rabo preso com a China, e Donald Trump pode ser seu messias. Por quê? Porque na cabeça de Donald J. Trump ele acha que ele, o presidente, é capaz de bolar um jeito de dar o que ele [Kim] quer e conseguir o que quer. Pra ele é só mais uma reunião de negócios".

O presidente, acrescentou esse assessor, pensava da seguinte forma: "Sou inteligente como Jimmy Carter? Não, mas não preciso ser. Tenho um cacife político imenso como os Bush? Não, mas não preciso ter. Qual é minha vantagem? Sei jogar tênis, um contra um. Não preciso jogar xadrez. Não preciso de diplomacia estratégica e de longo prazo".

Em 10 de junho, quando Trump chegou a Cingapura, aproximadamente 36 horas antes de seu encontro com Kim, estava tão úmido que a camisa dos visitantes colava nas costas assim que saíam ao ar livre. Cerca de cinco horas antes, Kim aterrissara a bordo de um Boeing 747 emprestado pelo governo chinês. Trump estava agitado. Não gostava de ficar longe da bolha de sua vida cotidiana — sua cama, suas TVs, seus filés com fritas. O impaciente presidente ordenou aos assessores que adiantassem em um dia o início da cúpula, programada para 12 de junho. Queria ver Kim imediatamente. "A gente já está aqui", disse Trump. "Por que não podemos fazer isso e pronto?"

Após semanas de cuidadosas negociações diplomáticas dos governos americano e norte-coreano para organizar a conferência, Trump causava perturbação. Seus assessores, incluindo o secretário de Estado Mike Pompeo, John Kelly e Bolton, imploraram que a agenda fosse mantida. Explicaram que precisavam de mais um dia para se preparar para a conversa entre Kim e o presidente. Além do mais, em 11 de junho Trump deveria se encontrar com o primeiro-ministro de Cingapura, uma visita protocolar que, se cancelada, insultaria o governo anfitrião. Então a porta-voz Sarah Sanders apresentou um argumento persuasivo: se a cúpula fosse mudada para 11 de junho, uma segunda-feira, seria transmitida ao vivo nos Estados Unidos no domingo à noite, pois Cingapura fica doze horas à frente de Washington. "O senhor vai realizar uma reunião histórica e não vai querer o horário nobre?", perguntou Sanders a Trump. Claro que ele queria.

Quando Trump ficou diante de Kim no luxuoso hotel Capella, na ilha resort de Sentosa, segurou sua mão por treze segundos, deu tapinhas em suas costas e o acompanhou pelo tapete vermelho. O líder norte-coreano era um pária político, possivelmente o maior inimigo mundial dos direitos humanos e alguém comprometido com armamentos nucleares. Mas Trump fez festa para o ditador, cobriu-o de elogios respeitosos e se disse honrado por estar em sua presença. Foi um encontro cuidadosamente encenado para deixar ambos os líderes em igual posição, normalizando o autoritário Kim. O espetáculo foi tão grotesco que até Kim estranhou. Puderam ouvi-lo dizer a Trump, por meio do intérprete: "Muita gente pensaria que isso é uma espécie de fantasia... um filme de ficção científica".

O dia de quase nove horas passado em companhia mútua era um epítome da diplomacia de reality show do presidente. A conferência de cúpula foi parca em substância, mas pródiga em superlativos. Trump considerou Kim "muito talentoso", "muito inteligente" e "um ótimo negociador". Disse que o povo norte-coreano era "muito capaz" e que o futuro do país era "muito, muito brilhante". E reivindicou crédito pessoal por impedir um ataque nuclear norte-coreano contra Seul, capital sul-coreana, a cerca de cinquenta quilômetros da fronteira e lar de aproximadamente 10 milhões de pessoas. "Realmente é uma honra estar fazendo isso, porque acho, potencialmente, que você podia ter perdido, sei lá, uns 30, 40, 50 milhões de pessoas", disse Trump.

Trump começou a coletiva de imprensa em Cingapura, seu *grand finale*, apresentando um filme encomendado por ele, primeiro a versão em coreano, depois a versão em inglês. Era inquietantemente parecido com os vídeos de propaganda de Pyongyang. As imagens retratavam a Coreia do Norte como uma espécie de paraíso, com edifícios altos e reluzentes, o pôr do sol em câmera rápida, trens-bala, cavalos majestosos correndo pela água e crianças felizes brincando em uma praça urbana. Incluía uma montagem de Kim e Trump acenando e fazendo sinal de positivo, como adversários numa campanha.

Os jornalistas ficaram pasmos. Trump explicou que mandara produzir aquilo para mostrar a Kim como seria o futuro de seu país se abandonasse as armas nucleares e normalizasse as relações com o Ocidente. O litoral norte-coreano poderia virar um resort exclusivo! Trump afirmou que mostrou o vídeo pessoalmente para Kim, em um iPad — e que o ditador norte-coreano havia gostado.

"Eles têm ótimas praias", disse Trump aos repórteres. "A gente vê, quando estão explodindo seus canhões no oceano, não é? Eu digo: 'Rapaz, olha só esse lugar. Não daria pra construir um condomínio maravilhoso?'. Expliquei isso pra ele. Falei: 'Em vez de fazer isso, você podia ter os melhores hotéis do mundo aqui mesmo'. Pensa nisso da perspectiva imobiliária."

A conferência de cúpula representou uma pausa na retórica belicosa e nas ameaças de guerra, mas não produziu nada de concreto — certamente, não houve nenhuma promessa norte-coreana de abrir mão de seu arsenal nuclear. Nos dias posteriores à viagem a Cingapura, Trump falou com aparente inveja do governo de Kim. Comentou como o povo norte-coreano "ficava sentado direitinho, prestando atenção" enquanto o ditador falava, e ficou admirado com o aspecto intimidador da guarda pessoal de Kim. Depois de assistir a clipes da TV estatal norte-coreana, Trump reparou como a âncora do jornal bajulava o amado líder e comentou que nem os apresentadores da Fox News puxavam tanto seu saco.

Eliot A. Cohen, neoconservador que atuou no principal escalão do Departamento de Estado do governo George W. Bush e foi crítico da candidatura de Trump, afirmou depois que a cúpula de Cingapura era "apenas a manifestação mais recente" do autoritarismo dele. Trump "tem os traços clássicos do líder autoritário. O que me chama mais a atenção é esse instinto visceral para as fraquezas das pessoas e o desejo correspondente de ser visto como forte, respeitado e admirado", disse Cohen. E acrescentou: "Nossa sorte é que ele tem sido contido pelas instituições".

O modo como Trump cortejou e adulou Kim também escancarou as limitações de Bolton e sua capacidade de influenciar o governo. Por anos, ele defendera uma postura mais linha-dura com a Coreia do Norte. Durante o governo de George W. Bush, acusou o pai de Kim, Kim Jong Il, de ser um "ditador tirânico", ao que o líder norte-coreano respondeu chamando Bolton de "ralé humana primitiva". Em fevereiro de 2018, pouco antes de se juntar ao governo Trump, Bolton opinara que a ameaça de Pyongyang era iminente e que os Estados Unidos deveriam realizar um ataque militar preventivo, em vez de negociar.

Bolton gozava de consideração não só por sua ideologia, como também pela maestria, embora um tanto agressiva, com que manipulava a burocracia federal, bem como por seu foco disciplinado. O caos da Casa Branca sob Trump deu-lhe oportunidade de assumir o controle do processo da política exterior. Enquanto H. R. McMaster dirigia o Conselho de Segurança Nacional atendo-se ao precedente, que compreendia relatórios e reuniões regulares dos principais funcionários ou de seus interinos para divulgar e avaliar recomendações de políticas públicas de especialistas no assunto em todo o governo, Bolton consolidava o poder dentro de seu escritório pessoal de seguidores e ideólogos. Deixou de comparecer às reuniões do CSN, exceto as mais essenciais, e não escondia dos servidores de carreira que eles não faziam parte de seus planos. Quando a equipe do Conselho de Segurança Nacional aparecia no escritório para discutir com seu assistente alguma questão de agenda ou uma reunião próxima, Bolton às vezes abria a porta de sua sala com o cenho franzido, como que dizendo: "O que estão fazendo aqui?".

Ele se via como segredista de Trump, buscando momentos a sós com o presidente para moldar pessoalmente suas opiniões políticas, em vez de servir de intermediário imparcial que sintetizasse ideias e informações com base na vasta totalidade dos departamentos e agências federais. As visões doutrinárias de Bolton deixavam os aliados ocidentais alarmados, mas Trump gostava de tê-lo por perto. Em reuniões bilaterais com líderes estrangeiros, costumava gracejar sobre os instintos bélicos do outro. O presidente dizia algo nas seguintes linhas: "Tenho falcões e tenho pombos. Bolton joga uma bomba em você e pronto. Ele transforma seu país num estacionamento. É assim que ele é".

Gérard Araud, embaixador francês, lembrou-se de um alto funcionário da Casa Branca explicando que Trump "não suporta gente que tenta moderá-lo, mas adora pessoas mais fortes ou grossas do que ele. Ele adora ser o moderador. Assim, em comparação, ele sabe que Bolton quer mais é explodir tudo. Para Bolton, qualquer problema pode ser resolvido com bombas, então ele [Trump] acaba sendo a voz da razão".

O regime de trabalho de Bolton era atipicamente rígido. Ele acordava antes do amanhecer e entre 5h30 e 6h já estava em sua sala, o que lhe dava cinco horas ou mais para trabalhar antes de Trump aparecer no Salão Oval.

Habitualmente ia embora às quatro da tarde e gostava de dormir cedo, dizendo aos assessores para não o incomodar após as 20h30. Beirava o TOC, tendo certa vez repreendido um assistente que lhe entregara um maço de documentos sem colocar os clipes nos lugares certos. Antigos funcionários de Segurança Nacional viam Bolton como um recluso pouco confiável e com mania de grandeza, e o apelidaram de "Lobo Solitário", porque diariamente passava horas enfurnado em sua sala no primeiro andar da Ala Oeste, lendo com a porta fechada. Ninguém era louco de incomodá-lo.

Articulando a diferença entre o estilo de McMaster e Bolton, um funcionário do governo disse que com o segundo "existe um viés subjacente. Quando ele fala, é para vender uma ideia. [...] Um é mais objetivo; o outro cheira a uma motivação mais profunda". Atuar como árbitro do que Trump devia saber ficou infinitamente mais fácil para Bolton graças à impaciência do presidente com reuniões de segurança nacional ou de inteligência e a sua resistência em estudar assuntos complicados.

Na terceira semana de junho de 2018, após um discurso, a secretária de Segurança Interna Kirstjen Nielsen voltava em um jato do governo quando recebeu uma ligação da porta-voz da Casa Branca. Sarah Sanders queria sua ajuda para explicar a política de imigração de "tolerância zero" aos jornalistas. "Pode vir aqui falar com eles sobre isso?", perguntou Sanders. Seus motivos eram óbvios. Ela e os colegas vinham sendo bombardeados com perguntas sobre o motivo de crianças recentemente estarem sendo separadas de seus pais quando atravessavam a fronteira.

A situação se encaminhava depressa para uma crise humanitária. John Kelly se opusera a essa política no ser apresentada pela primeira vez por funcionários da imigração, em março de 2017, quando era secretário de Segurança Interna. "De jeito nenhum. Não enquanto eu estiver aqui", disse para sua equipe. Kelly evitara aquilo por muitos meses, inclusive depois que fora nomeado chefe de gabinete da Casa Branca. Quando Nielsen assumiu o Departamento de Segurança Interna, em dezembro de 2017, o diretor interino da Divisão de Imigração e Alfândega, Thomas Homan, e o comissário de Proteção de Alfândega e Fronteira, Kevin McAleenan, apresentaram entusiasticamente o plano de separar as famílias. Nielsen não ficou convencida de que a medida impediria de fato a imigração ilegal ou de que o governo fosse capaz de fazer tal coisa de forma segura, mas Trump adorou a ideia, bem como alguns de seus assessores, incluindo Stephen Miller. Eles acharam que aquilo podia enfim reduzir a quantidade de gente cruzando a fronteira.

Outra agência com parte da responsabilidade pelas políticas nacionais de imigração era o Departamento de Justiça, onde o procurador-geral Jeff Sessions vivia tentando encontrar maneiras de consertar sua relação com Trump. Em 6 de abril, Sessions anunciara a política de tolerância zero para acionar na justiça qualquer imigrante que atravessasse a fronteira ilegalmente. A lei já existia, mas a interpretação era linha-dura, e exigiria separar os adultos de suas crianças quando enfrentassem as acusações. O anúncio do procurador-geral pegara de surpresa outros líderes do governo. Ele não instruíra as demais agências responsáveis pela implementação da política, incluindo os departamentos de Segurança Interna e de Saúde e Serviços Humanos. Nem Kelly esperava por isso.

Em meados de junho, as consternadoras separações familiares viraram notícia no mundo todo. Sanders e sua equipe na Casa Branca não faziam outra coisa além de responder a perguntas sobre a "tolerância zero", mas eles não estavam por dentro das particularidades da lei na questão da imigração. A equipe de comunicação não queria que a defesa da medida coubesse a Sessions. O homem que pegara todo mundo de calças curtas com seu anúncio sem aviso era fraco de TV, segundo Trump. "Todo mundo achava que Sessions era incapaz de vender esse peixe, de todo modo", recordou um alto funcionário. "Ele era completamente disperso."

Assim, a Casa Branca recorreu a Nielsen, de 46 anos, uma advogada disciplinada e de temperamento calmo, como a melhor escolha para defender o governo e explicar por que as crianças ficavam temporariamente detidas enquanto seus pais eram processados por atravessar a fronteira ilegalmente. Nielsen concordou, mas a coletiva ficaria para o dia seguinte, quando ela estivesse de volta a Washington. Pessoas próximas insistiram que não fizesse aquilo, inclusive seu vice, Chad Wolf, e seu chefe de equipe, Miles Taylor. Ninguém foi mais firme do que Kelly. Se Nielsen se prestasse a tal coisa, ele advertiu, viraria a face pública da política contra cuja implementação ela própria advertira, mas que Sessions anunciara mesmo assim.

Em 18 de junho, Nielsen subiu ao palco para a coletiva de imprensa na Casa Branca. A política fora introduzida com pouco planejamento. Os imigrantes não sabiam que se entrassem por determinados pontos aceitos ao longo da fronteira americana podiam pedir asilo e não seriam levados à justiça. A maioria não sabia que seria levada à justiça por atravessar a fronteira ilegalmente — cruzando desertos ou margens de rios — e depois temporariamente separada de seus filhos. E, nos Estados Unidos, o público não sabia que para levar à justiça adultos sem documentos o governo era obrigado por lei a separar os filhos dos pais. Estima-se que o Departamento de Segurança Interna já havia tirado 2300 crianças de seus pais desde o início da política de tolerância zero em abril. No entender de Nielsen, a política não fora planejada para separar crianças, mas aquilo não fazia diferença. As separações familiares resultavam da decisão de processar os pais.

Nielsen não compreendia a verdadeira gravidade da situação e ao parar diante das câmeras não sabia que a ProPublica, uma organização de notícias investigativas, postara momentos antes um áudio de crianças de quatro a dez anos chorando e implorando para ver seus pais, presas em um posto da Proteção de Alfândega e Fronteira. Seu sofrimento fora gravado uma semana antes por um bom samaritano, que preferira permanecer anônimo, mas ficara consternado com o choro poucas horas após as crianças serem separadas. Enquanto Nielsen respondia às perguntas dos repórteres, Olivia Nuzzi, da *New York Magazine*, aumentou o som do áudio para os outros ouvirem. Fora o som de narizes fungando e gritos de "*mami*" e "*papi*", podia-se ouvir uma pequena salvadorenha de seis anos implorando que alguém ligasse para sua tia, repetindo sem parar o número que havia memorizado.

A voz rouca de um agente da Proteção de Alfândega e Fronteira também pôde ser ouvida, ironizando: "Temos uma orquestra aqui".

Um repórter gritou para Nielsen: "Como isso não é abuso infantil?".

Nielsen se sentiu exposta, mas também foi cautelosa em presumir que o som de crianças chorando automaticamente significasse alguma falha do governo e ficou receosa em atacar os funcionários de seu próprio departamento sem dispor de todos os fatos. Alegações de maus-tratos na fronteira haviam sido exageradas no passado. Sua reação foi a de uma advogada cuidadosa, mas ela soou insensível. "Seja mais específico, por favor", disse.

As gravações eram uma prova contundente da advertência da Academia Americana de Pediatria de que essas separações podiam causar um "mal irreparável" às crianças. Quando perguntaram o que achava delas, Nielsen disse, friamente: "Refletem o foco dos que postam essas imagens e narrativas". Por dentro, Nielsen estava furiosa. Todos os avisos que dera aos diretores de sua agência sobre a dificuldade de separar crianças de seus pais sem traumas se revelavam verdadeiros. Após a coletiva na Casa Branca, ela virou a face pública de um governo que punha crianças em jaulas.

"Ela nunca deveria ter subido na porra daquele palco", disse um alto funcionário do governo. "Por mim, devia ter explicado o que estava acontecendo. A gente precisava de mais seis meses para fazer aquilo adequadamente. Era para ter passado meses avisando os imigrantes: 'Se você está com crianças, por favor, por favor, procure um ponto de acesso, para não serem separados.'"

A situação na fronteira só piorou. Os agentes estavam sobrecarregados. As crianças ficavam detidas por tempo maior do que o esperado em abrigos improvisados parecidos com galinheiros gigantes. A informação não fluía rapidamente de volta a Washington porque os chefes no Departamento de Imigração e Alfândega, tão afoitos por impedir travessias ilegais com a separação das famílias, não informavam os problemas para Nielsen com rapidez suficiente. Consequentemente, a secretária parecia desconectada da realidade.

Nos dois dias subsequentes à coletiva, Nielsen e os funcionários da Casa Branca debateram intensamente a possibilidade de mudar de rumo e interromper a tolerância zero. Todo mundo temia desagradar Trump, mas outros assessores tentaram sutilmente influenciar o presidente — incluindo Ivanka, que comentou com seu pai que nenhuma política de intimidação valia o preço de fazer o governo parecer tão cruel.

O presidente cedeu. Na manhã de 20 de junho, ligou para Nielsen em casa e disse que tinham de consertar o desastre de relações públicas. As instruções conflitantes a deixaram coçando a cabeça. "É, precisamos consertar isso. Pode parar já", disse Trump a Nielsen, referindo-se às separações familiares. "Mas quero que a tolerância zero continue."

Nielsen ligou para Taylor e explicou seu apuro. As ordens do presidente estavam em claro conflito. "Não tenho ideia do que fazer", disse.

Uma ordem executiva era a única maneira de resolver aquilo. Nielsen e sua equipe, Miller e os advogados do conselho jurídico da Casa Branca discutiram a redação do texto que o presidente precisaria assinar para cancelar a política de tolerância zero implementada por Sessions. Embora temessem que aquilo pudesse encorajar o tráfico infantil, concordaram em suspendê-la.

"Assim vamos ter uma fronteira muito, muito forte, mas as famílias continuam juntas", disse Trump, conforme assinava a ordem. "Não gostei das imagens das famílias sendo separadas."

Atrás do presidente, Nielsen sorria, achando que agora a letra da lei estava clara e que finalmente sabia quais eram suas instruções. Mas naquele mesmo instante informações distribuídas pela Casa Branca mostravam que o presidente assinara um texto diferente do que Nielsen acreditava ter sido combinado. O texto dizia que os Estados Unidos suspenderiam as separações, mas continuariam com a tolerância zero. Ela soube da verdade apenas quando voltou à sua sala. Mais tarde, com a equipe jurídica do governo, Nielsen acharia um jeito de interpretar e executar a ordem. "Com esse governo, é absurdo em cima de absurdo", recordou a secretária de Segurança.

Em 11 de julho, Trump chegou a Bruxelas para a cúpula bienal da Otan e se queixou na mesma hora de uma aliança que acreditava ser prejudicial aos Estados Unidos. A visita viraria uma rusga transatlântica. Em um café da manhã rotineiro com o secretário-geral da Otan, Jens Stoltenberg, Trump acusou muitos países de serem "delinquentes" por não alocarem verba suficiente para seus orçamentos de defesa. Em seguida, chamou a Alemanha — cuja chefe de Estado de longa data, Merkel, era uma respeitada construtora de consenso dentro da Otan — de "totalmente controlada pela Rússia" devido a um acordo de petróleo e gás entre os dois países. Era um ataque declarado contra a líder alemã, que crescera na Alemanha Oriental quando o país era de fato controlado pela União Soviética e que desde o fim da Guerra Fria lutava por promover os valores democráticos na Alemanha unificada. À medida que Trump falava, os membros da delegação americana ficavam visivelmente abalados. O episódio deu o tom da acrimoniosa cúpula da Otan — um repeteco de Quebec.

No dia seguinte, 12 de julho, a situação foi de incômoda a perigosa. A conferência de cúpula da Otan chegava ao fim. Os líderes europeus estavam satisfeitos com o razoável bom comportamento de Trump, a despeito de seu visceral menosprezo, tão longamente acalentado, por acreditar que o tratavam com superioridade. Mas, no fim da manhã, Trump chegou espumando à sede da Otan. Estava frustrado porque as notícias de seu primeiro dia em Bruxelas não pintaram o retrato de alguém com raiva suficiente. A seu ver, a mídia não transmitira ao povo americano toda a sua irritação com os aliados por não aumentarem os gastos com defesa.

Diversos funcionários dos Estados Unidos nas salas envidraçadas do balcão acima perceberam o mau humor do presidente só de observá-lo chegar ao saguão principal da Otan. Estava quase 45 minutos atrasado. Embora o serviço secreto entrasse no prédio com ele, parecia um homem solitário. De cara amarrada e cabeça baixa, Trump não fez menção de erguer o rosto para cumprimentar ninguém. Caminhava decidido em direção à sala de conferências da Otan.

Chegou ao encontro do Conselho do Atlântico Norte no meio da conversa entre seus membros e os presidentes da Ucrânia e da Georgia, e pediu a palavra sem nem ao menos uma saudação de cortesia. Trump tomou conta da conferência e se pôs a esbravejar, esculachando os países individualmente por seus gastos com defesa. Parecia exaltado. Atacou os líderes um a um. Tinha as estatísticas na mão, sugerindo que fora tudo planejado. Advertiu que, se os membros da Otan não cumprissem suas metas de gastos com defesa de 2% do PIB até janeiro, os Estados Unidos poderiam deixar a organização. Ele teve dificuldades em definir precisamente sua ameaça. Primeiro avisou que haveria "graves consequências" se não firmassem acordos formais para aumentar seu orçamento de defesa. Em seguida, afirmou que os Estados Unidos seguiriam "seu próprio caminho".

Perplexo com a ira de Trump, Stoltenberg tentou acalmar os ânimos, mas o presidente americano estrilou. "Nada disso, não estamos fazendo esse jogo", disse. "Outros presidentes fizeram isso, mas eu não vou fazer." A aliança ocidental ficou em polvorosa por uma hora para tentar manter a coesão diante da possibilidade de que os Estados Unidos se retirassem da organização que o país ajudara a fundar em 1949 como reação à União Soviética.

Dez minutos mais tarde, os assessores do secretário de Defesa Jim Mattis recebiam mensagens urgentes em seus celulares. Eram convocados imediatamente à sala dos americanos. Quando Dana White, porta-voz de Mattis, descia apressadamente as escadas, encontrou Hogan Gidley, vice-porta-voz da Casa Branca, e lhe contou o que no seu entender era uma terrível notícia. "Recebi mensagens de que a gente vai deixar a Otan", disse ela. O tímido e reservado Gidley aconselhou calma nas decisões. Já passara por aquilo antes. Certas ideias de Trump soavam ominosas, explicou, mas talvez não fosse o fim do mundo. "Você sabe como o presidente gosta de deixar as coisas no ar", disse Gidley, em seu sotaque arrastado do Sul. "Mas é só uma insinuação."

Katie Wheelbarger, ex-assessora do vice-presidente Cheney que atuava como secretária de Defesa assistente para assuntos internacionais e que não se abalava fácil, estava com uma expressão de pânico após testemunhar o presidente soltando o verbo em cima dos demais líderes. "Parece que a gente acaba de deixar a Otan", disse. O próprio Stoltenberg convocou uma sessão de emergência para os aliados debaterem as exigências de Trump e prepararem uma resposta em seus acordos de ônus compartilhado.

Mattis, fiel defensor da Otan, tivera de faltar à sessão de emergência para comparecer à reunião pré-agendada com um comandante que deixara o campo de batalha no Oriente Médio estritamente para vê-lo em Bruxelas. O fato de que o secretário de Defesa não estava ao lado de Trump naquele momento deixou os funcionários do Pentágono nervosos. Quem impediria o presidente de causar uma catástrofe?

Kelly localizou Mattis rapidamente e o chamou para um tête-à-tête sobre o que fazer. O secretário de Defesa sugeriu que ele, Kelly, Bolton e Pompeo tivessem uma conversa particular com o presidente numa sala segura. Os assessores ouviram dizer que Trump queria realizar uma coletiva de imprensa imediatamente, mas Mattis esperava conversar com o chefe primeiro. Depois que Mattis e os outros falaram com Trump, o presidente foi o primeiro a deixar a sala após a reunião. Miller, outro crítico da Otan, estava ocupado listando pontos importantes a mencionar na coletiva de última hora. Mattis e Kelly ficaram, para continuar a conversa privada. Os repórteres do Pentágono que viajavam com Mattis e que já haviam obtido a liberação da segurança aguardavam no avião do secretário para ir a Bruxelas com ele; ao descobrir que perderiam uma importante coletiva de imprensa presidencial com a presença de Mattis, ficaram revoltados.

Antes ir ao aeroporto para deixar Bruxelas, Trump se dirigiu a jornalistas do mundo todo diante de um atril na sede da Otan. As alegações do presidente americano foram contestadas por alguns líderes. Macron e outros questionaram o anúncio de que os países haviam acabado por concordar em aumentar seus gastos "bem acima" dos 2% de seu PIB. Mas houve um imenso suspiro coletivo de alívio entre os funcionários americanos da delegação quando Trump afirmou:

"Acredito na Otan". O presidente chamou a aliança de "máquina bem azeitada" e louvou sua "grande unidade, grande espírito, grande *esprit de corps*".

Em sua coletiva de imprensa, Trump revelou que ficara desapontado com a mídia pela falta de cobertura de seu sermão para os europeus aumentarem os gastos com defesa. "Fiquei surpreso que não tocaram no assunto; levou esse tempo todo", disse, como se a ameaça na parte da manhã nada mais fosse que uma farsa orquestrada para gerar manchetes. Xavier Bettel, primeiro-ministro de Luxemburgo, lembrou aos repórteres que Trump tinha wi-fi no Força Aérea Um e podia reverter seu apoio à Otan num único tuíte assim que deixasse Bruxelas. Quando uma repórter perguntou a Trump se ele atacaria a Otan no Twitter após sua partida, como fizera ao vilipendiar Trudeau após a cúpula do G7 em Quebec, o presidente respondeu: "Não, quem faz isso são os outros. Eu não. Sou muito coerente. Sou um gênio muito estável".

Quatro dias depois, Trump acolhia efusivamente a Rússia, maior ameaça direta à Otan. A conferência de cúpula Trump-Putin em Helsinque fora planejada bem antes. Trump sofria intensa pressão para confrontar Putin por sua ampla operação de subterfúgio na eleição de 2016, assim como para repudiar a intervenção russa na Síria e na Ucrânia.

Antes de apertar a mão de Putin, o presidente já sabia que a investigação americana reunira evidências incontestáveis da interferência do governo russo na eleição. No fim de junho, quando Trump anunciara a cúpula em Helsinque para meados de julho, os promotores de Mueller estavam com tudo pronto para indiciar uma dúzia de oficiais militares do Departamento Central de Inteligência russo pelos e-mails hackeados. Mas enfrentavam um dilema diplomático. Tinham de deixar Trump a par da situação e perguntar se preferia o indiciamento antes ou depois do encontro com Putin. A decisão surpreendeu os promotores. Ele queria o anúncio feito antes da cúpula de Helsinque.

Antes de partir de Washington, Trump sentou com o vice-procurador--geral Rod Rosenstein para uma prévia das acusações do Departamento de Justiça contra os doze funcionários de inteligência russos por hackear e-mails democratas. O indiciamento, que Rosenstein anunciou publicamente em 13 de julho, foi um grande momento da investigação de Robert Mueller. "Ante uma interferência estrangeira nas eleições americanas, não devemos pensar politicamente, como republicanos ou democratas, e sim patrioticamente, como americanos", disse Rosenstein, ao fazer o anúncio. "A culpa pela interferência na eleição cabe aos criminosos que a cometeram. Precisamos trabalhar juntos para levar a responsabilidade aos seus perpetradores."

Mas Trump não tinha interesse em responsabilizar os russos. No encontro de Helsinque sua preocupação era fortalecer a amizade com Putin. "Ele não é meu inimigo e torço para que um dia talvez seja um amigo. Pode acontecer", afirmou. Quando um repórter do *Washington Post* perguntou se Trump pretendia confrontar Putin quanto à eleição americana, ele caçoou da simples sugestão — "sua pergunta favorita sobre interferência" — e disse já saber que Putin negaria mais uma vez. Um pouco antes, quando Jeff Glor, âncora da CBS, perguntou a Trump numa entrevista exclusiva se pediria a Putin para extraditar os doze agentes russos indiciados, o presidente respondeu que "nem pensara" em fazer isso.

Em 16 de julho, Trump e Putin passaram duas horas em reunião, acompanhados apenas de seus intérpretes, no Palácio Presidencial neoclássico em Helsinque, em frente às águas cintilantes do Báltico. Ao contrário da maioria das reuniões entre líderes estrangeiros, ninguém realizava anotações para compilar uma ata oficial do que se dizia ou das promessas feitas. E o que aconteceu em seguida foi historicamente sem precedentes. Em uma coletiva de imprensa conjunta com Putin que durou 46 minutos, Trump se recusou a endossar a conclusão das agências de inteligência americanas de que o governo russo tentara sabotar a eleição americana para ajudá-lo a ganhar. Na verdade, afirmou acreditar mais na palavra de Putin do que na avaliação coletiva de suas agências de inteligência. Trump objetou quando Jonathan Lemire, da Associated Press, perguntou: "O senhor poderia dizer agora ao presidente Putin, com o mundo inteiro assistindo — o senhor denunciaria o que aconteceu em 2016? E avisaria o presidente Putin para nunca mais fazer isso?".

"Não posso fazer nada além de perguntar", respondeu Trump. Referindo-se a seu diretor de Inteligência Nacional, o presidente continuou: "Meu pessoal me procurou, Dan Coats me procurou, junto com alguns outros, e disse que achavam que era a Rússia. Falei com o presidente Putin. Ele acaba de me dizer que não foi a Rússia. Vou dizer o seguinte: não vejo nenhum motivo para ter sido".

Em seguida, Trump fez uma série de questionamentos sobre os e-mails de Hillary Clinton, antes de acrescentar: "Tenho grande confiança em meu pessoal de inteligência, mas devo dizer que o presidente Putin foi extremamente forte e convincente em sua negação hoje".

Na sala de Mueller, os promotores da investigação sobre a interferência russa na eleição assistiam à TV com um misto de preocupação e sombria resignação. Agentes de inteligência haviam determinado que a ordem partira de Putin. Os promotores também sabiam que as provas tinham sido apresentadas a Trump diversas vezes.

O desempenho do presidente americano em Helsinque deixou o establishment da Segurança Nacional em Washington horrorizado. Trump achava que passara uma imagem de força, mas, uma hora após embarcar no voo de volta, seu humor azedou conforme assistia aos noticiários nos canais a cabo via satélite e chegavam a suas mãos folhas impressas com as declarações de outros republicanos condenando seus comentários. Até mesmo para alguns aliados republicanos, Helsinque tinha sido como uma experiência extracorpórea. Coats na verdade desmentiu o chefe, dizendo que a avaliação da inteligência sobre "as tentativas russas contínuas e difusas de minar nossa democracia" eram claras e haviam sido mostradas sem rodeios a Trump.

John McCain, senador republicano pelo Arizona, não mediu suas palavras: "A coletiva de imprensa de hoje em Helsinque foi um dos espetáculos mais desastrosos de um presidente americano na história. Os danos infligidos por sua ingenuidade, seu egocentrismo, suas comparações falaciosas e sua simpatia por autocratas são difíceis de calcular. Mas ficou claro que a conferência de cúpula em Helsinque foi um trágico equívoco". E acrescentou: "Nenhum presidente anterior se rebaixou tão abjetamente perante um tirano".

De uma hora para outra, a palavra "traidor" circulava publicamente, em referência a Trump. O ex-diretor da CIA, John Brennan, afirmou que os comentários do presidente eram "nada menos que traição". Uma represa se rompera.

Após consultar Sanders e outros assessores em sua cabine privada no Força Aérea Um, Trump tuitou em uma tentativa de consertar as coisas: "Tenho GRANDE confiança no MEU pessoal de inteligência". Mas a gritaria não cessou. Mesmo seguidores a toda a prova, como o ex-presidente da Câmara Newt Gingrich — cuja esposa, Callista, servia como embaixadora de Trump no Vaticano —, e Brian Kilmeade, apresentador da *Fox & Friends*, afirmaram que Trump cometera um erro e devia se corrigir. Quando chegou à Casa Branca, o presidente confidenciou a amigos que não entendia o motivo de tanto alarde.

A seu ver a cúpula fora um inegável sucesso. Mas entre os assessores do presidente se dava um corre-corre frenético para pôr panos quentes no fiasco mundial de Helsinque. Seria uma semana de retratações e esclarecimentos.

Por volta das 8h30 de 17 de julho, Trump ligou para a conselheira Kellyanne Conway, em sua sala na Ala Oeste, e disse que o encontrasse na sala de jantar privada do Salão Oval. O presidente estava agitado. Assistira à brutal análise na TV a cabo de seu comentário "não vejo nenhum motivo para ter sido".

"Não foi o que eu falei", disse Trump.

"Mas *foi* o que você falou", respondeu Conway.

"Eu não falei isso", insistiu o presidente. "Por que falaria isso?"

"Essa é uma ótima pergunta", disse Conway. "Por que *falou* isso?"

Trump havia anotado o que ele queria dizer em Helsinque: "Não vejo nenhum motivo para *não ter sido* a Rússia". Ele estendeu o pedaço de papel a Conway. "Foi isso que eu quis dizer", falou. "Toma, vai lá e explica pra todo mundo que foi isso que eu quis dizer".

"Não", disse Conway. "Acho que quem devia fazer isso é o senhor...".

E acrescentou: "Precisa esclarecer isso agora mesmo. Não é só questão de uma palavra diferente. A intenção é diferente".

O vice-presidente Pence, o novo chefe de comunicação Bill Shine, Kelly, Bolton, Miller e Sanders não demoraram a chegar e rodearam Trump para ajudá-lo a redigir um pronunciamento, a ser feito à tarde, esclarecendo seus comentários em Helsinque e tranquilizando seus diretores de inteligência. Falando da Sala do Gabinete, um dia após se encontrar com Putin, Trump alegou que, quando disse "Não vejo nenhum motivo para *ter* sido" a Rússia, quis dizer "Não vejo nenhum motivo para *não* ter sido a Rússia". Isso, explicou o presidente, era uma "espécie de dupla negação".

Mas, em 18 de julho, pouco antes de uma reunião de gabinete, Cecilia Vega, da ABC News, perguntou a Trump se ele acreditava que os Estados Unidos continuavam sob ataque cibernético russo. O presidente respondeu com um seco "Não", mais uma vez contradizendo seus chefes de inteligência e sua própria retratação. Mais tarde, Sanders disse aos repórteres que Trump não estava respondendo à pergunta de Vega. "Estava dizendo que 'Não', não ia responder a perguntas." Mas era tarde demais.

No dia seguinte, 19 de julho, Trump deu uma ordem a Bolton: marcar uma segunda conferência de cúpula com Putin e convidar o presidente russo para visitá-lo em Washington. Bolton foi imediatamente apresentar a proposta ao Kremlin e à tarde a Casa Branca anunciou que o planejamento estava sendo feito para uma visita no outono. A viagem de Putin acabaria não acontecendo. Naquele exato momento, Coats, diretor de Inteligência Nacional, falava no Fórum de Segurança de Aspen. O chefe de inteligência admitiu que preferia que Trump tivesse dado uma declaração diferente em Helsinque e que o presidente não deveria ter se reunido a sós com Putin. Coats também foi enfático ao falar da ameaça persistente e "inegável" da interferência russa nas eleições americanas.

Quando Andrea Mitchell, da NBC News, perguntou a Coats o que dizia ao pessoal de inteligência que arriscava a vida no trabalho enquanto o presidente os desautorizava, como fizera em Helsinque, o diretor afirmou: "Que somos profissionais. Estamos aqui para fornecer serviço profissional para nosso governo. Não podemos chamar a atenção. Precisamos seguir produzindo inteligência com as maravilhosas capacidades tecnológicas à nossa disposição. Tem um turbilhão, um turbilhão político, acontecendo. Vamos fazer nosso trabalho, só isso".

A franqueza de Coats foi notável, considerando que seu apelido entre alguns colegas nos círculos de segurança nacional era "Marcel Marceau", o famoso mímico francês, por ser tão contido e raramente dar sua opinião sem ser consultado. Antes de abrir para as perguntas da plateia, Mitchell fez um anúncio: "Acaba de chegar a seguinte notícia: a Casa Branca anunciou no Twitter que Vladimir Putin vem para a Casa Branca no outono".

"Como foi que disse?", perguntou Coats, curvando-se para a frente na cadeira.

"Vladimir Putin vem para a...", começou Mitchell.

"Estou ouvindo", disse Coats, levando a mão em concha ao ouvido. Ambos riram, constrangidos. Obviamente era a primeira vez que Coats ouvia falar do convite a Putin. Ele respirou fundo.

"Certo", disse ele, rindo. E com um sorriso cansado, acrescentou; "Isso vai ser ótimo".

18. A resistência vinda de dentro

Nos bastidores de um encontro da Otan, em 11 de julho de 2018, Trump acreditava ter feito um ótimo negócio com Recep Tayyip Erdogan. As câmeras de TV capturaram o presidente americano e o turco se cumprimentando batendo os nós dos dedos em um soquinho e sorrindo. O que os telespectadores não sabiam era que Trump imaginava ter combinado uma troca simples de prisioneiros naquele momento. Os Estados Unidos obteriam a soltura e devolução de Andrew Brunson, pastor protestante preso na Turquia havia dois anos por acusações de terrorismo que os americanos consideravam falsas. Brunson era uma causa célebre para a base conservadora do presidente. Aproveitando sua relação de proximidade com o primeiro-ministro israelense, Benjamin Netanyahu, Trump em seguida negociaria a liberação de uma prisioneira turca detida em Israel, injustamente acusada de atividade terrorista. Na cabeça de Trump, ele fechara o acordo nessa conversa pessoal com Erdogan. A prisioneira turca fora mencionada por Erdogan, Ebru Özkan, de 27 anos, acusada de atuar como contrabandista para o Hamas. Trump ficara intrigado. Ele também tinha um prisioneiro que queria soltar, na Turquia.

Em 27 de julho, o acordo naufragou. Massageando o ego de Trump, Erdogan disse que certamente o presidente americano conseguiria a liberação de Özkan. Trump confirmou e mencionou Brunson. Mas os funcionários americanos posteriormente ficariam sabendo que Erdogan nunca achara que aquilo fosse uma troca. "Trump saiu do encontro acreditando ter negociado pessoalmente o acordo. Não era verdade", disse uma pessoa por dentro das negociações. Para piorar, fora como uma conversa de louco. "De algum modo, Trump deixou Erdogan com a impressão de que podia barganhar."

A troca era complicada por muitos motivos. Para começar, delicadas negociações sobre a soltura de Brunson vinham sendo conduzidas havia semanas entre representantes de menor escalão dos governos americano e turco. Os funcionários turcos no começo disseram que Erdogan estaria disposto a entregar Brunson se os Estados Unidos deportassem ou extraditassem Fethullah Gülen, um adversário político odiado por Erdogan que se exilara na Pensilvânia. Os americanos descartaram essa possibilidade. Estava fora de cogitação. A decisão cabia ao Departamento de Justiça, e seus advogados já haviam deixado claro que uma extradição daquela natureza ia contra as normas legais americanas. Era óbvio para qualquer um acompanhando a situação que Erdogan quase certamente planejava mandar matar Gülen assim que deixasse os Estados Unidos e desembarcasse em outro país. De modo que os americanos se saíram com uma abordagem em três frentes que agradou aos turcos. A primeira medida, combinada em junho e comunicada pelo secretário de Estado Mike Pompeo, era que o Departamento de Justiça e o FBI investigariam mais a fundo se grupos ligados a Gülen nos Estados Unidos estavam envolvidos em atividades ilegais, como crimes fiscais. A segunda seria ajudar a assegurar a liberação de Özkan em Israel. A terceira dava a impressão de ser uma troca de prisioneiros: depois que a Turquia devolvesse Brunson aos Estados Unidos, o governo americano extraditaria um banqueiro turco e aliado de Erdogan que estava detido nos Estados Unidos por um processo federal. O banqueiro, que tinha informação incriminadora sobre o papel de Erdogan em um esquema de propina e lavagem de dinheiro para evitar sanções americanas contra o Irã, poderia servir o resto de sua breve sentença em seu país natal. Trump estava pouco familiarizado com os detalhes das negociações. Não houve transcrição oficial de sua conversa com Erdogan, nenhuma prova direta de seu aparente "acordo" a ser cobrado do governo turco por funcionários de inteligência ou diplomatas americanos.

Em 14 de julho, quando passava o fim de semana em seu resort de golfe na Escócia, Trump decidiu, entre uma tacada e outra, ligar para Netanyahu. Seus assessores levaram uma linha segura ao buraco nove. Trump pediu ao primeiro-ministro que liberasse Özkan. Netanyahu confessou que não fazia ideia de quem ele estava falando. O nome não lhe dizia nada. Mas concordou em cuidar do assunto e ajudar a apressar a liberação, caso não houvesse outros impedimentos.

No dia seguinte, 15 de julho, Özkan foi solta. Ela tomou o avião de Israel para Istambul, onde era aguardada por repórteres, e declarou sua gratidão a Erdogan, afirmando que o presidente "fez a gentileza de mostrar muito interesse no meu caso". Nos dias que se seguiram, Trump perguntou a seus assessores sobre Brunson. O primeiro indício não foi encorajador. Em 18 de julho, um tribunal turco rejeitou os pedidos de soltura de Brunson e determinou novo julgamento para outubro. Na Casa Branca, onde o presidente acabara de voltar de sua viagem europeia, os funcionários ficaram pasmos. Trump tuitou que a decisão do tribunal turco era uma "desgraça total".

No dia 25 de julho, uma quarta, o tribunal voltou a se reunir e determinou a soltura de Brunson. Altos assessores de Trump, bem como os defensores cristãos do pastor que pediam havia tempos sua liberação, prepararam-se para comemorar seu regresso à noite. Mas o que aconteceu a seguir surpreendeu os americanos por dentro das negociações: Brunson foi solto, mas na manhã de 26 de julho a polícia turca apareceu em sua casa e decretou sua prisão domiciliar. Por canais paralelos, os Estados Unidos ficaram sabendo que ele continuaria detido na Turquia. Pompeo escreveu no Twitter que a decisão do tribunal era "bem-vinda", mas "não basta. Não encontramos evidências convincentes contra o sr. Brunson e contatamos as autoridades turcas para resolver o caso imediatamente de uma maneira transparente e justa".

Em 26 de julho, Trump ligou para Erdogan cuspindo fogo. A ligação foi breve e praticamente só o presidente americano falou, sem conseguir as respostas que queria. Então ele foi ao Twitter anunciar sua insatisfação. Os Estados Unidos iam "impor grandes sanções" contra a Turquia, escreveu. "Esse homem de fé inocente deve ser solto de imediato." Horas depois, um alto funcionário turco emitiu um pronunciamento afirmando que as notícias de um acordo entre Trump e Erdogan na Otan para uma troca de prisioneiros entre os Estados Unidos e a Turquia eram "completamente infundadas". Segundo os turcos, o tal acordo milagroso que o presidente americano pensava ter selado com Erdogan não passava de imaginação. Trump tomou aquilo como uma afronta pessoal. Era um antigo admirador de Erdogan, encantado com a forma implacável como governava e a facilidade com que despachava os rivais políticos. Sempre preocupado com sua imagem pública, Trump afirmara a assessores que admirava a voz rouca e imponente de Erdogan.

"É impressionante", um importante assessor o ouviu dizer. "Não sei explicar. Quando ele fala no viva voz, é como se você estivesse escutando Hitler num comício em Nuremberg. A gente ouve a voz de Hitler, é um troço diferente. Tem uma coisa poderosa nela, dá um calafrio. É como se você estivesse ouvindo Satanás, ou sei lá. Quando o Erdogan fala, é tão poderoso que chega a ser perturbador. A voz parece um trovão, e é cadenciada."

Em 16 de agosto, em uma reunião de gabinete, Trump tocou no assunto "terrível" da Turquia. "A Turquia, eles não estão sendo bons amigos", disse. "Eles têm um grande pastor cristão por lá. Um homem muito inocente." Era a primeira vez que Trump admitia publicamente seu papel na troca da prisioneira turca por Israel. "A gente soltou alguém por causa dele", disse, referindo-se a Erdogan. "Ele precisava de ajuda pra tirar uma pessoa de um lugar; ela saiu."

"Estão querendo segurar nosso esplêndido pastor", acrescentou Trump. "Não é justo. Não está certo."

Brunson ficaria na Turquia por mais dois meses, até ser finalmente liberado quando um juiz suspendeu sua proibição de viajar, proporcionando-lhe a oportunidade de pegar suas coisas, correr para o aeroporto e deixar o país. Enfrentando pressão econômica incessante e a ameaça extra das sanções americanas, Erdogan desistiu de brigar com Trump.

A primeira parada de Brunson após regressar aos Estados Unidos em 13 de outubro foi a Casa Branca, onde pousou a mão no ombro de Trump, ajoelhou para orar e agradeceu o presidente. Trump chamou o episódio de um sucesso diplomático para seu governo. Levara mais tempo e fora mais confuso do que ele previra, mas o pastor foi solto, de todo modo.

No dia 15 de agosto, Trump aproveitou uma oportunidade de retaliação aos profissionais de Segurança Nacional que haviam condenado publicamente sua postura em relação à interferência russa na eleição ou que questionavam sua aptidão para a presidência. O principal deles era John Brennan, ex-diretor da CIA que preparara um relatório de inteligência sobre a operação russa para Trump em janeiro de 2017 e desde então se tornara crítico declarado do presidente, tanto nas redes sociais quanto como analista da NBC News.

Sarah Sanders fez um anúncio surpreendente em sua coletiva de imprensa nesse dia: a liberação de segurança de Brennan seria revogada. Lendo um pronunciamento atribuído a Trump, Sanders disse que Brennan representava um risco para a segurança nacional com "sua conduta e seu comportamento erráticos". Acusou o ex-diretor da CIA de fazer "uma série de alegações infundadas e ultrajantes — desabafos descontrolados na internet e na TV — sobre seu governo". Ironicamente, eram as mesmas acusações que muitos dos profissionais de Segurança Nacional, se não a maioria, dirigiam a Trump. Brennan, aos 62 anos, devotara 25 anos de sua carreira à CIA. Ele trabalhou como analista para Oriente Médio e Ásia Meridional, foi chefe de posto da CIA em Riad, Arábia Saudita, e diretor do Centro de Contraterrorismo Nacional. Serviu sob os presidentes Clinton e George W. Bush e depois no governo Obama, quando foi assessor de Segurança Nacional e posteriormente diretor da CIA. Trump também considerava revogar as liberações de segurança de outros funcionários de segurança nacionais, todos tidos pelo presidente como inimigos pessoais: James Comey, ex-diretor do FBI, Andrew McCabe, antigo vice-diretor do FBI, Sally Yates, antiga procuradora-geral interina, Michael Hayden, ex-diretor da CIA, e Susan Rice, ex-assessora de Segurança Nacional; além de dois ex-funcionários recentes do FBI, Peter Strzok e Lisa Page, e um funcionário do Departamento de Justiça, Bruce Ohr, ainda no cargo.

Para muitos profissionais na comunidade de segurança, essa medida extraordinária passou dos limites. Entre os que ficaram chocados estava William McRaven, que recebera o título de "Bull Frog" dos agentes especiais por ser um dos mais antigos no corpo de elite. O ex-almirante chefiara o Comando de Operações Especiais Conjuntas dos Estados Unidos, bem como a incursão de 2011 no complexo paquistanês que matou Osama bin Laden, o líder terrorista da Al-Qaeda responsável pelo Onze de Setembro.

McRaven considerava Brennan um amigo de confiança e um parceiro crucial naquela missão única. No início de 2018, ambos se encontraram na Universidade do Texas, em Austin, onde McRaven encerrava seu trabalho como chanceler da universidade. Eles encabeçaram um painel sobre a importância da liderança, louvando o apoio mútuo na busca de muitos anos pelo esconderijo de Bin Laden e no tenso ataque ao complexo.

McRaven desfrutava de uma semiaposentadoria. Estava visitando um amigo nas montanhas do Colorado quando escutou a notícia de que Trump revogara a liberação de segurança de Brennan. Ele tinha planos para uma pescaria no vale no dia seguinte, 16 de agosto, mas sentiu a necessidade — o dever, até — de se pronunciar em defesa de Brennan. O sinal de celular era ruim ali e não havia wi-fi, então era impossível para McRaven enviar um e-mail. Ele perguntou ao amigo se podia usar a linha fixa de sua casa. Antes de fazê-lo, organizou os pensamentos e rabiscou algumas frases em um pedaço de papel. Depois ligou para o celular de uma repórter que conhecia e em quem confiava.

Quando criança, em San Antonio, McRaven fora colega no quinto ano de Karen Tumulty, que se tornara uma destacada correspondente política do *Washington Post* e havia pouco assinava uma coluna na seção de opiniões. McRaven pensava em dar uma declaração oficial para ela, que depois poderia transmitir suas palavras ao jornalista do *Washington Post* que estivesse cobrindo a controvérsia de Brennan. Quando o almirante ligou, Tumulty estava a caminho do consultório médico. Como não reconheceu o número do Colorado, deixou que a ligação caísse na caixa postal. Sem saber quando conseguiria voltar a ligar, McRaven decidiu deixar uma mensagem, afirmando que diria aquilo na cara de Trump, se tivesse a chance.

"Aqui vai o que eu escrevi", disse ele. "Faz o que você quiser com isso, Karen."

Ele ditou seu comentário, tal como o escrevera:

O ex-diretor da CIA John Brennan, cuja liberação de segurança foi revogada pelo senhor na quarta-feira, é um dos melhores servidores públicos que conheci em minha vida. Poucos americanos fizeram mais pela proteção de seu país do que John. É um homem de integridade sem paralelo, cuja honestidade e cujo caráter nunca foram questionados, exceto pelos que não o conhecem.

Assim, eu consideraria uma honra se revogasse minha liberação de segurança também, de modo que eu pudesse acrescentar meu nome à lista de homens e mulheres que se manifestaram contra sua presidência.

Como a maioria dos americanos, alimentei a esperança de que, uma vez eleito, o senhor faria jus ao cargo e viria a se tornar o líder de que esta grande nação necessita.

Um bom líder tenta encarnar as melhores qualidades de sua organização. Um bom líder dá o exemplo a ser seguido pelos demais. Um bom líder põe o bem-estar dos outros na frente do seu.

Mas sua liderança tem mostrado pouco dessas qualidades. Com suas ações, o senhor nos envergonhou aos olhos dos nossos filhos, nos humilhou no palco mundial e, o pior de tudo, nos dividiu como nação.

Se acredita por um segundo que suas táticas da era macarthista conseguirão calar a voz dos que o criticam, está tristemente enganado. A crítica continuará até que o senhor se torne o líder que rezamos que seria.

Na sala de espera do consultório, Tumulty verificou o recado deixado pelo número misterioso. Ficou atônita com o que escutou. Ligou de volta para McRaven, mas a conversa foi breve, pois ele estava saindo para pescar. Ela lhe disse que certamente o *Washington Post* publicaria parte de sua reação, e McRaven afirmou que teria problemas financeiros por algum tempo, mas que confiava nela para cuidar do assunto. Desligaram.

Ao transcrever a gravação de McRaven ali mesmo, Tumulty teve certeza de que aquilo merecia mais do que algumas citações numa matéria. Um herói militar acusara o presidente de ser um constrangimento nacional e um péssimo exemplo para os jovens americanos. Até comparava Trump a Joseph McCarthy. Tumulty consultou seus editores e eles concordaram que deveriam publicar o pronunciamento de improviso de McRaven na íntegra, como um artigo de opinião.

O texto de McRaven viralizou. Chamou a atenção nas entranhas do aparato de Segurança Nacional, onde funcionários muitos escalões abaixo dele assistiam, calados e revoltados, à falta de respeito de Trump com eles e seus colegas. Essas pessoas vibraram por dentro ao ler as palavras de McRaven. Como uma delas descreveu, finalmente alguém respeitado, um nome de peso, aparecia para dizer, em essência: "Chega".

Antes de Trump, esse assessor sempre vira a presidência envolta em certa magia. Independentemente do partido, o presidente carregava o peso da história em seus ombros, com a gravidade que aquilo conferia. Só que agora não mais. "Ele destruiu a magia", afirmou o homem sobre Trump. "A indiferença que ele mostra pela fundação do país e seus princípios. Seu desprezo pelo certo e errado. A gente fecha o punho. Range os dentes. A nuca fica arrepiada. Preciso sempre me lembrar de que fiz um juramento para o documento que está nos Arquivos Nacionais. Eu jurei para a Constituição. Não para esse imbecil."

A seu modo de ver, havia um entendimento tácito na comunidade de segurança nacional de que os funcionários diplomáticos, militares e de inteligência estavam fazendo a coisa certa, arriscando silenciosamente suas vidas para proteger o modo de vida americano. Esse assessor viu o gesto de Trump contra Brennan como um dos primeiros passos a solapar o sistema democrático americano de governo, bem como o sistema de crenças no qual está fundamentado. Segundo ele, era o presidente declarando: "Não é legal discordar de mim. Posso tirar você desse trabalho e acabar com sua carreira".

"Se ele quisesse, até onde poderia levar isso?", perguntou-se o assessor. "Pense no passado. Em 1930, na Alemanha, as pessoas sabiam que o governo tinha começado a se voltar contra elas? A maioria dos americanos está mais preocupada com quem vai ganhar o *America's Got Talent* e com o trânsito na I-95. Não estão olhando pra esse negócio direito.

"Prefiro acreditar que ele [Trump] é voltado demais para si mesmo, incompetente e desorganizado demais para nos levar para 1930", acrescentou o assessor. "Mas ele está indo por esse caminho. E outro presidente que venha depois dele pode ir ainda mais longe. A hora está chegando. Nossa nação vai ser testada. Toda nação é. Roma caiu, lembre-se. Ele está abrindo vulnerabilidades para que isso aconteça. Esse é meu medo."

Em 21 de agosto, numa sala de tribunal na baixa Manhattan, Michael Cohen, após um acordo com a promotoria, era aguardado naquela tarde para testemunhar sobre pagamentos feitos para comprar o silêncio de mulheres que alegavam ter mantido casos extraconjugais com Trump. Mais de quatrocentos quilômetros ao sul, num tribunal federal em Alexandria, Virgínia, um júri deliberava sobre as acusações contra Paul Manafort, ex-gerente de campanha de Trump.

Pouco após as quatro da tarde, Cohen se declarou culpado de oito acusações criminais e concordou em cooperar com os promotores de Nova York. Ele testemunhou que fizera os pagamentos criminosos "sob coordenação e orientação de" Trump.

Quase ao mesmo tempo, o júri em Alexandria chegava a um veredicto no caso Manafort. Ele também foi considerado culpado de oito acusações: cinco de evasão fiscal, duas de fraude bancária e uma de ocultação de conta no exterior. O juiz declarou inválidas as dez acusações remanescentes.

As notícias foram divulgadas quando o presidente viajara para um comício na Virgínia Ocidental, onde usava seu púlpito para denunciar repetidamente a investigação de Mueller como uma "caça às bruxas". Trump protestava, com a voz cada vez mais elevada: "Cadê o conluio? Cadê o conluio?".

Sem que ninguém ali na multidão de apoiadores nem os jornalistas cobrindo os eventos do dia soubesse, Trump usara a tarde para pleitear o Prêmio Nobel da Paz. Ele não saíra do telefone, em busca de uma recomendação para o prêmio. Seu alvo principal foi o primeiro-ministro japonês Shinzo Abe, que se mostrara o mais obsequioso dentre os líderes das principais nações, mas ele ligou para outros chefes de Estado também. Tentando vender seu peixe para governantes estrangeiros, o discurso ia nas seguintes linhas: "Está mais do que na hora. Obama ganhou um sem fazer nada. Eu levei paz à Coreia do Norte. Preciso ganhar o Nobel". Ganhar um Nobel era uma ideia fixa de Trump, em grande parte porque Obama recebera um em 2009, menos de um ano após o início de seu mandato.

Seu apetite por reconhecimento também se estendia a outras premiações. Muitas vezes, quando ouvia falar de alguma pessoa recebendo o prêmio de um think tank pelas realizações na vida, por exemplo, Trump se queixava com seus assessores e afirmava que merecia mais do que ela. A certa altura, no fim de 2017, chegou até a sugerir conceder a Medalha Presidencial da Liberdade a si mesmo, instituída pelo presidente Harry S. Truman como a maior distinção civil da nação. Examinando as biografias de potenciais candidatos à medalha, ele comentou com os assessores: "Bem, eu provavelmente fiz até mais. Talvez devesse ser eu a ganhar".

Em 27 de agosto, Trump quis transformar uma ligação pessoal com o presidente mexicano Enrique Peña Nieto para celebrar um novo acordo comercial entre os dois países em uma coletiva de imprensa ao vivo. Apenas mais um capricho do presidente que se dizia um jogador que não gostava de treinar. Os assessores tiveram de correr para satisfazê-lo. Com a mídia reunida às pressas no Salão Oval, em torno da mesa presidencial, Trump apertou o botão em seu aparelho para saudar Peña Nieto.

"Enrique?", disse ele.

Não houve resposta. Silêncio. O telefone estava mudo. Trump ficou impaciente. "Põe ele na linha", ordenou aos assessores. "Me avisa quando. Isso é muito importante. Tem um montão de gente esperando."

Trump tentou outra vez.

"Alôôô?", disse. "Quer transferir pra esse telefone, por favor? Alôôô?"

Finalmente, um assessor pegou o aparelho que o presidente lhe estendia e pôs Peña Nieto e Trump para conversar. O presidente mexicano estivera o tempo todo conectado. O problema era que Trump não tinha o costume de segurar o fone junto ao ouvido para verificar se o outro lado estava escutando.

John Kelly e Sanders haviam dado o sinal verde para sua ideia de fazer a ligação a Peña Nieto ao vivo, com câmeras de TV gravando, mesmo tendo apenas vinte minutos de sobreaviso. Os funcionários de comunicação da Casa Branca não tinham tido tempo de testar as linhas telefônicas e verificar se funcionavam corretamente. "Leva dois minutinhos pra arrumar", um importante assessor disse mais tarde. "O México não vai desligar a porra de telefone. Ninguém — ninguém — desliga na cara do presidente dos Estados Unidos."

Trump e seus assessores haviam debatido se deveriam dizer aos mexicanos que a voz de Peña Nieto seria transmitida ao vivo na TV. No fim, concluíram que precisavam fazer aquilo. Mais tarde a Casa Branca diria aos repórteres que a ligação fora coordenada de antemão com o governo mexicano. Isso era tomar uma enorme liberdade com a palavra "coordenar". A Casa Branca avisou o gabinete presidencial mexicano com cerca de 120 segundos de antecedência sobre o que Trump planejava fazer. A falta de preparo ficou clara nas palavras titubeantes de Peña Nieto. Para celebrar o acordo, ele propôs um brinde com tequila.

Trump odiava John McCain. Mesmo enquanto o senador pelo Arizona morria de um câncer no cérebro em seu rancho em Sedona, Trump o atacava nos comícios por seu voto decisivo de 2017 contra a proposta republicana de reforma da saúde. Após o falecimento de McCain, em 25 de agosto de 2018, aos 81 anos, Trump rejeitou teimosamente a sugestão de seus assessores de fazer um pronunciamento. A Casa Branca hasteou a bandeira até o topo brevemente, ainda que o protocolo de Washington determinasse que deveria ficar a meio mastro até o senador ter sido enterrado.

Em 1º de setembro, a cerimônia fúnebre de McCain na Catedral Nacional de Washington foi não só uma homenagem a um herói americano, como também o repúdio contundente a Trump e ao trumpismo. A catedral ecoava com louvores ao bipartidarismo, ao compromisso e à civilidade em uma melancólica última despedida em nome de tudo o que agora parecia perdido. Um a um, os presentes celebravam os elementos da vida épica de McCain de que Trump mais carecia — sua decência e moralidade básicas, os valores comuns que transcendiam ideologia, classe ou raça, a ideia de servir a nação antes de servir a si próprio.

Mas ninguém repudiou Trump mais que Meghan McCain, a filha de 33 anos do falecido senador: "Estamos aqui reunidos para prantear o falecimento da grandeza americana. A coisa real, não a retórica barata de homens que nunca chegarão perto da prontidão em se sacrificar, tampouco a apropriação oportunista dos que viveram uma vida de conforto e privilégio enquanto ele sofria e servia".

Nos bancos se reunia uma parte da elite global: os três presidentes anteriores e todos os nomeados dos principais partidos das duas últimas décadas; generais; chefes de inteligência; senadores e representantes; embaixadores estrangeiros e outros líderes mundiais. O único que ficou de fora foi Trump, que passou o dia jogando golfe em seu campo na Virgínia, porque a família McCain deixou claro que não seria bem-vindo na cerimônia. Seu isolamento era evidenciado no espírito de camaradagem reinante na catedral, onde Hillary Clinton sentava ao lado de Dick Cheney e a certa altura George W. Bush passou algumas balas discretamente a Michelle Obama.

Ivanka Trump e Jared Kushner compareceram a convite da senadora Lindsay Graham, amiga íntima de McCain, e se misturaram às pessoas que tanto desprezavam o presidente. Kelly e Jim Mattis tinham papéis especiais no cerimonial. O chefe de gabinete da Casa Branca e o secretário de Defesa escoltaram a viúva de McCain, Cindy, à catedral e se sentaram em um lugar de destaque, diante de uma câmera. Assistindo a trechos dessas imagens na televisão, Trump ficou furioso, e disse a assessores que considerava uma traição Kelly e Mattis terem se aproximado da família McCain.

No dia 5 de setembro, Trump se encolerizou ainda mais quando o *New York Times* publicou um editorial extraordinário. A manchete era "Sou parte da resistência dentro do governo Trump". A autoria era anônima, e o jornal dizia simplesmente que se tratava de um "alto funcionário". Era uma coluna sem precedentes, publicada um dia após virem à tona pela primeira vez as revelações feitas por Bob Woodward em *Medo*, um retrato devastador do presidente. O autor do editorial anônimo descrevia Trump como "impetuoso" e o acusava de agir "de uma forma prejudicial à saúde da nossa república". A pessoa também alegava que houvera "rumores iniciais" entre os membros do gabinete de Trump sobre invocar a 25ª Emenda para tirá-lo do cargo, mas que ao final tinham decidido trabalhar de dentro do governo para contê-lo. Era o retrato pintado por dentro do que o senador Bob Corker chamara de "uma creche de adultos".

Os assessores do governo ficaram tão alarmados com a coluna — e a consequente ira presidencial — que alguns trocaram a seguinte mensagem: "As células adormecidas despertaram". Um funcionário recém-desligado da Casa Branca a comparou à sequência de abertura de *Mensageiro da morte*, um suspense psicológico de 1979: "É como nos filmes de terror, quando todo mundo percebe que a ligação vem de dentro da casa".

Trump considerava descobrir a identidade do autor do texto uma das prioridades mais urgentes do governo. Pouco após o dia amanhecer, em 6 de setembro, declarações negando enfaticamente a autoria foram emitidas por mais de duas dúzias de membros do gabinete e outros altos funcionários do governo. Elas podiam ser lidas como declarações públicas de lealdade absoluta a Trump. Em 7 de setembro, o presidente mandou o Departamento de Justiça investigar o autor da coluna da "resistência". Nesse dia, conversou abertamente com os repórteres sobre sua mais recente paranoia, a de em quem em seu meio podia confiar. "O que faço agora é dar uma olhada em volta", afirmou. "Eu digo: 'Ei, se tiver alguém que eu não conheço...'"

Funcionários da Casa Branca investigavam os arquivos para descobrir quem ainda mantinha cópias de telefonemas do presidente, bem como outros documentos delicados. Um deles perguntou ao assistente de Mattis: por que o gabinete do secretário de Defesa não devolvera parte das cópias das ligações do presidente com líderes estrangeiros? Precisavam delas de volta o mais rápido possível. Era um pedido normal, mas certos funcionários do Pentágono acharam que o momento em que foi feito transmitia uma mensagem inegável: estamos de olho em vocês.

* * *

No início de setembro de 2018, os advogados de Trump finalmente chegaram a uma conclusão sobre o pedido de Mueller de uma entrevista com o presidente. Eles haviam afirmado aos procuradores durante todo o verão que não viam necessidade de que o presidente depusesse e tinham tentado se mostrar receptivos a um possível acordo para que fornecesse respostas limitadas. A conversa assumiu a forma de uma profusão de e-mails e memorandos trocados entre a advogada de Trump, Jane Raskin, e seu antigo colega de escritório, James Quarles.

Parte da troca de mensagens era rudimentar. Os advogados de Trump queriam saber quais estatutos criminais a equipe de Mueller investigava com relação ao presidente e por que necessitavam de seu depoimento. Em síntese, o que Raskin dizia ia na linha de "Vocês nos informaram que nosso cliente é objeto da investigação sem nem explicar o que estão procurando". Levou cerca de três semanas para a resposta chegar. Quarles respondeu que procuravam atos criminosos de hacking, sob a Lei de Fraude e Abuso da Informática, além dos crimes mais gerais de fraudes de correspondência e correio eletrônico. Os advogados de Trump deram de ombros. Só isso? É perda de tempo, pensaram. Estavam certos de que o presidente não se envolvera em nenhum daqueles crimes.

A equipe de Mueller ficaria em silêncio por longos períodos, principalmente mais tarde, no verão. A certa altura, Quarles disse aos advogados de Trump que era importante obter a versão do presidente para os eventos envolvendo o projeto da Trump Tower de Moscou, bem como sobre seu papel na reunião de 2016 entre Donald Trump Jr. e uma advogada russa que deveria oferecer informação prejudicial relativa a Hillary Clinton. A reação de Raskin e seus colegas foi a mesma: "O que tem de criminoso nisso? Por que querem perguntar sobre isso?". A equipe do presidente também argumentou que a investigação especial não tinha o direito de questionar Trump sobre as decisões tomadas como presidente, pois qualquer coisa que os promotores precisassem saber sobre seu período no governo poderia ser obtida com os milhares de documentos e as dezenas de testemunhas que a Casa Branca ajudara a fornecer.

No início de agosto, Raskin sintetizou os pareceres da equipe no que consideravam sua argumentação final: a investigação de Mueller não conseguira determinar que a entrevista era de fato necessária. Os promotores não se pronunciaram. A equipe de Trump ficou no escuro pelo resto do mês. O silêncio era levemente enervante. Os advogados de Trump desconfiaram que as calmarias fossem causadas por uma terceira parte: o Departamento de Justiça, mais especificamente Rod Rosenstein, que supervisionava o trabalho de Mueller. Os advogados de Trump acreditavam que o escritório do procurador especial se reportava a ele para decidir até onde deveriam ameaçar o presidente ou o que alegar antes de fazê-lo. Para a equipe de Trump, Rosenstein recomendava um ataque incremental.

"Foi como quando a princesa Diana disse: tem três pessoas nesse casamento", recordou um assessor de Trump, referindo-se ao famoso comentário de Lady Di sobre a relação de seu marido, o príncipe Charles, com Camilla Parker Bowles. "Para a turma de Mueller, era como travar uma batalha em duas frentes — contra nós e contra o Departamento de Justiça. Desconfio que o Departamento de Justiça a instruía a agir assim e assado."

Raskin e seu marido, Martin, aproveitaram o feriado prolongado do Labor Day, na primeira semana de setembro, para um descanso longamente planejado em Flathead Lake, deslumbrante região de Montana, pouco ao sul do Parque Nacional das Geleiras. No primeiro dia completo de sua viagem familiar, Jane Raskin passeava pela avenida principal da pacata Missoula quando seu celular tocou. Era Quarles, informando-a sobre o envio de mais uma carta para a equipe de Trump.

O casal se preparou para nova dor de cabeça. Mas, lendo a carta, os dois perceberam rapidamente que tudo saíra às mil maravilhas para seu cliente. Mueller na prática jogara a toalha. O procurador especial aceitaria por ora as respostas por escrito do presidente para uma série limitada de perguntas. Os advogados de Trump ficaram em êxtase. O tão temido míssil nuclear ao alcance dos dedos de Mueller — uma intimação para depor — nunca seria lançado.

"Tudo girava em torno da intimação para depor perante o grande júri", disse um membro da equipe legal de Trump. "Até ficar óbvio que não haveria uma. A vitória era nossa."

19. Teleton do terror

O Labor Day marcou o início não oficial das campanhas para as eleições de meio de mandato, em novembro. Os democratas buscavam maioria na Câmara e possivelmente até no Senado. O nome de Trump não figuraria nas cédulas, mas as eleições eram um referendo de seu governo. Para o presidente, estava em jogo a sobrevivência de seu mandato. Ele e seus assessores temiam que, se os democratas assumissem o controle da Câmara, conseguiriam formalizar um pedido de impeachment.

Na noite de 6 de setembro, Trump subiu ao palco da arena MetraPark, em Billings, Montana, onde era disputada uma importante corrida ao Senado, e declarou: "Nada como um comício Trump". Ele se defendeu contra "todos esses perdedores que dizem coisas horríveis", incluindo os que questionavam sua capacidade mental. "Fico discursando durante uma hora e meia, muitas vezes sem roteiro, e falam: 'Ele pirou'. Mesmo assim temos 25 mil pessoas reunidas aqui hoje", disse o presidente. Em seguida exaltou suas conquistas políticas — "Derrotei dezessete grandes republicanos!", "Derrotei a dinastia Bush!", "Derrotei a trapaceira Hillary!" — e deplorou o fato de analistas políticos na mídia continuarem perguntando: "Ele está apto a governar?".

Então Trump afirmou a seus entusiásticos seguidores o verdadeiro motivo para derrotarem os democratas em novembro: "Eles adoram falar em impeachment. 'Vamos tirar o Trump...' Mas eu digo: 'Como você tira do cargo alguém que está realizando um ótimo trabalho e que não fez nada errado?

Nossa economia vai bem. Como você faz isso? Como você faz isso? Como você faz isso?'". Ao fim do discurso, o presidente fizera 38 afirmações falsas, segundo o Verificador de Fatos do *Washington Post*.

Ao longo da campanha, no outono, Trump conversava periodicamente ao telefone, às vezes duas vezes por dia, com um punhado de republicanos leais a ele no Congresso, incluindo Mark Meadows, o representante da Carolina do Norte que liderava o Freedom Caucus. Meadows era um dos republicanos em Washington cujos conselhos o presidente mais valorizava e a quem procurava com maior regularidade. O congressista o deixava a par da chamada "investigação dos investigadores" — a tentativa dos republicanos de encontrar erros de procedimento na atuação do FBI em sua investigação inicial, o Furacão Fogo Cruzado.

O desagrado de Trump com Jeff Sessions estava em banho-maria fazia mais de um ano. Nas conversas com Meadows, no outono, o presidente repetidas vezes manifestou sua vontade de demitir o procurador-geral. Meadows pedia paciência, assim como outros com acesso a Trump. O presidente podia demitir Sessions, Meadows afirmou, mas deveria deixar para depois das eleições de meio de mandato, quando contaria com o necessário respaldo da maioria, se não de todos os republicanos no Congresso. Meadows e seus colegas no Capitólio concordavam que o presidente tinha todo o direito de contar com um procurador-geral em quem confiasse, mas exonerar Sessions antes da eleição poderia desencadear uma reação política capaz de atrapalhar os planos do Partido Republicano. Uma postura autoritária de Trump talvez fizesse com que o eleitorado descontasse nos candidatos republicanos, alertou Meadows. Trump reclamou de se sentir preso, mas deu sua palavra a Meadows.

Em 21 de setembro, Sessions estava em seu estado natal, Alabama, numa visita à Universidade Auburn, promovendo a pesquisa científica para combater a epidemia de opiáceos. Enquanto o presidente da Auburn, Steven Leath, lhe mostrava o campus, o celular de Sarah Isgur Flores não parava. A chefe de comunicação do Departamento de Justiça tentava furiosamente impedir os repórteres do *New York Times*, Adam Goldman e Michael Schmidt, de publicar o que parecia ser um furo explosivo: Rod Rosenstein, em suas primeiras confusas semanas como vice-procurador-geral e logo após a demissão de

James Comey, insinuara a outros funcionários do Departamento de Justiça e ao FBI que gravara Trump secretamente e debatera sobre recrutar membros do gabinete para tirá-lo da presidência com a alegação de não ser apto para o cargo, invocando a 25ª Emenda. Caso fosse verdade, teria sido um enorme desvio do protocolo investigativo. O supervisor de uma investigação de grande visibilidade pública — sobretudo o inquérito de um procurador especial — normalmente mergulharia as mãos no trabalho investigativo ou assumiria um papel sigiloso confidencial. Os repórteres do New York Times estavam seguros de sua matéria. Isgur Flores afirmou que aquilo era absurdo e também disse temer que o relatório incitaria Trump a despedir Rosenstein injustamente.

"Vocês vão gerar uma crise constitucional", berrou Isgur Flores ao telefone para um dos repórteres do jornal. "Vão se foder!"

Sessions e Leath escutaram o fim da conversa de Isgur Flores. "Ela é valente", comentou o procurador-geral, com seu arrastado sotaque sulista.

Na mesma sexta, um pouco mais tarde, a matéria foi publicada pelo New York Times. Ela caiu como uma bomba. Rosenstein questionou sua veracidade, chamando-a de "inexata e factualmente incorreta". E acrescentou: "Pelo que conheço do presidente, não existe base para invocar a 25ª Emenda". Mas o estrago fora feito. Rosenstein presumiu que seria despedido. Uma batalha estava prestes a começar para proteger a investigação russa e assegurar a estabilidade do Departamento de Justiça. Aqueles treinamentos práticos mentais que Sessions, Rosenstein e seus interinos tantas vezes fizeram de repente eram reais.

Sessions continuou sua viagem pelo Alabama, mas Isgur Flores tomou um avião e voltou correndo para ajudar Rosenstein a atravessar a tempestade em Washington. Ed O'Callaghan interrompeu suas férias no exterior e voltou imediatamente. No sábado, o presidente ligou para Kelly com instruções de mandar Rosenstein embora no fim de semana. Kelly era contra basear a decisão exclusivamente em um artigo do New York Times. O chefe de gabinete tinha dúvidas quanto à história e queria ao menos ouvir a versão de Rosenstein. "Precisamos deixar que ele venha aqui pra gente conversar", disse ao presidente. Trump, Kelly, Rosenstein e Don McGahn passaram o fim de semana ao telefone. O presidente deu vazão à sua raiva. McGahn estava preocupado principalmente em como aquilo podia interferir com a nomeação do juiz Brett Kavanaugh na Suprema Corte. Rosenstein tentava convencer Kelly de que devia permanecer no cargo.

O chefe de gabinete se pegara nessa saia justa com um alto funcionário nomeado em mais de uma ocasião. Quando Trump perdia as estribeiras com algum assessor do governo e ameaçava em decibéis variados mandar a pessoa para o olho da rua, Kelly percebia os sinais ominosos e tentava delicadamente fazer com que a vítima da bile presidencial fosse embora. "Vai", dizia. "Ficar aqui não vai ajudar em nada."

Kelly fez uma tentativa com Rosenstein. Mas o vice-procurador-geral se recusou a ir e afirmou no fim de semana que a reportagem do *New York Times* era enganosa e, no seu entender, era obra de Andrew McCabe, ex-vice-diretor do FBI.

Assessores no Departamento de Justiça e na Casa Branca se preparavam para a saída do procurador-geral interino mesmo assim. Matthew Whitaker, chefe da equipe de Sessions que era próximo da Casa Branca e fora um crítico feroz da investigação russa antes de entrar para o governo, disse a Isgur Flores: "Rod vai dançar. Vou ser o procurador-geral interino. O presidente me contou". Quando Rosenstein ficou sabendo do plano de Whitaker, ficou preocupado que pudesse parecer a alguém de fora uma tentativa do presidente de interferir com o inquérito de Mueller.

Na manhã de domingo, 24 de setembro, Rosenstein apareceu em sua sala no Departamento de Justiça sabendo que podia ser seu último dia ali. Isgur Flores passou na sala de Noel Francisco e disse: "Talvez seja hoje. Espero que esteja pronto". Francisco, o advogado-geral, assumiria a investigação de Mueller caso Rosenstein saísse.

Rosenstein continuava agitado com a matéria do *New York Times* e indignado com os rumores de que seria mandado embora imediatamente e substituído por Whitaker. Mas uma estranha calma o dominou após o estressante fim de semana: presumia agora que perderia mesmo o emprego e sua única preocupação era assegurar uma saída digna. Não queria ser vergonhosamente enxotado da sala à força de tuítes. Rosenstein adotara uma espécie de humor negro ao longo dos meses em que fora atacado pelos aliados republicanos de Trump, que previram sua queda diversas vezes e erraram. Em meio a seu círculo mais próximo no escritório, corria uma piada sobre suas sete vidas: "Um novo dia para morrer".

Isgur Flores era indagada pelos repórteres naquela manhã sobre a saída de Rosenstein. Ela presumiu que a informação tivesse vazado da própria Casa Branca e tomou as perguntas como um sinal de que Rosenstein estava com as horas contadas. Então a *Axios* noticiou que Rosenstein "renunciara verbalmente" para Kelly. Isgur Flores procurou Rosenstein, que estava em sua sala tirando fotos de despedida com a equipe. "Não temos mais tempo, senhor", ela disse.

"Espere, vamos tirar uma foto primeiro", Rosenstein disse à sua porta-voz de confiança.

"Preciso conversar com o senhor agora mesmo", disse Isgur Flores. "É pra valer dessa vez."

Rosenstein então foi à Casa Branca no fim da manhã, onde esperava ser despedido. Isgur Flores deu os toques finais em um pronunciamento do Departamento de Justiça anunciando a saída dele, a nomeação de Whitaker para procurador-geral interino e o papel de Francisco como supervisor da investigação de Mueller.

Dentro da Ala Oeste, Rosenstein conversou com Kelly e deixou claro que não resistiria mais. Disse que entregaria o cargo; só não queria uma demissão ignominiosa e abrupta. "Se quer que eu me demita, posso conversar numa boa com o presidente e negociar um período razoável", disse Rosenstein. "Não pretendo sair já." Kelly não fez nenhuma pergunta, apenas escutou.

Rosenstein em seguida foi ao encontro de McGahn, que estava de saída para o Capitólio para as audiências de Kavanaugh. No início da tarde, assim que Rosenstein deixou uma reunião do Conselho de Segurança Nacional, ele conversou por telefone com Trump, que estava em Nova York para a Assembleia Geral das Nações Unidas. A ligação foi cordial, amistosa até, com Rosenstein afirmando que o artigo do *New York Times* estava errado.

"Não quero despedir você", Trump afirmou a Rosenstein. "De onde tirou essa ideia?"

Trump sugeriu que Rosenstein o visitasse mais tarde naquela semana em seu clube de golfe em Bedminster, Nova Jersey. "Não acho boa ideia", disse ele ao presidente. "Conversamos quando o senhor voltar."

Decidiram se encontrar na quinta. A despeito da ligação tranquilizadora, Rosenstein continuava a pensar: "Vou ser mandado embora logo, mas não hoje". Era o mais recente servidor público a ser vítima dos jogos de Trump. "Acho que ele tem prazer em brincar com o rato ferido na sua frente, por assim dizer, pois reafirma seu controle e sua autoridade, e ele não cansa disso", disse o biógrafo de Trump, Tim O'Brien, a Ashley Parker, do *Washington Post*.

Tanto nos bastidores como em público, alguns dos assessores mais importantes de Trump lhe disseram para não demitir Rosenstein. Na noite da sexta-feira posterior à matéria do "grampo" no *New York Times*, Sean Hannity disse a seus leais telespectadores, incluindo o telespectador número 1: "Tenho um recado para o presidente esta noite. Sob nenhuma circunstância ele deve mandar alguém embora". Hannity, que conversava com Trump quase diariamente, advertiu no ar que os inimigos do presidente estavam "torcendo e rezando" para que ele demitisse Rosenstein e criasse um novo escândalo. "O presidente precisa saber que é tudo uma armação", disse Hannity.

Alguns advogados de Trump também pediam cautela. Demitir Rosenstein só faria parecer que ele estava interferindo com o inquérito mais uma vez. Antes da reunião planejada entre ambos na quinta, a ameaça da demissão aparentemente evaporou, sem que o presidente em nenhum momento admitisse que a pedira.

Trump e Rosenstein conversaram diversas outras vezes ao telefone na semana. Encontraram-se pessoalmente na semana seguinte, em 8 de outubro, a bordo do Força Aérea Um, para uma viagem de um dia à Flórida, e tiveram uma conversa perfeitamente cordial sobre uma série de outros tópicos. Pareciam, segundo a descrição de um assessor de Trump que interagiu com os dois no voo, melhores amigos.

Em meados de setembro, Trump enfrentou nova crise política com a controversa nomeação de Kavanaugh à Suprema Corte. O acerto de contas do #MeToo batia na porta da Casa Branca. Christine Blasey Ford alegou, primeiro numa carta privada aos democratas da Comissão Judiciária do Senado e depois em uma entrevista oficial publicada em 16 de setembro no *Washington Post*, que Kavanaugh a agredira sexualmente em 1982, quando ambos eram alunos do ensino médio na suburbana Maryland. Ford contou à repórter Emma Brown que Kavanaugh a encurralou em um quarto durante uma festa, empurrou-a na cama, apalpou-a, pressionou o corpo contra o seu e, quando ela tentou gritar, pôs a mão em sua boca para silenciá-la. Kavanaugh negou a acusação.

Ford não foi a única a acusar Kavanaugh de agressão, mas era a mulher mais eminente e mais digna de crédito que o acusara. Partindo dela, era uma alegação chocante e grave contra um juiz federal, antigo alto funcionário da Casa Branca de George W. Bush e queridinho do establishment conservador. Kavanaugh era considerado para o lugar do juiz que se aposentava, Anthony Kennedy, alguém que ficava tradicionalmente em cima do muro, e sua confirmação empurraria o centro de gravidade do tribunal para a direita.

Politicamente, a crise de Kavanaugh era uma séria ameaça aos republicanos na votação em novembro. As pesquisas mostravam Trump e seu partido naufragando junto ao eleitorado feminino. A diferença de gênero se acentuou durante a presidência de Trump: a porcentagem de mulheres que afirmavam se inclinar pelo Partido Republicano ficou em 32% em setembro, abaixo dos 35% de 2016, segundo pesquisa *Washington Post*-ABC News. Mas Trump era cego para os riscos políticos das questões de gênero havia muito tempo.

O instinto de Trump ao longo de todo esse período foi defender sua escolha para a Suprema Corte e impor a nomeação de Kavanaugh no Senado. Ele calculava que o mero ato de brigar para proteger um jurista conservador o faria benquisto aos olhos de sua base política e galvanizaria os conservadores nas eleições de meio de mandato, principalmente os protestantes. Mas para Trump as alegações contra Kavanaugh iam além da política: eram assunto pessoal. O próprio presidente fora acusado de agressão sexual por mais de uma dúzia de mulheres e, numa gravação tristemente famosa, se gabava de agarrar mulheres pelos genitais. O presidente era hipersensível à realidade moderna de que a carreira de um homem poderoso podia ser arruinada por uma única acusação, como ocorrera a uma longa lista de figuras dos negócios e da mídia, alguns deles amigos e conhecidos de Trump.

Em 26 de setembro, Trump mergulhou de cabeça no torturado debate nacional, chamando o movimento #MeToo de "muito perigoso". Em uma coletiva de imprensa agressiva e desconexa nos bastidores da Assembleia Geral da ONU, Trump revelou sua míope obsessão com os riscos que ele próprio corria. Quando lhe perguntaram se as alegações contra ele influenciavam o que pensava das acusadoras de Kavanaugh, o presidente respondeu: "Com certeza".

"Foram feitas muitas acusações falsas contra mim, acusações realmente falsas", disse Trump. "Tenho alguns amigos falsamente acusados. As pessoas querem fama. Querem dinheiro. Querem sei lá o quê. Então, quando vejo isso, minha visão é diferente de alguém sentado no sofá assistindo à televisão, que diz: 'Ah, o juiz Kavanaugh fez isso e aquilo'. Aconteceu várias vezes comigo."

No dia seguinte, Ford e Kavanaugh compareceram perante a Comissão Judiciária do Senado para um dos dias mais extraordinários de um testemunho público na história política moderna. Foi como uma peça em dois atos. Primeiro, Ford declarou estar "cem por cento" certa de que Kavanaugh era o aluno que a atacara na escola. A história era verossímil. Kavanaugh estava em apuros. Trump, assistindo à sessão no avião de volta a Nova York, achou que Ford parecia madre Teresa reencarnada. Ele ficou preocupado. Então, pouco após as três da tarde, Kavanaugh chegou. Ele negou com veemência exaltada as alegações de Ford. Seu rosto estava vermelho com a indignação dos justos. Denunciou "o ataque calculado e orquestrado". Foi um desempenho à la Trump, um artista da distorção de fatos desfiando sua própria realidade numa contradição direta com o testemunho de Ford, e Trump não desgrudou os olhos da tela. O presidente adorou. "Foi por isso que o nomeei", exultava, privadamente.

Em 2 de outubro, com os senadores se preparando para votar a nomeação de Kavanaugh, Trump tomou uma atitude a respeito. Em um comício na terça à noite em Southaven, Mississippi, improvisou um stand-up cruel de 36 segundos para atacar a credibilidade de Ford. Do atril presidencial, reencenou a audiência no Senado e zombou dos lapsos de memória dela:

"Como você chegou em casa?"

"*Não lembro.*"

"Onde ficava o lugar?"

"*Não lembro.*"

"Há quantos anos isso aconteceu?"

"*Não sei. Não sei. Não sei. Não sei.*"

"Em que bairro ficava?"

"*Não sei.*"

"Onde fica a casa?"

"*Não sei.*"

"Foi no andar de cima? No de baixo? Onde foi?"

"*Não sei. Mas eu tomei uma cerveja. Só me lembro disso.*"

Os assessores de Trump haviam implorado que não atacasse Ford, mas ele o fez mesmo assim, fiando-se em seus instintos primais para o embate político. A multidão de milhares de pessoas em Mississippi riu com gosto, assoviando e gritando para a imitação feita pelo presidente de uma suposta vítima de agressão sexual.

Como era de se prever, os democratas ficaram horrorizados — assim como alguns republicanos, no início —, mas, conforme o espetáculo de

Trump escarnecendo de Ford era reprisado incessantemente na TV, o debate nacional passava a incluir suspeitas sobre a veracidade das alegações de Ford. A discussão virou o tradicional "ele disse, ela disse". O presidente também ajudara a turbinar o movimento conservador em meio ao público e encorajara os senadores republicanos a levar a nomeação até o final. Quando a semana chegava ao fim, em 6 de outubro, o Senado votou pela confirmação de Kavanaugh, 50 a 48. Sua posse, dois dias depois, foi o grande momento da presidência de Trump.

A ascensão de Kavanaugh à Suprema Corte foi o canto do cisne de McGahn. O conselheiro da Casa Branca havia priorizado os compromissos judiciais durante os dois primeiros anos do governo, instalando dois conservadores na alta corte e dezenas mais em tribunais federais e de apelação. Era um legado duradouro. Assim que a briga de Kavanaugh chegasse ao fim, McGahn deveria deixar o governo, e não inteiramente nos seus termos. Desde o fim de 2017, sua relação com Trump ficara estremecida, mas no fim do verão e no outono de 2018 deteriorou a um ponto em que os dois mal se falavam. Em 18 de agosto, o *New York Times* informou que McGahn depusera por trinta horas à equipe do procurador especial e que seu testemunho fora crucial para Mueller compreender como Trump agia nas situações que podiam ser consideradas obstrução de justiça. Foi um momento crítico. A matéria não mencionava que diversos outros assessores da Casa Branca também haviam passado longos períodos depondo perante Mueller, incluindo Reince Priebus e Steve Bannon. Não deveria ter sido novidade para o presidente que tantos assessores seus fossem entrevistados pelo procurador especial. Mas, na cabeça de Trump, aquilo era uma evidência da deslealdade de McGahn.

Em 29 de agosto, Trump decidiu se posicionar publicamente e tuitou que McGahn deixaria o cargo assim que Kavanaugh fosse confirmado. Era um tuíte preventivo. Se McGahn pensava em reconsiderar seu hesitante plano de sair, agora não poderia fazê-lo. Era o modo de Trump dizer que era o único que decidia qual subalterno ia embora e quando. O presidente mandava um recado para todo mundo de que quem mandava era ele.

O último dia de McGahn foi 17 de outubro. Trump escolheu para substituí-lo o conservador Pat Cipollone, respeitado advogado comercial e seu admirador. Desde o início do verão, Cipollone servira como consultor informal sobre a investigação de Mueller para Trump e sua equipe jurídica.

Ele também tinha uma ótima relação de trabalho com Emmet Flood, e Jared Kushner e Ivanka apoiaram sua contratação.

Nas semanas que antecederam as eleições de meio de mandato de 6 de novembro, Trump percorreu a nação, focado exclusivamente na imigração ilegal. Ele tinha uma ideia fixa: uma lenta caravana de imigrantes, consistindo na maior parte de famílias que fugiam da violência, viajando a pé desde a América Central, passando pelo México e rumando para os Estados Unidos em busca de asilo. Trump alertou os eleitores de que as "caravanas" eram na verdade uma "invasão" perigosa de imigrantes ameaçando a segurança e a prosperidade dos cidadãos americanos. Privadamente, ordenou que os assessores tomassem uma "atitude dura" na fronteira para demonstrar "força". Ninguém estava sob maior pressão do infatigável presidente do que Kirstjen Nielsen, secretária de Segurança Interna e grande aliada de John Kelly.

A relação de Trump com Nielsen fora tempestuosa desde o início, quando ele tentou usá-la como um aríete contra a imigração ilegal. O presidente costumava se queixar com os outros assessores de que Nielsen não estava fazendo o suficiente para deixar a fronteira segura; seus defensores diziam que ela fazia tudo o que podia dentro da lei. Em alguns momentos, o volátil presidente abusava verbal e emocionalmente de Nielsen. "Kirstjen, você não é corajosa o suficiente pra isso", Trump lhe dizia.

Ele se queixava de que Nielsen não "levava jeito" para secretária de Segurança Interna. Ironizava sua altura e achava que com seu um metro e sessenta e pouco não era fisicamente intimidante. "Ela é tão baixinha", comentava com outros. Nielsen e Kelly tentavam não levar a sério. O chefe de gabinete a cutucava e dizia: "Mas você tem pequenos punhos furiosos!".

Uma série de agências federais era responsável por controlar o fluxo imigratório. O Departamento de Justiça abrigava juízes de asilo e administrava o processo legal. O Departamento de Estado negociava com os países latino-americanos e emitia vistos. O Departamento de Saúde e Serviços Humanos supervisionava os cuidados com as crianças imigrantes. O Corpo de Engenheiros do Exército tocava a construção do muro na fronteira. Mas, para Trump, tudo o que dizia respeito à imigração e à fronteira cabia ao Departamento de Segurança Interna e era de responsabilidade de Nielsen.

Em uma reunião de gabinete em 9 de maio de 2018, Trump repreendera Nielsen perante mais de vinte colegas devido ao número crescente de travessias ilegais na fronteira. Num longo rompante explosivo, o presidente, com o rosto vermelho, a acusou de não apresentar "soluções" suficientes. Então instruiu Nielsen a "fechar" a fronteira no sul. O procurador-geral Jeff Sessions, dentre todos os membros do gabinete o que vivia a relação mais tensa com o presidente, aproveitou a deixa para cair nas boas graças do chefe, ao menos uma vez. Sentado diante do presidente, do outro lado da mesa, Sessions opinou: "Só acho que não estamos sendo suficientemente duros. Acho que precisamos fechar a fronteira".

Trump concordou e, virando para Nielsen, que estava à cabeceira, perguntou: "Por que você não fechou a fronteira?". Era mais uma advertência do que uma pergunta. Nielsen sabia que aquilo era ilegal, para não mencionar economicamente desastroso, porque sufocaria as rotas comerciais.

"Não tenho certeza do que está sendo dito aqui", ela disse. "Como o procurador-geral sabe, as pessoas têm o direito legal de atravessar a fronteira e tentar pedir asilo. É a lei."

Trump virou para Sessions.

"Não", disse Sessions. "A gente devia fechar a fronteira e pronto."

Trump voltou à carga com Nielsen. Por que ela não usava o poder de seu departamento para deter a onda imigratória para os Estados Unidos? O que podia ser tão difícil? Trump ficou tão agitado que alguns acharam que parecia maníaco. Kelly acenou sutilmente com a cabeça para Nielsen, indicando que ficasse quieta. Kushner fez contato visual com ela e passou o indicador diante do pescoço, sinalizando que era hora de encerrar. Ficou claro para os demais que Nielsen não interpretara corretamente nem a situação nem o presidente. Quando Trump finalmente se cansou de gritar com ela, ninguém a defendeu — nem Kelly. O chefe de gabinete percebeu que falar em sua defesa só deixaria Trump mais nervoso. Ao fim da reunião, Mick Mulvaney, diretor do Departamento de Gestão e Orçamento, falou para Trump: "Sabe, o procurador-geral se equivocou sobre a lei. Ele disse isso, mas não é o caso". Mas era tarde demais.

O comportamento abusivo de Trump continuou esporadicamente ao longo do verão e do outono. Ele atormentava Nielsen com ligações furiosas, acordando-a às 5h e rotineiramente ligando às 6h30 ou 7h, quando ela estava a caminho do trabalho. Também a infernizava tarde da noite. Certa vez, após um parlamentar republicano comentar que um funcionário de Segurança Interna de escalão intermediário fora "desleal" ao presidente durante uma reunião confidencial, Trump ficou obcecado em mandar o homem embora. Ligou para Nielsen tarde da noite, exigindo que o demitisse. "Não parece o tipo de coisa que ele faria, mas vou verificar, senhor", disse ela. De manhã cedo, o presidente voltou a ligar. "Resolveu?", ele perguntou. Nielsen explicou que não podia verificar nada enquanto seus subalternos estavam em casa dormindo.

Trump costumava ligar para Nielsen toda noite após assistir ao programa de Lou Dobbs na Fox Business. Dobbs gostava de espumar contra a imigração ilegal, propondo soluções pouco realistas e chamando Nielsen de incompetente. Para Trump, as arengas dele eram um evangelho e criavam um fundo sonoro quase permanente de rufar de tambores na Casa Branca. O presidente costumava ligar para Nielsen e dizer algo como: "Viu o Lou Dobbs? Você está me fazendo passar vergonha. Isso me envolve!". Uma de suas queixas recorrentes era: "Eles estão acabando comigo", referência à cobertura da Fox sobre a política de imigração. "Você precisa consertar isso", ele exigia de Nielsen. Às vezes, Trump se referia a uma das propostas de Dobbs e dizia: "Kirstjen, faz isso. Faz logo".

"Mas não podemos fazer isso", explicava ela, normalmente porque tudo o que Dobbs apregoava na TV era ilegal.

Em outras ocasiões, quando Trump ligava para Nielsen e ordenava que pusesse em execução uma das ideias de Dobbs, ela interrompia os berros do presidente para informá-lo: "Senhor, já estamos fazendo isso. Falei sobre isso outro dia".

Nielsen reconhecia o poder que Dobbs exercia sobre Trump e percebia que os comentários do apresentador influenciavam a relação dela com o presidente. A equipe de comunicação da Casa Branca tentara levá-la ao programa de Dobbs, mas ele recusara, dizendo: "Ela não faz meu gênero". Quando as travessias na fronteira aumentaram, Dobbs dedicou um programa a criticar o governo por não conseguir implementar três ideias para controlar a fronteira. Nielsen balançava a cabeça enquanto ouvia. Uma proposta era legalmente duvidosa, a segunda já fora descartada por ser impossível e a terceira era algo que o governo já estava tentando fazer.

Nielsen ligou para Dobbs de seu carro para corrigi-lo. Seus assessores escutavam receosos, à espera de que começasse a gritar com o apresentador, mas ela foi elegante. "Lou, seria um prazer ajudar com suas reportagens", disse. "Se algum dia precisar de fatos ou estatísticas com um dos nossos especialistas, forneceremos com a maior boa vontade." Em seguida, ela explicou por que as três ideias propostas por ele na TV eram impraticáveis. Horas depois, Trump ligou para Nielsen. Estava empolgado. "Você ligou para o Lou Dobbs?", perguntou. Ela respondeu que sim. "Ótimo", disse Trump. "O Lou falou que você é muito inteligente!"

Uma das táticas de Nielsen quando Trump lhe pedia para fazer algo contra a lei — ou que violasse um regulamento ou acordo — era dizer: "Está bem, o que o senhor espera conseguir com isso?". Então ela procurava imaginar um jeito legal de obter o mesmo resultado e muitas vezes marcava uma reunião para tentar informar o presidente sobre as coisas que podia ou não fazer. "Vou pôr umas pessoas nisso", Nielsen dizia a Trump. "Não precisa depender de mim." Mas as reuniões raramente mudavam a cabeça de Trump. Quando Nielsen achava que uma ideia ilegal ou impraticável estava morta e enterrada, o presidente a ressuscitava. Trump não via a lei como impedimento, mentalidade forjada em sua carreira no mercado imobiliário. Um incorporador sempre podia simplesmente acionar a justiça, brigar e negociar um meio-termo.

"Olha, vão pôr a gente no pau, depois se dá um jeito", Trump disse a Nielsen durante uma dessas conversas. "Só não deixa ninguém entrar." Impedir as pessoas de pedir asilo era a solução favorita do presidente. Mas ele tinha muitas ideias, e às vezes parecia uma metralhadora de sugestões, com cada uma delas violando as convenções internacionais de tortura, as normas americanas exigindo estudo de impacto ambiental ou as regras que governavam os contratos de concorrência do governo. Os advogados do Departamento de Segurança Interna e da Casa Branca raramente observavam isso para Trump. Ninguém queria deixá-lo ainda mais nervoso. Assim como muitas vezes se irritava com McGahn por lhe dizer que não podia fazer algo que queria, Trump se frustrava com Nielsen.

"A observância da lei federal não funciona desse jeito", disse Nielsen a Trump numa dessas reuniões. "Os funcionários podem se meter em encrenca. Eles fizeram um juramento de respeitar a lei. Quer mesmo dizer a eles que façam o contrário do que juraram?"

"Depois a gente concede o perdão", disse Trump.

Nielsen sabia que todas as vezes que pedia a seus chefes de agência no Departamento de Segurança Interna para controlar a porosa fronteira Estados

Unidos-México eles se queixavam de que a única solução era o Congresso dar um jeito nas brechas legais. Um imigrante pedindo asilo não precisava provar praticamente nada para entrar, bastava declarar medo de retaliação ou risco à integridade física em seu país de uma forma crível. Mais tarde, o asilo seria negado à esmagadora maioria com base em suas circunstâncias, mas, quando a data da audiência chegava, muitas vezes já haviam desaparecido dentro do país.

Quanto à política imigratória, ela tinha muitos críticos e nenhum responsável. Inúmeros departamentos tinham de examinar as mudanças nos procedimentos e na legislação: o Conselho de Segurança Nacional, o Conselho de Políticas Domésticas, a equipe do conselheiro da Casa Branca, a equipe do chefe de gabinete e os coordenadores das políticas, bem como Kushner e Stephen Miller. Era raro que uma ideia sobrevivesse ao corredor polonês, e era um quase milagre que qualquer pessoa realmente a encampasse e executasse o trabalho necessário para sua implementação. Kelly às vezes tentava proteger o território de Nielsen, dizendo certa vez a Kushner: "Você devia ficar fora disso", porque ela era a encarregada da política imigratória.

"A Casa Branca estava um caos", comentou posteriormente um membro do governo, relembrando o tenso período da política de imigração. "Não havia processo. As ideias chegavam ao presidente por um método antiprocesso. Ideias incompletas chegavam até ele. Deus sabe como. Era totalmente desorganizado. Até hoje, não tem ninguém responsável pela Casa Branca. Ninguém."

No fim de outubro, com a caravana em movimento, Trump atormentou Nielsen quase sem trégua. Sugeriu perfilar agentes de fronteira e outros para formar uma espécie de cordão humano onde não houvesse muro, praticamente dois terços da fronteira de 3 mil quilômetros. Um estatístico da Segurança Interna calculou que seriam necessárias centenas de milhares de pessoas de braços dados para formar uma fileira daquele tamanho. A quantidade gigantesca, numa estimativa conservadora, foi imediatamente descartada. "E a gente pensava: isso é absurdo", lembrou um assessor.

Nielsen e sua equipe, incluindo os chefes da Proteção de Alfândega e Fronteira e dos Serviços de Cidadania e Imigração, se reuniram para uma sessão de brainstorming no Edifício Ronald Reagan, no centro de Washington. Na sala de conferências, discutiram sobre como satisfazer as ordens cada vez mais difíceis de negar a entrada de imigrantes ilegais. Os funcionários sentiam ter esgotado todas as alternativas. Inúmeras ideias eram contempladas, incluindo o envio de agentes federais à fronteira, tomando pessoal emprestado de outros departamentos, ou a criação de um exército voluntário. Calcularam que teriam de engrossar um pouco as fileiras, nem que fosse apenas para Trump sossegar. Unidades da Guarda Nacional haviam mobilizado 2100 soldados na fronteira desde a primavera, e alguns funcionários da Segurança Nacional sugeriram aumentar a presença dramaticamente para produzir, nas palavras de um assessor, "uma imensa demonstração de força".

Naquele momento, a situação na fronteira estava relativamente calma. Não havia aglomeração — a caravana continuava a algumas semanas da fronteira — e a crise humanitária nos postos de fronteira superlotados ainda levaria muitos meses para chegar. Um funcionário de alto escalão da agência observou que não era necessário mais gente na fronteira, pelo menos não ainda. "Isso é ridículo", disse o homem.

Mas não para Trump. Ele queria de qualquer maneira mandar soldados para a fronteira, dizendo aos assessores que o Exército tinha dezenas de milhares de homens e mulheres de uniforme e que ele deveria, como comandante em chefe, ser capaz de usá-los para proteger a soberania dos Estados Unidos. Os assessores explicaram para Trump que, se enviasse soldados para a fronteira, eles não poderiam atuar como força policial. Poderiam erguer cercas provisórias, consertar veículos ou fazer vigilância, disseram, mas não usar força letal. Disparar um único tiro no México seria considerado uma declaração de guerra.

No fim de outubro, Trump decidiu usar sua autoridade de comandante em chefe para mobilizar o Exército na fronteira contra os imigrantes. Em 29 de outubro, o Pentágono anunciou que estava mandando 5200 soldados, além de helicópteros Black Hawk e rolos gigantes de arame farpado. Era a maior mobilização de soldados na ativa ao longo da fronteira Estados Unidos-México em décadas. No dia seguinte, Trump aventou a ideia de mandar 15 mil soldados para a fronteira, um número exorbitante, que equivalia aproximadamente à presença militar americana no Afeganistão.

A medida inspirou protestos imediatos de que Trump tirava proveito político da situação, militarizando a fronteira para assustar sua base eleitoral visando às eleições de meio de mandato, agora a não mais que uma semana de distância. Mas o secretário de Defesa Jim Mattis garantiu a missão e disse que o Exército estava fornecendo "apoio prático" às operações da Segurança Interna. "Não fazemos operações de mentirinha nesse departamento", ele disse.

Mesmo assim, Trump deixou claro que a pressa em pôr soldados na fronteira tinha a ver com uma atitude forte para galvanizar seus apoiadores a votar pelos republicanos nas eleições. "Se você não quer a América tomada por massas de estrangeiros ilegais e caravanas gigantes, é melhor votar nos republicanos", disse Trump em 1º de novembro em um comício em Columbia, Missouri.

Para o presidente, mobilizar soldados não bastava. Ele queria imagens — propaganda — mostrando a presença militar sendo distribuídas para a mídia. Trump mandou avisar ao Pentágono que queria fotos das tropas na fronteira. O pedido do presidente foi parar na mesa de Dana White, porta-voz de Mattis. Kevin Sweeney, contra-almirante aposentado que servia como chefe de equipe de Mattis, disse a White que a Casa Branca precisava ver fotos dos soldados — e rápido. White tentou explicar que aquilo era impraticável. Ali era o Departamento de Defesa, não a Coca-Cola. Os soldados não partiriam imediatamente para a fronteira, nem após receber a ordem.

"Não posso arrumar fotos de uma coisa que ainda não aconteceu", White disse a Sweeney.

"Esse é problema seu, Dana", disse Sweeney. "Manda logo a porcaria das fotos."

A pressão não partia de Sweeney, claro. Partia do topo. Trump pressionara o aparato militar inteiro para ajudá-lo a ilustrar sua demonstração de poderio, algo capaz de convencer os eleitores de que estava protegendo o país da perigosa "invasão" de imigrantes que se aproximava dia a dia de um confronto na fronteira. Sweeney e qualquer outro alto funcionário da agência sabiam que o modo mais rápido de agradar o presidente era levar a mensagem à rede que ele e seus admiradores acompanhavam embevecidos. "Arruma alguma coisa pra Fox agora mesmo", Sweeney disse a White. Trump era incapaz de compreender que as Forças Armadas dos Estados Unidos não pulavam a bordo de um C-17 à noite e simplesmente começavam a patrulhar as margens do rio Grande no dia seguinte. "A única pessoa que forçaria você a mostrar isso é alguém que não sabe de tal coisa", afirmou um funcionário do Departamento de Defesa sobre o presidente.

Os assessores de Mattis concordaram que para satisfazer os desejos de Trump teriam de obter fotos e perguntaram a oficiais da Guarda Nacional do Estado que ainda não haviam embarcado se poderiam tirar fotos ou enviar vídeos dos soldados da reserva em treinamento. As primeiras imagens que finalmente conseguiram — após mais de 24 horas de corre-corre — eram da Guarda Nacional do Texas. "As pessoas estavam mais ligadas nas imagens do que no que estávamos supostamente fazendo", disse um funcionário do Departamento de Defesa à Casa Branca. "A urgência não estava na missão. Estava em conseguir as fotos." Trump também queria ver generais sendo entrevistados nos noticiários, de preferência na fronteira e em função de comando. Chegou da Casa Branca a informação de que as imagens dos oficiais da Guarda Nacional não eram boas o suficiente.

Em 3 de novembro, a primeira onda de soldados do Exército chegou à fronteira e surgiram fotos de pessoas uniformizadas instalando cercas de arame farpado ao longo da margem texana do rio Grande. Trump comentou em um comício de campanha em Montana naquela noite: "Nosso Exército está na fronteira. Vi aquele lindo arame farpado sendo levantado hoje. O arame farpado, se for usado direito, pode ser uma visão linda".

Trump procurava assustar o eleitor nos últimos dias da campanha de meio de mandato usando a ameaça de uma "invasão" de imigrantes ilegais para gerar o medo de assassinos de policiais — ou, como Trump chamava os que pediam asilo, "*hombres* maus". Nancy Pelosi, a líder democrata na Câmara prestes a se tornar sua presidente, chamou a incitação ao medo de Trump de "Teleton do terror". Esse período acentuou as piores características de Trump como presidente. "Ele sai por aí dizendo as coisas mais malucas, horríveis, dá a largada e senta pra assistir suas maluquices dominarem a TV a cabo pelas próximas 24 horas", disse Mike Murphy, um estrategista republicano.

No dia da eleição, 6 de novembro, os democratas assumiram o controle da Câmara e pegaram diversos governos cruciais no Meio-Oeste e até no Kansas, impulsionados pela rejeição à demagogia de Trump nos subúrbios do país, especialmente entre as mulheres. Mas a demonização dos imigrantes ajudou os republicanos a expandir sua maioria no Senado, onde o mapa de 2018 favorecera fortemente os republicanos, com a maioria das disputas acirradas em estados vermelhos como Missouri e Texas.

O triunfo democrata na Câmara foi impulsionado por número recorde de candidatas. Aquela seria a classe de calouros parlamentar com maior diversidade racial e de gênero na história do Congresso, e Pelosi se preparou para reclamar o martelinho da presidência, que perdera oito anos antes. Em seu discurso na noite da eleição, ela sinalizou que os democratas da Câmara usariam seu poder de intimar o presidente para investigar Trump e responsabilizar seu governo — coisa que os republicanos haviam deixado de fazer. "O dia de hoje não tem a ver apenas com democratas e republicanos", ela disse. "Tem a ver com restabelecer os poderes moderadores da Constituição no governo Trump."

No dia seguinte, o presidente previu — acertadamente — "um pé de guerra" caso os democratas da Câmara usassem seu novo poder para investigá-lo. "Eles podem jogar esse jogo, mas a gente consegue jogar melhor, porque temos uma coisa chamada Senado dos Estados Unidos", disse Trump numa coletiva de imprensa. "Acho que sou melhor do que eles nesse jogo, pra falar a verdade." O presidente se recusou a mostrar qualquer arrependimento, ou a assumir a responsabilidade pelas derrotas do partido. Após as eleições de meio de mandato de 2010, o presidente Obama falou da "surra" que seu partido levara. E após as eleições de meio de mandato de 2006, o presidente Bush falou do "baque" que o dele sofrera. Mas Trump sequer admitiu a derrota. Pelo contrário, alegou que tinham chegado "muito perto da vitória completa".

Trump, no entanto, obteve outro tipo de vitória nesse dia. Finalmente se livrou de Sessions. Enquanto os resultados finais da eleição ainda não haviam saído, na noite de 6 de novembro, ele disse aos assessores que queria mandar o procurador-geral embora imediatamente. No dia seguinte, Sessions partiu.

Tudo parecera muito normal na noite anterior. Sessions, sua esposa, Mary, Rosenstein e os assessores Isgur Flores e Stephen Boyd estavam na sala de Boyd no Departamento de Justiça assistindo aos resultados da eleição na Fox. Sessions sabia que seria expulso do mundo de Trump. Internalizando sua própria fragilidade, o procurador-geral dera para citar *A princesa prometida* para os assessores quando deixava o trabalho, à noite: "Boa noite, Westley. Bom trabalho. Durma bem. Muito provavelmente vou matar você de manhã".

Em 7 de novembro, Kelly ligou para Sessions. O presidente queria que ele se demitisse. Sessions convocou os assessores para sua sala. "Agora é para valer", disse o procurador-geral. "Venham." Era surreal. Rosenstein aconselhou Sessions a tentar sair em seus próprios termos. "Escolhe uma data", disse Rosenstein. "Daqui a duas semanas, digamos. A gente faz uma festa de despedida e um bota-fora apropriados. É humilhante sair assim, sem mais nem menos. Você fez muita coisa pela agenda dele aqui, realizou muita coisa, tem muito do que se orgulhar, e não devia ter que sair nessas circunstâncias."

Era quarta-feira e Sessions perguntou a Kelly se poderia ter até sexta para entregar o cargo, mas não cabia ao chefe de gabinete decidir. Ele consultou o presidente e ligou de volta. "Tem que ser hoje", Kelly informou a Sessions. "Se não for agora mesmo, vai vir um tuíte."

Sessions estava à sua mesa durante a conversa, sem paletó, de camisa branca, gravata vermelha e óculos. Rascunhara uma carta de renúncia havia tempos e Isgur Flores imediatamente começou a digitá-la no celular. A equipe discutiu o que devia dizer na primeira linha, e Sessions decidiu começar com "a seu pedido", deixando claro que não renunciara voluntariamente. Na carta, ele destacou seu trabalho no Departamento de Justiça para executar as leis de imigração e levar gangues à justiça. Vale observar que chamou a soberania da lei, que Trump tantas vezes tentou ignorar ou obstar, de "uma tradição gloriosa que cada um de nós tem a responsabilidade de salvaguardar". Um assistente imprimiu uma cópia no papel timbrado do Departamento de Justiça, Sessions assinou embaixo e Boyd e O'Callaghan se ofereceram para entregá-la pessoalmente à Casa Branca.

Quando chegaram à Ala Oeste, um jovem assessor disse que ficaria com ela, mas O'Callaghan não entregaria a carta de renúncia do procurador-geral a alguém que parecia recém-saído da faculdade. Ele e Boyd pediram para entregá-la diretamente a Kelly. Quando estavam diante do chefe de gabinete, os funcionários do Departamento de Justiça acharam que ele parecia estressado e angustiado, em visível conflito com o que acabara de ordenar. Ficaram surpresos ao ver como elogiava Sessions. "Ele fez um grande serviço por este país", disse Kelly a O'Callaghan e Boyd.

Assim que os dois entregaram a carta ao chefe de gabinete, Boyd mandou uma mensagem para o celular de Isgur Flores. No Departamento de Justiça, ela já informara um punhado de repórteres sobre a renúncia de Sessions e lera a carta para eles sob estrito sigilo, de modo que pudessem preparar suas matérias. A um sinal de Boyd, Isgur Flores suspendeu o sigilo e os jornalistas publicaram seus textos e enviaram alertas de notícias. Cerca de noventa segundos mais tarde, Trump tuitou a demissão. A equipe de Sessions se preparara havia muito para aquele momento e não estava disposta a deixar o presidente dar o furo.

Normalmente o procurador-geral interino teria entrado no vácuo deixado pela saída súbita de Sessions, mas Trump passou por cima de Rosenstein. Ele nomeou Whitaker como procurador-geral. Fiel a Trump, Whitaker criticara publicamente a investigação de Mueller quando era comentarista de assuntos legais antes de entrar para o Departamento de Justiça como chefe da equipe de Sessions. Naquela função, Whitaker alienara os leais a Sessions e rapidamente se estabelecera como um paladino do reino, demitindo funcionários e tentando sem sucesso isolar outros, incluindo Isgur Flores, a confidente do procurador-geral. Como sucessor temporário de Sessions, Whitaker assumia o controle da investigação russa. Finalmente, Trump sentiu que tinha as mãos no volante.

Posteriormente naquela tarde, a equipe de Sessions fez fila para entrar na sala de reuniões do procurador-geral, onde ele improvisou um discurso de despedida. Sua "marcha" comemorativa ao sair do departamento passou ao vivo na TV. Sessions não teve chance sequer de esvaziar a sala. Havia pilhas de documentos sobre a mesa. Algumas pastas ainda estavam abertas. A placa com seu nome e seus retratos de família continuavam ali. A bolsa em que carregava materiais confidenciais continuava sobre uma cadeira. Mas Sessions fora para casa, liberado do dever.

Após quase dois anos sob o cruel assédio de Trump, Sessions se recusou a criticar o presidente, mesmo na intimidade de amigos. Trump nem se dera ao trabalho de ligar para o procurador-geral exigindo sua renúncia; mandara Kelly fazê-lo. Contudo, Sessions ainda admirava o homem que conhecera naquela audiência do Senado nas Nações Unidas tantos anos antes. Ele continuava a alimentar um profundo respeito pelas paixões que Trump despertava em meio ao seu antigo eleitorado no seu Alabama natal. Em Trump, ele via um lutador, um homem com a determinação certa.

"Sabe, esse cara tem a energia de um dragão", comentou Sessions a um de seus amigos na política. "Ele não pode ser domado."

20. Um diplomata desagradável

Em 9 de novembro, o presidente Trump foi a Paris, onde se encontraria com líderes de outras nações ocidentais para um fim de semana de cerimônias em homenagem aos cem anos do fim da Primeira Guerra Mundial. Em vez de se empolgar com a celebração histórica, Trump estava rabugento. O tamanho da maioria democrata na Câmara não parava de crescer conforme algumas disputas acirradas se definiam naquela semana, fazendo de Trump um alvo quase certo de intenso escrutínio do partido adversário nos dois anos seguintes de mandato. Além disso, como seria de esperar, o general Matthew Whitaker, procurador-geral interino, provocara polêmica nos noticiários, tanto pela falta de qualificação básica para o cargo e por seus vínculos empresariais questionáveis quanto por sua oposição pública à investigação de Mueller sobre a Rússia. Especulava-se que Whitaker, fiel ao partido, seria a marreta que Trump usaria para demolir o trabalho do procurador especial.

No caminho até o Marine One para começar a viagem a Paris, Trump foi ríspido com Abby Phillip, correspondente da CNN, quando ela levantou uma questão pertinente: Trump queria que Whitaker controlasse Mueller? "Que pergunta idiota", respondeu o presidente. "Que pergunta idiota. Mas observo muito você. Você faz muitas perguntas idiotas." Ele não respondeu à pergunta dela.

Após embarcar no Força Aérea Um para o voo de seis horas e meia até a França, Trump recebeu uma ligação da primeira-ministra britânica Theresa May. Os dois não eram exatamente amigos. Em julho de 2018, durante uma visita oficial ao Reino Unido, ele havia ridicularizado a atuação dela no Brexit em uma entrevista notória para o tabloide inglês *The Sun*. Contudo, May se esforçava muito mais que outros líderes europeus para tratar Trump com respeito, como parte da estratégia de longo prazo do governo britânico de preservar o "relacionamento especial" com os Estados Unidos. May estava ligando para felicitá-lo pelas vitórias do partido dele nas eleições de meio de mandato. Ela estava ciente, claro, de que os republicanos haviam perdido o controle da Câmara, mas tentou apelar ao ego de Trump mesmo assim.

Não adiantou. O desagradável presidente explodiu com a educada primeira-ministra. Trump criticou May em função do Brexit e disse que ela era uma péssima negociadora. Brigou por causa de acordos comerciais com países europeus que ele achava injustos em relação aos Estados Unidos. Parecia uma conversa unilateral, em que só Trump falava. E então, de repente, ele mudou de assunto e disse que ela provavelmente não tinha mencionado o Irã porque sentia vergonha da posição do Reino Unido a respeito. Na verdade, May não havia mencionado o Irã porque o assunto não estava na pauta — além do mais, ela mal conseguira proferir uma palavra. Não, disse May a Trump, ela não sentia vergonha daquilo.

A primeira-ministra já havia sido submetida ao temperamento intempestivo de Trump, mas seus assessores ficaram abalados pela animosidade do telefonema. Descreveram-no como o pior de toda a carreira dela. O presidente foi tão grosseiro que uma autoridade britânica ao falar com o *Telegraph* se referiu a ele como "Trump the Grump" [Trump, o mal-humorado]. A conversa raivosa marcou o tom da visita de 43 horas de Trump na França. Ao chegar a Paris, ele foi levado até a residência do embaixador americano, uma elegante mansão do século XIX no centro da cidade. Trump se refugiou lá dentro, chateado com a cobertura que a imprensa estava fazendo de suas derrotas nas eleições de meio de mandato e resmungando sobre recontagens na Flórida, onde a vitória acabaria indo para seus aliados republicanos em disputas eleitorais intensamente contestadas para o Senado e o governo estadual.

Na manhã seguinte, 10 de novembro, Trump acordou cedo. Às 4h52 do horário de Paris, tuitou uma defesa de Whitaker em duas partes. Ele tinha presença marcada em uma série de cerimônias e uma visita ao Cemitério Americano de Aisne-Marne, no sopé da colina da Batalha de Belleau, onde jaziam 2289 soldados. Na parede da capela estavam registrados os nomes de 1060 indivíduos desaparecidos em combate cujos corpos não foram recuperados. O terreno do cemitério incluía um monumento aos fuzileiros navais dos Estados Unidos.

Trump não foi ao cemitério. Ele disse a assessores que não tinha vontade de ir até Aisne-Marne, que ficava a uns noventa quilômetros do centro de Paris. O plano era que fosse de helicóptero, mas o tempo estava chuvoso e nublado, e, embora o Marine One fosse capaz de voar em uma grande variedade de condições climáticas, John Kelly e Zach Fuentes, seu auxiliar, ofereceram uma desculpa a Trump: ele podia alegar que era uma "decisão motivada pelo clima" e cancelar a visita. Os dois explicaram que, se tivessem que fazer o percurso em um comboio de carros, levariam uma hora e meia e complicariam o trânsito em partes de Paris e nos bairros periféricos. Trump aproveitou a chance de dispensar a visita. "Acho que não vou", disse ele. Sua agenda previa participação em outros eventos relacionados à Primeira Guerra Mundial durante o fim de semana, e ele achou que faltar àquele não seria nada de mais.

Kelly e Joseph Dunford, o chefe do Estado-Maior Conjunto, ambos fuzileiros navais, decidiram ir no lugar dele e representar a delegação americana. Tudo ficaria bem — até que Trump ligou a televisão. Foi aí que ele viu outros dignitários, incluindo o presidente francês Emmanuel Macron, a chanceler alemã Angela Merkel e o primeiro-ministro canadense Justin Trudeau, chegando, debaixo de chuva, a outros memoriais nos arredores de Paris. Nos Estados Unidos, os noticiários e as redes sociais pululavam de comentários sobre a decisão de Trump de faltar à cerimônia por causa da chuva. Democratas o acusaram de desrespeitar os veteranos mortos.

John Kerry, ex-secretário de Estado e veterano condecorado da Marinha, tuitou: "O presidente @realDonaldTrump faltou por causa de chuva? Aqueles veteranos que o presidente não quis honrar lutaram na chuva, na lama, na neve — muitos morreram em trincheiras em nome da liberdade. A chuva não os impediu e não devia ter impedido um presidente americano". A crítica a Trump foi mundial e impiedosa. Nicholas Soames, neto de Winston Churchill e membro do Parlamento britânico, disse que Trump era "patético" e "inepto", e que "não foi capaz nem de enfrentar o mau tempo para homenagear os mortos".

Como costuma acontecer entre os críticos de Trump, os comentários se excederam. Houve quem sugerisse que o presidente não visitara o cemitério simplesmente porque tinha medo de molhar o cabelo. Enquanto isso, Kelly e Dunford pareciam dignos e bastante presidenciais em seu trajeto pelo cemitério, acompanhados de mais um punhado de americanos para celebrar a ocasião. Eles pararam diante do monumento aos fuzileiros navais no topo da colina e honraram os combatentes. Kelly ofereceu algumas palavras solenes ali sobre seu filho Robert, um tenente do Corpo de Fuzileiros Navais que havia morrido no Afeganistão aos 29 anos.

Quando viu seu chefe de gabinete receber atenção favorável pela visita ao memorial, Trump se enfureceu. Ele disse a assessores que sua ausência causou uma impressão "terrível" na mídia. "Eu podia ter ido, porra!", resmungou. "Eu estava disposto a ir! Estão acabando comigo por causa disso!" Trump descontou a raiva em Fuentes. "Seu general devia ter me convencido a ir", berrou o presidente para o vice-chefe de gabinete, referindo-se a Kelly. Ele criticou a falta de perspicácia política dele por não ter previsto aquele pesadelo de relações públicas e por não o ter convencido a acompanhar o comboio até o cemitério. "Que decisão imbecil", disse Trump a Fuentes.

"Senhor, tomamos a melhor decisão possível", respondeu Fuentes, sem querer retrucar para não provocar o presidente.

Mais tarde, em conversa com outros conselheiros, Trump recusou qualquer responsabilidade por não ter ido visitar o cemitério. "Foi John Kelly que decidiu que eu não devia ir", disse o presidente. "Eu teria ido com prazer. Não ligo para chuva."

Em 11 de novembro, Trump ainda estava remoendo aquilo quando foi a uma cerimônia do Dia do Armistício sob o Arco do Triunfo, o memorial mais imponente de Paris. Mais de sessenta líderes mundiais compareceram para celebrar os cem anos desde que clarins e sinos soaram por toda a França para marcar o fim da Primeira Guerra Mundial. Antes do início da cerimônia, dezenas de dignitários visitantes marcharam lado a lado pela Champs-Élysées em direção ao arco, enquanto caças militares pintavam rastros de fumaça vermelha, branca e azul no céu parisiense. Trump não participou da marcha, nem o presidente russo Vladimir Putin. Eles chegaram ao arco cada um em seu próprio comboio. Vestido com um sobretudo preto, Trump se sentou ao lado de Merkel, a algumas cadeiras de Putin. Ele estava na condição incomum de não ser o centro das atenções. Era mero convidado, e aquela era a hora de Macron. A coreografia condizia com o papel crucial que os franceses desempenharam na Primeira Guerra Mundial, em comparação com os Estados Unidos, mas Trump se sentiu contrariado por ter uma atuação menos proeminente.

Em francês, Macron fez um discurso que jornalistas interpretaram como uma reprimenda incisiva para Trump, e também para Putin. Nas horas mais sombrias da Primeira Guerra Mundial, disse Macron, "aquela visão da França como nação generosa, da França como projeto, da França como promotora de valores universais, era o completo oposto do egoísmo de um povo que só quer saber de seus próprios interesses, porque patriotismo é o completo oposto de nacionalismo: o nacionalismo é uma traição ao patriotismo. Ao dizer 'nossos interesses em primeiro lugar, e quem se importa com o resto?', elimina-se o que há de mais precioso em uma nação, o que a leva à grandeza e o que é mais fundamental: os valores morais". Macron alertou que "os antigos demônios estão ressurgindo" e convocou os líderes políticos do mundo a "romper com a nova 'traição dos intelectuais', que está em ação e alimenta inverdades, aceita a injustiça que consome nossos povos e sustenta extremos e o obscurantismo atual".

Trump reclamou do discurso de Macron junto a conselheiros, mas não retrucou. Ele foi a um almoço com outros líderes mundiais e então apresentou seu próprio discurso no Cemitério e Memorial Americano de Suresnes, que ficava mais perto de Paris do que Aisne-Marne. Lá jazem 1541 soldados americanos. Trump fez um discurso de dez minutos debaixo de chuva, dispensando o guarda-chuva e brincando que todo mundo estava "ficando encharcado", como se tentasse compensar pelo dia anterior.

"Os patriotas americanos e franceses da Primeira Guerra Mundial encarnam as virtudes atemporais de nossas duas repúblicas: honra e coragem, força e bravura, amor e lealdade, graça e glória", disse Trump. "É nosso dever preservar a civilização que eles defenderam e proteger a paz que seu nobre sacrifício conquistou um século atrás."

Trump então seguiu para o aeroporto, onde embarcou no Força Aérea Um para a viagem de volta a Washington. O dia seguinte, 12 de novembro, era Dia dos Veteranos nos Estados Unidos, mas Trump preferiu não celebrar no Cemitério Nacional Arlington, uma tradição dos presidentes — algo que mais tarde ele reconheceu que devia ter feito. Resolveu passar o dia dentro da Casa Branca, lamentando a cobertura desfavorável da imprensa de sua viagem a Paris e tuitando sobre "a previsão de assédio presidencial pelos democratas" quando eles assumissem o controle da Câmara em janeiro.

Em 13 de novembro, Trump começou o dia cheio de vontade, com uma bordoada contra Macron pelo Twitter. O presidente escreveu, em referência às duas guerras mundiais: "Estavam começando a aprender alemão em Paris quando os Estados Unidos chegaram". Ele atacou os franceses por políticas comerciais "nada justas" que faziam com que fosse mais difícil vender vinhos americanos na França do que vender vinhos franceses nos Estados Unidos. E disse que Macron "sofre com um índice de aprovação muito baixo na França".

"A propósito, nenhum país é mais nacionalista que a França, povo muito orgulhoso — e com razão!", acrescentou Trump. "TORNEM A FRANÇA GRANDE DE NOVO!"

Quando leu os tuítes do presidente em Paris, Macron ficou preocupado. Ele ligou na mesma hora para Gérard Araud, seu enviado em Washington, e perguntou o que fazer. O embaixador ligou para um de seus contatos na Casa Branca, que recomendou: "Por favor, não faça nada. Ele vai dar esse chilique, mas depois, se vocês não responderem, vai acabar. Por favor, diga para Macron não se dar ao trabalho de reagir". A pessoa explicou que Trump havia atacado Macron por causa da cobertura que a imprensa dera ao discurso do presidente francês. "Trump não quer perder na mídia, especialmente na Fox. Parecer fraco na Fox é totalmente inaceitável para ele." Araud transmitiu o conselho a Paris, e Macron o acatou.

A viagem a Paris se revelou a gota d'água para Kelly. Ele duraria menos de um mês no cargo depois daquilo. Conselheiros de Trump não sabiam dizer quão furioso o presidente estava de fato com o chefe de gabinete por causa da situação em Paris. Um sugeriu que ele só estava procurando alguma desculpa para "romper relações". Parecia o momento oportuno para uma mudança de curso. Ao longo de todo aquele outono, os sentimentos de Trump foram alimentados por uma campanha promovida pelos inimigos internos de Kelly, incluindo Jared Kushner e Ivanka Trump, que queriam mandá-lo embora e arranjar um chefe de gabinete mais político. As pressões estavam aumentando sobre Trump. Ele se sentia vulnerável. A investigação de Robert Mueller seguia rumo a um fim incerto. Nancy Pelosi pretendia retomar as investigações sobre o presidente, ou até iniciar um processo de impeachment. Mais de duas dúzias de democratas se preparavam para removê-lo da presidência. E muitos de seus subordinados mais antigos e confiáveis tinham ido embora ou estavam de olho na porta.

* * *

Desde o assassinato brutal, em 2 de outubro, de Jamal Khashoggi, um jornalista saudita dissidente que assinava uma coluna no *Washington Post*, Trump e seu governo estavam na defensiva. Gravações de áudio e vídeo obtidas pelo governo turco revelavam que Khashoggi tinha entrado no consulado para obter documentos para se casar, mas fora detido lá dentro por guardas sauditas e depois interrogado, torturado, morto e esquartejado com uma serra cirúrgica. A ação provavelmente foi ordem de Mohammed bin Salman, conhecido como MBS, o príncipe herdeiro da Arábia Saudita, cujo governo Khashoggi criticara em seus textos, segundo uma análise de inteligência dos Estados Unidos.

Ao longo de outubro e no início de novembro, uma grande quantidade de indícios veio à tona, mas Trump e Kushner, ambos bastante próximos de MBS, ainda se recusavam a responsabilizar os sauditas pelo assassinato, e o presidente chegou a repetir as negações de MBS. Em 16 de novembro, a situação dos sauditas ficou ainda mais definitiva quando Shane Harris, Greg Miller e Josh Dawsey, do *Washington Post*, relataram que a CIA havia concluído, com alto grau de certeza, que MBS dera a ordem para o assassinato de Khashoggi. A CIA descobrira também que Khalid bin Salman, o embaixador saudita nos Estados Unidos e irmão do príncipe herdeiro, tinha ligado para Khashoggi por ordem de MBS a fim de orientá-lo a ir ao consulado em Istambul para buscar seus documentos, garantindo que seria seguro.

Em resposta, o governo Trump impôs pequenas sanções econômicas contra dezessete sauditas que agentes de inteligência americanos acreditavam ter sido responsáveis pelo ato, mas não condenou MBS. Muitos parlamentares americanos disseram que as sanções eram um castigo extremamente brando para o crime. O senador Rand Paul, aliado republicano de Trump, tuitou em resposta: "Estamos fingindo fazer algo e não fazemos NADA". Enquanto isso, Trump questionava a avaliação da CIA, chamando-a de "muito prematura" para repórteres, e aclamava a Arábia Saudita como "um aliado muito espetacular".

Ao longo do outono, os advogados do presidente tiveram motivo para achar que estavam por cima. Com a capitulação de Mueller quanto a aceitar algumas respostas por escrito de Trump, eles tinham certeza de que seu cliente não seria intimado a depor. O acordo — fornecer respostas só sobre a interferência russa, o motivo central para a contratação de Mueller, e apenas relativas ao período até a eleição em novembro de 2016 — era favorável. No entanto, mesmo com a delimitação restrita, eram muitas as perguntas possíveis. Trump recebera informes regulares de Michael Cohen enquanto ele tentava fechar o acordo sobre a Trump Tower em Moscou? Em que momento ele soubera que o WikiLeaks tinha e-mails comprometedores dos democratas? Ele tinha conhecimento da proposta de reunião que Donald Trump Jr. recebera para tratar de "incriminar" Hillary Clinton?

Durante setembro e outubro, os advogados de Trump insistiam com o público que estavam trabalhando com o presidente para terminar as respostas escritas para Mueller, mas a realidade é que eles estavam enfrentando grande dificuldade para conseguir tempo com seu cliente, embora Trump passasse muitas horas por dia vendo televisão. Como Rudy Giuliani, seu advogado, dizia com frequência para os repórteres, seu cliente era o presidente, uma pessoa muito ocupada.

Em 24 de outubro, os advogados de Trump marcaram uma reunião com ele para tratar das respostas. Fazia só 25 minutos que a reunião tinha começado quando foi encerrada bruscamente. As equipes de Segurança Nacional e de policiamento federal de Trump precisavam informá-lo sobre bombas caseiras que haviam sido enviadas para diversos democratas proeminentes, incluindo Hillary Clinton e o ex-presidente Obama. Giuliani e Jay Sekulow, junto com Jane e Martin Raskin, estavam redigindo as respostas de Trump em nome dele com base em uma série interminável de reuniões para falar do que o presidente se lembrava. A maioria já estava escrita quando chegou o Halloween, e eles consideravam que as respostas até então eram bem convencionais.

Na manhã de 1º de novembro, Sekulow foi à Casa Branca para mais uma reunião com Trump para finalizar as respostas, mas o presidente foi interrompido por ligações do presidente turco Recep Tayyip Erdogan e do presidente chinês Xi Jinping. "Lá se vai minha reunião", disse Sekulow, suspirando.

Por mais ansiosos que os advogados de Trump estivessem para finalizar as respostas, eles não queriam entregá-las antes das eleições de meio de mandato em 6 de novembro. Mas, após a derrota esmagadora do Partido Republicano na Câmara, viram-se diante de um novo desafio. Trump estava de péssimo humor, especialmente depois de voltar de Paris em 12 de novembro, e parecia ficar irritado sempre que eles tocavam no assunto das perguntas de Mueller. Então aconteceram duas coisas antes do Dia de Ação de Graças — uma logo depois da outra — que os assustaram. A primeira, por volta de 15 novembro, foi um e-mail estranho que Sekulow recebeu de uma conta que parecia falsa. Continha uma mensagem curta que dizia algo na linha de "Isto é muito importante. Talvez você queira ver". Havia diversos documentos anexados. Sekulow teve medo de abri-los, com receio de que fosse uma armação. "Você é o advogado criminalista, diga o que a gente deve fazer", disse ele para Giuliani.

Junto com os Raskin, eles decidiram abrir os documentos. "Eram chocantes", descreveu Giuliani. "Tudo o que a gente esperava." Um dos anexos era uma minuta de uma transação penal que o gabinete de Mueller havia preparado como parte das negociações em andamento com Jerome Corsi. Corsi era um antigo crítico de Hillary Clinton e aliado de Roger Stone, um consultor político ocasional de Trump na década anterior.

Os procuradores queriam saber como Stone havia previsto corretamente que Julian Assange, do WikiLeaks, vazaria e-mails comprometedores sobre Clinton em 2016, e desconfiavam que Corsi poderia ligar os pontos. Um e-mail de 2 de agosto de 2016 mostrava que Corsi, que na época estava em viagem pela Europa, avisou Stone sobre a divulgação planejada pelo "amigo na embaixada" — uma aparente referência a Assange, que desde 2012 morava na embaixada equatoriana em Londres. "Dizem que o amigo na embaixada tem planos para mais dois envios", escrevera Corsi. "Uma pouco depois que eu voltar. 2 de out. Impacto previsto muito comprometedor."

O que surpreendeu Sekulow e os outros advogados do presidente foi que a minuta de Mueller — que Corsi se recusava a assinar — fazia referência especificamente a Trump. O procurador especial queria que Corsi admitisse que Stone havia pedido durante a campanha que ele entrasse em contato com o WikiLeaks — citado como "Organização 1" no documento — para descobrir que materiais eles ainda iam publicar. A minuta dizia que Corsi compreendia que Stone estava pedindo aquilo porque mantinha "comunicação regular com membros de destaque da campanha Trump, incluindo o então candidato Donald J. Trump". Corsi reclamou, por intermédio do advogado, que se sentia forçado a assinar o documento sem tempo de estudá-lo direito, e que os investigadores de Mueller tinham dito que pretendiam denunciá-lo se não admitisse a verdade. Os advogados de Trump acharam que era uma tática agressiva demais, mas também ficaram preocupados com a referência ao presidente na minuta. Eles contaram tudo para seu cliente, que os instruiu a "entregar isso para o FBI logo".

O segundo acontecimento foi tarde da noite, em 15 de novembro. Começou com tuítes indicando que alguns documentos misteriosos revelavam que procuradores federais haviam denunciado Assange em um processo sob sigilo, talvez naquele mesmo ano. Devido ao erro de protocolação, a denúncia sigilosa havia sido mencionada em um documento judicial em um site público. No documento, procuradores tinham escrito que a denúncia inexplicada "precisaria continuar sob sigilo até que Assange seja detido em relação às acusações da queixa-crime e, portanto, não possa evitar a detenção e extradição no caso".

Para a equipe jurídica de Trump, aquelas ocorrências eram perturbadoras, e eles se perguntaram se Mueller estava tramando para expandir ou estender a investigação por uma nova linha inexplorada. Eles expressaram queixas sobre o uso inadequado de documentos e receios de que a investigação do procurador especial estaria se intensificando, em vez de se encaminhando para o fim. Os advogados exigiram uma reunião com a equipe de Mueller e o supervisor dele, Rod Rosenstein, para tratar da referência a Trump no documento de Corsi e do descuido de protocolação de Assange. Giuliani, Sekulow e Jane Raskin faziam questão da presença de Mueller, então Giuliani solicitou especificamente que o procurador especial explicasse em pessoa as atividades de seu gabinete. Eles queriam também que os supervisores do procurador especial no Departamento de Justiça estivessem presentes. "Alguém tinha que saber o que eles estavam fazendo", disse Giuliani.

Alguns dias antes do Dia de Ação de Graças, os advogados de Trump chegaram à sala de reuniões de Rosenstein no Departamento de Justiça. Entraram James Quarles, Aaron Zebley e Andrew Goldstein, do gabinete do procurador especial. Rosenstein estava viajando e foi representado por Ed O'Callaghan. Mas Mueller não compareceu. Seus auxiliares disseram que ele não tinha podido estar presente, mas não informaram o motivo. Os advogados de Trump ficaram pasmos de ver que seus receios não eram considerados dignos da presença de Mueller. Depois eles se perguntaram se o procurador especial estava doente, imaginando que seria a única justificativa para que faltasse a uma reunião importante com os advogados da outra parte.

"Não estávamos representando nenhuma figura secundária; nosso cliente era o presidente dos Estados Unidos", relatou um dos advogados de Trump. "Fomos ver o auxiliar na sala de reuniões dele. [...] E [Mueller] não quis nem falar conosco."

A reunião começou com um clima hostil. "Vocês não estão conduzindo uma investigação", disse Giuliani para o trio da procuradoria especial. "Estão conduzindo um processo de incriminação pura e simples concentrado em uma pessoa: Donald Trump. Isso é um absurdo e vai arruinar o Departamento de Justiça."

A certa altura, Sekulow disse algo na linha de: "Vocês estão tentando arrochar um velho para fazer outro cara trair meu cliente".

Quarles liderou a defesa. "Você está distorcendo a questão", respondeu ele a Giuliani.

O'Callaghan tentou acalmar os advogados de Trump. "Rudy, já fui informado sobre isso", disse ele. "Sei aonde vocês querem chegar. Não tem nada a ver com convencer Corsi e abrir outra linha de investigação. Não tem nada a ver."

Apesar da ausência de Mueller, a reunião acabou ajudando a aplacar as ansiedades. Os advogados da procuradoria especial insistiram que não haviam tido qualquer participação no vazamento de Assange, e que tinha sido um erro de protocolação eletrônica no gabinete do procurador federal do distrito da Virgínia Oriental. Eles disseram que não podiam oferecer muitos detalhes sobre a minuta de Corsi, mas que não havia nenhum problema em deixar claro que aquilo devia ter a ver com a campanha e a candidatura de Trump.

No final da reunião, Giuliani disse ao pessoal da procuradoria especial que eles fariam "uma pequena interrupção antes de decidir quando enviar as respostas". Mas, em 20 de novembro, os advogados de Trump encaminharam as respostas do presidente para as perguntas de Mueller. Eles haviam conseguido convencer o presidente a usar repetidas vezes uma expressão à qual ele tinha resistido ardorosamente por anos: "Não me lembro". Na carta enviada, redigida pelos advogados, mas aprovada por Trump, o presidente fornecia 22 respostas às perguntas de Mueller relativas a quatro assuntos principais: a proposta de construção de um prédio das Organizações Trump em Moscou, a interferência da Rússia na eleição de 2016, a campanha de Trump e contatos entre aliados de Trump e os russos durante a campanha. Em dezenove dessas 22 respostas,

Trump disse que não lembrava o bastante para responder a algumas ou todas as perguntas.

A respeito da infame reunião de junho de 2016 na Trump Tower entre Trump Jr., Jared Kushner, Paul Manafort e uma advogada russa, o presidente respondeu a Mueller que não lembrava se ficara sabendo antes ou depois do fato, nem se sabia dos esforços de Trump Jr. para organizá-la, nem se chegara a falar com Trump Jr., Kushner ou Manafort no dia da reunião. Quanto a se alguém lhe dissera durante a campanha que Putin apoiava sua candidatura, Trump respondeu: "Não me lembro de alguém falar isso".

Mas, em julho de 2018, quando a reunião foi noticiada nos jornais, Trump reagira negando qualquer conhecimento. Ele tuitou: "Eu NÃO sabia da reunião com meu filho, Don Jr.". O que Trump dissera a Mueller que se lembrava da época foi que estava "ciente de relatos que indicavam que Putin havia feito comentários elogiosos" sobre ele.

Se Mueller tivesse conseguido uma entrevista pessoal com Trump, ele ou outros de sua equipe poderiam ter pressionado o presidente com novas perguntas ou apresentado informações que refrescassem sua memória e ajudassem a extrair a verdade dele. Mas não foi o que aconteceu. Como Mueller escreveria depois em seu relatório da investigação: "Consideramos que as respostas por escrito foram insuficientes".

21. Instinto acima do cérebro

Em 6 de dezembro de 2018, Rex Tillerson ofereceu sua primeira declaração extensa ao público desde sua demissão do cargo de secretário de Estado na primavera daquele ano. Ele falou com uma franqueza notável. Respondendo às perguntas de Bob Schieffer, da CBS News, em um evento em Houston, descreveu a diferença entre trabalhar na Exxon Mobil Corporation, um ambiente altamente disciplinado e calcado em procedimentos, e na Casa Branca. Tillerson disse que Trump era "um homem bastante indisciplinado, que não gosta de ler, não lê relatórios, não gosta de entrar em detalhes em muitas questões, só diz algo como: 'Olha, minha opinião é esta, e você pode tentar me convencer do contrário, mas na maior parte do tempo não vai conseguir'".

Quando Schieffer perguntou como o relacionamento dele com Trump degringolou, Tillerson disse: "Nós dois temos estilos extremamente distintos. Não temos um sistema de valores em comum. Para ser sincero, era comum o presidente falar: 'Bom, o que eu quero é isto, e eu quero fazer assim'. E eu tinha que dizer: 'Sr. presidente, entendo o que quer fazer, mas não é possível. É contra a lei. É contra o tratado'".

Incapaz de ignorar qualquer desfeita, Trump condenou Tillerson. Ele tachou de pouco inteligente, por incrível que pareça, o engenheiro civil que havia se tornado o diretor executivo de uma das maiores empresas do mundo e que se considerava um estudante de história. Trump tuitou que Tillerson "não tinha a capacidade mental necessária. Era burro feito uma porta e eu precisava me livrar logo dele. O cara era preguiçoso pra caramba".

O insulto era um lembrete para todos os servidores do governo de que a lealdade era uma via de mão única. Uma reflexão sincera como a que Tillerson ofereceu a Schieffer depois de mais de um ano de atuação no governo obviamente seria interpretada pelo presidente como uma traição pessoal, da qual seria impossível uma recuperação plena. Tillerson não se preocupou nem um pouco, comentando com amigos que não ganharia nada se caísse na pilha de Trump. "Não perguntem a mim", diria ele a conhecidos, com uma risadinha, alguns meses depois. "Sou burro feito uma porta!"

Na primeira semana de dezembro, Trump estava concentrado na escolha de um novo procurador-geral. Finalmente, ele poderia colocar um soldado leal à frente do Departamento de Justiça. Considerou uma série de candidatos, mas vivia gravitando em direção a Bill Barr, de 68 anos, um advogado republicano respeitado que ocupara o cargo 25 anos antes, durante o governo de George H. W. Bush. Barr era um nome apreciado na equipe jurídica de Trump e era próximo de Pat Cipollone, o novo advogado que representava a Casa Branca. Emmet Flood, o advogado da Casa Branca encarregado de lidar com a investigação de Robert Mueller, ajudou a convencer o presidente de que Barr era "o padrão-ouro". Trump não conhecia Barr muito bem, mas Flood garantiu que ele se comportava como um adulto e, principalmente, que tinha calibre para blindá-lo "totalmente contra o impeachment" no Capitólio. Barr a princípio resistiu aos pedidos para voltar ao cargo de procurador-geral, mas acabou aceitando a ideia.

Trump também considerou Chris Christie, e se sentia muito mais à vontade com o ex-governador de Nova Jersey, que era um brigão político implacável e havia provado sua lealdade a Trump como aliado de campanha. Tentando conseguir o cargo, Christie apelou para o relacionamento antigo deles dois e semeou dúvidas quanto a Barr. "Não acredito que vai tentar a reeleição com um procurador-geral que não conhece", disse ele a Trump.

Christie imaginava que Barr, um nome de peso na comunidade jurídica de Washington, seria mais leal à Ordem dos Advogados dos Estados Unidos (ABA, na sigla em inglês) do que ao presidente. "Se ele tiver que escolher entre o pessoal da ABA e o senhor na hora de agradar alguém, vai escolher a ABA sempre", disse Christie a Trump. "É o jeito dele. É o pessoal dele, e é para lá que ele vai voltar."

Mas Barr já havia indicado sua lealdade a Trump em um memorando espontâneo de dezenove páginas enviado ao Departamento de Justiça em 8 de junho de 2018. Sua intenção original era expressar suas opiniões sobre a investigação de Mueller em uma coluna de opinião, mas ele era tão prolixo que achou que seria melhor redigir um memorando para Rod Rosenstein, responsável por supervisionar a investigação, e o procurador-geral assistente Steven Engel, que chefiava a Advocacia-Geral. Barr enviou uma cópia de cortesia para Flood. Ele assinou o texto como um "antigo servidor profundamente preocupado com as instituições da presidência e do Departamento de Justiça" e disse nutrir esperanças de que suas opiniões "fossem úteis".

No memorando, Barr criticou o inquérito de obstrução de justiça de Mueller, contestando que, na maioria dos episódios que vieram a público, o presidente agira de acordo com sua ampla autoridade executiva, e que investigar as ações dele nesses casos como possíveis atos de obstrução era "extremamente irresponsável". Na condição de estudioso do direito constitucional e ex-chefe da Advocacia-Geral, o principal departamento jurídico do governo, Barr acreditava que procuradores não podiam questionar o poder irrestrito que qualquer presidente tinha de afastar seus subordinados. Para Barr, uma investigação sobre o fato de Trump ter demitido Comey e desejado afastar Sessions era ridícula.

"Mueller não devia ter permissão para exigir que o presidente se sujeitasse a um interrogatório sobre supostas obstruções", escreveu Barr. "Considerações à parte quanto a se Mueller tem fundamento factual robusto para fazê-lo, a teoria de obstrução dele é fatalmente equivocada. A meu ver, essa teoria tem como premissa uma interpretação inusitada e juridicamente insustentável da lei."

Barr então alertou que o procurador especial estava se deixando levar "pelos caprichos de promotores cismados" e escreveu que a investigação de "atos discricionários" do presidente teria "consequências potencialmente desastrosas" para o poder executivo como um todo. "Sei que o senhor concorda que, se uma investigação do Departamento de Justiça for derrubar um presidente eleito democraticamente, é imperativo para a saúde de nosso sistema e para nossa coesão nacional que qualquer acusação de delitos esteja fundamentada rigorosamente por provas de crimes *de fato* — não crimes discutíveis", disse Barr.

Em 7 de dezembro, Trump ligou para Barr e disse que estava preparado para nomeá-lo para o cargo de procurador-geral. A filha caçula de Barr ia se casar no dia seguinte, então ele estava distraído, mas Trump queria dar a notícia logo. "Vou sair para o helicóptero e anunciar", disse Trump a Barr. Pouco depois, o presidente caminhou pelo Gramado Sul e anunciou sua intenção de nomear Barr. "Ele era minha primeira opção desde o início", disse aos repórteres. Mais tarde, no mesmo dia, em um evento do Departamento de Justiça em Kansas City, Trump elogiou Barr por ter demonstrado "uma fidelidade inabalável à letra da lei, algo que as pessoas aqui gostam de ouvir. Não tem ninguém mais competente ou capacitado para o trabalho. Ele merece absoluto apoio dos dois partidos".

Na festa de casamento no hotel Willard, na noite de 8 de dezembro, a algumas quadras da Casa Branca, a filha de Barr disse, em seu discurso: "Papai, você é o único cara que eu conheço que roubaria os holofotes durante o casamento da própria filha". Quando foi a vez dele de fazer um discurso, Barr respondeu: "Meg, veja por este lado: logo antes que o nome Barr seja jogado na lama, você vai mudar o seu para McGaughey".

Ao mesmo tempo que anunciava Barr, Trump cortava relações com John Kelly. Ele reclamava cada vez mais do chefe de gabinete para amigos, dizendo que o general reformado do Corpo de Fuzileiros Navais agia como se tivesse sido eleito presidente. "Ele não teve coragem de trabalhar para conseguir o trabalho que nem eu", desabafou Trump para pelo menos um confidente. Esse tipo de escárnio por parte do presidente sempre prenunciava o fim de algum subordinado. Trump também começou a dizer para outros assessores que não era preciso informar Kelly de acontecimentos importantes, o que na prática afastou o chefe de gabinete das decisões na Casa Branca que antes ele comandara com precisão militar.

Isso foi frustrante para Kelly, que, após décadas de serviço como fuzileiro naval, não tolerava ser desrespeitado e marginalizado. Porém, mais perigoso era o fato de que Trump não estava mais seguindo seus conselhos em questões de segurança nacional. Na semana após a volta da viagem a Paris, em meados de novembro, Trump aventou retirar as tropas americanas das guerras no Afeganistão e na Síria, e também de bases na Coreia do Sul. Ele falou abertamente em sair da Otan.

Enquanto isso, Ivanka e Jared Kushner, além de uma dupla de assessores ambiciosos que estavam de olho no cargo de Kelly — Nick Ayers, chefe de gabinete do vice-presidente Pence, e Mick Mulvaney, diretor do Gabinete de Gestão e Orçamento —, insistiam que Trump precisava trocar de chefe de gabinete. Ayers havia sido franco com Kelly, dizendo que queria sucedê-lo quando ele decidisse sair; Mulvaney, nem tanto. Eles reforçaram seus próprios argumentos: Kelly tinha seus talentos, mas Trump precisava de um chefe de gabinete com mais traquejo político para se preparar para a reeleição e lidar com um Congresso dividido.

Em 7 de dezembro, depois da viagem a Kansas City, Trump e Kelly se reuniram em particular e decidiram se separar. No dia seguinte, ao sair da Casa Branca para um jogo de futebol americano entre times do Exército e da Marinha na Filadélfia, Trump parou no Gramado Sul para dizer aos repórteres: "John Kelly vai sair. Não sei se dá para dizer que vai 'se aposentar'. Mas ele é ótimo". O anúncio foi anticlimático, considerando que fazia algum tempo que os atritos entre os dois tinham ido parar na imprensa. Ainda assim, Trump permitiu uma saída honrosa a Kelly, em comparação com a forma como Tillerson, Reince Priebus, H. R. McMaster e outros conselheiros tinham sido descartados.

Trump escolheu Ayers para o lugar de Kelly. Aos 36 anos, ele era um político astuto e escorregadio, um prodígio que dirigiu a Associação de Governadores Republicanos com pouco mais de vinte anos. Na condição de chefe de gabinete de Pence, Ayers tinha acesso fácil a Trump e cultivara uma relação amistosa com ele. Também se aliara a Ivanka e Kushner, que o promoviam com entusiasmo. Mas, quando Trump lhe ofereceu o cargo, Ayers chocou o presidente ao recusar. Ele não queria se comprometer com o pedido de Trump de servir por dois anos, até a eleição de 2020. Pai de trigêmeos, Ayers só aceitaria o cargo em condição interina durante alguns meses, porque pretendia se mudar com a família para a Geórgia, seu estado natal. Embora Ayers tenha apontado as questões familiares como justificativa para sua recusa, ele confidenciou a algumas pessoas na Casa Branca que ficara preocupado ao ver a frequência com que o presidente contornava ou ignorava um homem sério e respeitado como Kelly. Ao sair, Ayers evitou também indagações sobre seu trabalho como consultor político, pelo qual ele declarou ter ido de um patrimônio líquido de 12,8 milhões de dólares para 54,8 milhões, até se tornar chefe de gabinete de Pence.

Trump, que havia passado dias dizendo a amigos que Ayers seria seu próximo chefe de gabinete, de repente se viu como um noivo constrangido abandonado no altar. Foi um golpe humilhante para um presidente que odeia humilhação. Ele não tinha um plano B, e nos dias que se seguiriam precisaria correr para recrutar outros candidatos.

Em 11 de dezembro, Trump teve o primeiro contato com um governo dividido. Dois anos de atividade sem qualquer restrição ao seu poder foram interrompidos de repente quando o presidente irascível se reuniu pela primeira vez desde as eleições para o legislativo com Nancy Pelosi e Chuck Schumer. Os líderes tinham até 22 de dezembro para aprovar o orçamento anual e evitar a paralisação do governo, e estavam enfrentando um impasse por causa da exigência de Trump de incluir 5,7 bilhões de dólares para a construção do prometido muro na fronteira. Mas a reunião não era apenas sobre dotação orçamentária federal. Ela estabeleceria a dinâmica de poder pós-eleições em Washington.

Conselheiros na Casa Branca sabiam que havia muito em jogo, então tentaram preparar Trump. Kelly, que permaneceu no cargo de chefe de gabinete até o fim do mês, e a diretora de assuntos legislativos Shahira Knight, entre outros, imploraram que Trump tentasse fechar um acordo, mas tomasse cuidado com os democratas, alertando que talvez tentassem manipulá-lo. Os conselheiros advertiram o presidente sobre a política de uma paralisação do governo e disseram que ele não podia, em hipótese alguma, falar algo que o fizesse "assumir" uma paralisação. "Não caia na conversa", avisaram os assessores. Mas parecia que Trump não estava prestando muita atenção. Ele queria um embate dramático sobre imigração com os democratas. Na cabeça dele, a imigração era seu tema — um tema vencedor. Afinal, pensou ele, quem não queria uma fronteira mais segura?

Quando os democratas chegaram ao Salão Oval, Pelosi tentou estabelecer o tom e propôs uma oração sobre o rei Salomão. Ela e Schumer se sentaram nos sofás macios de cor creme, e Trump e Pence se acomodaram nas cadeiras estofadas amarelas. A reunião estava prevista para ser a portas fechadas, mas Trump, como de costume, convidou a imprensa para registrá-la. Seguiram-se dezessete minutos de vozes acaloradas, dedos em riste e interrupções grosseiras, conforme cada participante se exibia para os telespectadores. A certa altura, Trump sugeriu que Pelosi não podia declarar suas opiniões verdadeiras sem comprometer sua intenção de ser eleita presidente da Câmara. "Nancy está em uma situação em que não é fácil falar agora", disse Trump. "Sr. presidente", disse Pelosi, "por favor, não caracterize a força com a qual contribuo para esta reunião como líder na Câmara dos democratas, que acabaram de conquistar uma grande vitória."

Schumer provocou Trump ao lembrá-lo de que ele havia feito diversas ameaças de que paralisaria o governo se não conseguisse dinheiro para seu muro. Nervoso, o presidente disse: "Vou paralisar com orgulho o governo em nome da segurança na fronteira, Chuck, porque o povo não quer que nosso país fique cheio de criminosos e gente com um monte de problemas e drogas. Então eu assumo isso. Eu é que vou paralisar. Não vou botar a culpa em vocês". Pronto. Na mesma hora, assessores da Casa Branca sentiram o estômago revirar. O presidente tinha acabado de dar um presente inesperado aos democratas. Toda aquela preparação não adiantara de nada. Trump levara uma rasteira.

Quando voltou ao Capitólio naquele dia, Pelosi comentou os destaques da reunião com alguns colegas. Ela descreveu o ocorrido no Salão Oval como "uma disputa de território com um gambá". A futura presidente da Câmara disse que o assunto do muro para Trump "parecia uma questão de virilidade. Se é que dá para associar virilidade a ele".

Contudo, por mais hostil que tenha sido a reunião, Trump estava também na iminência de realizar um feito bipartidário raro. A Lei do Primeiro Passo, que seria sancionada em 21 de dezembro, representava a maior reforma do sistema penal do país da última geração, reduzindo as penas mínimas obrigatórias para alguns crimes relacionados a drogas e ampliando programas, como cursos profissionalizantes, a fim de controlar o aumento explosivo da população prisional no país.

A força discreta por trás da reforma do sistema penal havia sido Kushner, que nutria um interesse profundamente pessoal na questão, visto que o próprio pai estava preso. Kushner ajudou a arquitetar uma campanha de lobby durante meses para unir republicanos linha-dura e democratas liberais na revisão das leis que estabelecem penas. Chegara até a convidar para a Casa Branca o rapper Kanye West e Kim Kardashian West, estrela dos reality shows, ambos defensores de reformas do sistema penal, para ajudar a chamar atenção para o assunto.

Durante a cerimônia de sanção no Salão Oval de Trump, o senador Mike Lee refletiu sobre a persistência do genro do presidente. "Eu falo umas cinco vezes por dia com Jared Kushner", disse o republicano de Utah. "No meio do jantar, quando o telefone toca, minha família me pergunta: 'É Jared, não é?'"

Em 12 de dezembro, Trump ligou para Christie com um pedido urgente. Ele perguntou se o velho amigo podia vir imediatamente de Nova Jersey. Eles marcaram de se reunir em 13 de dezembro, às 17h30, na ala residencial da Casa Branca. Quando Christie perguntou qual era o problema, Trump não quis dizer. Mas, no trem a caminho de Washington na tarde de 13 de dezembro, ele recebeu um telefonema de Rudy Giuliani, advogado do presidente e também seu velho amigo.

"Olha", disse Giuliani a Christie. "Ele vai oferecer o cargo de chefe de gabinete para você hoje."

"Ele acabou de falar comigo pelo telefone", acrescentou Giuliani, referindo-se a Trump. "Disse que foi isso que decidiu. Você é a melhor pessoa disponível para a reeleição. Você é o político mais esperto. Consegue gerir um lugar. Ele precisa de você."

"Rudy, Jared vai embora?", perguntou Christie.

"Não", respondeu Giuliani.

"E por que eu vou aceitar essa porra de trabalho?", disse Christie. "Vocês são malucos. Não vou entrar lá com Jared no mesmo corredor."

Conforme o trem corria rumo à Union Station, a mente de Christie estava a mil. Se Trump estava mesmo prestes a convidá-lo para ser chefe de gabinete, ele precisava pensar no que dizer. Então ligou para Jim Baker, lendário ex-chefe de gabinete da Casa Branca, que havia servido na presidência de Reagan e George H. W. Bush. Ele conhecia Baker e confiava em seus conselhos sensatos; quando atuou como diretor de transição para Trump, Christie passara duas horas em Houston conversando com ele sobre a contratação da equipe de governo. Baker atendeu logo. "Governador", disse ele, "se está me ligando, é porque está prestes a ser convidado para o emprego mais merda dos Estados Unidos."

Christie perguntou que tipo de contrapartida ele deveria pedir ao presidente. Baker listou uma série de exigências, incluindo que ele tivesse acesso livre ao Salão Oval, que pudesse participar de qualquer reunião do presidente na Casa Branca, que escolhesse todos os seus subordinados e que todos, exceto a família do presidente, tivessem que responder a ele, que pudesse controlar suas próprias aparições diante da mídia e que tivesse um advogado pessoal. Christie foi tomando nota enquanto ouvia.

"Se você aceitar", disse Baker a Christie, "vamos ter que bolar um termo novo que vá além do patriotismo."

Levando as anotações na maleta, Christie chegou à Casa Branca e foi conduzido até a ala residencial por uma entrada nos fundos, para não ser visto. Ele encontrou o presidente e Melania Trump no Salão Oval Amarelo, no andar de cima; no térreo, a equipe se preparava para uma festa de Natal naquela noite, que contaria com a presença do presidente e da primeira-dama.

Christie e os Trump conversaram sobre o cargo logo de início. A única sugestão de Baker que o presidente rejeitou foi que Christie controlasse as próprias aparições diante da mídia. Christie disse: "Não estou aqui para ser seu porta-voz junto à imprensa. Estou aqui para ser seu chefe de gabinete". Mas Trump insistiu que queria decidir quando ele apareceria na televisão. Melania perguntou a Christie como ele pretendia lidar com Kushner e Ivanka, considerando seus notórios atritos com o primeiro, mas Trump interveio.

"Não se preocupe", ele disse. "Eu resolvo essa parte."

"Senhor, é uma questão importante", disse Christie.

"Jared não tem nenhum problema com você", respondeu o presidente.

"Sr. presidente, por favor, isso é ridículo", disse Christie.

"Não se preocupe", insistiu Trump.

Christie queria evitar dar uma resposta imediata. Estava tentando ganhar algum tempo. No final da conversa, Trump lhe disse: "Conheço você. Vai querer conversar com Mary Pat sobre isso, então vá para casa e fale com ela. Amanhã de manhã eu ligo. Mas quero você aqui".

Christie foi direto para a estação pegar o trem de volta para casa. Quando o Amtrak passou pela estação de Wilmington, depois de uns noventa minutos de viagem, ele viu um alerta de manchete no celular: "Trump recebe Chris Christie para tratar do cargo de chefe de gabinete". Era mais um furo de Jonathan Swan, que cobria a Casa Branca para o *Axios*. Swan disse que, segundo "uma fonte familiarizada com o raciocínio do presidente", Christie "é forte, é um advogado, tem traquejo político, e foi um dos primeiros apoiadores de Trump".

Na manhã seguinte, 14 de dezembro, o telefone de Christie tocou bem cedo. Era Kushner. Ele disse para Christie algo na linha de "Estou sabendo da decisão do presidente. Apoio totalmente. Você e eu vamos trabalhar muito bem. Tudo o que aconteceu no passado está no passado. O que importa agora é fazer o presidente ser reeleito, e eu sei que você é a melhor pessoa para nos ajudar a conseguir isso. Estou animado com sua vinda". Embora Kushner tenha ligado para Christie naquela manhã e tenha se mostrado disposto a trabalhar com ele na Casa Branca, o genro de Trump disse a conhecidos que não se lembrava dessa conversa específica.

Depois, ainda durante a manhã, Ivanka ligou para Mary Pat Christie. "De mãe para mãe, de esposa para esposa, eu sei quais devem ser seus receios", disse a filha do presidente, prometendo que nada de ruim aconteceria com Christie se ele aceitasse o emprego.

"Você não precisa se preocupar que eu vá dizer 'Ah, isso não é bom para a família, você não pode ir'", respondeu Mary Pat. "É a carreira de Chris. Se ele quiser aceitar, não sou eu que vou impedir, mas vou dizer o que acho que ele precisa ouvir."

"Espero que seja algo positivo no sentido de Christie aceitar o trabalho", disse Ivanka.

Mary Pat terminou a conversa respondendo que diria para o marido o que achava que seria importante ele escutar, e que o conselho ficaria entre os dois. Depois ela disse a Christie: "Olha, se você pretende aceitar, aceite, mas, se quiser recusar, então é melhor ligar agora, porque esses telefonemas não foram coincidência. Nunca se sabe com ele. Pode ser que ele resolva tuitar que vai ser você, e aí você está fodido se não aceitar".

Por recomendação da esposa, Christie ligou para Trump. "Não é o melhor momento", disse ele ao presidente. Christie explicou que estava preocupado com a ideia de trabalhar com Kushner. Seu livro de memórias estava para ser lançado no mês seguinte, e o mundo logo constataria que ele não poupava críticas ao genro de Trump.

O presidente já estava frustrado com a recusa de Ayers e a narrativa resultante na mídia de que ninguém queria ser o chefe de gabinete dele. Então Christie sugeriu uma forma de recusar sem constrangê-lo. "Que tal se eu tuitar que vou me retirar do páreo?", perguntou ele. "Assim, não vai parecer que eu disse não."

Trump gostou da ideia. "Vai ser uma história ótima pra gente, isso de você se retirar do páreo", disse ele. "Que nem a matéria no *Axios* ontem à noite. Não foi ótima?"

"Eu estava pensando nisso", disse Christie. "Estávamos só eu, Melania e o senhor lá, e tenho certeza de que ninguém me viu chegar, então como foi que aconteceu?"

"Ah, fui eu", disse Trump.

"Quem o senhor mandou fazer aquilo?", perguntou Christie.

"Não, não, fui eu mesmo", disse Trump. "Liguei para o Jonathan e contei para ele."

Christie pensou consigo mesmo: "Você próprio está vazando? E pensar que eu quase aceitei ser seu chefe de gabinete". Mas ele não falou aquilo.

"O senhor não devia fazer isso", disse Christie a Trump.

"Ahhh", disse o presidente, com um tom brincalhão. "Não se preocupe. Ele é um bom garoto."

Trump disse a Christie que nomearia Mulvaney como chefe de gabinete interino. "Ele está implorando para ficar com o cargo", disse. "Então vou nomeá-lo como interino. Ele vai topar. Vai aceitar tudo o que eu oferecer. E daqui a seis meses você e eu conversamos de novo."

Algumas horas depois, Trump nomeou Mulvaney como chefe de gabinete interino, substituindo um disciplinador rigoroso com um conservador linha-dura ansioso para agradar o presidente no início de um governo dividido. Mulvaney, de 51 anos, já havia declarado sua lealdade à família presidencial muito tempo antes. Ele passara meses fazendo uma campanha discreta para ficar com o cargo, e até jurou a Trump certa vez que, se fosse chefe de gabinete, só administraria o gabinete, e não o presidente. Ele nunca foi entrevistado formalmente para o cargo. Entrou no Salão Oval na tarde de 14 de dezembro para uma reunião sobre o embate do orçamento, e Trump lhe ofereceu o cargo ali mesmo. A notícia foi anunciada uma ou duas horas depois.

Em 17 de dezembro, Christie voltou à Casa Branca com a esposa para uma festa de Natal para secretários e outras autoridades do governo. Assim que ele entrou, seus olhos se cruzaram com os do secretário de Defesa Jim Mattis.

"Veja só! Um raio de luz acabou de entrar no prédio", disse Mattis.

"O que foi que eu fiz para merecer o elogio, general?", perguntou Christie.

Eles trocaram um aperto de mãos, e Mattis disse: "Você é esperto e não mergulhou na merda".

Enquanto se afastava, Christie comentou com Mary Pat: "Aquele ali é um que não está feliz no emprego".

"*Nem um pouco feliz*", disse Mary Pat.

Na primeira semana de dezembro, Mattis foi a Ottawa para uma reunião com um pequeno grupo de parceiros de uma coalizão que fazia parte da rede liderada pelos Estados Unidos para derrotar o Estado Islâmico no mundo inteiro, e ali ele garantiu que todos podiam contar com os Estados Unidos nos baluartes do Estado Islâmico na Síria. No final de 2018, os esforços em várias frentes por parte da coalizão com o objetivo de libertar vastas porções do território sírio das garras do EI tinham alcançado um sucesso impressionante. A arma secreta dos Estados Unidos era uma combinação especial: pequenas equipes de soldados de elite americanos, muito sofisticadas em termos de treinamento e capacidade de vigilância, aliadas a uma milícia relativamente grande sob a liderança do general Mazloum Abdi. As forças da coalizão forneciam cobertura aérea, e, desde a chegada de Trump em 2017, as Forças Armadas dos Estados Unidos contribuíram com armamentos para os curdos.

Nas reuniões do início de dezembro no Canadá, Mattis garantiu aos parceiros que os Estados Unidos proporcionariam apoio financeiro e militar pelo menos até 2020, de acordo com uma política aprovada pelo Conselho de Segurança Nacional e assinada por John Bolton. No avião a caminho de Ottawa, Mattis disse a repórteres que "este ainda é um esforço de coalizão" e acrescentou: "Temos mais trabalho pela frente. Esse núcleo endurecido significa que tem combate pesado ali".

Brett McGurk, o enviado especial do presidente para a Coalizão Global para Derrotar o Estado Islâmico, havia acompanhado Mattis na viagem para ajudar a explicar como a coalizão precisava se adaptar para conter a disseminação do EI. Em 11 de dezembro, McGurk ofereceu uma coletiva de imprensa no Departamento de Estado para ajudar a divulgar a dedicação dos Estados Unidos e a necessidade de garantir a "derrota permanente" do EI. Ele pareceu desconsiderar a ideia de que o país ia se retirar da Síria em um futuro próximo.

"Obviamente, aprendemos muito no passado, então sabemos que, depois de derrotarmos o espaço físico, não podemos pegar tudo e ir embora", disse McGurk. "Então estamos preparados para garantir que façamos todo o possível para assegurar que seja permanente." E acrescentou: "Ninguém está dizendo que [o EI] vai desaparecer. Ninguém é tão ingênuo assim".

Mas, em 14 de dezembro, um único telefonema entre Trump e o presidente turco, Recep Tayyip Erdogan, anulou esses planos. Na conversa com o presidente americano, Erdogan bateu em uma tecla antiga: por que os Estados Unidos precisavam continuar dando armas para soldados curdos combaterem o EI? E por que Trump precisava manter 2 mil militares americanos na Síria se estavam quase triunfando sobre o califado? Erdogan alegou que suas forças podiam garantir que o EI não reconquistasse o poder — e que eles não precisavam dos curdos, inimigos do regime turco.

"Quer saber? É tudo seu", disse Trump a Erdogan. "Vou embora."

Uma pessoa no alto escalão do governo resumiu o sentimento: "Trump estava tipo: Você quer aquele monte de sujeira, Erdogan? Beleza".

Sem refletir ou consultar qualquer um dos vários especialistas sobre a região que o governo tinha, Trump na prática condenou o general curdo Mazloum Abdi, um parceiro incansável das Forças Armadas americanas, à morte. Kelly telefonou para Kevin Sweeney, o chefe de gabinete de Mattis, para avisar o que o presidente tinha acabado de fazer.

"Ele falou para Erdogan que vamos sair da Síria", disse Kelly.

Sweeney sabia que aquilo seria um desastre. Em um primeiro momento, ele ficou sem palavras.

"Pffffff", soltou. "Merda."

Em 17 de dezembro, o secretário de Estado Mike Pompeo alertou McGurk e um punhado de autoridades no Departamento de Estado que precisava que todos participassem com ele de um telefonema importante. McGurk ficou chocado quando Pompeo falou que houvera "uma mudança de planos" sobre a Síria. Para a retirada, eles teriam que remover um efetivo de 2 mil militares e cerca de outros 2 mil soldados das forças especiais que estavam lá na ocasião, além de cortar o fluxo de dinheiro e informações. O tamanho da presença militar americana na Síria era irrisório em comparação com o das Forças Democráticas Sírias (FDS), a força de coalizão local, que tinha 60 mil combatentes árabes, curdos e de outras nacionalidades tentando reconquistar povoados sob o controle do EI. Nos anos mais ativos da parceria, as FDS estimavam uma perda de 11 mil combatentes na Síria, enquanto os Estados Unidos tinham perdido menos de duas dúzias.

No dia 19 de dezembro, pouco antes das 9h30, Trump anunciou a retirada dos soldados americanos da Síria como se fosse um triunfo. "Derrotamos o Estado Islâmico na Síria, meu único motivo para estar lá durante o governo Trump", escreveu ele. O presidente também postou no Twitter um vídeo curto em que ele aparecia no Jardim das Rosas e olhava para o céu, para os soldados americanos mortos, então declarava que também eles iam querer que os Estados Unidos se retirassem da batalha contra o Estado Islâmico. "Nossos meninos, nossas moças, nossos homens — todos eles vão voltar, e vão voltar agora", disse Trump.

O anúncio de Trump provocou críticas imediatamente, tanto de republicanos quanto de democratas. Sarah Sanders ligou para o gabinete de Mattis e perguntou se o Pentágono enviaria algum general ou porta-voz para aparecer na mídia e comentar a importância da retirada. Dana White, chefe de comunicação de Mattis, consultou Sweeney. "Não vai ninguém", disse Sweeney a White. "Pode voltar lá e dizer que a decisão foi da Casa Branca. Ajude-a, mas ninguém neste departamento vai representar essa decisão."

White retornou a ligação de Sanders para dar a notícia ruim. "Sarah, não vamos mandar ninguém", explicou White. "Essa decisão não foi tomada aqui. Vou mandar tudo para vocês [...] A gente vai ajudar a justificar. O califado antigamente era do tamanho da Califórnia. Agora, perdeu 98% disso. É o máximo que a gente pode fazer. Ninguém aqui vai se pronunciar."

"Ninguém?", perguntou Sanders.

"Não", explicou White. "Sinto muito."

Mattis ficou genuinamente consternado. Ele achava que não era correto os Estados Unidos abandonarem os aliados curdos. E temia que o anúncio súbito do presidente pelo Twitter sobre a retirada americana fosse mais perigoso para as tropas do que se as ordens tivessem sido mantidas. "Ele começou a sentir que estava se tornando conivente", disse um dos confidentes do secretário. "O envio das tropas à fronteira era obviamente inadmissível e problemático, especialmente considerando as circunstâncias. Isso começou a erodir o sentimento de patriotismo dele. E aí veio a história da Síria. Faltavam seis semanas para a gente aniquilar aqueles caras, e aí ele vai e tuíta. Foi desolador."

Os líderes do Pentágono, ainda amuados, tinham questões mais sérias para resolver do que ajudar a Casa Branca a fazer declarações em defesa do presidente. Às duas da tarde de 20 de dezembro, John C. Rood, secretário-assistente de Mattis para formulação de políticas, conduziu uma reunião para tratar dos aspectos práticos da retirada. McGurk, o principal especialista no local, que havia cancelado sua viagem para a Jordânia e voltara aos Estados Unidos na noite anterior para ajudar, acordou naquela manhã depois de algumas horas de sono, vestiu um terno sem fazer a barba e chegou ao Pentágono para um monte de reuniões. As autoridades militares tinham uma quantidade enorme de perguntas e imploravam por decisões. Como retirariam as tropas? Em que ordem? Qual era o cronograma para interromper elementos essenciais do trabalho delas? O apoio aéreo para os combatentes no solo teria que ser encerrado imediatamente ou poderia continuar por algum tempo? Se outros membros da coalizão quisessem continuar trabalhando com a milícia, o que os Estados Unidos deveriam dizer para eles? Que conselho ou ajuda o país devia oferecer a outros aliados que tinham entrado na coalizão liderada pelos americanos e que talvez corressem perigo?

Uma dúvida central incomodava todo mundo. Como eles ajudariam a proteger as FDS e os membros da coalizão? Informes relatavam que os combatentes turcos de Erdogan estavam se concentrando na fronteira, esperando a saída das forças americanas. Rood explicou que eles estavam recebendo algumas perguntas operacionais específicas do general Mazloum. Ele tinha explicado que o Estado Islâmico ainda era uma ameaça, mas, se os Estados Unidos deixassem os turcos avançarem Síria adentro pela fronteira norte, Mazloum precisaria desviar seus soldados para o norte para se proteger. A expressão no rosto de todo mundo em volta da mesa no Pentágono era de desgosto. "Estávamos todos resignados com o fato de que ele ia massacrar os curdos", disse um assessor civil sobre Erdogan.

Foi levantada a questão quanto a se as forças americanas tecnicamente deveriam recolher as armas entregues aos combatentes das FDS. Alguns debateram se o Conselho de Segurança Nacional devia analisar e decidir se os soldados da milícia iam entregá-las. Rood interveio com um não firme. Ele disse algo como: "Para nós não é prioridade recolher certas armas, porque vai ser letal demais para eles. O Estado Islâmico não foi derrotado. Não vamos recolher".

Nesse momento, McGurk perdeu a paciência. Ele entrou na discussão cheio de fúria.

"Vamos encarar a realidade, pessoal", disse. "Chega de ilusão. O presidente deu ordem de retirada sem qualquer plano, aparentemente sem pensar. Não vamos sair catando armas pelo caminho. Não podemos nos retirar em segurança sem os curdos. Eles protegem nossas linhas de abastecimento, nossos comboios, nossas instalações. É loucura dizer que vamos pegar as armas deles ao mesmo tempo que convidamos os turcos a entrar. Americanos vão morrer. Os curdos vão ser massacrados por todos os lados."

McGurk alertou que, devido à falta de planejamento do presidente, o mais provável era que os curdos fossem aniquilados. As FDS talvez se desintegrassem. O Estado Islâmico voltaria com tudo para espalhar o caos pelas cidades que os Estados Unidos e seus parceiros haviam transformado temporariamente em refúgios pacíficos. Ninguém se pronunciou para contestá-lo ou para criticar a maneira negativa como estava falando de Trump. Os oficiais presentes pareciam resignados e derrotados, como se lamentassem a perda de algo sagrado. Antes e depois daquele encontro, alguns se reuniram em grupos pequenos para conversar sobre Mattis, a rocha deles. Estavam todos se perguntando como ele lidaria com aquele novo ataque ao código militar, à obrigação do soldado para com seus irmãos em armas. Trump na prática havia forçado Mattis a abandonar companheiros no campo de batalha.

"Isso é abandonar um parceiro e aliado de um jeito muito displicente", descreveu uma pessoa que participou da reunião. "Ele havia trabalhado muito para garantir que a gente pudesse sair da Síria, e do Afeganistão, de forma responsável." E acrescentou: "Eu lembro que pensei: 'Não sei como Mattis lida com isso'".

Todo mundo descobriria como Mattis lidaria com "isso" dali a algumas horas. Na tarde de 20 de dezembro, um assessor mostrou a Sweeney o vídeo que Trump havia postado no Twitter sobre a volta dos "nossos meninos" e disse: "O secretário de Defesa devia ver isto". Eram cerca de 15h30, e Mattis estava dando um nó na gravata em sua sala, preparando-se para ir à Casa Branca para uma reunião às quatro com o presidente. Por sugestão de Sweeney, ele viu o vídeo. Não exibiu nenhuma reação facial evidente. "Hum", disse Mattis. "Tudo bem."

Ele tinha passado o dia com um ar contemplativo, ponderando sobre muitos acontecimentos importantes. Havia comparecido ao funeral de um amigo, comandante da Quinta Frota, que aparentemente tinha se suicidado. Mattis saiu para encontrar o presidente na Casa Branca.

Por volta de 16h30, Sweeney convocou uma reunião emergencial com todos os chefes de departamento subordinados a Mattis, incluindo o vice-secretário Patrick Shanahan, Rood e os outros secretários-assistentes: Ellen Lord, Robert Hood e Michael Griffin. Ele mostrou a carta de demissão de Mattis. As expressões eram de tristeza e choque.

Na carta, que Mattis havia entregado a Trump, ele não ofereceu qualquer elogio ao presidente, limitando-se a comunicar suas próprias opiniões fundamentais. Mattis escreveu que a força dos Estados Unidos "é indissociável da força de nosso sistema único e amplo de alianças e parcerias". E: "Devemos ser resolutos e inequívocos ao tratar com os países cujos interesses estratégicos se encontram em tensão cada vez maior com os nossos", incluindo a Rússia e a China.

"Minha opinião sobre o respeito devido a aliados e sobre a capacidade de reconhecer tanto agentes malignos quanto concorrentes estratégicos é firme e embasada por quatro décadas de imersão nessas questões", escreveu Mattis. E acrescentou: "Como o senhor tem o direito de contar com um secretário de Defesa cujas opiniões estejam mais alinhadas às suas neste tema e em outros, creio que o correto seja eu renunciar ao cargo".

McGurk também pediu demissão naquele dia, o que Trump depois diria que "não era nada!".

Mattis encontrou sua equipe na sala de reuniões no Pentágono. Ele cumprimentou todos com um sorriso afetuoso, cruzou as mãos por trás da cadeira na ponta da mesa e disse: "Ora, pessoal, não tem problema. Tudo tem que acabar um dia. Desde que os sargentos e cabos mantenham a guarda, está tudo bem".

O secretário explicou que ele e o presidente haviam tido uma "boa conversa", e que ele continuaria no cargo até 28 de fevereiro, para garantir uma "transição adequada". Mattis foi calmo. Foi reconfortante. Enfatizou as pessoas que faziam o trabalho de verdade, e que continuariam trabalhando de qualquer forma, independentemente de quem fosse o secretário. Ninguém perguntou nada. A pessoa que parecia mais abalada e chocada era Shanahan. Ele estava arrasado, e mais tarde diria a seus subordinados: "Sempre achei que Mattis ia furar a burocracia. Isso aqui era a vida dele". Shanahan não sabia, na ocasião,

353

que sucederia Mattis, mas alguns acreditaram ter visto o vice-secretário se preparar psicologicamente.

"Tinha muito medo nos olhos dele", relatou uma pessoa que estava presente. "Ele teria que tocar o barco até segunda ordem. E o resto de nós estava pensando: 'O mundo vai acabar!'"

PARTE CINCO

22. Eixo de facilitadores

O acordo estava fechado. Depois de dias de manobras nas duas pontas da Pennsylvania Avenue, a Casa Branca anunciou em 18 de dezembro que o presidente Trump planejava assinar um meio-termo para o orçamento a fim de custear o governo por dois meses. Ele empurraria para o Ano-Novo a briga com os parlamentares democratas pelo financiamento do muro na fronteira.

Convencido de que não havia votos suficientes na Câmara para garantir 5,7 bilhões de dólares para o muro, Trump havia se rendido à realidade política. Foi uma concessão rara de um presidente acostumado a bater boca até conseguir que fizessem sua vontade. Seu recuo evitou uma paralisação do governo no Natal, um panorama que líderes republicanos em todas as esferas consideraram uma derrota política, que bem poderia ser tachada de "paralisação Trump" graças à ansiedade do presidente de assumi-la para si na reunião com Nancy Pelosi e Chuck Schumer.

Ao celebrar o acordo para evitar a paralisação, Mitch McConnell, líder da maioria no Senado, disse a repórteres: "Vocês se lembram do meu ditado favorito do interior: Nada se aprende com o segundo coice da mula. Já trilhamos esse caminho antes, e acho que não vamos trilhar de novo".

Na mídia conservadora, Trump enfrentou uma rebelião total. No rádio, Rush Limbaugh disse a seus milhões de ouvintes: "Trump fica sem nada e os democratas ficam com tudo". Ann Coulter publicou um artigo com o título "Presidente sem fibra em um país sem muro" e previu em um podcast que a presidência de Trump entraria para a história como "uma piada". Até mesmo no sofá curvo do programa *Fox & Friends*, um reduto matinal de bajulação trumpiana, o apresentador Brian Kilmeade criticou o presidente pela concessão no orçamento.

O deputado Mark Meadows e outros integrantes do grupo Freedom Caucus da Câmara se juntaram aos brados de indignação, alertando Trump tanto pessoalmente quanto em aparições na mídia de que ele estava sendo enganado. Eles imploraram que o presidente rejeitasse as condições, exigisse os 5,7 bilhões de dólares propostos para financiar o muro e forçasse a paralisação do governo, se necessário.

Na Casa Branca, Trump estava à beira do colapso diante das convulsões de sua base política. Em 20 de dezembro, a apenas um dia do prazo-limite para a aprovação do orçamento, ele ameaçou vetar o meio-termo caso não incluísse dinheiro para o muro. O desvio súbito do presidente afundou o acordo que tinha sido negociado naquela semana. No final de 21 de dezembro, o orçamento de várias agências se esgotou, levando à paralisação de grandes porções do governo federal, interrompendo diversos serviços e mandando quase 400 mil servidores para casa sem salário por tempo indeterminado. Trump se entrincheirou e jurou que fincaria o pé até os democratas aceitarem bancar a construção do muro. O presidente avisou que a paralisação poderia durar "muito tempo".

"Vamos sucumbir à tirania de locutores de rádio? Temos dois locutores que influenciaram o presidente. Isso é tirania, não é?", disse o exasperado Bob Corker, em fim de mandato no Senado, para repórteres no Capitólio. "Estamos em uma situação juvenil. E isso porque um par de locutores de rádio consegue atiçar o presidente."

Instaurar uma paralisação do governo às vésperas do Natal sem previsão de acabar era típico de Trump. Era uma decisão tomada sob coação. "Foi uma missão suicida", disse um ex-assessor de Trump na Casa Branca. "Não tinha saída. Os democratas não iam recuar. Não havia como vencer. Foi uma ação movida por impulso, emoção, dogmatismo e reação visceral, não com base em raciocínio estratégico. Serviu de indicativo para grande parte da presidência e para mostrar o tipo de pessoa que ele é."

Trump cancelou seus planos de férias para a época das festas e permaneceu na Casa Branca à luz da paralisação do governo enquanto Melania e Barron iam para Mar-a-Lago, na ensolarada Palm Beach. Isolado na Casa Branca no fim de semana antes do Natal, Trump passou horas vendo noticiários e remoendo a cobertura — não só da paralisação, mas também do pedido de demissão de Mattis. A carta do general — distribuída por seus assessores aos repórteres — foi interpretada pela mídia como uma crítica lancinante à visão de mundo de Trump.

A ira de Trump chegou ao ponto de ebulição bem cedo no dia 23 de dezembro. Às nove da manhã no horário de Washington, ele ligou para Patrick Shanahan, que estava em Seattle, onde eram seis horas. Shanahan estava se preparando para viajar com a família para passar o Natal no México. Trump disse que queria que ele fosse seu novo secretário de Defesa, com início imediato, e reclamou da carta "agressiva" de Mattis. Shanahan defendeu o ex-secretário e pediu que Trump permitisse que o colossal Departamento de Defesa tivesse um período de transição mais razoável. Shanahan costumava dizer que observar Mattis lhe rendera um ph.D. em relações internacionais, e tinha algumas dúvidas mais urgentes a resolver antes que ele saísse. Com relutância, Trump aceitou que Mattis permanecesse, mas só até 31 de dezembro. Shanahan cancelou sua viagem e voltou para Washington. Na mesma manhã, Sweeney alertou a equipe de Mattis: "Esperem o tuíte".

Mattis tinha acabado de receber uma ligação de Mike Pompeo, que disse que o presidente o estava expulsando de forma abrupta. Trump resolveu afastar o secretário de Defesa dois meses antes do previsto, só que parecia ter medo de dizer aquilo pessoalmente a Mattis, então mandou o secretário de Estado dar a notícia. Representantes do governo disseram que era uma retaliação do presidente à cobertura negativa da imprensa, que ele acreditava, sem qualquer fundamento, que o secretário de Defesa havia ajudado a atiçar.

O tuíte de Trump foi publicado às 11h46, anunciando que Patrick Shanahan, braço-direito de Mattis que por muitos anos havia sido um executivo da Boeing, uma das maiores contratadas do Departamento de Defesa, seria o secretário de Defesa interino.

Como acontecia com praticamente todo mundo em torno de Trump, a contagem regressiva invisível para Mattis tinha se esgotado. No final de 2018, Trump reclamava dele para amigos. Disse a um deles: "Cachorro Bravo, esse apelido não combina, porque ele não é muito agressivo. Não é muito firme. Ele não merecia esse apelido".

Nesse dia, no Pentágono, um jovem fuzileiro naval que costumava trabalhar na guarita do rio Potomac, aquela que Mattis e sua equipe usavam para entrar no edifício, jogou o celular no chão quando leu a notícia de que Trump estava afastando o secretário de Defesa antes do previsto.

"Fuzileiros não esquecem", disse o guarda.

Mattis era reverenciado pelos fuzileiros, e aquele guarda não era exceção. O general havia conquistado sua reputação de forma gradual e firme. Solteiro, o comandante tinha a tradição de assumir o turno de um oficial subalterno no Natal para que um subordinado pudesse passar o feriado com a família.

A maneira como Trump tratou Mattis ofendeu a equipe do secretário. Seus subalternos decidiram organizar a maior despedida possível. O evento era uma tradição para todos os secretários que deixavam o cargo. Eles queriam alinhar servidores do Pentágono em uma fila de mais de um quilômetro de extensão para aplaudir Mattis quando ele saísse do Pentágono pela última vez na condição de secretário. Eles brincaram que a fila seria "gigante", apropriando-se de um adjetivo bastante usado por Trump.

Mas Mattis não permitiu aquilo.

"Não, não vamos fazer isso", disse ele a seus assessores. "Vocês não entendem o presidente. Eu trabalho com ele. Vocês não o conhecem tanto quanto eu. Ele vai descontar em Shanahan e Dunford."

No último dia, no Réveillon, Mattis saiu do Pentágono sem alarde. Sua intenção era proteger os homens que estava deixando para trás, incluindo Joseph Dunford, o chefe do Estado-Maior Conjunto. Ele chegou a gravar uma mensagem de despedida em áudio para os funcionários do Departamento de Defesa, começando com um trecho de um telegrama que o presidente Lincoln enviou para o general Ulysses Grant em 1865: "Não permitam que nada que ocorrer mude, comprometa ou atrase seus movimentos ou planos militares".

"Tenho certeza de que cada um de vocês permanece fiel ao juramento de apoiar e defender a Constituição enquanto protegem nosso estilo de vida", disse Mattis aos funcionários. "É nos momentos de maior dificuldade que nosso departamento se sobressai."

Nas semanas subsequentes, os outros conselheiros de segurança nacional de Trump, movidos pelos pedidos de líderes estrangeiros e aliados republicanos no Capitólio, começaram um cabo de guerra com o presidente para reverter a decisão de se retirar da Síria. Como acontecia com frequência com suas decisões impulsivas, Trump acabaria recuando. Uma força contingencial de soldados americanos continuaria no país por muitos meses.

A véspera de Natal foi o terceiro dia consecutivo que Trump passou trancado na Casa Branca durante a paralisação parcial do governo federal, e sua insatisfação se expandia em uma nuvem densa de pesar natalino. O presidente passou a manhã toda de 24 de dezembro cuspindo frustrações no Twitter. Democratas são hipócritas! A mídia inventa coisas! O presidente do Fed parece um jogador de golfe incapaz de acertar o buraco na frente dele! Senadores não sabem nada de políticas internacionais — Mattis também não!

O décimo tuíte de Trump no dia, às 12h32, foi uma reclamação chorosa que parecia um grito de socorro. "Estou sozinho (ai de mim) na Casa Branca esperando os democratas voltarem para fechar um acordo sobre a necessidade desesperada de segurança na fronteira", escreveu ele.

À noite, Trump fez a primeira aparição pública desde o início da paralisação. Ele e a primeira-dama — que tinha voltado da Flórida para a ocasião — participaram de uma tradição anual da presidência: uma sessão de fotos enquanto rastreavam o Papai Noel com radares militares. O casal se sentou em poltronas perto da lareira na Sala de Jantar do Estado, onde no lugar da mobília havia duas árvores de Natal. Eles atenderam a crianças que telefonavam como se fizessem parte do rastreamento do Papai Noel pelo Comando Americano de Defesa Aeroespacial.

Trump quase estragou o disfarce do Papai Noel quando falou com Collman Lloyd, uma menina de sete anos que estava ligando da casa dela na Carolina do Sul.

"Você ainda acredita no Papai Noel?", perguntou Trump.

"Sim, senhor", respondeu Lloyd.

"Porque aos sete isso é limítrofe, né?", disse o presidente.

A menina depois disse ao *Post and Courier* que nunca tinha ouvido a palavra "limítrofe" na vida.

Em 26 de dezembro, à 0h06, na calada da noite, Trump decolou da base aérea Andrews em uma missão secreta ao Iraque, sua primeira visita a uma zona de conflito na condição de comandante em chefe. Dirigindo-se a militares americanos na base aérea Al-Asad, a oeste de Bagdá, Trump incrementou seus votos de reduzir a presença dos Estados Unidos em guerras no exterior e, em um momento de tumulto na liderança do Pentágono, afirmou sua influência pessoal sobre as Forças Armadas.

"Paramos de ser otários, pessoal", declarou Trump. "Os Estados Unidos não podem continuar bancando a polícia do mundo."

Trump infringiu as regras em seu discurso para as tropas. Ele criticou os comandantes por não terem cumprido o prazo de se retirar da Síria e de outros conflitos. Falou uma série de mentiras, incluindo que fazia mais de dez anos que os militares não recebiam aumento, mas que ele havia autorizado recentemente um de 10%; na verdade, fazia décadas que os militares recebiam aumentos anuais, e o que Trump tinha autorizado era de 2,6%.

O presidente também comprometeu a neutralidade que Mattis tratava de preservar ao infundir uma carga explicitamente política ao evento com as tropas. Ele atacou Pelosi diretamente por causa da recusa do partido dela de financiar a construção de um muro na fronteira e autografou bonés com a inscrição Tornem a América Grande de Novo. E ele importou para o Iraque o jogo de cena característico de seus comícios de campanha, entrando ao som de "God Bless the USA", de Lee Greenwood, e saindo com "You Can't Always Get What You Want", dos Rolling Stones.

Trump gostava de bancar o comandante em chefe — fechar o zíper da jaqueta de aviador, dar ordens a generais, prestar continência a oficiais fardados. Na visita ao Iraque, ele pareceu fascinado pelas medidas de segurança furtivas necessárias em viagens para zonas de guerra. "Eu estava preocupado com a instituição da presidência", disse ele a repórteres que o acompanharam na viagem. "Não por minha causa, pessoalmente. Eu estava preocupado com a primeira-dama, falando sério. Mas, se vocês tivessem visto o que precisamos fazer ali, com o avião escuro, todas as janelas fechadas, nenhuma luz em lugar nenhum... um breu total. Nunca vi aquilo. Já estive em muitos aviões — de todos os tipos, formatos e tamanhos. Nunca vi nada parecido."

Trump começou o ano de 2019 como um presidente desenfreado. Ele havia substituído uma multidão de conselheiros experientes que tentavam instruí-lo e contê-lo por um elenco de facilitadores que executavam suas ordens e atendiam a suas obsessões. Jim Mattis foi substituído por Patrick Shanahan. Don McGahn foi substituído por Pat Cipollone. Jeff Sessions foi substituído por Bill Barr. John Kelly foi substituído por Mick Mulvaney. Para eles, sua missão era dizer "sim" ao presidente.

Em 4 de janeiro, Trump mostrou que estava no comando quando atacou Mulvaney na frente de líderes do Congresso de ambos os partidos durante uma reunião na Casa Branca para negociar um meio-termo para o orçamento e encerrar a paralisação. Mulvaney tentava estabelecer detalhes do custeio do muro na fronteira quando Trump o interrompeu. "Você fodeu tudo, Mick", disse o presidente, segundo o *Axios*. Ele rechaçou o chefe de gabinete e fez com que voltassem à estaca zero. É desnecessário dizer que não houve acordo.

O episódio, que depois foi confirmado por testemunhas, foi chocante e, para Mulvaney, humilhante. Serviu para ilustrar a pouca consideração que Trump tinha pelo homem a quem havia acabado de confiar a chefia da Ala Oeste, que foi ridicularizado diante dos representantes no Congresso com quem teria que negociar regularmente.

Mulvaney não chegava aos pés de Kelly, tanto em termos de presença física quanto em experiência profissional. Trump até gostava dele, mas não nutria o mesmo respeito que tinha por seu antecessor. Mulvaney foi nomeado para o cargo em condição de interino, embora, ao contrário de Shanahan, não precisasse ser confirmado pelo Senado para assumir o cargo de forma permanente.

Se Mulvaney se incomodava com o título de interino, nunca demonstrou. Por dentro, ele se considerava um formador de consenso. Um de seus subordinados explicou o estilo de trabalho dele em termos elementares: "Mick só quer que gostem dele".

"A tendência de Mick é tentar dar um jeito de fazer os impulsos do chefe funcionarem", por mais que as ideias de Trump pudessem ser destrutivas ou perigosas, segundo uma figura do alto escalão do governo. "Ele prefere facilitar a aconselhar e gerir, o que, nesta presidência, é a receita para o desastre."

Essa descrição ignorava o oportunismo e a ambição de Mulvaney. Ex-parlamentar do Tea Party, ele tinha sua própria ideologia política, estabelecida anos antes de Trump se candidatar à presidência. Mulvaney estimava que, se não ficasse literalmente de olho no presidente horas a fio, como Kelly e Priebus tinham feito, e se evitasse embates internos, conseguiria promover discretamente a formação de um feudo de direita. Em nome da "América Grande de Novo", Mulvaney perseguiria seus próprios interesses conservadores para questões de política fiscal, trabalhista, sanitária e outros assuntos domésticos.

Quando Pelosi se tornou presidente da Câmara, na primeira semana de janeiro, o perigo de um inquérito parlamentar sobre Trump se tornou real. Deputados democratas à frente de comissões preparavam uma ampla série de investigações, cujos alvos incluíam os esforços de Trump para frustrar a investigação sobre a Rússia e as comunicações secretas entre o presidente americano e Vladimir Putin, suas declarações de renda e seus dados fiscais, supostos abusos cometidos no processo de credenciamento de segurança na Casa Branca e a separação de crianças imigrantes da família na fronteira.

Coube a Cipollone encabeçar a defesa do governo. O advogado conservador, ex-sócio da Kirkland & Ellis, que na época trabalhava em um escritório especializado em ações civis, tinha alguns "pés" na esfera Trump. Ele havia conhecido o presidente quando começara a prestar consultoria particular à equipe de estratégia jurídica dele no verão de 2018. Jay Sekulow achava que sua ajuda tinha sido inestimável. Laura Ingraham, apresentadora da Fox News próxima a Trump havia anos, também recomendou Cipollone; eles ficaram bastante amigos quando o advogado a ajudou em um período de conflito religioso pessoal.

Cipollone tinha outro excelente cartão de visitas: era verdadeiro fã das políticas de Trump e estava determinado a ajudá-lo na promoção de seus interesses legislativos e a acrescentar mais aspirações de Trump na coluna de "vitórias".

Apesar de seu conservadorismo, Cipollone tinha amigos e admiradores também no lado dos liberais. Antigos colegas disseram que ele tinha um estilo agradável e simpático e que as pessoas logo se sentiam à vontade com ele. Nos casos em que trabalhou, Trump tentava alcançar acordos para seguir em frente. Melanie Sloan, crítica do presidente e advogada proeminente especializada em ética governamental, aplaudiu a escolha. Ela destacou que Cipollone tinha um código moral e previu que ele provavelmente não ultrapassaria limites éticos a serviço do presidente, apesar da insistência frequente para que seus conselheiros o fizessem.

"Ele defenderá seu cliente com bastante rigor, mas de acordo com a lei", disse Sloan. E acrescentou: "Acho difícil imaginar Pat fazendo algo que possa prejudicar sua reputação. Ele tem uma essência bem firme".

Cipollone entrou oficialmente para a equipe em novembro e passou os meses seguintes repovoando o departamento jurídico da Casa Branca com advogados combativos em preparação para uma batalha prolongada com os democratas da Câmara pelas investigações. Com a saída de McGahn em outubro, quatro dos cinco advogados adjuntos da Casa Branca tinham ido embora, e no final do ano a quantidade de advogados na equipe havia diminuído de 35 para menos de vinte. Essa redução prejudicara a capacidade da Casa Branca de aprovar políticas e contratação de pessoal, e deixara o governo despreparado para a iminente disputa investigativa, mas o lado positivo era que Cipollone poderia formar sua própria equipe do zero.

No começo de janeiro, ele já contava com dezessete advogados recém-contratados, incluindo três adjuntos novos escolhidos a dedo: Patrick Philbin, Kate Comerford Todd e Mike Purpura. Eles se juntaram a John Eisenberg, que era adjunto desde a posse de Trump. Os três recém-chegados tinham experiência considerável por haver trabalhado no governo de George W. Bush, fosse na assessoria jurídica da Casa Branca ou no Departamento de Justiça. Eram bem versados em sigilo executivo, o elemento jurídico que Cipollone pretendia empregar tanto como instrumento de proteção quanto como arma para revidar as exigências inquiridoras dos parlamentares democratas.

Cipollone e sua equipe formularam a estratégia de sigilo executivo de Trump como forma de rechaçar a tormenta esperada de solicitações dos parlamentares democratas e de proteger a confidencialidade da presidência.

Os advogados estavam preparados para persistir no argumento de que as comunicações da Casa Branca deviam permanecer protegidas para que o presidente pudesse receber recomendações plenas e francas de seus assessores e conselheiros. Eles também previram que teriam de barrar esforços do Congresso para intimar diversos funcionários atuais e antigos do governo a depor, sob a justificativa de sigilo executivo.

Enquanto isso, Barr se preparava para assumir o controle da investigação de Mueller. Ele tinha reputação, estabelecida em sua primeira atuação como procurador-geral durante a presidência de George H. W. Bush, de institucionalista dedicado que desejava intensamente proteger as normas do Departamento de Justiça e não se rebaixar às politicagens mesquinhas. O Senado havia aprovado por unanimidade a nomeação dele em todos os seus cargos anteriores no Departamento de Justiça, um fato que Barr reforçava discretamente para seus amigos. Mas qualquer analista da era moderna percebia nitidamente que seu processo de confirmação para se tornar o procurador-geral de Trump não seria tão tranquilo e que o resultado não seria unânime.

No começo de janeiro, conforme se preparava para as sabatinas do Senado, Barr passou uma quantidade considerável de tempo ponderando aquela que, pelo menos em um primeiro momento, seria sua prioridade máxima: lidar com a conclusão da investigação de Mueller e a apresentação do aguardado relatório. Ele leu atentamente a missão declarada e os estatutos subjacentes do procurador especial, assim como as decisões do Departamento de Justiça que limitavam a forma como procuradores podiam tratar um presidente durante investigações.

Barr presumiu que Mueller e sua equipe redigiriam algum relatório no fim da investigação, mas não conversara com o procurador especial e não sabia que forma o documento teria. As normas da procuradoria especial exigiam que as conclusões fossem entregues ao procurador-geral, mas não demandavam um relatório público. Fazia tempo que o plano de Rod Rosenstein era não divulgar esse relatório; no máximo, o Departamento de Justiça anunciaria publicamente a entrega de um relatório confidencial e a dissolução da procuradoria especial. Mas, depois de um tempo, a ideia de se manter o relatório em sigilo pareceu inviável. Os assessores de Rosenstein brincavam que ia provocar um furor não só na mídia, mas também no Capitólio e na Casa Branca. "De que lado da Pennsylvania Avenue as estacas vão ser lançadas contra o prédio?", debochou um.

À medida que Barr se reunia pessoalmente com dezenas de senadores, em visitas de cortesia antes da sabatina, muitos deles foram categóricos quanto à necessidade de se divulgar as conclusões de Mueller. Ele então decidiu que teria que publicar o relatório; se o mantivesse sob sigilo, o Departamento de Justiça talvez passasse a impressão de que estava escondendo algo. Barr raciocinou que, se o documento registrasse delitos criminosos, o procurador-geral não poderia guardar segredo, e, se o presidente não tinha feito nada de errado, o procurador-geral tinha a obrigação de contar ao povo americano. Após mais de um ano e meio de investigação de Mueller, o corpo político precisava de um momento catártico. E, mesmo se o departamento não divulgasse o relatório, Barr imaginou que ele acabaria vazando.

Na sabatina de 15 de janeiro, diante da Comissão Judiciária do Senado, Barr depôs: "O país precisa de uma resolução confiável para essas questões. Se eu for confirmado, não permitirei que tendências partidárias, interesses pessoais ou quaisquer considerações indevidas interfiram com esta ou qualquer outra investigação. Seguirei rigorosamente e de boa-fé as normas da procuradoria especial, e, sob minha autoridade, Bob poderá concluir seu trabalho. Em segundo lugar, também sou da opinião de que é muito importante que o público e o Congresso sejam informados dos resultados do trabalho do procurador especial. Por esse motivo, minha meta será proporcionar o máximo de transparência que me for permitido por lei".

Embora não pudesse controlar o cronograma do processo de confirmação, Barr esperava que as decisões definitivas de Mueller e o relatório caíssem em seu colo, não no de Matt Whitaker, guardião interino do departamento. O breve exercício de Whitaker como procurador-geral não favorecia sua reputação. Ele tinha um relacionamento difícil com algumas das principais figuras no departamento, o que em algumas ocasiões resultara em marasmo. Desconfiava que colegas estivessem vazando informações comprometedoras sobre ele para repórteres. Whitaker desejava a adoração do público, e quem trabalhava com ele sentia a presença de uma forte insegurança. Mantinha-se em silêncio em reuniões internas, e na visão de alguns estava mais para observador que para tomador de decisões. Alguns advogados do governo tinham uma piada interna a seu respeito, dizendo que ele parecia o personagem Mongo, de *Banzé no Oeste*, comédia de Mel Brooks.

Barr passava uma impressão tão superior a Whitaker, mesmo só em termos de imponência, que muitos advogados do Departamento de Justiça desconfiavam que Mueller tentaria coordenar a conclusão do relatório de modo a entregá-lo para Barr, seu confiável ex-chefe. Para Mueller, ele não era apenas um colega, mas também um amigo; o procurador especial havia sido convidado para o casamento da filha dele. O Senado votaria em 14 de fevereiro a confirmação de Barr, com 54 votos contra 45, e ele assumiria a função no mesmo dia.

* * *

Durante janeiro e nos primeiros dias de fevereiro, o relatório de Mueller parecia um avião misterioso, voando no alto sem ser detectado pelo radar, mas inspirando boatos de que logo aterrissaria. No Gabinete da Procuradoria Especial, que permanecera praticamente lacrado por quase dois anos, a obra de Mueller tomava forma. A equipe foi dividida em duas — um grupo de procuradores e investigadores focados na interferência da Rússia e outro investido na obstrução de justiça por Trump. As equipes prepararam esboços de seus segmentos específicos, enquanto Mueller e seu time de gestores trabalhavam no resumo do relatório. Houve um volume considerável de bate-boca sobre praticamente cada palavra do texto, especialmente na questão das provas concretas coletadas que sugeriam que Trump havia tentado obstruir a justiça, e na opinião da Advocacia-Geral de que a procuradoria especial não poderia denunciar um presidente em exercício.

"Foi um debate vigoroso. Como articulamos 'obstrução'?", disse uma pessoa que falou com diversos integrantes da equipe. "Como concluímos o que foi a conduta dele? Foi acalorado. Eles compreendiam que a determinação da Advocacia-Geral os proibia de denunciá-lo. Mas essa determinação não diz se não se pode recomendar a denúncia."

Alguns procuradores acreditavam que as provas eram significativas e que atendiam aos requisitos para ajuizar uma ação se o acusado não fosse o presidente. Outros opinavam que faltavam provas concretas da intenção de Trump. Como a determinação jurídica proibia a denúncia de um presidente em exercício, eles não haviam chegado a uma conclusão formal quanto a se era possível mover o processo. A proposta defendida era que o procurador especial explicitasse a gravidade das ações de Trump para o Congresso, que tinha o poder de pedir o impeachment, e, por fim, para o público.

"O debate foi mais acalorado", disse uma pessoa que conversou com diversos integrantes da equipe. "Chegou a ficar tenso? Alguém perdeu a paciência? Sim. Mas faz parte. Não significa que seja necessariamente controverso. É o que acontece quando dezenove advogados debatem a forma de lidar com alguma coisa."

Enquanto isso, no lado de Trump, Giuliani, Sekulow e os Raskin tinham certeza de que Mueller jamais conseguiria acusar o presidente de conluio com qualquer russo. Eles tinham lido todos os documentos. Estavam em posse de transcrições modestas das entrevistas com a maioria das testemunhas do procurador especial. Nada do que tinham visto ou escutado sugeria que Trump soubera antecipadamente da invasão ilegal dos e-mails democratas ou que a incitara, apesar do apelo público — "Rússia, se estiver ouvindo" — para que espalhassem os e-mails deletados de Hillary Clinton. O único detalhe que angustiava os advogados de Trump era a possibilidade de que os serviços de inteligência americanos ou estrangeiros tivessem encontrado uma ligação entre algum assessor ou membro da campanha de Trump e indivíduos russos referente ao crime central de invasão dos e-mails democratas.

Os advogados de Trump acreditavam que a maior vulnerabilidade do presidente era no caso de obstrução. Flood avisou que, na pior das hipóteses, o relatório de Mueller afirmaria que os investigadores tinham informações suficientes para provar plenamente a um júri que Trump havia cometido certa quantidade de crimes federais específicos, mas a procuradoria especial não o denunciaria por causa da determinação do Departamento de Justiça que proibia a acusação a um presidente em exercício. Isso seria o mesmo que dizer que Trump era um criminoso que ia se safar graças a um detalhe burocrático.

Os advogados do presidente estavam preparando seu próprio relatório de contestação caso Mueller apresentasse tal acusação. Uma versão curta tinha cerca de dez páginas; a mais longa chegava a 85. Essa mais longa refutava todas as opiniões jurídicas que a equipe de Trump imaginou que Mueller teria que adotar para concluir que o presidente cometera o crime de obstrução, ignorando os amplos poderes dele de demitir subordinados e exercer autoridade executiva sobre o Departamento de Justiça.

O rascunho do relatório de contestação também registrava o que os advogados de Trump definiam como viés político na atuação do FBI durante a investigação. Isso incluía o que o inspetor-geral do Departamento de Justiça considerou uma preocupante "disposição de adotar medidas oficiais" por parte de alguns investigadores do FBI a fim de prejudicar a candidatura de Trump. A principal prova no repertório dos advogados era a série de mensagens de texto trocadas entre Peter Strzok, então agente do FBI, e Lisa Page, então advogada do FBI. Os dois estavam tendo um caso e, antes da nomeação de Mueller, se encontravam à frente da investigação do FBI sobre Trump e a Rússia.

"De jeito nenhum que ele vai ser presidente, né? Né?!", escreveu Page para Strzok em uma mensagem enquanto eles estavam no processo de decidir se iniciariam uma investigação sobre Trump e a campanha em agosto de 2016.

"Não. Não vai, não. A gente não vai deixar", respondeu Strzok.

A essa altura, Strzok e Page já eram os personagens principais da trama de "caça às bruxas" de Trump, com aparições recorrentes no Twitter do presidente e em programas na Fox. Como Trump tuitou em 12 de janeiro, por exemplo: "O mentiroso James Comey, Andrew McCabe, Peter S e a amante, a agente Lisa Page, e mais, todos em desgraça e/ou demitidos e pegos no flagra. São só alguns dos otários que tentaram fazer gracinha com seu presidente. Parte da caça às bruxas. Lembram a 'apólice de seguro'? É isso!".

Outro personagem recorrente no drama era Giuliani, o rosto público da defesa de Trump. Embora nunca tenha sido aclamado por sua eloquência ou pelo linguajar preciso na televisão, ele exibiu uma sequência frenética de declarações em meados de janeiro que demandou uma faxina considerável e irritou outros conselheiros de Trump.

Giuliani forneceu informações divergentes sobre a data em que ocorreram as conversas relativas à construção de uma Trump Tower em Moscou. A princípio, ele disse que elas tinham acontecido durante a campanha de 2016, depois disse que não passaram de hipotéticas, então que talvez tivessem ocorrido durante toda a campanha, e por último que haviam sido encerradas por volta de janeiro de 2016, logo antes das convenções em Iowa.

E tinha a questão das gravações de Michael Cohen. Giuliani alegou ter ouvido gravações que demonstravam que Trump não havia orientado seu advogado pessoal a mentir para o Congresso sobre o projeto em Moscou, depois disse que não devia ter falado delas, então que a conversa teria sido "perfeitamente normal", depois que não sabia ao certo se eles haviam conversado, até enfim dizer que definitivamente não haviam.

Em 23 de janeiro, tentando explicar suas declarações e explicações variadas, Giuliani disse a Josh Dawsey, do *Washington Post*: "Existe uma estratégia. A estratégia vai ficar clara". E então: "Você precisa ter paciência", referindo-se a Dawsey.

Contudo, Trump não era um homem paciente. O presidente — que já cometeu uma quantidade prodigiosa de invencionices — reclamou de Giuliani para um de seus conselheiros políticos. "Ele é o único cara no mundo que é mais despreparado que eu", disse Trump. "Rudy vai para a TV e não sabe porra nenhuma do que está falando."

Nos dias seguintes, Giuliani parou de aparecer na TV. Trump tirou seu advogado de campo por um tempo.

Já no 35º dia consecutivo, a paralisação do governo que Trump dissera que teria orgulho de provocar causava confusão pelo país todo. As viagens aéreas estavam um caos. Funcionários federais faziam fila em sopões comunitários. Alguns senadores republicanos estavam em franca rebelião. Até Christopher Wray, escolhido a dedo por Trump para dirigir o FBI, condenava a disfunção.

"É bem difícil me deixar irritado, mas faz muito, muito tempo que não fico tão irritado quanto agora", disse Wray em uma mensagem de vídeo para funcionários do FBI.

"Não sou um perdedor", disse o presidente. "Não vou perder esta. Não vou parecer fraco. Não vou ceder."

Mas, em 25 de janeiro, Trump cedeu.

O grande negociador não era o gênio que ele dizia ser. "É como se o McDonald's não conseguisse fazer um hambúrguer", disse Mike Murphy, estrategista republicano.

Trump saiu à procura de alguém para levar a culpa e apontou o dedo para dois subordinados que tinham conduzido as negociações no Capitólio: Mulvaney e Jared Kushner. Durante a paralisação, Kushner alardeara sua vitória bipartidária na reforma das leis para penas criminais como prova de que ele seria capaz de executar um grande acordo na questão do financiamento do muro e em mudanças mais amplas nas políticas de imigração. Outra autoridade do governo relatou o seguinte sobre Kushner: "Ele meio que disse: foi assim que a gente fez os donuts no mês passado, e é assim que vamos fazer donuts este mês de novo, porque eram donuts deliciosos, a gente fez bem, e deu certo, então vamos usar a mesma receita". Mas era ingenuidade achar que democratas como o senador Dick Durbin, que estivera disposto a bancar uma lei que reduzisse a reincidência, aceitariam custear o muro de Trump.

Porém, Trump não desistiu do muro. Ele reabriu o governo apenas em condição temporária, dando três semanas para o Congresso aprovar um orçamento mais duradouro. Nesse período, enquanto um painel bipartidário de dezessete parlamentares negociava um meio-termo orçamentário, Cipollone, Mulvaney e outros conselheiros formularam um plano drástico para Trump construir o muro que ele queria. O presidente declararia estado de emergência nacional na fronteira sul, o que lhe daria poderes extraordinários para aplicar o dinheiro dos contribuintes.

Em 15 de fevereiro, Trump sancionou o novo orçamento, que continha 1,375 bilhão de dólares para a instalação de grades e outras despesas relativas à fronteira — muito menos que os 5,7 bilhões que Trump tentara levar —, e declarou formalmente o estado de emergência nacional. Ele usou a palavra "invasão" sete vezes para descrever as movimentações de imigrantes na fronteira. "Estamos falando de uma invasão do nosso país com drogas, tráfico de pessoas, todo tipo de criminoso e gangue", disse.

Mais ou menos na mesma época, no Pentágono, Shanahan considerou remover gradualmente as tropas que Trump tinha enviado à fronteira pouco antes das eleições de novembro de 2018, mas logo se deu conta de que, se o fizesse, ele não ia durar muito. Afinal, Shanahan estava em condição de interino, e Trump gostava daquilo. Deixava-o mais vulnerável às pressões do presidente. "Ele pode mandar e desmandar", explicou um membro do alto escalão.

Shanahan não tinha estabilidade em seu cargo interino. Era óbvio que Trump só o nomearia como secretário de Defesa permanente se ele fizesse seu jogo. Então, em 22 de fevereiro, o Pentágono anunciou que *aumentaria* a quantidade de militares na fronteira, levando o contingente total de tropas de 5 mil para 6 mil. As ordens principais eram estender arame farpado ao longo da fronteira e instalar sistemas de detecção para cobrir áreas isoladas entre pontos de entrada oficiais.

A decisão tendeu a confirmar as dúvidas que circulavam no Pentágono de que Shanahan não era um substituto à altura de Mattis. Algumas autoridades perceberam que ele gostava de levar Dunford ou Mark Milley, o chefe do Estado-Maior do Exército, para todas as reuniões importantes, apoiando-se no conhecimento deles como se fosse uma muleta. Shanahan não estava tentando fingir que era tão qualificado quanto Mattis. Ele sabia que era o "Secretário Acidental", graças às vicissitudes de Trump, e não se incomodava de admitir quando não sabia de algo. Ainda assim, internamente, alguns críticos desejavam alguém do nível de Mattis.

"Ele gosta do tapete vermelho", disse uma autoridade militar em referência a Shanahan. "Mas não consegue enfrentar Trump. Não tem credibilidade nem experiência para dizer: 'Ei, é por tal motivo que você não pode fazer isso'."

Depois de dois anos ouvindo não de Mattis, Shanahan era exatamente o tipo de substituto que Trump queria.

23. Lealdade e verdade

Em 27 de fevereiro de 2019, Michael Cohen, que já dissera que levaria um tiro por Trump, foi responsável pelo dia mais sensacional de depoimento no Congresso da era Trump. O presidente viu trechos a meio mundo de distância, no Vietnã, onde lançava seu charme para Kim Jong Un durante o segundo encontro oficial de ambos. Para ele, o depoimento de Cohen à Comissão de Supervisão da Câmara foi a traição derradeira. Somado ao fiasco do encontro em Hanói devido à recusa do sanguinário ditador norte-coreano em abandonar seu programa nuclear, foi um duplo golpe para Trump.

A decisão de Cohen de atacar o presidente — de se tornar "dedo-duro", na gíria mafiosa de Trump — foi pensada vários meses antes. Em 29 de novembro de 2018, uma semana após o Dia de Ação de Graças, Cohen foi julgado culpado por mentir ao Congresso sobre o interesse do então candidato Trump no projeto de uma Trump Tower em Moscou. Cohen confessou que inventara uma história que coincidisse com as reiteradas refutações de Trump de que se atirara de corpo e alma ao projeto durante a campanha presidencial. Cohen também admitiu que manteve contatos frequentes com funcionários russos na tentativa de garantir a aprovação do projeto, e que Trump foi informado dessas tratativas.

Em Washington, nesse meio-tempo, o deputado democrata Elijah Cummings se preparava para assumir a presidência da Comissão de Supervisão da Câmara. Ele chamou um velho amigo dos tempos de defesa dos Clinton, Lanny Davis, que aceitara Cohen como cliente. Cummings perguntou a David se o antigo comparsa do presidente estaria disposto a depor na comissão e revelar à nação, com mais detalhes do que na confissão anterior, como Trump o levara a praticar ações criminosas.

Davis respondeu que não. Cohen estava sob acordo contínuo de cooperação com agentes federais — tanto no Distrito Sul de Nova York, que julgava o caso financeiro da campanha, quanto no Gabinete da Procuradoria Especial de Robert Mueller — como parte de seu acordo judicial. Os promotores do Distrito Sul ainda tinham um caso em aberto que investigava as Organizações Trump e o papel de Trump nos subornos, enquanto a investigação de Mueller estava em andamento. Os promotores tinham muito poder sobre a vida de Cohen, inclusive o de decidir seu tempo de pena. Ainda assim, David disse a Cummings: "Vou falar com ele".

Alguns dias antes do Natal, Cohen falou com Cummings por telefone e concordou em depor na comissão dele. Cohen decidiu que queria explicar tudo, de um jeito que ainda não fizera — quando era investigado e rezava pela mesma cartilha de Trump ou quando fazia exatamente o que mandavam os promotores responsáveis por seu acordo judicial. Trabalhando muito próximo a Davis, Cohen listou dezenas de histórias que estava preparando para contar e que lançariam luz sobre a corrupção e a depravação de Trump. Davis achava que havia muitas palavras que descreviam Trump: "insano", "sociopata", "monstro" e "cruel". Mas ele queria ouvir Cohen discorrer sobre as características que testemunhara em primeira mão.

"Xingar não é com a gente", disse Davis a Cohen. "Você vai xingar com fatos que possa provar. Assim Bob Mueller vai te ouvir."

Conforme Cohen revisitava suas memórias, ele as dividia em três categorias que achava muito apropriadas a Trump: racista, salafrário e trapaceiro. Em ligações e trocas de rascunhos via e-mail, Cohen trabalhou com Davis para elaborar a primeira declaração à comissão de Cumming. Davis fizera dois pedidos a seu cliente: Cohen deveria manifestar arrependimento e vergonha pelo que fizera por Trump e expressar de modo inequívoco que não procurava nem aceitaria perdão do presidente. Tais asserções ajudariam a mitigar o ceticismo que muitos deputados sentiam em relação a Cohen, um criminoso condenado que já mentira ao Congresso.

Pouco antes do depoimento de 27 de fevereiro, um grupo de examinadores formado por Davis interrogou Cohen, fazendo-lhe perguntas duras de modo a prepará-lo para o que um dos membros do grupo chamou de "o mais capcioso interrogatório ao qual os republicanos poderiam submetê-lo". Cohen estava apreensivo em admitir à nação que se envergonhava de seu comportamento, mas acabou concordando com Davis que dizer "Sinto muito" ou "Assumo a responsabilidade" era insuficiente. Tais expressões tinham se tornado quase banais no palco político moderno.

Na manhã de 27 de fevereiro, no salão de audiências da Comissão de Supervisão da Câmara, Cohen ergueu a mão direita e jurou dizer toda a verdade e nada mais que a verdade em seu depoimento. De olhos baixos para ler a declaração redigida perante um salão lotado, Cohen manifestou mais que um pedido de desculpas. "Estou arrependido pelo dia em que disse 'sim' ao sr. Trump", disse ele. "Estou arrependido por toda a ajuda e por todo o apoio que dei a ele ao longo do tempo. Sinto vergonha de meus erros, e assumi responsabilidade por eles publicamente ao ser condenado pelo Distrito Sul de Nova York. Sinto vergonha por minha fraqueza e por minha lealdade indevida, pelas coisas que fiz pelo sr. Trump na tentativa de protegê-lo e promovê-lo. Sinto vergonha de ter preferido ocultar atos ilícitos a ouvir minha consciência."

"Sinto vergonha porque sei o que o sr. Trump é", continuou Cohen. "É um racista. É um salafrário. É um trapaceiro."

Cohen expôs uma lista de detalhes devastadores contra o presidente, compartilhando relatos particulares e, em alguns casos, brandindo provas que fundamentavam suas alegações. Ele mostrou cópias dos balanços financeiros de Trump de 2011 a 2013; uma cópia de um cheque que Trump emitiu de sua conta pessoal após se tornar presidente para reembolsar os pagamentos que Davis fizera à atriz pornô Stormy Daniels; e cópias de cartas que Cohen escreveu, a pedido de Trump, ameaçando processar civil e criminalmente a escola de ensino médio, as faculdades e a diretoria das instituições por onde ele passou caso divulgassem suas notas.

O depoimento de Cohen foi direto ao cerne da investigação de Mueller. Ele disse que Trump encabeçou as negociações da Trump Tower em Moscou, algo que continuou durante a campanha em 2016, e mentiu ao público a esse respeito. Cohen alegou também que o então candidato Trump sabia que Roger Stone falara com Julian Assange antes do vazamento do WikiLeaks dos e-mails do Comitê Nacional Democrata.

376

A revelação mais assustadora de Cohen, porém, foi sobre o caráter de Trump. Cohen disse que Trump se candidatara "para fazer sua marca crescer, e não o país", e que como presidente se tornara "a pior versão de si mesmo". Cohen descreveu Trump como muito mais covarde, desonesto e racista em âmbito privado do que aparentava ser em público. Ele disse que Trump "fala de maneira cifrada, e eu entendo a mensagem", como se fosse um chefão da máfia dando ordens a seu capanga.

Cohen disse que trabalhar para Trump era "intoxicante", e acrescentou que ficou tão "hipnotizado" por seu chefe que fazia todo dia coisas que sabia que eram erradas. Também disse que sua experiência deveria servir de alerta aos membros republicanos do Congresso. "Fiz por dez anos a mesma coisa que vocês estão fazendo agora. Protegi o sr. Trump por dez anos", disse Cohen. E acrescentou: "Os seguidores do sr. Trump, como eu era cegamente, sofrerão as mesmas consequências que sofro agora".

Os aliados de Trump na comissão trataram Cohen duramente, exatamente como o time de Davis tinha previsto. "É um mentiroso patológico", disse o deputado republicano Paul Gosar. "Incapaz de distinguir entre a verdade e a mentira."

O depoente bem treinado não recuou. "Você se refere a mim ou ao presidente?", retrucou Cohen.

"Quando eu lhe fizer uma pergunta, pedirei uma resposta", interrompeu-o Gosar.

O deputado republicano Jim Jordan, defensor ferrenho de Trump, tentou retratar Cohen como um ex-funcionário ressentido que foi deixado para trás em Nova York quando seu chefe se tornou presidente. "Você queria trabalhar na Casa Branca", disse Jordan. "Mas não foi convidado."

"Sr. Jordan, tudo o que eu queria era ser advogado pessoal do presidente, e consegui", Cohen respondeu.

Nenhum republicano na comissão tentou defender Trump tratando do conteúdo do depoimento de Cohen. Eles se limitaram a atacar a credibilidade de Cohen como testemunha.

A mais de 13 mil quilômetros do tiroteio no salão de audiência de Cumming, Trump se aconchegava a Kim no luxuoso Sofitel Legend Metropole Hanoi.

No exato momento em que fazia diplomacia com o mais instável ditador do planeta, Trump era chamado de salafrário por seu antigo advogado. Na rápida pausa para fotos do encontro com Kim, Jonathan Lemire, da Associated Press, perguntou se o presidente americano tinha algo a declarar sobre o depoimento de Cohen. Trump se eriçou, sacudiu a cabeça e se recusou a responder.

A Casa Branca baniu abruptamente Lemire e outros jornalistas americanos da cobertura do jantar com Kim que ocorreria logo depois, no qual os líderes tentaram se entrosar ao sabor de lombo grelhado e bolo de chocolate. Foi uma retaliação fora do comum da parte do governo americano, que historicamente apoiava os direitos dos jornalistas sempre que um presidente viajava além-mar, especialmente na presença de autocratas que não permitiam uma imprensa livre. Sarah Sanders mencionou "mágoas com perguntas feitas em coletivas anteriores". Trump queixara-se a assessores muitas vezes antes de perguntas constrangedoras feitas a ele na frente de outros líderes mundiais. Ele esperava que seus encontros com Kim se tornassem o assunto principal da cobertura feita pela imprensa americana, mostrando-o como um estadista, exatamente como ocorrera em Cingapura sete meses antes. No entanto, o foco do noticiário televisivo foi a cobertura em tempo real do depoimento de Cohen.

No dia seguinte, 28 de fevereiro, Trump ensaiou um ato histórico ao se sentar para sessões formais de negociação com Kim e as respectivas delegações. Ele estava tão certo de que conseguiria intermediar algum tipo de acordo de desarmamento nuclear com o líder coreano que a Casa Branca anunciou uma cerimônia de assinatura conjunta durante o encerramento da reunião naquela tarde. Mas ao fim não havia nada para assinar. Um almoço formal com os dois líderes foi cancelado em meio a um impasse sobre a exigência de Kim de revogação das sanções econômicas contra a Coreia do Norte sem a promessa de encerrar seu programa nuclear. As conversas terminaram. "Às vezes você tem que seguir em frente, e foi uma dessas ocasiões", disse um Trump moderado aos repórteres antes de voar de volta a Washington.

Antes de partir de Hanói, Trump fez uma defesa impressionante da violência de Kim. No início de seu mandato, o presidente americano fizera de Otto Warmbier o centro de sua campanha de coação à Coreia do Norte. Ele chamara atenção para a morte do estudante de 22 anos, ocorrida após Warmbier ser libertado em coma de um cativeiro de sete meses, e convidara os pais enlutados para seu primeiro pronunciamento na plenária do Congresso. Porém, em Hanói, quando questionado por David Nakamura do *Washington Post* se confrontara Kim sobre a morte de Warmbier, Trump disse que o líder coreano não tinha culpa. "Não acho que ele permitiria que isso acontecesse", disse o presidente americano. "Para ele, não era vantagem permitir que isso acontecesse. Aquelas prisões são cruéis. E coisas ruins acontecem. Mas realmente não acredito que ele estava... não acredito que soubesse."

Mais uma vez, Trump acatou as palavras de um autocrata estrangeiro, como quando acreditara que o príncipe saudita Mohammed bin Salman não tinha ordenado o assassinato do jornalista Jamal Khashoggi, e que Vladimir Putin não tinha interferido nas eleições americanas de 2016. Trump disse que Kim "se sentiu muito mal", mas declarou só ter tomado conhecimento do caso após a morte de Warmbier. "Ele me falou que não sabia", disse Trump, "e acredito em suas palavras."

Jim Mattis, John Kelly e Kirstjen Nielsen ficaram receosos com a decisão de Trump, em outubro de 2018, de enviar tropas para a fronteira sul, pois sabiam que era um reforço útil, embora fosse inadequado usar militares como peça política. Em fevereiro de 2019, no entanto, Nielsen percebeu que precisava urgentemente daquelas tropas — e de outras mais — na fronteira dos Estados Unidos com o México para dar apoio aos funcionários aduaneiros e de imigração no Texas e no Arizona, que andavam sobrecarregados. Dezenas de famílias migrantes, assim como traficantes usando crianças como mulas, chegavam à fronteira pedindo asilo. O número de migrantes detidos em fevereiro, 27 mil, foi o mais alto em doze anos de travessias ilegais. As chegadas sobrecarregaram os agentes de imigração americanos.

Agora que as eleições gerais já tinham passado, Trump e seus assessores pouco se importavam com a crise humanitária envolvendo os imigrantes. "Eles disseram: 'Sim, sim, vocês têm um monte de crianças para cuidar'", relembrou um oficial superior de Segurança Nacional. "Eles [só] querem que os ilegais parem de chegar."

Nielsen solicitou uma reunião com Trump e finalmente conseguiu agendar um encontro para o início de março. A secretária de Segurança Interna achava que, se pudesse encontrá-lo pessoalmente, o presidente daria mais atenção ao assunto. Trump animou-se para discutir a questão mais geral da "invasão" imigrante, mas não admitia o argumento razoável de Nielsen de que a verdadeira solução para o problema dos imigrantes em busca de refúgio era uma legislação cautelosa que cobrisse as brechas legais. O presidente estava irritado e achava que Nielsen e seu pessoal deveriam fazer muito mais. Enquanto ela tentava conduzir a discussão para a impossibilidade de seu departamento arcar com o empurra-empurra de migrantes que entravam no país nos últimos dois meses, Stephen Miller, que também estava presente, mencionou um plano B. Ele sugeriu a Trump e Nielsen que começassem a impor sanções migratórias a países com altos números de imigrantes que excediam seu tempo de permanência. A ideia de Miller desviava a atenção do presidente da crise na fronteira sem fazer nada para solucionar o real problema.

Nielsen saiu do encontro murmurando impropérios. Trump não a entendera, e a secretária de Segurança Interna ficara com a impressão de que os assessores do presidente sugeriam que ela podia fazer alguma mágica e só não fazia por teimosia. Depois da reunião, a crise se agravou. Naquela primavera, membros do Departamento de Segurança Interna contabilizaram 14 mil crianças imigrantes sob seus cuidados em um único dia.

Recém-saída de sua reunião frustrante com Trump, Nielsen começou a insistir com o chefe de gabinete da Casa Branca, Mick Mulvaney, para que criasse um plano de gerenciamento da crise. A fronteira necessitava de agentes de saúde e medicamentos, de suprimentos e equipes de socorristas — recursos da alçada de outros departamentos. Nielsen ficou no encalço de Mulvaney por duas semanas, dizendo-lhe que precisava do Pentágono para transportar famílias, além de agilidade por parte do Departamento de Saúde em assumir a responsabilidade pelas crianças.

O Departamento de Segurança Interna não deveria manter crianças sob custódia por mais de 72 horas. Os postos de patrulhamento na fronteira — lajes de concreto com pequenas celas que se assemelhavam às de pequenas delegacias — não tinham sido feitos para aprisionar crianças, mas dez postos ficavam abarrotados com o quádruplo de pessoas que o código de segurança contra incêndio permitia. Os trabalhos do departamento na fronteira estavam à beira do desastre: Nielsen tinha milhares de crianças que já deveriam ter ido para instalações do Departamento de Saúde, o qual, porém, não se empenhava em assumi-las para si.

"Preciso com urgência de uma reunião interdepartamental", Nielsen disse a Mulvaney. "Vou expor a gravidade da situação. Vou mostrar fotos e você vai me dizer se vai ou não me ajudar." Mulvaney assentiu, mas, quando Nielsen chegou, ficou chocada ao perceber que não havia outros secretários presentes. "Veja bem, eu achei que fôssemos discutir um pouco mais", disse-lhe Mulvaney.

Nielsen disse a ele o que pensava que a situação exigia: alguém designado pela Casa Branca para coordenar as ações de defesa da fronteira entre os órgãos. Mulvaney sugeriu que ela trabalhasse naquilo com outros órgãos. Nielsen respondeu que já tentara. O Pentágono, o Departamento de Saúde e outros órgãos não tinham dado a devida atenção ao caso. Precisavam que seu líder lhes dissesse que era uma emergência. Crianças corriam perigo. Postos fronteiriços violavam as próprias legislações. Eles não podiam continuar discutindo, disse ela. Precisavam de um plano de ação.

Nielsen estava habituada a trabalhar com Kelly, mas Mulvaney parecia mais interessado em gerir — conversar com Trump — do que em chefiar, em ser funcionário de alto escalão do que chefe de gabinete. Após seu retorno da Casa Branca, Nielsen disse à sua equipe de dirigentes veteranos: "Esqueçam. Vamos nós mesmos organizar uma reunião interdepartamental". Ela convocou outras lideranças para uma teleconferência, e criou-se um plano emergencial conjunto. Era o que se esperava de um comando tradicional da Casa Branca.

Em fins de fevereiro, cerca de uma semana depois de ter assumido o cargo de procurador-geral, Bill Barr foi informado sobre o andamento da investigação de Mueller por Rod Rosenstein e Ed O'Callaghan. Procurador mais importante de Rosenstein, O'Callaghan era o homem de confiança que deliberava frequentemente com o grupo de assessores especiais. Ele relatou a Barr que Mueller estava perto da conclusão, mas que precisava de mais tempo. A investigação ainda tinha algumas pontas soltas que os procuradores precisavam amarrar, a maioria delas relacionada a documentos e outros materiais de Roger Stone, cuja casa na Flórida fora alvo de busca do FBI em 25 de janeiro.

O que Barr, Rosentein e O'Callaghan não sabiam era que Mueller e seu grupo estavam se esforçando seriamente para finalizar da melhor forma possível a investigação que conduziam fazia quase dois anos. Promotores redigiam diligentemente o relatório final em dois volumes. O primeiro volume era complexo, com uma série de figuras escusas com nomes que soavam esquisitos, mas eram até fáceis de escrever. Registrava o trabalho do governo russo para interferir na eleição de 2016. O segundo volume era bem mais controverso e despertava apreensões internas. Registrava provas compiladas pela equipe de Mueller de que Trump tentara, em dez ocasiões, obstruir ou abafar uma investigação criminal contra sua campanha e ele próprio.

Por todo o inverno, a procuradoria especial prestou muita atenção às palavras de Barr e percebeu durante sua sabatina que as opiniões haviam mudado. Ela deveria redigir um relatório resumindo suas descobertas, tendo sempre sabido que era um de seus deveres de acordo com o regulamento da procuradoria especial. Mas agora a equipe precisava escrever tendo em mente que o documento ia se tornar público. E não chegou a um consenso sobre até que ponto poderia ser categórica ao descrever as tentativas do presidente de barrar uma investigação criminal.

Alguns membros da equipe de Mueller queriam que o relatório incriminador sobre Trump fosse explícito e mostrasse que, se não fosse presidente, ele seria acusado. Eles sabiam que a Advocacia-Geral emitira parecer proibindo o processo contra Trump, mas ressaltaram que o parecer nada dizia sobre a possibilidade de denunciá-lo.

"Havia pessoas no grupo que insistiam numa clara exposição da conduta criminosa do presidente e das razões pelas quais ele não podia ser processado", disse alguém que conversou com membros da equipe. Eles acreditavam dispor de material "mais do que suficiente para indiciar qualquer outra pessoa".

Mueller defendia uma posição imparcial e técnica sobre o erro que seria concluir que Trump cometera um crime, levando em conta o parecer da Advocacia-Geral. Em meio às divergências sobre a maneira de sintetizar as ações de Trump — e todos os indícios de que tentara interferir na investigação —, Mueller e sua equipe concordaram em expor textualmente que Trump não poderia ser exonerado: "Se após minuciosa investigação dos fatos tivéssemos convicção de que o presidente não cometeu obstrução de justiça, assim o declararíamos".

Porém, alguns integrantes da equipe acharam que a frase mantinha um tom insatisfatoriamente passivo. Foi "o máximo a que a procuradoria especial se dispôs a ir", disse essa pessoa, acrescentando: "Não acho que tenha sido um consenso. Acho que o chefe decidiu".

* * *

Em 5 de março, Barr obteve algumas respostas. Mueller e seus principais procuradores, James Quarles e Aaron Zebley, chegaram ao Departamento de Justiça para uma reunião secreta. Para garantir que não seriam vistos, a equipe de segurança de Mueller fez com que entrassem pelo subsolo e os levou por um elevador dos fundos até a sala de reunião do procurador-geral. O trio encontrou Barr pela primeira vez desde que assumira o cargo, e a eles se juntaram Rosenstein, O'Callaghan e o chefe de gabinete de Barr, Brian Rabbitt. A atmosfera era amistosa e jovial. Todos trocaram amenidades, então começaram a tratar de negócios.

Mueller iniciou a reunião tirando um papel com anotações. O procurador-geral e seus procuradores julgaram ter visto algo preocupante. As mãos de Mueller tremiam ao segurar o papel. Sua voz também estava trêmula. Nem parecia o Bob Mueller que todos conheciam. Enquanto ele apresentava um rápido preâmbulo, Barr, Rosenstein, O'Callaghan e Rabbitt não conseguiam deixar de notar que Mueller talvez não estivesse bem de saúde. Ficaram todos surpresos. Mais tarde, Barr perguntou aos colegas: "Ele não parecia estar fora de si?". Depois, alguns amigos íntimos disseram que Mueller parecia muito mudado, embora um membro da equipe dele insistisse que o procurador especial estava bem de saúde.

Mueller logo cedeu a condução da reunião a seus procuradores, isentando-se de modo surpreendente. Zebley começou resumindo a parte da interferência russa da investigação. Explicou que a equipe já compartilhara a maioria de suas descobertas em dois importantes indiciamentos feitos em fevereiro e julho de 2018. Embora não tivessem praticamente qualquer chance de levar os acusados a julgamento nos Estados Unidos, a equipe de Mueller indiciou treze cidadãos russos que comandavam brigadas digitais para inundar as redes sociais americanas de fake news, a fim de semear discórdia e favorecer Trump. Também indiciaram doze militares russos da inteligência que tinham hackeado e vazado e-mails internos do Partido Democrata para prejudicar a campanha de Hillary Clinton. A campanha de Trump não atuara em nenhuma daquelas operações.

Zebley explicou que não haviam encontrado provas suficientes que sugerissem uma conspiração, "nada de financiamento [criminoso] de campanha, nenhum problema. [...] Temos algumas questões sobre [Paul] Manafort, mas afirmamos com tranquilidade que não houve nenhum conluio, nenhuma conspiração".

Então Quarles falou sobre a parte da obstrução de justiça. "Vamos acatar a opinião da Advocacia-Geral e concluir que não cabe a nós determinar se houve crime ou não", disse ele. "Exporemos os fatos, a análise, e vamos parar por aí. Não vamos dizer que, se não fosse pela opinião da Advocacia-Geral, indiciaríamos."

Quarles disse que exporiam as provas "desapaixonadamente" no segundo volume do relatório, para evitar a impressão de qualquer convicção de culpa de Trump. "Não chegamos a um juízo definitivo de que alguma ação específica corresponda a um crime", disse ele. "Não chegamos à conclusão se houve ou não crime."

Barr e sua equipe ficaram surpresos e confusos. Tentando evitar mal-entendidos, o procurador-geral resumiu o argumento de Quarles: "Não é o caso de dizer que Bob Mueller teria indiciado o presidente dos Estados Unidos se não fosse pela opinião da Advocacia-Geral".

Exato, assentiu Quarles.

Segundo o parecer da Advocacia-Geral e do Departamento de Justiça, os procuradores federais, incluindo o procurador especial, não poderiam indiciar, mas apenas investigar o presidente em exercício. Nada no entendimento da Advocacia-Geral sugeria que os procuradores não poderiam decidir se um presidente cometera crimes ou não. De fato, o estatuto da procuradoria especial definia explicitamente a função principal de Mueller: investigar e informar ao procurador-geral sua decisão de processar ou não.

No entanto, Quarles dizia que não iam entrar no mérito de ir por uma via ou outra. Barr pensou: Por que não? Você é o procurador especial. Seu trabalho é investigar e decidir se acusa ou não.

Mueller se pronunciou reiterando a posição de Quarles. "Deliberamos que não cabe a nós decidir se a conduta é criminosa devido ao argumento do memorando da Advocacia-Geral", disse ele. "Seria possível outra pessoa decidir posteriormente."

Barr queria ter certeza. Ele perguntou especificamente se alguém poderia examinar o relatório e decidir de maneira independente se a conduta era criminosa. A equipe de Mueller disse que sim. Mais tarde, outro assessor de Barr perguntou se o procurador-geral podia decidir se havia indícios suficientes para configurar crime. Novamente, a equipe de Mueller disse supor que o procurador-geral tinha tal poder. Evidentemente, Barr era o encarregado do inquérito e poderia dizer a Mueller: "Quero que você faça uma recomendação", mas ele não disse. A equipe de Mueller achava que estavam discutindo a autoridade jurídica de maneira abstrata. Davam as respostas sem pensar em momento nenhum que, dali a alguns dias, Barr poderia estar realmente exercendo esse poder.

A reunião então se debruçou sobre a logística e os detalhes técnicos do relatório. Mueller disse que o relatório seria extenso e dividido em dois volumes: o primeiro, sobre a interferência russa, teria cerca de 140 páginas, ao passo que o segundo, sobre a obstrução, teria 120. Ele e seus procuradores explicaram que o relatório teria um resumo executivo. "Tentamos lidar com os fatos conforme os vimos", disse.

Mueller também falou que o relatório teria material "6(e)", isto é, provas delicadas e depoimentos colhidos por meio de intimações determinadas pelo grande júri, os quais, de acordo com a lei, não poderiam ser divulgados, e o Gabinete da Procuradoria Especial ofereceu ajuda ao Departamento de Justiça para selecionar o que seria redigido.

"Minha intenção é expor o máximo possível, mas o que me preocupa é a lacuna entre o que tenho e o que consigo expor", disse Barr. "Meu objetivo é expor o máximo com a maior rapidez possível, mas preciso da ajuda de vocês." Ele pediu aos integrantes da procuradoria especial que já fossem apontando a existência de qualquer material 6(e) conforme avançavam no rascunho do relatório, de modo que pudesse ser redigido de maneira adequada. A equipe concordou, e a reunião logo se encerrou.

Nos dias seguintes, Barr, Rosenstein e O'Callaghan remoeram a decisão de Mueller de não decidir. Tinham dificuldade de entender o raciocínio dele e de Quarles, e pensavam que aquilo ia dar uma tremenda confusão. Barr chegou à conclusão de que ele decidiria se o presidente obstruíra criminosamente a justiça. A procuradoria especial operava sob a égide do Departamento de Justiça, usando os procedimentos jurídicos criminais de obtenção de provas, e Barr, Rosenstein e O'Callaghan eram da firme convicção de que o departamento devia tomar tal decisão. Não havia dúvidas. O procurador-geral decidiria.

Na sexta-feira, 15 de março, às 7h41, Trump iniciou uma série de 63 tuítes que se estendeu pelo fim de semana inteiro. Os dirigentes do Departamento de Justiça mantiveram o presidente e seus advogados no escuro, e Trump escreveu no Twitter que Mueller "nunca devia ter sido indicado e não devia ter nenhum Relatório Mueller. Foi uma investigação ilegal e conflituosa em busca de um crime. O conluio russo não passou de uma desculpa dos democratas por perderem uma eleição que achavam que iam ganhar".

E chegou à conclusão: "ISTO NÃO DEVE NUNCA MAIS ACONTECER COM UM PRESIDENTE!".

Em vez de seu típico passeio de inverno e primavera em Mar-a-Lago, Trump passou o fim de semana ilhado na Casa Branca, longe do campo de golfe, o que significava que não tinha muito com o que ocupar o tempo. O que despertou seus impulsos tuiteiros foi, pelo menos em parte, um artigo na *Politico* que dizia que seus conselheiros estavam elaborando uma estratégia de reeleição com "cenários nobres como o Salão Oval e o Jardim das Rosas" em vez de "comícios turbulentos", em parte para lhe dar uma aparência presidencial mais tradicional. A matéria, escrita por Gabby Orr, foi publicada em 8 de março, mas Trump não a leu até que um assessor lhe entregou uma cópia impressa antes do fim de semana de 15 de março, provocando-o: "Então agora o senhor vai ser mais presidencial?".

Poucas narrativas da imprensa deixavam Trump mais irritado do que as que sugeriam que sua equipe o manipulava, e sempre que isso acontecia Trump encontrava alguma maneira de mostrar que não era possível manipulá-lo. Ele desabafou com Corey Lewandowski, um de seus conselheiros políticos externos de confiança. "Esses caras vão me dizer como devo me comunicar?", disse Trump. "Vão me dizer quando devo ou não devo fazer um comício?"

24. O relatório

Por volta do meio-dia de 22 de março, uma sexta-feira primaveril aparentemente calma, Ed O'Callaghan recebeu uma encomenda especial em seu gabinete no Departamento de Justiça. Era uma resma de papel encadernada com uma capa transparente na frente e uma preta atrás, com o título: "Relatório da investigação sobre a interferência russa na eleição de 2016". Robert Mueller concluíra seu inquérito, e ali estavam suas descobertas longamente aguardadas, em 448 páginas.

O'Callaghan, Bill Barr, Rod Rosenstein e Brian Rabbitt, chefe de gabinete de Barr, desistiram de seus planos para aquele dia e se isolaram no gabinete para começar a leitura. Seu primeiro pensamento foi de que eram mais de quatrocentas páginas e a equipe de Mueller não tinha editado nada. Só havia incluído notas de rodapé para indicar material delicado obtido no grande júri, embora sem esclarecer o que tinha considerado melhor omitir. A procuradoria especial sugerira na reunião de 5 de março que indicaria aquele tipo de dado, conhecido como material 6(e), o qual poderia complicar o processo. Mas a equipe de Mueller considerava que não era de sua alçada editar o material, devendo apenas identificar tal material. Funcionários do Departamento de Justiça acharam que se tratava de uma promessa não cumprida, e que aquele passo a menos tornaria a divulgação mais difícil e morosa.

A prioridade imediata do grupo de Barr era mergulhar nos escritos de Mueller, de modo que eles saltaram diversas seções e foram direto às conclusões e aos resumos. No meio da tarde, decidiram que deveriam informar ao público que a procuradoria especial transmitira seu relatório ao procurador-geral, então redigiram uma carta ao Congresso. Barr escreveu: "Estou revisando o relatório e adianto que talvez consiga transmitir as principais conclusões da procuradoria especial até o fim de semana". Ele também reiterou seu desejo de divulgar as descobertas, acrescentando: "Continuo comprometido em ser transparente tanto quanto me é possível".

Entre quatro e cinco daquela tarde, Rabbitt ligou para o advogado da Casa Branca, Emmet Flood, para informá-lo de que o Departamento de Justiça tinha o relatório. Ele leu o rascunho da carta de Barr aos líderes do Congresso, mas não informou Flood do conteúdo do relatório nem de suas conclusões. Mas transmitiu uma boa notícia: Mueller não recomendava quaisquer indiciamentos adicionais. Flood a repassou a Trump. Alguns minutos mais tarde, Stephen Boyd, o procurador-geral auxiliar para assuntos parlamentares, entregou pessoalmente a carta de Barr no Capitólio, e quase imediatamente ela chegou à imprensa. Agora o mundo sabia que a investigação de quase dois anos de Mueller tinha terminado e suas descobertas estavam nas mãos de Barr.

Trump já partira para a Flórida naquela manhã para passar o fim de semana em Mar-a-Lago. Flood e Pat Cipollone, achando que a entrega do relatório de Mueller era iminente, tinham decidido acompanhar o presidente, caso ele precisasse de advogados por perto, e haviam sido incluídos de última hora à lista de passageiros do voo do Força Aérea Um, às 10h. Mas, naquela tarde de sexta, a equipe de Trump não tinha muito o que fazer exceto ficar à disposição de Barr.

O presidente não ligou para o procurador-geral para saber mais, pela primeira vez seguindo o conselho de seus advogados de não se comunicar com Barr para não comprometer a independência da investigação. A equipe de Trump, com base nas provas obtidas por Mueller, estava certa de que ele não podia acusar o presidente de conluio com os russos e de que a acusação de obstrução da justiça era terreno incerto. Eles sabiam que Mueller não planejava indiciar Trump, presidente em exercício, e não queriam correr o risco das implicações políticas negativas de impedir o Departamento de Justiça de tomar decisões independentes. Também sabiam que os democratas não desejavam nada além de flagrar o presidente interferindo na fase final da investigação de Mueller.

Nas semanas anteriores, Barr tentara manter uma distância salutar de Trump. Evitara visitas frequentes à Casa Branca por receio de parecer muito próximo do chefe. Mas, apesar de Barr ser novo no cargo, Trump e sua equipe tinham plena confiança no julgamento dele, em grande medida devida à sua visão ampla do poder presidencial e a seu memorando de junho de 2018, em que defendia que a investigação de obstrução de justiça cometida pelo presidente tinha sido "fatalmente mal concebida". Também acreditavam que Barr desejava lutar para defender o presidente e sua autoridade executiva. Dentro da Casa Branca, alguns funcionários apelidaram-no "texugo-do-mel", em referência a um vídeo que viralizou no qual um destemido texugo subia numa árvore para matar uma cobra, era mordido por ela, desmaiava e depois começava a devorá-la.

"É claro que seria uma exibição do Barr", disse um assessor jurídico de Trump. "Ainda que ele quisesse ser um titereiro, por que correr riscos? Emmet não permitiria que decisões erradas fossem tomadas no fim do jogo. Não íamos tomar a derrota das garras da vitória."

Em 22 de março, Rudy Giuliani, Jay Sekulow e Jane e Martin Raskin estavam dispersos pelo país, de Nova York a Nashville, e correram para voltar a Washington. Eles se reuniram no dia seguinte no enorme salão de reunião dos gabinetes jurídicos de Sekulow no Capitólio, uma antiga farmácia que fora transformada em gabinete. O edifício na Maryland Avenue tinha um salão de reunião com um imenso mural de Washington. Lá, Sekulow, Giuliani e os Raskin se preparavam para o que estava por vir. "Estávamos confiantes, mas só acreditaríamos vendo", lembrou um membro da equipe.

Todos eles concordaram que não havia descoberta sobre o suposto conluio do presidente com os russos. Mas continuaram preocupados com a outra parte da investigação. Achavam possível que o relatório alegasse que Trump infringira a lei e seria indiciado se não fosse a diretriz da Advocacia-Geral do Departamento de Justiça que proibia a acusação contra o presidente. A equipe não gostou do cenário, mas se Mueller acusasse Trump, eles já tinham um álibi. "Não sabíamos como ia se configurar a obstrução", disse um membro da equipe. "Achamos que poderiam apresentar os fatos... Só não sabíamos como."

No Gabinete da Procuradoria Especial, Mueller e seus procuradores aguardavam ansiosos a primeira aparição de suas descobertas e o fim do silêncio sepulcral que a equipe guardara nos dois anos anteriores. Finalmente, as provas abundantes que tinham obtido através de extensa varredura pelo mundo seriam divulgadas de alguma forma ao público. Mas os procuradores da equipe não sabiam o quanto Barr decidira divulgar agora, e especulavam inquietos sobre o que ele fizera.

Preparando-se para o momento, as duas equipes principais — a da interferência russa e a da obstrução de justiça — escreveram o relatório com resumos globais, que esperavam que fornecessem a Barr material de fácil divulgação antes da publicação de todo o relatório. Acreditavam que ao menos divulgariam os resumos.

O relatório de 448 páginas era uma lista assombrosa de ardis e improbidades presidenciais. O segundo volume detalhava dez eventos que a procuradoria especial investigara como possível obstrução de justiça por parte de Trump. Não se tratava apenas de um registro histórico. Era uma fonte de densa análise jurídica das provas, do tipo que procuradores normalmente faziam para acusar alguém. Mueller desnudou em mínimos detalhes uma presidência atormentada pela paranoia e pela insegurança, mostrando o círculo mais próximo de Trump apavorado com os arroubos do presidente quando pressionava freneticamente seus assessores para mentir ao público e falsificar documentos. Alguns dos episódios já haviam sido divulgados pela imprensa, mas o relatório de Mueller era único devido à sua análise definitiva e a seus detalhes reveladores dos eventos, com os principais personagens sob juramento e nomeados.

Assim como James Quarles previra a Barr em 5 de março, a procuradoria especial decidiu não decidir se Trump cometera um crime, com base em sua interpretação do entendimento da Advocacia-Geral, que proibia a acusação de um presidente em exercício. Embora não estivesse expresso explicitamente, o relatório sugeria que o Congresso assumisse o papel de procurador. "A conclusão segundo a qual o Congresso pode aplicar as leis de obstrução ao presidente em exercício corrupto do cargo está em conformidade com nosso sistema constitucional de freios e contrapesos e com o princípio de que ninguém está acima da lei", dizia o relatório.

O relatório era bem ao estilo de Mueller: repleto de fatos condenáveis, mas despojado de advocacia ou julgamento, e desprovido de uma conclusão. Muitos dos momentos profundamente investigados, recontados quase como em uma narrativa cinematográfica, eram envolventes. Mas a análise sobre o que fazer com a conduta do presidente foi redigida em prosa demasiado jurídica, cheia de duplas negativas. O relatório não deixava claro a que os fatos conduziam, tampouco estabelecia as diretrizes para que o Congresso desse início a um processo de impeachment. Ele dizia, por exemplo: "Se tivéssemos certeza após minuciosa investigação de que o presidente não cometeu obstrução de justiça, assim o diríamos. Baseando-nos em fatos e em padrões legais aplicáveis, não somos capazes de chegar a tal juízo".

Mueller imaginou que o povo americano e seus representantes eleitos no Congresso leriam o relatório e decidiriam o que fazer.

Graças à notificação de Barr ao Congresso, a imprensa estava de prontidão para receber notícias de última hora. Câmeras vigiavam do lado de fora a casa do procurador-geral na Virgínia e a sede do Departamento de Justiça. Barr e Rosenstein estabeleceram o domingo à noite como prazo final para relatar ao Congresso as conclusões principais de Mueller, em parte porque não desejavam que o mercado financeiro amanhecesse apenas com rumores midiáticos e o espectro da acusação criminal rondando o presidente. Então eles se debruçaram sobre o relatório, ficando acordados até altas horas da madrugada de sábado para lê-lo.

No sábado, 23 de março, Barr, Rosenstein e O'Callaghan reuniram-se de novo no gabinete para chegar a um consenso. Tentaram pesar as provas no segundo volume e concluíram, por uma questão de lógica, que cada um dos dez episódios configurava obstrução de justiça, analisados primeiro isoladamente. Acharam as provas realmente inquietantes, mas insuficientes para evidenciar que o presidente agira de má-fé. Eles se perguntaram: conseguiríamos uma condenação criminal e sobreviveríamos a uma apelação com base nessas provas? A resposta era unânime: não.

Tomada a decisão, Barr, Rosenstein e O'Callaghan tinham que resolver como anunciá-la ao público. Normalmente a decisão de não acusar é confidencial, mas aquele não era um caso comum. Os funcionários de alto escalão do Departamento de Justiça abominavam a publicidade conferida ao caso, mas perceberam que era o escrutínio do público que exigia explicações detalhadas, apesar de não haver denúncia nem acusação contra Trump.

Barr decidiu escrever uma segunda carta ao Congresso, onde explicaria os pormenores das conclusões mais importantes da procuradoria especial. Ele e sua equipe examinaram o relatório à procura de sentenças que pudessem citar na carta e que resumissem as descobertas da procuradoria especial ou sintetizassem as conclusões. Consideraram o relatório uma bagunça truncada e se esforçaram para achar algo que valesse a pena mencionar. Em dado momento, ele se deteve na seguinte passagem: "Embora esse relatório não conclua que o presidente cometeu um crime, tampouco o isenta de culpa".

"Se não incluirmos isso, seremos criticados", disse O'Callaghan.

Barr concordou. "Sabe de uma coisa, Ed? Você tem razão. Vamos citar esse trecho", disse ele.

Enquanto concluíam o rascunho da carta, O'Callaghan ligou para Aaron Zebley, chefe de gabinete de Mueller. Ele disse a Zebley que Barr citaria as alegações finais de Mueller e lhe perguntou se queria ler o esboço antes que a carta fosse divulgada. Zebley respondeu que não era necessário. Ele esperava que a carta de Barr mencionasse os resumos que sua equipe redigira com muito esforço, mas não disse isso a Callaghan. Uma vez mais, a equipe de Mueller rejeitou uma oportunidade de intervir em como suas investigações seriam apresentadas ao público.

Em Mar-a-Lago, Trump acordou cedo no domingo, 24 de março. Vestiu uma camisa de golfe e calça cáqui e saiu cerca de 9h em direção ao Trump International Golf Club. Jogou uma partida, almoçou na sede do clube e conversou com amigos.

Embora Giuliani estivesse em Washington com os demais membros da equipe jurídica pessoal de Trump, ele falou com o presidente por telefone regularmente ao longo do fim de semana. Disse a Robert Costa do *Washington Post* que a decisão de "vigiar e esperar" de Trump advinha de sua disposição de prudente otimismo. "No entanto, até você ler o relatório, não se sabem exatamente quais as implicações, então é melhor ficar atento", acrescentou Giuliani.

Trump disse a amigos naquele fim de semana: "Até onde sei, é bom", mas evitou comemorar antes da hora. Conforme Kellyanne Conway observou ao vice-presidente Pence: "É o empresário falando. Alguém do ramo que sabe que o negócio só está fechado quando está assinado".

A equipe de Trump se preparou para uma série de possíveis desdobramentos, sendo o pior cenário o vazamento inesperado e bombástico do relatório de Mueller, com provas contundentes, que geraria um processo de impeachment imediato. A reação esboçada era uma excessivamente feroz, inconsequente e leviana queixa contra Mueller, o FBI e os métodos deles.

No domingo, os advogados do presidente se reuniram novamente no gabinete de Sekulow, vestindo roupas de trabalho casuais, com tanto Sekulow quanto Giuliani em grossos suéteres devido ao frio. Pouco depois das 15h15, Rabbitt avisou Flood em Mar-a-Lago que dentro de uma hora Barr divulgaria os pontos principais do relatório. Ele repassou a Flood a conclusão, mas leu em voz alta algumas alegações finais da carta de Barr. Flood e Cipollone então disseram a Trump o que esperar, e o presidente conversou com sua equipe de advogados, que estava em Washington.

Naquela tarde, Barr fez um pronunciamento que definiria como o mundo interpretaria as descobertas de Mueller. Ele enviou uma carta de quatro páginas a líderes do Congresso para, conforme escreveu, "resumir as principais conclusões dispostas no relatório da procuradoria especial". O documento foi imediatamente divulgado na internet.

No gabinete de Sekulow, os advogados de Trump se sentaram em frente a seus computadores, esperando impacientes enquanto a carta de Barr baixava. Levou uma eternidade. Ela já circulava pela imprensa, e os jornalistas haviam entrado em contato com os advogados de Trump solicitando respostas. John Santucci, do *ABC News*, era um deles. Sekulow, impaciente com a lentidão de seu PC, confessou a ele que ainda não a lera. "John, você pode me enviar uma cópia?", ele pediu ao jornalista.

Finalmente, os advogados conseguiram lê-la sentados a uma mesa.

Barr escreveu que a investigação não tinha provas de que quaisquer membros ou partidários da campanha de Trump houvessem se unido em conluio ou se associado a russos para influenciar a eleição — em poucas palavras, "não houve conspiração". Sobre a obstrução, ele escreveu que a procuradoria especial resolvera não tomar nenhuma decisão quanto a acusar Trump de cometer um crime. "A procuradoria especial, portanto, não chegou a nenhuma conclusão — em um sentido ou outro — quanto à conduta em questão configurar obstrução de justiça", escreveu Barr. "Em vez disso, para cada uma das ações relevantes investigadas, o relatório levanta provas nos dois sentidos e deixa em aberto o que a procuradoria especial enxerga como 'assuntos controversos' da lei e fato relativo a se as ações e intenções do presidente poderiam ser vistas como obstrução".

Barr explicou que, portanto, ele concluía que as provas de obstrução eram insuficientes. "Ao listar os atos do presidente, muitos dos quais se deram em público, o relatório não aponta ações que, a nosso ver, representam conduta obstrutiva, tinham nexo com ato criminoso iminente ou planejado e foram feitas de má-fé", escreveu Barr.

A carta de Barr incluía o trecho importante do relatório de Mueller que O'Callaghan sugerira acrescentar de boa-fé: que o relatório "tampouco o isenta de culpa". No entanto, a carta de Barr preparou o terreno para Trump declarar exatamente o contrário.

Barr oferecera a seu chefe uma indiscutível vitória política, e um sentimento de euforia tomou conta de Trump e de sua equipe. Jane Raskin divulgou uma foto em seu telefone que cristalizou o momento exato em que liam o resumo do relatório feito por Barr. Sentados lado a lado na mesa de reunião, Giuliani agarrou Sekulow pelo pescoço para abraçá-lo. Eles pareciam cansados e aliviados.

Sekulow falou com Trump ao telefone. Ele estava eufórico, mas mantinha os pés no chão, perguntando sobre a estratégia de comunicação da equipe. A batalha de narrativas era de fundamental importância para ele. "Isso é ótimo", disse Trump. "Como vocês estão reagindo? Estão de saída?"

Trump queria que toda a rede de televisão alardeasse sua vitória. Sekulow assegurou-lhe que tinham um meticuloso plano midiático. "Ótima notícia", retrucou Trump. "Até mais tarde."

Pouco antes das 17h, a comitiva de Trump chegou ao Aeroporto Internacional de Palm Beach para o voo de duas horas de volta a Washington. Ele ficou sob a asa do Força Aérea Um e deu sua primeira entrevista a um grupo de jornalistas: "Não houve conspiração com a Rússia. Não houve obstrução — de nenhum tipo. Fui isento definitivamente".

Aquela noite ficou na memória dos advogados de Trump, que se reuniram durante o crepúsculo no Salão Oval Amarelo para dar as boas-vindas ao presidente. Às 19h04, eles viram o Marine One aterrissar no Gramado Sul. Trump saiu do helicóptero, de terno e gravata vermelha, e cumprimentou a equipe de jornalistas com um aceno caloroso. "Este é um grande país", disse.

Dentro da residência, seus defensores estavam orgulhosos do trabalho realizado mesmo quando havia tanta gente radicalmente contra eles. Ao verem a animação de seu cliente caminhando no Gramado Sul, sentiram uma onda de alívio. Trump subiu e sorriu ao ver seus advogados reunidos no salão. Disse-lhes duas palavras: "Ótimo trabalho!". Trump, que não é dado a demonstrações de afeto, apertou as mãos de todos os presentes no salão.

Sarah Sanders se juntou ao grupo para celebrar e posou para uma foto com Trump e sua equipe jurídica, assim como Flood e Cipollone, todos radiantes. Sekulow, a cabeça e o coração da operação, agradeceu aos companheiros. Um ano antes, a equipe jurídica do presidente enfrentara um período bem difícil quando John Dowd se demitira e o presidente não tinha outro advogado no comando além de Sekulow.

"Obrigado a todos", disse Sekulow ao grupo. "Este foi o melhor exemplo de trabalho em equipe, no qual todos contribuíram. Foi um esforço coletivo tremendo, e sou grato por nossos caminhos terem se cruzado."

Trump tinha ciência de que havia outras coisas nada lisonjeiras a caminho, quando a maior parte do relatório fosse divulgada. Mas estava contente por ter superado aquela fase. Ele se sentia a salvo. Vencera. O presidente agradeceu, reiterando: "Excelente trabalho". A equipe sabia que era o elogio máximo. "Você está bem quando ele diz 'ótimo trabalho'. E nem tanto quando ele diz 'vamos ver'", brincou um membro da equipe.

A comemoração terminou com um gentil boa-noite de Trump.

"Certo, garotada. Obrigado", disse ele.

O que Barr incluiu em seu resumo das conclusões principais, o que deixou de fora e como enquadrou as descobertas do conselho foram as primeiras e únicas palavras referentes ao aguardado fim da investigação a que o público teve acesso naquele mês. No bunker da equipe de Mueller, a carta de Barr causou incômodo. Mais tarde, membros da procuradoria especial descreveriam a reação de Mueller: parecia que ele levara uns tapas.

Alguns membros da equipe ficaram chocados com a escolha calculada e cuidadosa de palavras de Barr, que evitara as provas desagradáveis que a equipe descobrira sobre Trump e os incentivos de sua campanha aos russos. Tinham sido feitas descobertas decisivas sobre *bots* russos e oficiais da inteligência empenhados em hackear os e-mails pessoais de Hillary Clinton horas depois das mensagens "Rússia, se estiver aí", de Trump, e, no entanto, tal trabalho fora reduzido a menos que uma frase na carta de Barr. Até mesmo o trecho da oração subordinada na sentença, selecionado e divulgado por Barr, colocava Trump sob uma luz muito agradável.

Citando o relatório, Barr escreveu que "a investigação não descobriu que membros da campanha de Trump se uniram em conluio ou se associaram ao governo russo em suas atividades de interferência eleitoral". Ele omitiu 36 palavras anteriores da mesma passagem, que confirmavam os fatos que Trump detestava admitir e se recusava a escutar: "Embora a investigação tenha descoberto que o governo russo se beneficiaria de um governo Trump e trabalhou para esse fim, e que a campanha esperava se beneficiar de informações roubadas e vazadas através de esforços russos".

Os autores do segundo volume, que trabalharam arduamente para revelar cada detalhe das ações de Trump para encerrar ou impedir a investigação criminal, praticamente fumegaram. A carta de Barr dizia ao leitor desinformado exatamente o contrário do que eles tinham exposto cuidadosamente no relatório. Por exemplo: Barr escreveu que nenhuma das ações de Trump, "a nosso ver", foi feita de má-fé. Na verdade, os autores do relatório esmiuçaram quatro episódios em que apontavam provas robustas de que a intenção de Trump era deter a investigação.

O que fora um bordão desafiador do presidente, "Não teve conluio! Não teve obstrução!", imediatamente se tornou um brado convocatório à sua reeleição, repetido à exaustão em todas as plataformas digitais. Não importava o que a equipe de Mueller realmente descobrira. Trump vencia a batalha de narrativas.

Mueller devia culpar a si mesmo pela deturpação de seu trabalho, pois era um burocrata ortodoxo pautado por regras, inadequado à era Trump, um período de profunda polarização, instituições desgastadas e notícias ministradas como medicação intravenosa ao público em convulsão.

"Somos a sociedade do Twitter", disse Frank Figliuzzi, antigo colega de Mueller no FBI. "A sociedade do fluxo digital. A sociedade do 'se informar através da manchete'. Mueller não é assim. Um relatório de quatrocentas páginas não é assim. Alguém tem que dar as caras na TV, gritar e berrar. O que muitos de nós nos perguntamos é se, na era Trump, Mueller, leal aos princípios democráticos que nos trouxeram até aqui, fez um bom trabalho. A resposta é não."

Na manhã de 25 de março, menos de 24 horas após Barr ter enviado sua carta, Zebley contatou O'Callaghan. Ele pedia que o Departamento de Justiça liberasse os resumos executivos de cada volume do relatório de Mueller. O'Callaghan foi cauteloso e disse que ele, Barr e Rosenstein pensariam a respeito. Pediu a Zebley que destacasse nos resumos os trechos com material delicado de grande júri que precisassem de revisão e os enviasse de volta.

Mais tarde, Zebley ligou para O'Callaghan para se queixar. Ele disse que havia "equívoco público" nos relatos da imprensa sobre a carta de Barr. Quando O'Callaghan notificou Barr sobre a ligação, o procurador-geral ficou surpreso e um pouco irritado. De acordo com Barr, sua intenção era que a carta fosse curta e tivesse apenas as conclusões básicas de Mueller, e como prova de boa-fé ele citou o trecho em que Mueller dizia não ser possível "isentar" o presidente de culpa. Ademais, disse Barr, eles haviam dado a Mueller e seus procuradores uma chance de revisar o rascunho da carta, mas Zebley recusara. Como podia estar chateado agora?

Em 27 de março, Mueller enviou a Barr uma carta do Gabinete da Procuradoria Especial na qual se opunha duramente ao modo como o procurador-geral manipulara as principais conclusões: "A carta resumida que o departamento enviou ao Congresso e divulgou ao público posteriormente na tarde de 24 de março não captou o contexto, a natureza e a essência do trabalho de nosso gabinete e suas conclusões. Expressamos essa preocupação ao departamento na manhã de 25 de março. Existe agora engano público sobre pontos seminais dos resultados de nossa investigação. Isso ameaça comprometer o objetivo principal para o qual o departamento designou a procuradoria especial: garantir a fé pública no resultado da investigação".

A carta dizia que as introduções e os resumos executivos do relatório "resumiam fielmente os trabalhos e conclusões deste gabinete", e incluíam aqueles documentos revisados como anexos. "Divulgar agora mitigaria os mal--entendidos que surgiram e responderiam aos questionamentos parlamentares e públicos sobre a natureza e o resultado de nossa investigação."

O gabinete de Barr não recebeu a carta até 28 de março. Quando a leram pela primeira vez, o procurador-geral e sua equipe pensaram: "Puta merda! O que é isso? Ah, dá um tempo". Para eles, era uma atitude passivo-agressiva atípica de

Mueller. Em 30 de abril, véspera do depoimento de Barr no Senado, a correspondência foi divulgada por Devlin Barrett e Matt Zapotosky, do *Washington Post*. Durante sua audiência no dia seguinte, Barr descreveu o tom da carta como "aborrecido" e especulou que fora escrita por um subalterno de Mueller.

Em 28 de março, ao ler a carta pela primeira vez em privado, Barr ficou chateado. Ele a achou maldosa e se sentiu traído por seu amigo. "Vou ligar pro Bob", disse a seu gabinete. "Temos que nos entender." Mueller estava cortando o cabelo naquela manhã, mas os dois conseguiram se falar mais tarde, pouco antes do almoço. Rosenstein, O'Callaghan e Rabbitt estavam no departamento, ouvindo a conversa.

"Que diabos, Bob?", perguntou Barr. "Qual é o problema com essa carta? Por que você não me ligou?"

Mueller disse algo como: "Ficamos preocupados com a ausência do contexto integral de certos assuntos. Os resumos executivos são necessários para se chegar às conclusões. Não há nada de absolutamente errado em sua carta. O problema é a distorção da mídia. Precisamos de algo mais exato em breve, para esclarecer tudo".

Apesar de sua conhecida falta de interesse em relações públicas, Mueller deu bastante atenção à cobertura da imprensa de seu relatório. Disse algo como: "Estamos receosos de que nosso relatório não está surtindo efeito porque a história está incompleta e a imprensa não o trata da devida maneira".

"Isso é confidencial", disse Barr a Mueller.

Barr disse que o departamento estava preparando o relatório para divulgação, mas explicou que haveria um intervalo de tempo indesejado devido à extensão e à falta de edição.

"Que fique claro, não estamos tentando resumir o trabalho; estamos apenas fornecendo as conclusões mais importantes", disse Barr a Mueller. "Nós lhe demos a chance de ler a carta e você recusou. Estamos surpresos."

"Sua carta falhou em contextualizar as decisões que tomamos", disse Mueller.

Nesse momento, Zebley interveio. Ele não via problema na descrição que Barr fizera do trabalho deles sobre a interferência russa. "A questão principal é a obstrução. Sua carta não contextualiza nossa compreensão do entendimento da Advocacia-Geral, e a cobertura da imprensa está equivocada."

Barr defendeu sua carta novamente. "Não tentamos resumir. Nem contextualizar. Só tentamos revelar as conclusões de vocês", disse ele a Mueller e Zebley.

A temperatura começou a baixar. Mueller perguntou quanto tempo levaria até o relatório ser divulgado por completo, ao que Barr respondeu que a meta era meados de abril. Então Mueller fez outra proposta de publicar os resumos executivos. "Tivemos uma relação muito boa até o momento, e lhe pedimos que faça isso. Gostaríamos que o quanto antes", disse o procurador especial.

Barr respondeu: "Eu preferiria ir mais adiante e concluir tudo. Não creio que divulgar em doses homeopáticas seja bom". O procurador-geral afirmou que a publicação dos resumos causaria ainda mais confusão no corpo político.

"Obrigado por considerar o pedido", disse Mueller. "Fico agradecido. Só queremos a divulgação completa."

A ligação se encerrou em tom animador.

"Afinal, você é parte do Departamento de Justiça", disse Barr.

"Tem razão", respondeu Mueller.

"Estamos todos juntos", disse Barr. "Voltaremos a entrar em contato."

Naquela noite, a equipe de Mueller cogitou emitir um comunicado de lavra própria à imprensa explicando as objeções que fazia à carta de quatro páginas de Barr, mas desistiu da ideia.

Pelo resto do dia e na manhã seguinte, Barr, juntamente com Rosenstein, O'Callaghan e Rabbitt, discutiram o pedido de Mueller. Quase decidiram divulgar os resumos executivos, mas desistiram em razão dos argumentos expostos por Barr na conversa com Mueller. O relatório era longo, sutil e confuso, e Barr temia que os resumos fossem descontextualizados e levassem a conclusões errôneas.

Barr e sua equipe se arrependeram de ter usado o termo "resumir" na carta de 24 de março. Também lamentavam que Trump se dissesse "isento definitivamente" pela investigação de Mueller. Aquilo não era verdade, mas Barr decidiu não repreender publicamente o presidente. Os advogados de Trump também compreendiam a verdade: só a ponta do iceberg era visível, mas não havia muito o que pudessem fazer para convencê-lo a falar menos.

Em 29 de março, Barr decidiu escrever outra carta aos líderes do Congresso para esclarecer suas intenções. "Minha carta de 24 de março não era, nem pretendia ser, um relato exaustivo da investigação ou do relatório da procuradoria especial". E acrescentou: "Em breve, todos poderão lê-los por conta própria. Não creio que seja de interesse geral uma tentativa de minha parte de resumir o relatório ou publicá-lo de forma seriada".

Barr desejava que aquela carta servisse de aviso — ao Congresso e à imprensa, mas também aos procuradores irritados de Mueller — para que todos se acalmassem, parassem de especular e tivessem paciência. Ainda havia muito a ver.

25. O espetáculo continua

No domingo, 23 de março de 2019, Kirstjen Nielsen dormia em um hotel de Londres quando lhe telefonaram da Casa Branca. Na Inglaterra, já era tarde. Um assessor militar que acompanhava a secretária de Segurança Interna atendeu, e o telefonista da Casa Branca disse que o presidente Trump queria falar com Nielsen. "É uma emergência?", perguntou o assessor. "A secretária está dormindo. Devo acordá-la?" Decidiram que não, a ligação não era urgente e poderia esperar.

Ao acordar na manhã de segunda, Nielsen soube da ligação e telefonou para Trump quando ainda era manhã na Costa Leste. O presidente estava irritado.

"Por que você está fora do país?", ele perguntou. "O que está fazendo aí?" Nielsen lembrou a Trump que ela estava se reunindo com seus pares no Reino Unido para discutir uma série de ameaças que pretendiam enfrentar unidos, incluindo ataques cibernéticos e tráfico de crianças. Era uma viagem que ela mencionara a ele e a outros funcionários da Casa Branca. Nielsen planejara ir também à Suécia ainda naquela semana, com seus pares do G-7, o clube de elite das nações do mundo.

Na ligação, Trump perguntou-lhe sobre policiamento na fronteira. Nielsen notou que ele estava chateado porque ela não atendera sua ligação na noite anterior. O presidente não parecia entender os obstáculos impostos pela diferença de fuso. Ele insistiu em comentar a ausência dela num período decisivo em questões de segurança na fronteira Estados Unidos-México. O

Departamento de Segurança Interna estava prestes a anunciar que apreensões na fronteira meridional tinham representado cerca de 100 mil prisões em março, muitas das quais de famílias da América Central em busca de asilo. Trump mais uma vez ameaçara fechar a fronteira, embora alertas severos de ruína econômica do mundo financeiro o tivessem dissuadido.

Enquanto o presidente e seus assessores na Casa Branca decidiram se reunir para deliberar sobre ações que estancassem o fluxo de imigrantes, Nielsen atravessava o Atlântico. Ela estava decidida a não permitir que a obsessão de Trump com a fronteira desviasse o foco dela e de sua equipe de outros assuntos importantes, como segurança digital, levando-se em conta os ataques da Rússia, da China e de outros países. Ainda assim, o presidente parecia não entender que a função dela abarcava mais que segurança e policiamento das fronteiras.

"Sinto muito, senhor", ela lhe disse ao telefone.

Ao desligarem, Nielsen teve a sensação de que algo a aguardava na volta. Suspeitou que fosse sua própria estabilidade no cargo. No fundo, a secretária pensava em todas as queixas que Stephen Miller fizera pelas suas costas. Ele detestava quando ela dirigia a atenção a outras funções de seu departamento, cujo objetivo principal era evitar outro Onze de Setembro. "Por que ela está fazendo isso?", perguntava Miller. "O presidente só quer saber da fronteira."

Na segunda-feira de 1º de abril, Nielsen ligou para Mulvaney, chefe de gabinete interino da Casa Branca, para ver como andavam as coisas.

"Não entendo por que você viajou", disse-lhe Mulvaney ao mencionar o alto número de travessias clandestinas, reação que apenas aumentou as preocupações da secretária. Quando ela respondeu que havia muitas outras coisas que o Departamento de Segurança Interna fazia além de policiar fronteiras, ele retrucou: "Tudo o que nos interessa agora aqui na Casa Branca é a fronteira".

Nielsen também conversou com o vice-presidente Pence, que lhe ofereceu apoio, mas cujos comentários revelaram que a viagem dela tinha sido objeto de muitas discussões internas. "Estou contente que você esteja fazendo isso", disse-lhe Pence, mas então mencionou que ela podia ficar ou voltar. "Terá meu apoio de qualquer modo."

Nielsen sabia que havia algo errado. Quando seus assessores foram a sua suíte no hotel, ela lhes disse: "Pessoal, acho que temos que voltar". A secretária deixou seu procurador como representante no G-7 e conversou rapidamente com Sajid Javid, seu par no Reino Unido, para informá-lo dos posicionamentos dos Estados Unidos em algumas questões importantes.

Nos dias seguintes, Nielsen retornou para encarnar publicamente o policiamento de fronteira americano em meio à onda recorde de migração. Ela agilizou a mobilização de 750 agentes aduaneiros e de proteção das fronteiras para ajudar os patrulheiros da fronteira americanos e organizou uma série de ligações emergenciais a outros secretários para que se comprometessem a ajudar. De volta a Washington na noite de 2 de abril, ela apareceu na TV em entrevista concedida a Tucker Carlson — a cujo programa, transmitido às 21h na Fox News, Trump assistia religiosamente — para explicar o que seu departamento estava fazendo em relação à crise na fronteira — assim como para elogiar seu chefe.

"O presidente previu isso quando era candidato", disse Nielsen a Carlson. "Na verdade, antes de se tornar candidato. Ele continua a mostrar liderança e acionar os alarmes de segurança."

Nielsen também disse que Trump estava preparado para fechar a fronteira Estados Unidos-México. "Temos que acabar com as drogas, o contrabando e o tráfico", disse ela. "Não creio que o presidente poderia ter sido mais claro a esse respeito. Ele tomará todas as providências que lhe cabem para cessar esse fluxo."

Em 3 de abril, Nielsen viajou até a fronteira para inspecionar a situação em primeira mão e dar continuidade a suas aparições na mídia. Em 4 de abril, durante entrevista concedida a Chris Cuomo no programa das 21h na CNN, Nielsen disse que instituíra uma "postura responsiva emergencial" em todo o governo federal para lidar com a leva de migrantes. Também disse que estava lidando com a situação como se os Estados Unidos tivessem sido atingidos por um "furacão de categoria 5".

No dia seguinte, 5 de abril, Nielsen encontrou Trump durante a viagem de inspeção que ele fazia ao novo muro que era erguido na fronteira em Calexico, Califórnia. Pouco antes de algumas aparições na TV, o presidente disse a Nielsen: "Diga a eles que estamos lotados. Não vamos tolerar mais nenhum [imigrante]".

Nielsen se opôs. "Essa não é uma razão legal", disse ao presidente. Estar "lotado" não justificava uma recusa em conceder asilo.

Foi então que Trump puxou Kevin McAleenan, delegado aduaneiro e de defesa da fronteira, para conversar fora do alcance de Nielsen. Numa mesa-redonda com agentes de segurança das fronteiras, Trump disse o que pedira a Nielsen para dizer: "O sistema está lotado. Não cabe mais ninguém. Seja asilo ou o que quer que seja, é imigração ilegal. Não queremos mais ninguém. Não queremos vocês. Nosso país está lotado. Nossa área está lotada. Nosso setor está lotado, lamento. Não dá. Deem meia-volta. É isso".

Quando viajou em torno do muro na fronteira em Calexico durante sua segunda aparição pública, Trump não elogiou Nielsen.

A secretária de Segurança Interna e McAleenan voltaram a Washington naquela tarde a bordo de um pequeno jato da Guarda Costeira. Os dois se davam muito bem, e Nielsen chegara a dissuadir Trump de demitir McAleenan em uma ou duas ocasiões em que o presidente ameaçara fazê-lo. Ela não percebeu então, mas uma mudança significativa que lhe dizia respeito estava sendo forjada. Um de seus assessores superiores telefonou-lhe no avião, e através dos ruídos ela o ouviu dizer que em 4 de abril, enquanto Nielsen estava na fronteira, Trump se queixara dela e da situação na fronteira em reunião no Salão Oval. Depois, a secretária saberia que McAleenan estivera presente.

Mais tarde, na noite de 15 de abril, Nielsen ligou para Trump, que estivera na Califórnia em um evento político de arrecadação de fundos. "Sei que você está decepcionado", disse ela. "Posso aparecer neste fim de semana?"

Nielsen queria informar Trump dos novos acordos que ela havia pouco intermediara com países do Triângulo Norte da América Central que reduziriam o fluxo de imigrantes rumo aos Estados Unidos através de penas para sequestradores, bloqueios a viajantes sem visto e estabelecimento de postos de fronteira no sul do México. "Tenho sete ou oito ideias sobre o que podemos fazer", disse-lhe ela.

"A culpa não é sua", respondeu Trump. Ele acrescentou algo como: "Sei que você está se esforçando". E então concordou em encontrá-la. "Claro, venha à residência no domingo", disse ele.

Quando Nielsen apareceu na Casa Branca em 7 de abril para encontrar Trump no Salão Oval Amarelo, Mulvaney também estava lá. Ela começou a explicar um grande acordo que preparara em negociações secretas com autoridades mexicanas na semana anterior. O México se comprometera a reduzir em 50% o fluxo migratório no sentido norte através de seus postos de fronteira internos, mas Trump a interrompeu: "Está vendo? Esse é o problema dela. Devia ser 100%".

As coisas começaram muito mal.

"Sr. presidente, não *podemos* deter 100%", disse Nielsen.

Entre idas e vindas, Trump não ouviu a explicação da secretária sobre o acordo com o Triângulo Norte da América Central e como era importante ter parceiros naquela região para combater a migração oriunda dela.

"Será que podemos chegar a um acordo sobre o que estamos tentando alcançar?", ela perguntou. Mas não era possível. O presidente a estava desligando. O tom da conversa subiu. Trump deixou claro que queria que ela fosse embora.

"Por que não lhe dou minha exoneração?", perguntou Nielsen ao presidente.

Trump aceitou. Ele queria uma mudança. "Mas quero você em minha administração, só que em outro setor", ele acrescentou.

Nielsen não respondeu à oferta, mas voltou ao cerne da questão. "Quem quer que assuma, posso explicar como pode solucionar o problema?", ela perguntou.

Trump não queria ouvir.

"Por que não fazemos uma semana de transição?", ofereceu Nielsen.

Trump assentiu e o encontro terminou. Dentro de minutos, enquanto Nielsen era levada para sua casa a poucos quilômetros dali, em Alexandria, o presidente tuitou: "A secretária de Segurança Interna Kirstjen Nielsen deixa seu cargo, e eu gostaria de lhe agradecer pelos seus serviços... Estou feliz em anunciar que Kevin McAleenan, atual delegado aduaneiro e de defesa da fronteira, será o novo secretário. Estou certo de que fará um ótimo trabalho!".

Havia tanto a fazer naquela semana de transição, pensou Nielsen. O anúncio de Trump soava como uma mudança imediata. Ela redigiu sua carta de exoneração e formalizou-a naquela data, 7 de abril. Assim como outros secretários exonerados antes dela, em sua carta, Nielsen não agradeceu diretamente a Trump nem o celebrou como líder. Preferiu destacar os membros de sua equipe. "Eu não poderia estar mais orgulhosa e deferente por seus serviços, sua dedicação e seu compromisso em manter nosso país a salvo de todo perigo e ameaça", ela escreveu.

Mulvaney ligou para Nielsen mais tarde, no começo da noite, após receber a carta dela. "Por que está se exonerando hoje?", ele perguntou.

Nielsen se surpreendeu com a pergunta. "Não fui eu quem alterou a data", ela disse.

Mulvaney explicou que não estavam tentando forçá-la a deixar o cargo imediatamente. Mas o presidente tinha pressa, porque desejava anunciar que era ele quem tomara a decisão e controlar a história. Mulvaney invocou Jim Mattis, lembrando a humilhação que Trump sofrera com a carta de exoneração do secretário de Defesa. O presidente receava que ela, ao deixar o cargo, o criticasse ou revelasse informações prejudiciais a seu respeito, então decidira fazer o anúncio logo porque se ela agisse daquela forma soaria como o amargor de uma ex-funcionária decepcionada.

Mulvaney pediu a Nielsen que permanecesse até 10 de abril para garantir uma transição tranquila e explicou que Trump planejava nomear McAleenan como secretário interino em vez de indicá-lo formalmente para sabatina no Senado. "Você conhece o presidente", disse Mulvaney. "Ele gosta de medidas provisórias."

Nielsen logo saberia da intenção principal da Casa Branca referente ao período de transição: fazer com que ela assinasse a alteração no plano de sucessão legal para que a Casa Branca pudesse lotar os cargos sem seguir o regulamento da administração pública, que colocaria o vice dela no comando.

Em seus dezesseis meses como secretária de Segurança Interna, Nielsen tornara-se a personificação das políticas migratórias de Trump, discutivelmente o aspecto mais polêmico de sua presidência. Como tal, ela foi ameaçada de morte até mesmo no dia da exoneração. O esquema de segurança dela enquanto secretária era intenso. Pacotes endereçados a Nielsen eram primeiramente escaneados e revistados em instalações de segurança. Mas ela foi avisada de que assim que deixasse o cargo perderia a proteção.

Alguns funcionários de alto escalão da segurança nacional mantiveram seus esquemas de proteção por um período após deixarem seus cargos, mas somente se solicitado pelo chefe de gabinete da Casa Branca e autorizado pelo presidente. Nenhum desses arranjos foi providenciado para ela. Enquanto Nielsen deixava o cargo, a equipe de segurança dela se preparava para remover os alarmes e as câmeras da casa dela. Se quisesse proteção, ela mesma teria que contratar, mas, diferentemente dos colegas super-ricos do gabinete de Trump, Nielsen não tinha recursos para tanto.

Quando alguns de seus pares internacionais visitaram Washington, ofereceram-se para contratar segurança pessoal para protegê-la, mas ela recusou. "Isso seria terrível", disse-lhes Nielsen. "Dá pra imaginar essa história: governos estrangeiros fornecem segurança já que o governo americano não vai fazer isso?"

Nielsen ligou para Trump. Ela pediu que ele mantivesse o esquema de segurança dela por mais algumas semanas até que tivesse tempo de instalar seu próprio sistema. "Pode dizer que eu liberei", respondeu Trump.

Na noite de 3 abril, em meio à crise na fronteira e à luta de Nielsen para salvar seu emprego, Trump reuniu militares destacados de alta patente para uma tradição anual na Casa Branca: um jantar oferecido pelo comandante supremo. Era em parte um gesto de agradecimento, em parte uma ocasião informal para trocar ideias.

O clima no Pentágono era instável, com oficiais ainda se adaptando à saída inesperada de Mattis e à liderança interina de Patrick Shanahan, que era secretário interino havia três meses e ainda não fora empossado formalmente. Funcionários da administração interpretavam a resistência de Trump em empossá-lo pelo que era: uma manobra esperta para fazer de Shanahan um capacho. Em junho, no entanto, ele desistiria de se tornar secretário efetivo em meio a relatos de problemas domésticos.

Vários dos generais e almirantes reunidos para jantar na Casa Branca se perguntavam seriamente se Shanahan, ex-executivo da Boeing com pouca experiência internacional, tinha o conhecimento, a vivência e a dignidade para assumir o departamento, cujo orçamento era de cerca de 700 bilhões de dólares por ano. Alguns deles lamentaram discretamente entre si que Shanahan não parecesse capaz de confrontar Trump, e observaram que ele aquiescera no início do ano às exigências do presidente para declarar estado de emergência nacional e captar fundos do Pentágono para a construção do muro na fronteira.

Muitos dos rostos reunidos no banquete na Sala de Jantar do Estado iam se aposentar ou mudar de posto nos próximos meses. Um deles aproveitou a oportunidade para confrontar o presidente por sua ocasional falta de consideração pelos limites e códigos invioláveis da justiça militar.

Trump estava obcecado com o julgamento de Edward Gallagher, oficial da Marinha e operador das Forças Especiais de quarenta anos acusado do brutal assassinato de um adolescente iraquiano. Procuradores militares diziam que, em maio de 2017, Gallagher apunhalara até a morte um prisioneiro de guerra do Estado Islâmico gravemente ferido em um complexo de operações especiais perto de Mosul e posara para fotos com o corpo. Trump acompanhou o caso de perto, em parte porque a cobertura da *Fox & Friends*, favorável a Gallagher, era apresentada por Pete Hegseth, entusiasta e conselheiro de Trump em assuntos referentes a militares reformados.

Ademais, um dos maiores defensores de Trump na questão russa, o deputado Devin Nunes, solicitara ao presidente leniência no caso de Gallagher. Em 30 de março, Trump anunciara que intervira para que Gallagher fosse transferido para "confinamento menos restritivo" enquanto aguardava julgamento, tuitando que o fizera "para honrar seus serviços prestados a nossa nação".

Agora, durante o jantar com os mais destacados líderes militares do país, Trump perguntou se eles achavam que Gallagher fora injustamente perseguido. Não era terrível, perguntou o presidente, que um seal fosse acusado do crime de fazer seu trabalho, que era matar o inimigo?

Trump dirigiu-se ao general do Exército Richard Clarke, que acabara de se tornar comandante das Operações Especiais de Comando dos Estados Unidos, liderando equipes de elite que incluíam Gallagher e outros sob investigação de má conduta no campo de batalha. "E quanto ao Gallagher?", perguntou Trump.

O código de conduta da Justiça Militar estabelecia que os pares de Gallagher deveriam servir como juízes e jurados, com imparcialidade e sem medo de pressão superior. Era impróprio o comandante supremo comentar qualquer caso de modo que parecesse pressionar o militar hierarquicamente inferior. A tentativa do presidente de influenciar o resultado dos trâmites assemelhava-se a um juiz da Suprema Corte comentando com um juiz de primeira instância como decidiria o resultado de um julgamento.

Clarke balbuciou um pouco, em busca das palavras certas para responder. Então, o almirante John Richardson, comandante das operações navais, interferiu. Ele decidiu se arriscar porque estava a apenas quatro meses da conclusão de seu mandato de quatro anos. Não tinha que se preocupar com a fúria do presidente, ao menos não como Shanahan ou outros ali presentes.

"Senhor, este não é o lugar adequado para essa discussão", disse ao presidente.

Trump ficou visivelmente aborrecido e cruzou os braços.

"Tá", ele respondeu, deixando claro a todos à mesa que estava irritado.

A discussão sobre Gallagher à mesa do jantar terminou de modo constrangedor, e um silêncio se prolongou até que alguém introduzisse um novo assunto. Trump continuou obcecado com o caso. Em maio, o *New York Times* declararia que ele considerava seriamente conceder perdão a Gallagher e outros militares americanos acusados de crimes de guerra, uma intervenção presidencial fora do comum que segundo especialistas poderia enfraquecer a legislação militar.

Em junho, Gallagher foi julgado em uma corte militar em San Diego e em 2 de julho foi inocentado do assassinato do prisioneiro do Estado Islâmico, embora o júri o tenha condenado por posar para fotos com o corpo do combatente morto. No dia seguinte, Trump comemorava a decisão e reivindicava crédito parcial pelo resultado num tuíte dirigido à família Gallagher: "Vocês passaram por muita coisa juntos. Estou feliz por ter ajudado!".

Trump interferiria outra vez em nome de Gallagher, ordenando à Marinha que penalizasse os advogados militares que o tinham acusado de crimes de guerra. "Os procuradores que perderam o caso contra o oficial Eddie Gallagher (o qual libertei de confinamento solitário para que pudesse lutar por sua causa adequadamente) foram ridiculamente condecorados com Medalhas do Mérito Naval", tuitou Trump em 31 de julho, acrescentando que instruíra Richardson e o secretário da Marinha, Richard Spencer, a "revogar e rescindir a condecoração imediatamente".

A lei autorizava Trump a despojar os procuradores de suas medalhas, embora não houvesse muitos precedentes. Diferentemente da Medalha de Honra, as medalhas de mérito são concedidas por militares e não requerem endosso presidencial. O decreto presidencial — feito via Twitter — era, no entanto, outro lembrete ao alto escalão do Pentágono de que Trump não hesitava em ampliar seus poderes e interferir sempre que pudesse.

Na semana de 8 de abril, Washington estava em uma expectativa que beirava o pânico em relação à publicação do relatório de Robert Mueller. Durante as semanas anteriores, funcionários do Departamento de Justiça revisaram cuidadosamente seções do documento de 448 páginas, mas se esperava que a versão pública vazasse em breve. Jornalistas estavam de sobreaviso.

Trump e seus advogados também estavam na expectativa. Eles se debateram com uma importante questão — se deveriam ler o relatório antes que viesse a público. A resposta comum de qualquer advogado representando um cliente seria um retumbante sim. Mas Trump teve que levar em conta o receio de seus advogados de que seus críticos o acusassem de pedir ao procurador-geral que revisasse trechos particularmente embaraçosos sobre ele antes da divulgação.

"Ele poderia ter dito a qualquer hora: 'Me deixa ver o relatório'. Mas não o fez", comentou um membro da equipe sobre o presidente. "Todos os envolvidos no processo tomaram cuidado para que o relatório de Mueller e a revisão e o resumo ou comunicado do procurador-geral prosseguissem sem interferência. Queríamos isenção. Não queríamos que dissessem que tínhamos metido o dedo."

Por outro lado, a equipe jurídica de Trump sabia que Mueller entregara um documento gigantesco, o qual haviam apelidado jocosamente de "filho do relatório de Starr", em referência ao documento de 211 páginas sobre a investigação do caso Clinton publicado em 1998 pelo procurador Kenneth Starr. O tamanho do relatório de Muller deixara a equipe de Trump ansiosa. Esperava-se que os advogados estivessem prontos para responder ao relatório assim que fosse liberado.

Em 11 de abril, Jane Raskin escreveu uma carta a Bill Barr explicando que a equipe jurídica de Trump acreditava que tinha o direito de ler o relatório de antemão. Ela mencionou a política do Departamento de Justiça segundo a qual terceiros sem acusação criminal têm o direito de assegurar que a privacidade e a reputação dos envolvidos foram preservadas nas publicações do Departamento de Justiça. Ela deixou claro que eles desejavam apenas ler o documento, e não sugerir alterações ou solicitar outras revisões.

Barr concordou e disse a Jay Sekulow que a equipe dele deveria se preparar para ler o relatório em 15 de abril. Mas, devido a atrasos na revisão do Departamento de Justiça, a leitura pela equipe de Trump foi adiada em um dia. Na tarde de 16 de abril, Barr deu as boas-vindas a Sekulow, Rudy Giuliani e Jane e Marty Raskin em sua sala de reunião privada no sexto andar da sede do Departamento de Justiça, para que lessem o trabalho de Mueller.

A equipe de Trump desenvolvera o hábito de ler seus memorandos e correspondências em voz alta para facilitar a revisão e o ajuste das versões. E decidiram que leriam o relatório de Mueller da mesma forma. A cena era um pouco engraçada. Marty Raskin foi designado para ler as primeiras páginas do primeiro volume. Mas, após a leitura de uma página, a equipe desistiu da ideia.

"Pensamos: 'deixa pra lá'", lembrou um membro da equipe. "Era como se estivéssemos sem comer havia uma semana e tivesse um banquete copioso na mesa, mas te dessem só um canapé."

Os advogados começaram a ler o primeiro volume, mas logo desistiram. Não implicava Trump. Logo desviaram a atenção para o segundo volume, que era uma lista comprometedora de provas das tentativas do presidente de entravar a investigação. Além de a narrativa não ser envolvente, a análise jurídica e as explicações eram difíceis de acompanhar.

"Tive dificuldade nas primeiras quatro páginas", disse um membro da equipe. "É onde estabelecem por que não chegarão a nenhuma conclusão. A primeira lida com o entendimento [da Advocacia-Geral]. Eles reconhecem que estava lá e que os limitou. Analisam o entendimento e até mesmo se deveriam investigar isso."

Os advogados ficaram presos à página quatro, que liam e reliam. A seção continha a justificativa de Mueller para investigar Trump por dois anos ainda que não pudesse acusá-lo. Era uma janela que dava acesso à estratégia da procuradoria especial e à argumentação jurídica. A equipe de Mueller explicava que chegar a uma conclusão sobre se Trump se envolvera em conduta criminosa que normalmente fundamentaria uma acusação criminal seria tão injusto quanto acusá-lo, algo que lhes era proibido. A única decisão justa, escreveu a equipe de Mueller, era registrar as provas em um relatório que pudesse ser compartilhado com o Departamento de Justiça e, em último caso, com o Congresso.

Mas os advogados do presidente ficaram irritados ao entender daquela forma. Na visão deles, o relatório mostrava que nunca houvera provas de que Trump se envolvera com um crime subjacente, como o de conspirar com os russos para interferir na eleição, e, portanto, era praticamente impossível conceber que ele fosse acusado de obstruir a investigação. Eles pensaram: o que havia de justo em investigar um presidente e todo o seu governo até o momento e então decidir não determinar se as provas eram suficientes para constituir um crime? Os advogados de Trump acreditavam firmemente que seu cliente era inocente. O "único" crime dele era ser um político que se sentira prejudicado e difamado por ser investigado. Ao ler o relatório de Mueller, Jane Raskin pensou: "Isto nunca mais deveria acontecer".

A data da prestação de contas públicas de Mueller era 18 de abril. Naquela manhã, Barr, acompanhado de Rosenstein e Ed O'Callaghan, dirigiu-se à tribuna da sala de coletiva de imprensa do Departamento de Justiça momentos antes que o gabinete de Mueller liberasse o relatório ao Congresso e ao público. Durante a meia hora diante das câmeras, o procurador-geral disse exatamente o que o presidente desejava ouvir.

Barr reiterou os argumentos de Trump de que o relatório não vira indícios de conluio, embora, conforme o relatório, "conluio" não fosse um termo da legislação criminal federal. Ele também tentou demonstrar o segundo volume como muito menos comprometedor da imagem do presidente do que as provas sugeririam a muitos, e chegou até mesmo a defender, ou explicar de modo solidário, os atos potencialmente obstrutivos de Trump.

"O presidente Trump enfrentou uma situação sem precedentes", disse Barr aos repórteres. "Ao assumir o cargo e suas responsabilidades como presidente, agentes federais e procuradores investigaram sua conduta antes e depois da posse, além da conduta de alguns de seus sócios. Ao mesmo tempo, havia especulações implacáveis na imprensa sobre a culpabilidade do presidente. No entanto, conforme ele alegou desde o princípio, nunca houve conluio. E, como reconhece o relatório da procuradoria especial, há provas robustas que demonstram que o presidente tinha boas razões para se sentir frustrado e indignado com uma investigação que estava prejudicando seu governo, e era impulsionada por seus adversários e abastecida por vazamentos ilegais."

Antigos procuradores federais e juristas democratas denunciaram o desempenho de Barr como uma farsa partidária e o acusaram de ser comparsa do presidente. Ele foi apontado como advogado de defesa de Trump, e não procurador-geral da nação. E, se houve alguém que o aplaudiu, foi o presidente.

"Amo esse cara", disse Trump a Chris Christie sobre o tratamento que Barr dera ao relatório de Mueller. "É um guerreiro."

Trump se empolgou com as conclusões do relatório e as jogadas defensivas de Barr, mas se enfureceu com a cobertura que a imprensa dedicou aos detalhes mais comprometedores. Muitos constavam das notas atribuídas a Don McGahn ou às notas redigidas por Annie Donaldson, então sua chefe de gabinete.

As notas de Donaldson, rabiscadas depressa num bloco, foram o mais próximo que a Casa Branca de Trump chegou das fitas de Nixon: uma espécie de diário conduzindo os procuradores de Mueller através de meses caóticos na Ala Oeste e narrando as tentativas de Trump de barrar a investigação. As palavras dela eram implacáveis e até mesmo cômicas. "Agora em meio a outro fiasco da Rússia", escreveu ela em 2 de março de 2017. Em outra anotação, de 21 de março de 2017, escreveu que Trump estava "fora de si" e "cada vez mais exaltado".

Na manhã de 19 de abril, no fim de semana da Páscoa, Trump estava em Mar-a-Lago devorando a cobertura da imprensa. O presidente, que havia bastante tempo lançava suspeitas sobre aquele tipo de anotação, tuitou: "As declarações sobre mim, feitas por certas pessoas em cima do relatório alucinado de Mueller, por sua vez escrito por dezoito democratas raivosos e inimigos de Trump, são fabricadas e totalmente infundadas. Cuidado com pessoas que fazem supostas 'anotações', que nunca existiram até serem necessárias".

Trump ficou particularmente irritado com a extensa colaboração entre McGahn e Mueller, que ficou evidente dada sua ubiquidade na origem do relatório. Giuliani atacou McGahn numa série de entrevistas concedidas à imprensa e argumentou que o conselheiro da Casa Branca deveria ter renunciado se acreditasse que o que Trump fazia violava a lei.

Outros assessores de Trump afirmaram acreditar que McGahn estava sendo exposto injustamente por pessoas do círculo de Trump devido a rusgas passadas com figuras importantes, incluindo Jared Kushner e Ivanka Trump. Um desses conselheiros disse a Robert Costa, do *Washington Post*: "O único erro de Don foi salvar o governo do presidente. Se ele tivesse realmente feito o que o presidente desejava, uma crise constitucional teria ocorrido. O ego do presidente está ferido, mas ele ainda está no cargo".

Trump escapara, ao menos pelo momento, daquilo que muitos juristas consideravam que lhe era merecido. Em maio, mais de mil antigos procuradores federais que haviam atuado sob governos republicanos e democratas assinaram uma carta aberta na qual declaravam que a conduta de Trump registrada no relatório de Mueller "resultaria, no caso de qualquer outra pessoa desprotegida pela política da Advocacia-Geral contrária ao indiciamento de um presidente em exercício, em acusações de crime de obstrução de justiça".

Mesmo assim, nos meses de verão seguintes, os democratas da Câmara não dispunham de ímpeto suficiente para dar início ao processo de impeachment com base na investigação sobre a interferência russa. A Casa Branca obstruiria os pedidos de documentos e depoimentos de dezenas de atuais e antigos assessores sob a prerrogativa de sigilo do executivo. Aos poucos, outros juristas democratas lentamente se manifestariam a favor do impeachment, mas o outono viria sem qualquer medida significativa em resposta às provas contundentes que a procuradoria especial revelara.

Se Mueller acreditava que o Congresso deveria ir em frente com o impeachment do presidente, ele não fez quase nada para chegar a esse resultado. Ao se recusar a responder perguntas sobre suas descobertas até o depoimento de 24 de julho, oferecer um relatório de 448 páginas e aguardar que o público ou os membros do Congresso tivessem concentração para absorver sua análise jurídica, Mueller deixara o momento passar. Ele era muito correto e cumpridor das normas de uma instituição antiquada, o Departamento de Justiça, cujos valores basilares, assim como os servidores públicos que os preservavam, eram alvos de ataque incessante havia dois anos.

"O silêncio dele e a sugestão de que as pessoas lessem o relatório permitiram que um sujeito como Trump e um cara deplorável como Barr entrassem em cena. Barr conhece Mueller e sabe que ele não vai reagir", disse Frank Figliuzzi, antigo colega de Mueller do FBI. A procuradoria especial, finalizou ele, "acabou enganada. Mas não quero sugerir que ele deveria ter agido de outra forma, porque pode ser que a história vá olhar para Mueller como alguém que trouxe fé e credibilidade de volta às instituições, e Barr e Trump talvez sejam esquecidos. Não sabemos do futuro. Mas, no momento, parece que ele foi derrubado e perdeu a batalha".

Em 18 de junho, fazia 19°C, estava úmido e nublado em Orlando. A cerca de 25 quilômetros da Disney World, defensores de Tornar a América Grande de Novo se dirigiam ao Amway Center bem cedo para conseguir lugares perto do cordão de isolamento. Usavam bonés com o bordão e cachecóis em vermelho, branco e azul. Instalavam-se sob a sombra de barracas de acampamento ou em cadeiras dobráveis, arrastavam caixas térmicas com rodinhas e esperavam pacientemente pela chegada da superestrela.

Naquela noite, Trump apareceu para lançar oficialmente sua candidatura à reeleição. Enquanto ele estava a bordo do Força Aérea Um, a caminho da Flórida central, o público de aproximadamente 20 mil do Amway Center impressionava. Paula White, uma pastora e apresentadora que dizia conhecer a família Trump havia quase duas décadas, proferiu a primeira oração.

"Venho a vocês em nome de Jesus", disse White à multidão. Citando a Bíblia, ela disse: "Não lutamos contra carne e sangue, mas contra principados, potestades, contra os príncipes das trevas desse mundo, contra a iniquidade espiritual em lugares celestiais. Então, exatamente agora, que toda a rede demoníaca que se aliou contra o propósito, contra o chamado do presidente Trump, se quebre, se rompa em nome de Jesus, que o conselho da iniquidade apodreça agora. De acordo com Jó 12,17, declaro que o presidente Trump vencerá toda estratégia do inferno e toda estratégia do inimigo, toda estratégia, e atenderá ao chamado e cumprirá seu destino".

Segundo White, o destino de Trump era ser reeleito. Em entrevistas com pessoas na multidão, ficou claro que os seguidores de Trump tomavam sua palavra como o evangelho.

Os democratas eram mentirosos e maus perdedores.

A investigação sobre a Rússia era uma caça às bruxas.

A conclusão de Mueller era de que não houvera conluio. Nem obstrução. A isenção do presidente era total e definitiva.

"A coisa toda se baseou em fofoca, sem fundamento, fatos inventados", disse Karen Osborne, corretora de imóveis aposentada de 62 anos de Vero Beach, Flórida. Ela fez o gesto de aspas ao dizer "fatos inventados".

"A suposta obstrução de justiça não é diferente de uma criança que sofre bullying na escola e se queixa aos pais", acrescentou Osborne. O que os críticos de Trump enxergavam como paranoia, Osborne via como "cólera legítima".

"Ele estava irritado e reclamou a seus assessores de confiança", disse ela. "Poderia ter encerrado a investigação, mas não o fez."

Trump apareceu no palco com sua esposa, Melania, ao som de "God Bless the USA", de Lee Greenwood. A aclamação foi tamanha que o chão de concreto da arena tremeu. As pessoas esticaram o pescoço e ergueram seus celulares no ar para tirar fotos e gravar vídeos. Para as massas suadas que haviam aguardado o dia todo para ver o presidente, chegara o momento.

"Obrigado, Orlando!", disse Trump. "Que público! Que público!"

Trump declarou-se vitorioso na "maior caça às bruxas na história política". Chamou a investigação do Departamento de Justiça sobre a Rússia de "uma tentativa ilegal de anular o resultado da eleição" e "subverter nossa democracia".

Pouco importava que a Rússia tivesse de fato subvertido a democracia nos Estados Unidos ao interferir na eleição de 2016 para ajudá-lo a ganhar, numa trapaça escancarada que dera início à investigação do FBI.

"Chamamos isso de fraude russa", disse Trump, dois anos e meio mais tarde, ainda se recusando a aceitar as conclusões de suas próprias agências de inteligência.

Invocando os "dezoito democratas muito raivosos", como ele inapropriadamente apelidou a equipe da procuradoria especial, Trump acrescentou: "Perseguiram minha família, meus negócios, minhas finanças, meus empregados, quase todos que conheci ou com quem trabalhei, mas na realidade perseguiram vocês. Tentaram apagar seus votos, apagar o legado deixado a vocês pela maior campanha e pela maior eleição talvez em toda a história de nosso país. Queriam tirar de vocês o futuro que pediram e que a América merece".

Trump definiu a eleição de 2020 como um referendo não apenas de seu desempenho no cargo, mas da conduta "antiamericana" dos investigadores. "Esta eleição é um veredito sobre querermos um país no qual os derrotados numa eleição se recusam a aceitar os fatos e passam os dois anos seguintes tentando rasgar a Constituição e causar polarização."

A multidão rugiu em aprovação.

Epílogo

Em 25 de julho de 2019, quando o sol nasceu numa manhã de terça quente e úmida, o presidente Trump declarou o fim da caça às bruxas. Ele triunfara sobre Robert Mueller, que no dia anterior dera ao Congresso um resumo hesitante e inconclusivo de sua investigação do presidente — um doloroso arremate para a investigação da procuradoria especial. Por fim, a nuvem russa se dissipara. Trump não tinha mais que obedecer a seus conselheiros cautelosos. Ele era invencível, ou pelo menos assim achava. E então o presidente desimpedido caminhou à beira de um precipício legal rumo a uma fenda política traiçoeira. Às 9h03, ele atendeu ao telefone na residência da Casa Branca e foi conectado a seu recém-eleito par ucraniano, Volodymyr Zelensky. O que Trump faria em seguida escandalizaria funcionários da Segurança Nacional, daria início a um processo de impeachment e culminaria no teste mais sério, até então, da capacidade de o Estado democrático de direito americano sobreviver a seu presidente descontrolado.

Muitas das decisões impulsivas e irresponsáveis de Trump chocaram a consciência nacional. Os assessores e conselheiros dele se acostumaram já faz tempo a brigas malucas para evitar planos perigosos ou a reparar os danos causados a aliados internacionais por birra ou ignorância. Mas o que Trump disse a Zelensky em 25 de julho acionou alarmes capazes de estourar tímpanos.

O telefonema de Trump devia ser a conclusão de um esforço diplomático duvidoso que ele iniciara na primavera para convencer o governo ucraniano a anunciar que estava investigando o antigo vice-presidente Joe Biden, um provável adversário em 2020, e os honorários lucrativos que o filho dele, Hunter, obtivera de uma companhia de energia ucraniana. Falando a língua de chefões do crime, Trump lembrou a Zelensky que os Estados Unidos tinham sido "muito, muito bons com a Ucrânia", em referência aos anos de ajuda militar que haviam permitido que o país se protegesse de seu vizinho agressivo, a Rússia. Trump não mencionou que ele bloqueara o fundo de auxílio americano já aprovado, orçado em cerca de $400 milhões. Nem precisou; um diplomata americano avisara ao governo de Zelensky que Trump queria algo antes de liberar os fundos.

"Mas gostaria que nos fizesse um favor", acrescentou Trump. Ele pediu a Zelensky que trabalhasse com Rudy Giuliani e com o procurador-geral Bill Barr para investigar os Biden e sondar uma teoria da conspiração — que Trump abraçara — segundo a qual seus inimigos aparentes tinham inventado a interferência da Rússia na eleição de 2016. "Gostaria que você fosse a fundo nisso", disse Trump.

Desse modo, ele pediu ao governo ucraniano que interferisse na eleição presidencial americana de 2020. O pedido impudente — uma aparente tentativa de se utilizar de dinheiro dos contribuintes para extorquir a Ucrânia de modo a obter uma investigação de um adversário político interno — revelou quão pouco Trump aprendera com a investigação de Mueller e os exaustivos debates nacionais sobre a ilegalidade em buscar auxílio político de governos estrangeiros.

Pressionar o líder de um país bem menor e mais vulnerável para ajudá-lo a difamar Biden na esperança de alavancar a própria reeleição foi algo que ocorreu naturalmente a Trump. Como empreendedor, ele infernizara fiscais de jogos e manipulara empreiteiros. Aquela era, parafraseando o próprio Trump, a arte do negócio.

Encerrada a ligação, vários dos dez ou doze funcionários que a tinham ouvido ficaram preocupados com o que acabavam de testemunhar. A menos que estivessem loucos, Trump tentara usar seu cargo público para obter vantagens pessoais. No dia seguinte, 26 de julho, um dos assessores da Casa Branca que ouvira a conversa confessou a um agente da CIA que os comentários de Trump a Zelensky foram "insanos", "assustadores" e "completamente negligentes em relação à segurança nacional". E acrescentou: "O presidente claramente cometeu um ato criminoso".

O temor levou o agente da CIA a fazer uma queixa formal que desencadeou a abertura de inquérito de impeachment feita pela porta-voz da Câmara, Nancy Pelosi, em 24 de setembro.

O episódio da Ucrânia revelou algumas verdades essenciais e preocupantes sobre Trump, então com dois anos e meio de mandato. Ele era um presidente inescrupuloso, livre dos freios de conselheiros experientes que tentavam lhe ensinar a colocar as obrigações para com a nação acima de si mesmo e a observar os protocolos. Ele concluíra que estava acima da lei depois de se esquivar da imputabilidade e resistir à investigação de Mueller. Tornara-se tão seguro do próprio poder e estava tão convencido de que os republicanos do Congresso jamais ousariam romper com ele que acreditava que podia fazer quase tudo.

O resultado foi um teste histórico às instituições americanas e à durabilidade de sua democracia.

Trump chegou ao cargo sem saber exatamente como operar a máquina estatal e tolerou até certo ponto os esforços de seus conselheiros em influenciá-lo. John Kelly, Jim Mattis, Don McGahn, Rex Tillerson e outros tentaram orientá-lo sobre os três poderes e o equilíbrio entre eles. Tentaram moderar seus impulsos insensatos. Tentaram prepará-lo para seu dever sagrado de, como líder da nação mais poderosa do mundo, sempre colocá-la em primeiro lugar.

Com o passar do tempo, porém, Trump dispensara sistematicamente esses gradis humanos. E quando delegara Giuliani como seu vingador político ao conduzir uma sombria política externa com os ucranianos, os adultos não mais estavam lá para detê-lo ou até mesmo para alertá-lo dos perigos em fazer aquilo, pois haviam sido substituídos por incentivadores solícitos. Trump era cada vez mais encorajado a tomar suas próprias decisões e a infligi-las. "Na verdade, é muito fácil trabalhar comigo. Sabe por quê? Porque sou eu quem decido tudo", gracejou o presidente em 12 de setembro, comentando a saída abrupta de John Bolton como conselheiro de Segurança Nacional.

Trump parecia estar mergulhando na volatilidade quando o inquérito de impeachment foi formalizado. No início de outubro, ele decidiu, súbita e contrariamente ao conselho de sua equipe de Segurança Nacional, retirar as tropas americanas da Síria, abandonando os aliados curdos. A decisão do comandante supremo pode ter distraído o público de sua conduta, mas foi uma calamidade. Abriu caminho para a Turquia lançar uma ofensiva mortal que alçou o regime de Bashar al-Assad, jogou o Oriente Médio no caos e levantou sérias dúvidas sobre a liderança americana pelo mundo.

Antigos funcionários de alto escalão do governo e juristas republicanos acompanharam horrorizados. No início do mandato de Trump, um desses funcionários disse: "Havia mais uma espécie de éthos na tentativa de ajudar a instituição e esclarecê-lo do que simplesmente executar seus comandos de marcha". Agora, o mesmo funcionário disse: "Não sei se ainda há quem pense que deve tentar educá-lo, moderá-lo, esclarecê-lo e persuadi-lo, ou até mesmo aconselhá-lo em muitas ocasiões".

"Há um novo éthos: este é o governo de um só", acrescentou. "Do Trump desenfreado, desagrilhoado e ensandecido."

De fato, Trump pareceu à deriva durante a revolta bipartidária após seu insensível abandono dos aliados curdos na Síria e da posição estratégica do exército americano na região. Ele disse coisas sem lógica nem consistência, chamando a Síria de lugar onde facções rivais podiam "brincar com um monte de areia", ameaçando torpedear a economia turca se assim desejasse e se gabando de sua "sabedoria enorme e ímpar".

O solipsismo de Trump ameaçou se tornar sua ruína. Na Ucrânia, a determinação do presidente de obter ganhos pessoais, ainda que às custas da nação, junto a sua obsessão egocêntrica de vitória e vingança implacável sobre seus inimigos, conduziu-o a uma situação difícil.

No outono norte-americano de 2019, Trump agia como se convencido de sua invencibilidade, acreditando que poderia exercer os vastos poderes de seu cargo em busca de seus objetivos pessoais e políticos sem encargos. Ele realmente acreditou que seus interesses eram prioridade e que, como presidente, estava acima da lei. Trump tinha boas razões para acreditar nisso, tendo se desviado de quaisquer punições legais depois da investigação de Mueller ter produzido provas robustas de que ele trabalhara para obstruir e deter a investigação sobre a Rússia. Trump conseguiu evitar punições por uma série de outros crimes, que iam de antigas declarações racistas, misóginas ou intolerantes a acusações de tráfico de influência em violação do dispositivo constitucional sobre vantagens pessoais, para impedir o Congresso de supervisioná-lo.

Enquanto o poder legislativo investigava suas ações, Trump se olhava no espelho e não via nada de errado. Pelo contrário, ele nutria uma profunda e infalível mania de perseguição e autocomiseração, colocando-se no papel de vítima numa realidade distorcida e alegando que os democratas e a mídia conspiravam para perpetuar fraudes, enganar o público e coordenar um golpe de Estado. Tal mentalidade seguia o padrão histórico dos líderes autoritários que criam um culto de vitimização para se agarrar ao poder e justificar políticas de repressão.

"Nunca vi nada assim. Parece que ele incita todo o sistema político a detê-lo. E, se não o fazem, ele vai além", disse William A. Galston, fellow sênior em governança do Instituto Brookings, a Robert Costa, do *Washington Post*.

"O que temos visto é que a Constituição não funciona por si só", acrescentou Galston. "Em última análise, somos governados por homens, e não pela lei. A lei não tem força sem pessoas dispostas a fazê-la valer."

Conforme o outono passou, a questão que se impôs ao Congresso e ao país não era se Trump fizera algo de errado. O padrão factual emergente mostrou claramente um toma lá dá cá com a Ucrânia e um esquema da Casa Branca para encobri-lo. A questão era quem faria a Constituição se impor.

Quando Alexander Hamilton escreveu os dois ensaios em *O federalista* sobre a questão do impeachment, Trump era o tipo de presidente que ele tinha em mente — um populista demagogo que fomentaria a loucura, estimularia preconceitos, que se nutriria do caos e trairia secretamente o povo americano acumulando poder —, de acordo com o biógrafo de Hamilton, Ron Chernow.

Duzentos e trinta e dois anos após Hamilton colocar a pena sobre o papel, a campanha de pressão de Trump sobre a Ucrânia obrigou a um ajuste de contas. O sistema idealizado pelos fundadores da nação resistiria às pressões do momento? Ou Trump prevaleceria de novo, com outra busca por justiça frustrada por sua absoluta força política e pela lealdade de seus seguidores?

Quando o Congresso considerou o impeachment do presidente Richard Nixon em 1974, a maioria dos republicanos saiu em defesa das alegações dele de que era vítima de uma caça às bruxas. Mas a decisão de um deputado republicano mudou tudo. Lawrence J. Hogan, de Maryland, foi o primeiro republicano a se aliar aos democratas e a votar a favor dos três artigos de impeachment contra Nixon. Ele disse que desejava "de coração" que o presidente não tivesse cometido os crimes que o tirariam do governo, mas sabia que Nixon os cometera. Ele foi castigado pela história.

Os republicanos enfrentavam a mesma escolha diante da qual Hogan se viu 45 anos atrás. Eles silenciaram por medo após tantas transgressões cometidas por Trump. Eles também chamaram as investigações contra o presidente de caça às bruxas. Eles calcularam se e quando deveriam tomar partido. No entanto, é chegada a hora de considerar não apenas o julgamento partidário ou sanções presidenciais, mas o peso da história.

Agradecimentos

Agradecemos em primeiro lugar às pessoas que estiveram dispostas a compartilhar suas experiências desse período. Não podemos nomeá-las aqui, mas cada uma nos ajudou imensuravelmente ao contar sua história inteira dessa presidência. Agradecemos a elas. Algumas se debateram com uma difícil escolha: honrar o dever que sentiam em relação ao serviço governamental de manter sigilo e mostrar respeito por um presidente no cargo, ou seguir uma orientação interna de ajudar a documentar esses episódios para o público, em benefício da história.

Este projeto não teria sido possível sem o generoso apoio e compromisso de nossos editores no *Washington Post* — em primeiro lugar Marty Baron, cuja liderança, cujo julgamento e cujo compromisso de desenterrar verdades não só guiaram nossa editora mas também ajudaram a proteger e reforçar uma imprensa livre durante esse extraordinário período. Steven Ginsberg, que de forma sábia e graciosa tem dirigido a cobertura do jornal sobre a administração Trump, foi um defensor entusiástico e essencial da nossa parceria e deste exame mais profundo. Também estamos em dívida com Cameron Barr, Dave Clarke, Dan Eggen, Matea Gold, Tracy Grant, Lori Montgomery e Peter Wallsten pela confiança que depositaram em nós e a energia que deram para nosso projeto. Eles possibilitaram que nos ausentássemos durante períodos em que as notícias explodiam furiosamente e nos concederam o tempo e a flexibilidade para finalizarmos este livro.

Nosso trabalho foi elevado e inspirado pelos melhores jornalistas dos Estados Unidos, nossos colegas do *Washington Post* cuja cobertura do presidente Trump iluminou o caminho. Agradecemos profusamente a Devlin Barrett, Bob Costa, Alice Crites, Josh Dawsey, Karoun Demirjian, Karen DeYoung, Peter Finn, Anne Gearan, Tom Hamburger, Shane Harris, Rosalind Helderman, Sari Horwitz, John Hudson, Greg Jaffe, Michael Kranish, Greg Miller, Nick Miroff, Carol Morello, Ellen Nakashima, Ashley Parker, Paul Sonne, Julie Tate e Craig Timberg. Eles nos emprestaram sua sabedoria e gentileza e assumiram mais trabalho quando nos afastamos temporariamente.

Em um período muito conturbado para a mídia, tivemos a sorte de encontrar estabilidade e sucesso no *Washington Post*. Carol veio para o jornal em 2000 e Philip em 2005, e nos consideramos afortunados por trabalhar numa empresa que semeia excelência no seu jornalismo e estimula a cooperação entre seus profissionais. A missão do *Washington Post* floresce por causa de uma cadeia ininterrupta de líderes comprometidos com o bem público e a democracia. Esses valores foram inicialmente consagrados por Katharine Graham e protegidos por Don Graham e Katharine Weymouth. Jeff Bezos e Fred Ryan defenderam e elaboraram o legado da família Graham com sua determinação de sustentar os mais elevados princípios jornalísticos, exigindo prestação de contas dos poderosos e expandindo o alcance do *Washington Post*.

Também somos afortunados no jornal por trabalhar com um grupo diligente de profissionais de relações públicas, comandados por Kris Coratti, Molly Gannon e Shani George, que se dedicam a assegurar que nosso jornalismo encontre uma audiência ampla em muitas plataformas. Temos ainda uma dívida com Alma Gill, Brooke Lorenz, Sam Martin, Elliot Postell e Liz Whyte por nos darem as ferramentas para fazer nosso melhor trabalho.

A reputação de Ann Godoff como incomparável editora de livros a precede. Quando ela decidiu arriscar conosco, ficamos igualmente empolgados e apavorados. Ann alimentou brilhantemente este projeto, empurrando-nos para fora da nossa zona de conforto e nos ajudando a divulgar nossa própria reportagem. Ela nos orientou em teleologia e foi nosso norte nesse trabalho. Ann e sua grande equipe na Penguin Press, incluindo Matthew Boyd, Colleen Boyle, Casey Denis, Bruce Giffords, William Heyward, Sarah Hutson e Ingrid Sterner, garantiram que estas páginas brilhassem e chegassem a muitos leitores.

Elyse Cheney é a agente, conselheira e advogada mais comprometida que qualquer autor poderia pedir, e uma força da natureza. Ela reconheceu o potencial deste livro antes de nós e se manteve intimamente envolvida durante todo o processo. Quando duvidamos se teríamos o necessário para elaborar esta narrativa histórica, Elyse cavou fundo e ajudou a mostrar que sim. Somos gratos a ela e à sua equipe, que inclui Allison Devereux, Natasha Fairweather, Claire Gillespie e Alex Jacobs.

Numerosas outras pessoas desempenharam papéis essenciais neste projeto. Julie Tate, nossa colaboradora e amiga de muito tempo, treinou seu escrupuloso olhar para detalhes para testar com rigor nosso manuscrito. Há uma razão para Julie ter contribuído com tantos vencedores do Prêmio Pulitzer. Grace Barnes conduziu uma valiosa pesquisa. Cynthia Colonna transcreveu muitas das nossas entrevistas. Melina Mara, nossa amiga e fotojornalista do *Washington Post*, clicou nossos retratos de autor, e Alicia Majeed fez com que nosso visual ficasse ótimo.

Passamos três anos nas trincheiras com dezenas de jornalistas no auge do seu ofício, cada um se empenhando em trazer luz para as trevas e explicar aquilo que algumas vezes é incompreensível. Este foi o período mais desafiador e emocionante no jornalismo americano durante nossas vidas, cujos beneficiários são os cidadãos do nosso país. Nossos concorrentes, que são demasiados para ser listados aqui, avivaram e inspiraram nosso trabalho.

Leonnig

Quero agradecer às pessoas que me elevaram, inspiraram e torceram por mim, inclusive quando este projeto parecia intransponível. Primeiro, meu infinito amor e minha gratidão ao meu marido, John Reeder, que, de alguma forma, renasce com força a cada dia, feliz e encorajador. Ele foi infalível em me apoiar, assim como nossas filhas, em tantos dias em que eu sentia que ia cair. Sou ridiculamente sortuda de tê-lo como parceiro e centro da minha vida. Nossa casa ainda está de pé graças a ele, de forma literal e figurativa.

Ofereço montes de gratidão e amor às minhas maravilhosas meninas, Elise e Molly. Vocês me encheram de sorrisos e abraços quando eu tinha apenas um cenho franzido para dar. Durante este projeto, vocês deram conta de importantes responsabilidades. Estou muito orgulhosa. Vocês duas, junto com seu pai, me deram motivo para seguir adiante quando eu mais precisei.

Sempre serei grata ao meu parceiro de trabalho, Phil Rucker, que injetou no nosso projeto impulso e rigor assombrosos, impressionantes de testemunhar durante seu progresso. Ele é o colega por excelência, que nunca desiste, exige muito de si mesmo e nunca pede algo que já não tenha ele mesmo entregue e verificado. A habilidade e a energia que ele trouxe a este trabalho me fazem reverenciá-lo. Eu não podia imaginar um colaborador mais preciso, cuidadoso e talentoso em qualquer projeto narrativo, neste momento ou em qualquer outro.

Palavras não bastam para exprimir minha gratidão pelo tesouro de família e amigos que foram torcedores críticos em espírito e em ação. Agradeço sempre à minha mãe, Dolly, que, sem palavras, tanto fez por mim; à minha irmã, Brooke, e a meu irmão, Harry, que instilaram em mim a alegria do trabalho bem-feito. Agradeço também a cada membro do clã Reeder estendido, longo demais para listar, e a Maureen Reeder e Glenn Kelley, por seu gracioso auxílio durante todo o tempo.

Estarei para sempre em dívida com um grupo de amigas – incluindo Michelle Dolge, Julie Maner, Lisa Rosenberg, Kristianne Teems, Liz Wieser e Kristin Willsey – por me darem presentes que não podem ser comprados: seus ouvidos, seus risos e seu tempo. Obrigada pelos intervalos que restauraram meu espírito, às vezes correndo pelo Rock Creek Park ou em conversas regadas a vinho. Caitrine Callison, eu não teria conseguido sem sua atitude sempre graciosa e seu abraço acolhedor. Agradeço também às pessoas que foram incentivadoras e ouvintes desde os primeiros dias, incluindo Cynthia Baker, Kitson Jazynka, Juliana Reno, Laura Scalzo e Elizabeth Shreve.

Agradeço às pessoas do ofício que foram meus primeiros guias. Obrigada a Steve Coll, Anne Hull, Carlos Lozada, David Maraniss, Dana Priest, Karen Tumulty, Joby Warrick, Paige Williams, Bob Woodward e muitos outros, que generosamente ofereceram seus conselhos sobre a escrita de um livro durante almoços e longas conversas. Obrigada, Paige, por atender ao telefone a qualquer hora.

Tenho uma profusão de fabulosos colaboradores no *Washington Post*, onde o trabalho em equipe é uma marca registrada, razão de eu amar esse lugar. Rachael Bade, Bob Barnes, Bob Costa, Aaron Davis, Josh Dawsey, David Fahrenthold, Anne Gearan, Tom Hamburger, Shane Harris, Rosalind Helderman, Greg Jaffe,

Michelle Lee, Ashley Parker, Beth Reinhard, Mike Sernel, Ian Shapira, Craig Timberg e tantos outros tornam o trabalho revigorante – e divertido. Estou em dívida com a postura e os instintos mágicos de Matea Gold, que comanda nosso time de empreendimento político, junto com John Drescher e Sandhya Somashekhar. Finalmente, agradeço à fabulosa equipe da NBC e MSNBC, onde profissionais inteligentes e sábios, incluindo Chris Wallace, Brian Williams e muitos outros, fazem brilhar, dia após dia, o melhor jornalismo e levam nossa reportagem a um público mais amplo.

Rucker

Agradeço à minha mãe, Naomi, que me trouxe a este mundo com bravura e amor incondicional. Você me deu todas as oportunidades que um garoto tímido e curioso poderia querer ou precisar, às vezes à custa de grande sacrifício pessoal. Você também me deu a coragem para atravessar portas abertas e me ensinou a viver uma vida honrada, a pensar criticamente e, muito importante, a escrever. Eu jamais poderia escrever um livro sem você.

Clara, minha brilhante e amorosa irmã, com seu espírito livre, e Karen provaram que existe mais na vida do que pressa. Minha sobrinha, Lee, iluminou minha vida e me deixa esperançoso em relação ao futuro. Meus saudosos avós, Helen e Bunny, foram desbravadores pela igualdade e pela justiça, e me dotaram da determinação para questionar a autoridade.

Eu não poderia ter me associado a uma autora mais fiel e infatigável que Carol Leonnig. Sua destreza como repórter não tem comparação. Observá-la seguir uma pista e reconstruir uma cena em detalhes exatos foi de tirar o fôlego. Ela imbuiu este projeto de perspicaz intuição e integridade intelectual, e sua persistência expandiu nossas ambições. Os leitores são os que mais ganham com isso. O caloroso espírito e o otimismo de Carol me mantiveram seguindo em frente, independentemente de minha apreensão, por isso tenho uma eterna dívida com ela.

Tive a grande sorte de cobrir a presidência Trump participando do mais forte esquadrão de reportagem da Casa Branca no ramo do jornalismo: Josh Dawsey, Anne Gearan, Seung Min Kim, David Nakamura, Tolu Olorunnipa e Ashley Parker, comandados pelos firmes e mordazes Dan Eggen e Dave

Clarke. Jacqueline Alemany, Rachael Bade, Jabin Botsford, Bob Costa, Colby Itkowitz, Jenna Johnson, Paul Kane, Damian Paletta, Felicia Sonmez e John Wagner emprestaram sua perspicácia e seu poder de fogo ao nosso time. Todos vocês elevaram meu trabalho e ainda me deram motivos para rir. Vocês são simplesmente os melhores.

Três companheiros de reportagem moldaram minha década passada cobrindo política no *Washington Post*. Dan Balz me colocou sob suas asas quando eu era um estreante nessa trilha e me ensinou a ser rigoroso e justo, e a explorar o país com um bloco de notas aberto, transmitindo a verdade simples de que campanhas são mais do que aquilo que os candidatos dizem: são sobre aquilo que os eleitores sentem. Bob Costa, que levou as aspirações de Trump a sério antes que qualquer outra pessoa na mídia, me mostrou o poder da reportagem de desafiar a sabedoria convencional. E Ashley Parker, minha rival na cobertura de Romney em 2012, tornou-se minha indispensável colaboradora durante a presidência Trump, instruindo-me na arte da linguagem e me aconselhando durante adversidades maiores e menores.

Sou privilegiado por ter encontrado um segundo lar profissional na NBC News e na MSNBC. Obrigado a Peter Alexander, Phil Griffin, Kasie Hunt, Hallie Jackson, Andy Lack, Dafna Linzer. Chris Matthews, Craig Melvin, Andrea Mitchell, Elena Nachmanoff, Kelly O'Donnell, Stephanie Ruhle, Katy Tur, Nicole Wallace, Kristen Welker, Brian Williams e tantos outros. Estou em dívida com o inimitável Alan Berger e seu time de craques na Creative Artists Agency por tornar tudo isto possível.

Al Kamen abriu graciosamente sua casa no lago Michigan, em Pentwater, para que eu pudesse ter uma mudança de cenário ao escrever. Holly Bailey, Mary Jordan, Ruth Marcus, Eli Saslow, Mike Shear e Karen Tumulty compartilharam dicas de como escrever livros e ofereceram incentivo. Ann Gerhart e Maralee Schwartz me mantiveram à tona com sabedoria e calor. Tammy Haddad ofereceu generosos conselhos. A animada equipe da Philz em Adams Morgan manteve meus níveis de cafeína.

Agradeço a Luis Gabriel Cuervo, Elizabeth Dooghan, Borja Gracia, Anna Gregory, Mari Fer Merino, Justin Mills, Ryan Ozimek, John Petersen, Sarah Strom e April Warren, que foram a minha família em D.C. nos jantares "Noche" nos domingos à noite, por seu amor e seu apoio. Mike Bender, Andrew e Liz Cedar, Matt Lachman, Elyse Layton, Tom Lee, Will e Addar Levi, Rebecca

Livengood, Leslie Pope, Adam e Rachel Presser, Julia Pudlin, Maeve Reston, Matt Rivera, Tim Runfola, Eli Stokols, Rachel Streitfeld, Keith e Kristen Urbahn, Burden Walker, Nate Wenstrup e David Wishnick, obrigado por estarem sempre aqui. E a Evelyn Kramer. Michelle Kwan, os Wiener, Christine Brennan e o resto da diáspora da Ice Castle, que me conhecem desde sempre.

Notas

1. BLOCOS DE MONTAR [pp. 23-37]

p. 25, **Tampouco de sua participação:** Greg Miller, "Trump's Pick for National Security Adviser Brings Experience and Controversy", *Washington Post*, 17 nov. 2016. Disponível em: <www.washingtonpost.com/world/national-security/trumps-pick-for-national-security-adviser-brings-experience-and-controversy/2016/11/17/0962eb88-ad08-11e6-8b45-f8e493f06fcd_story.html>.

p. 25, **Flynn pediu que os Estados Unidos:** Michael T. Flynn, "Our Ally Turkey Is in Crisis and Needs Our Support", *Hill*, 8 nov. 2016. Disponível em: <thehill.com/blogs/pundits-blog/foreign-policy/305021-our-ally-turkey-is-in-crisis-and-needs-our-support>.

p. 28, **Durante o *caucus* de 5 de março no Kansas:** Susan B. Glasser, "Mike Pompeo, the Secretary of Trump", *New Yorker*, 19 ago. 2019. Disponível em: <newyorker.com/magazine/2019/08/26/mike-pompeo-the-secretaryoftrump>.

p. 29, **"Não esqueça, ele é um cara do showbiz":** Philip Rucker e Karen Tumulty, "Donald Trump Is Holding a Government Casting Call. He's Seeking 'the Look'", *Washington Post*, 22 dez. 2016. Disponível em: <www.washingtonpost.com/politics/donald-trump-is-holding-a-government-casting-call-hes-seeking-the-look/2016/12/21/703ae8a4-c795-11e6-bf4b-2c064d32a4bf_story.html>.

p. 36, **Mas Trump se entrincheirou:** Greg Miller, Greg Jaffe e Philip Rucker, "Doubting the Intelligence, Trump Pursues Putin and Leaves a Russian Threat Unchecked", *Washington Post*, 14 dez. 2017. Disponível em: <www.washingtonpost.com/graphics/2017/world/national-security/donald-trump-pursues-vladimir-putin-russian-election-hacking>.

2. PARANOIA E PANDEMÔNIO [pp. 38-51]

p. 40, **"Eu ganhei no voto popular, sabem?"**: Max Greenwood, "Trump Told Pelosi: You Know I Won the Popular Vote", *Hill*, 9 jun. 2017. Disponível em: <thehill.com/blogs/blog--briefing-room/news/337117-trump-told-pelosi-you-knowiwon-the-popular-vote>.

p. 44, **Chris Christie e sua esposa:** Assessor Especial Robert S. Mueller, "Report on the Investigation into Russian Interference in the 2016 Presidential Election", Departamento de Justiça dos Estados Unidos, mar. 2019.

3. A ESTRADA PARA A OBSTRUÇÃO [pp. 52-64]

p. 55, **McGahn fez uma rápida análise mental:** Mueller, "Report on the Investigation into Russian Interference in the 2016 Presidential Election".

p. 61, **Ele descobriu um inesperado aliado:** Meghan Clyne, "Trump Scoffs at U.N.'s Plan for New H.Q.", *New York Sun*, 4 fev. 2005. Disponível em: <www.nysun.com/new-york/trump-scoffsatuns-plan-for-newhq/8727>.

p. 61, **Ele disse aos outros senadores:** "U.S. Financial Involvement in Renovation of U.N. Headquarters", Audiência da Comissão de Segurança Doméstica e Assuntos Governamentais, 21 jul. 2005. Disponível em: <www.govinfo.gov/content/pkg/CHRG-109shrg23164/pdf/CHRG-109shrg23164.pdf>.

p. 63, **Mas isso não parece ter incomodado Trump:** Philip Rucker, Robert Costa e Ashley Parker, "Inside Trump's Fury: The President Rages at Leaks, Setbacks, and Accusations", *Washington Post*, 5 mar. 2017. Disponível em: <www.washingtonpost.com/politics/inside--trumps-fury-the-president-ragesatleaks-setbacks-and-accusations/2017/03/05/40713af-4-01df-11e7-ad5b-d22680e18d10_story.html>.

4. UMA DEMISSÃO FATÍDICA [pp. 65-79]

p. 67, **"Isso é terrível, Jeff":** Mueller, "Report on the Investigation into Russian Interference in the 2016 Presidential Election".

p. 67, **"Embora eu aprecie enormemente":** Mueller, "Report on the Investigation into Russian Interference in the 2016 Presidential Election".

p. 74, **Austero, parecia um Jimmy Stewart:** Ruben Castaneda, "Profile of Rod Rosenstein, U.S. Attorney for Maryland", *Washington Post*, 9 out. 2011. Disponível em: <www.washing-tonpost.com/local/profileofrod-rosensteinusattorney-for-maryland/2011/09/29/gIQAfOT-WYL_story.html?utm_term=.4055254b7e1e>.

p. 75, **"Foi um momento tumultuado":** Depoimento de James A. Baker, Sessão Executi-va, 18 out. 2018, Comissão sobre o Judiciário, em conjunto com a Comissão sobre Reforma e Supervisão Governamental, Câmara dos Representantes dos Estados Unidos.

p. 75, **"Precisamos abrir agora o caso":** Catherine Herridge, "Strzok-Page Calling to 'Open' Case in 'Chargeable Way' under Fresh Scrutiny", Fox News, 17 set. 2018. Disponível em: <www.foxnews.com/politics/strzok-page-texts-callingtoopen-caseinchargeable-way-un-der-fresh-scrutiny>.

p. 76, **Em seguida, o presidente disse aos russos:** Matt Apuzzo, Maggie Haberman e Matthew Rosenberg, "Trump Told Russians That Firing 'Nut Job' Comey Eased Pressure from Investigation", *New York Times*, 19 maio 2017. Disponível em: <www.nytimes.com/2017/05/19/us/politics/trump-russia-comey.html>.

p. 78, **Em 16 de maio, Michael Schmidt:** Michael S. Schmidt, "Comey Memo Says Trump Asked Him to End Flynn Investigation", *New York Times*, 16 maio 2017. Disponível em: <www.nytimes.com/2017/05/16/us/politics/james-comey-trump-flynn-russia-investigation.html>.

6. VESTINDO-SE PARA A BATALHA [pp. 95-108]

p. 98, **Algo que o exasperara particularmente:** Ellen Nakashima, Adam Entous e Greg Miller, "Russian Ambassador Told Moscow That Kushner Wanted Secret Communications Channel with Kremlin", *Washington Post*, 26 maio 2017. Disponível em: <www.washingtonpost.com/world/national-security/russian-ambassador-told-moscow-that-kushner-wanted-secret--communications-channel-with-kremlin/2017/05/26/520a14b4-422d-11e7-9869-ba-c8b446820a_story.html?tid=sm_fb&utm_term=.7fb4395f2b1a>.

p. 103, **A exemplo de Sullivan, todos recusaram:** Robert Costa e Ashley Parker, "Trump Close to Choosing Outside Counsel for Russia Investigation", *Washington Post*, 22 maio 2017. Disponível em: <www.washingtonpost.com/politics/trump-closetochoosing-out-side-counsel-for-russia-investigation/2017/05/22/8709f62e-3f22-11e7-9869-ba-c8b446820a_story.html>.

7. JUSTIÇA IMINENTE [pp. 109-21]

p. 110, **Depondo em 13 de junho perante:** Miles Park, "Rosenstein Says He Wouldn't Fire Special Counsel Mueller Without Good Cause", NPR, 13 jun. 2017.

p. 113, **McGahn deixou sua residência:** Mueller, "Report on the Investigation into Russian Interference in the 2016 Presidential Election".

p. 119, **No dia 21 de junho, o *Wall Street Journal*:** Eli Stokols e Michael C. Bender, "White House Looks to Chart Steadier Course amid Turmoil over Russia Probes", *Wall Street Journal*, 21 jun. 2017. Disponível em: <www.wsj.com/articles/white-house-lookstochart-steadier-course-amid- turmoil-over-russia-probes-1498088253>.

8. ACOBERTAMENTO [pp. 122-41]

p. 123, **No entanto, Trump, que nutria profunda:** Greg Miller, "Trump Has Concealed Details of His FacetoFace Encounters with Putin from Senior Officials in Administration", *Washington Post*, 12 jan. 2019. Disponível em: <www.washingtonpost.com/world/national-security/trump-has-concealed-detailsofhis-facetoface-encounters-with-putin-from-senior-officialsinadministration/2019/01/12/65f6686c-1434-11e9-b6ad-9cfd62dbb0a8_story.html>.

pp. 128-9, **Como revelou mais tarde ao procurador especial:** Mueller, "Report on the Investigation into Russian Interference in the 2016 Presidential Election".

p. 133, **Entretanto, ao embarcar no Força Aérea Um:** Ashley Parker et al., "Trump Dictated Son's Misleading Statement on Meeting with Russian Lawyer", *Washington Post*, 31 jul. 2017. Disponível em: <www.washingtonpost.com/politics/trump-dictated-sons-misleading-statementonmeeting-with-russian-lawyer/2017/07/31/04c94f96-73ae-11e7-8f39-eeb-7d3a2d304_story.html>.

p. 134, **No último segundo, Trump Jr.:** Mueller, "Report on the Investigation into Russian Interference in the 2016 Presidential Election".

p. 134, **"Foi uma reunião introdutória curta":** Jo Becker, Matt Apuzzo e Adam Goldman, "Trump Team Met with Lawyer Linked to Kremlin During Campaign", *New York Times*, 8 jul. 2017. Disponível em: <www.nytimes.com/2017/07/08/us/politics/trump-russia-kushner-manafort.html>.

p. 138, **"Depois da troca de cumprimentos":** Jo Becker, Adam Goldman e Matt Apuzzo, "Russian Dirt on Clinton? 'I Love It,' Donald Trump Jr. Said", *New York Times*, 11 jul. 2017. Disponível em: <www.nytimes.com/2017/07/11/us/politics/trump-russia-email-clinton.html>.

p. 139, **Enquanto isso, Trump Jr.:** Becker, Goldman e Apuzzo, "Russian Dirt on Clinton?".

p. 140, **Trump atacou o procurador-geral:** Peter Baker, Maggie Haberman e Michael S. Schmidt, "Citing Recusal, Trump Says He Wouldn't Have Hired Sessions", *New York Times*, 19 jul. 2017. Disponível em: ‹www.nytimes.com/2017/07/19/us/politics/trump-interview--sessions-russia.html›.

9. UM CHOQUE PARA A CONSCIÊNCIA [pp. 142-58]

p. 145, **"Nosso trabalho é esse, não?":** Philip Rucker e Ashley Parker, "How President Trump Consumes — or Does Not Consume — Top-Secret Intelligence", *Washington Post*, 29 maio 2017. Disponível em: ‹www.washingtonpost.com/politics/how-president-trump-con-sumes—ordoes-not-consume—top-secret-intelligence/2017/05/29/1caaca3e-39ae-11e7-a-058-ddbb23c75d82_story.html›.

p. 146, **Trump disse que tropas e sistemas de defesa:** Bob Woodward, *Medo: Trump na Casa Branca*. São Paulo: Todavia, 2018.

p. 152, **O secretário de Estado encarou:** Carol E. Lee et al., "Tillerson's Fury at Trump Required an Intervention from Pence", NBC News, 4 out. 2017. Disponível em: ‹www.nbcne-ws.com/politics/white-house/tillersonsfury-trump-required-intervention-pence-n806451›.

p. 153, **Ao longo dos dias seguintes:** Philip Rucker et al., "Trump Names Homeland Security Secretary John Kelly as White House Chief of Staff, Ousting Reince Priebus", *Washington Post*, 27 jul. 2017. Disponível em: ‹www.washingtonpost.com/news/post-politi-cs/wp/2017/07/28/trump-names-homeland-security-secretary-john-kellyaswhite-house--chiefofstaff-ousting-reince-priebus›.

10. DESCONTROLADO [pp. 159-73]

p. 159, **Scaramucci pisara em cima de Priebus:** Ryan Lizza, "Anthony Scaramucci Called Me to Unload About White House Leakers, Reince Priebus, and Steven Bannon", *New Yorker*, 27 jul. 2017. Disponível em: ‹www.newyorker.com/news/ryan-lizza/anthony-scaramucci--calledmetounload-about-white-house-leakers-reince-priebus-and-steve-bannon›.

p. 166, **Tal abdicação da liderança moral:** Demetri Sevastopulo e Gillian Tett, "Gary Cohn Urges Trump Team to Do More to Condemn Neo-Nazis", *Financial Times*, 25 ago. 2017. Disponível em: ‹www.ft.com/content/b85beea2-8924-11e7-bf50-e1c239b45787›.

11. IMPROVISANDO [pp. 174-91]

p. 177, **Em março, McMaster estava:** Greg Miller, Greg Jaffe e Philip Rucker, "Doubting the Intelligence, Trump Pursues Putin and Leaves a Russian Threat Unchecked", *Washington Post*, 14 dez. 2017. Disponível em: <www.washingtonpost.com/graphics/2017/world/natio-nal-security/donald-trump-pursues-vladimir-putin-russian-election-hacking>.

p. 180, **A embaixadora americana na ONU Nikki Haley:** Greg Jaffe e Philip Rucker, "National Security Adviser Attempts to Reconcile Trump's Competing Impulses on Afghanis-tan", *Washington Post*, 4 ago. 2017. Disponível em: <www.washingtonpost.com/world/natio-nal-security/the-fight-over-trumps-afghan-policy-has-becomeanargument-over-the-meanin-gofamerica-first/2017/08/04/f2790c80-785f-11e7-8f39-eeb7d3a2d304_story.html>.

p. 184, **"Lembre o que sempre dissemos":** Mueller, "Report on the Investigation into Russian Interference in the 2016 Presidential Election".

p. 186, **altos funcionários não nomeados:** Carol D. Leonnig, Adam Entous, Devlin Barrett e Matt Zapotosky, "Michael Flynn Pleads Guilty to Lying to FBI on Contacts with Russian Ambassador", *Washington Post*, 1º dez. 2017. Disponível em: <www.washingtonpost. com/politics/michael-flynn-charged-with-making-false-statementtothe-fbi/2017/12/01/ e03a6c48-d6a2-11e7-9461-ba77d604373d_story.html>.

p. 188, **"O que o presidente precisa dizer":** Miller, Jaffe e Rucker, "Doubting the Intel-ligence, Trump Pursues Putin and Leaves a Russian Threat Unchecked".

12. SPYGATE [pp. 195-209]

p. 195, **"A televisão é em geral":** Ashley Parker e Robert Costa, "'Everyone Tunes In': Inside Trump's Obsession with Cable TV", *Washington Post*, 23 abr. 2017. Disponível em: <www.washingtonpost.com/politics/everyone-tunesininside-trumps-obsession-with-cable-tv/2017/04/23/3c52bd6c-25e3-11e7-a1b3-faff0034e2de_story.html>.

p. 197, **Quando um repórter da CNN:** Dan Merica, "John Kelly Likes to Pretend Trump's Tweets Don't Matter. But They Do", CNN, 11 jan. 2018. Disponível em: <www.cnn. com/2018/01/11/politics/john-kelly-donald-trump-tweets/index.html>.

p. 199, **O comentário de Trump na reunião a portas fechadas:** Josh Dawsey, "Trump Derides Protections for Immigrants from 'Shithole' Countries", *Washington Post*, 12 jan. 2018. Disponível em: <www.washingtonpost.com/politics/trump-attacks-protections-for-immi-

grants-from-shithole-countriesinoval-office-meeting/2018/01/11/bfc0725c-f711-11e7-91af-
-31ac729add94_story.html?utm_term=.51cd945b8204>.

p. 207, **Meu conselho a ele é**: "Trey Gowdy Full Interview with Erin Burnett", CNN, 24
jan. 2018, YouTube. Disponível em: <www.youtube.com/watch?v=mpjva6xaNc>.

13. COLAPSO [pp. 210-22]

p. 210, **Numa Casa Branca notável:** Katie Rogers, "Rob Porter's Charisma and Ambition
Disguised Flare-Ups of Anger", *New York Times*, 19 fev. 2018. Disponível em: <www.nytimes.
com/2018/02/19/us/politics/rob-porter-white-house-resigned.html>.

p. 212, **Além disso, o caso Porter coincidiu:** Michael Rothfeld e Joe Palazzolo, "Trump
Lawyer Arranged $130,000 Payment for Adult-Film Star's Silence", *Wall Street Journal*, 12
jan. 2018. Disponível em: <www.wsj.com/articles/trump-lawyer-arranged-130-000-payment-
-for-adult-film-stars-silence-1515787678>.

p. 213, **Em meio ao escrutínio da imprensa:** Carol D. Leonnig, Robert Costa e Josh Dawsey,
"Top Justice Dept. Official Alerted White House 2 Weeks Ago to Ongoing Issues in Kushner's
Security Clearance", *Washington Post*, 23 fev. 2018. Disponível em: <www.washingtonpost.com/
politics/top-justice-dept-official-alerted-white-house2weeks-agotoongoing-issuesinkushners-se-
curity-clearance/2018/02/23/aa9b37c8-7f4-11e8-92c9-376b4fe57ff7_story.html>.

p. 213, **Bill Daley, ex-chefe de gabinete da Casa Branca:** Philip Rucker, Ashley Parker e
Josh Dawsey, "'Jared Has Faded': Inside the 28 Days of Tumult That Left Kushner Badly
Diminished", *Washington Post*, 2 mar. 2018. Disponível em: <www.washingtonpost.com/
politics/jared-has-faded-inside-the28daysoftumult-that-left-kushner-badly-diminished/
2018/03/02/62acb9ce-1ca8-11e8-9de1-147dd2df3829_story.html>.

p. 214, **Um assessor, informado sobre:** Shane Harris et al., "New White House Security
Clearance Policy Could Put 'Bull's Eye' on Kushner", *Washington Post*, 16 fev. 2018. Disponível em: <www.washingtonpost.com/politics/overhaulofwhite-house-security-clearance-pro-
cess-could-threaten-kushners-access/2018/02/16/09f2dc9e-11b5-11e8-9065-e55346f-
6de81_story.html>.

p. 214, **"É um homem que":** Philip Rucker, "John Kelly's Credibility Is at Risk After Defending Aide Accused of Domestic Violence", *Washington Post*, 8 fev. 2018. Disponível em:
<www.washingtonpost.com/politics/john-kellys-credibilityisatrisk-after-defending-aide-accu-
sedofdomestic-violence/2018/02/08/e8e1ff06-0ccf-11e8-8890-372e2047c935_story.html>.

p. 215, **Kelly falou que:** Sophie Tatum, "Kelly Says He'll 'Never' Apologize for Comments About Rep. Frederica Wilson", CNN, 31 out. 2017. Disponível em: <www.cnn.com/2017/10/30/politics/john-kelly-frederica-wilson-apologize/index.html>.

p. 216, **"Quando você perde esse poder":** Ashley Parker, Josh Dawsey e Philip Rucker, "'When You Lose That Power': How John Kelly Faded as White House Disciplinarian", *Washington Post*, 7 abr. 2018. Disponível em: <www.washingtonpost.com/politics/when-you--lose-that-power-how-john-kelly-fadedaswhite-house-disciplinarian/2018/04/07/5e5b8b-42-39be-11e8-acd5-35eac230e514_story.html>.

p. 218, **Os dois gritavam tanto:** Maggie Haberman e Katie Rogers, "The Day John Kelly and Corey Lewandowski Squared Off Outside the Oval Office", *New York Times*, 22 out. 2018. Disponível em: <www.nytimes.com/2018/10/22/us/politics/john-kelly-lewandowski-fight-secret-service.html>.

p. 219, **As agências de inteligência estavam em guarda:** Shane Harris et al., "Kushner's Overseas Contacts Raise Concerns as Foreign Officials Seek Leverage", *Washington Post*, 27 fev. 2018. Disponível em: <www.washingtonpost.com/world/national-security/kushners-overseas-contacts-raise-concernsasforeign-officials-seek-leverage/2018/02/27/16bbc-052-18c3-11e8-942d-16a950029788_story.html>.

p. 220, **Kushner e Ivanka contestaram:** Jonathan Swan, "Kushner, for First Time, Claims He Never Discussed Security Clearance with Trump", *Axios*, 3 jun. 2019. Disponível em: <www.axios.com/jared-kushner-security-clearance-donald-trump-f7706db1-a978-42ec--90db-c2787f19cef3.html>.

p. 222, **Os observadores notaram um novo nível:** Philip Rucker, Ashley Parker e Josh Dawsey, "'Pure Madness': Dark Days Inside the White House as Trump Shocks and Rages", *Washington Post*, 3 mar. 2018. Disponível em: <www.washingtonpost.com/politics/pure-madness-dark-days-inside-the-white-houseastrump-shocks-and-rages/2018/03/03/9849867c--1e72-11e8-9de1-147dd2df3829_story.html>.

14. PELOTÃO DE FUZILAMENTO DE UM HOMEM SÓ [pp. 223-36]

p. 226, **Paul Rosenzweig, que trabalhou:** Carol D. Leonnig e Robert Costa, "Mueller Raised Possibility of Presidential Subpoena in Meeting with Trump's Legal Team", *Washington Post*, 1º maio 2018. Disponível em: <www.washingtonpost.com/politics/mueller-raised-possibilityofpresidential-subpoenainmeeting-with-trumps-legal-team/2018/05/01/2bdec08e--4d51-11e8-af46-b1d6dc0d9bfe_story.html?utm_term=.6c6e572f2b4a>.

p. 232, **Ao mesmo tempo, alguns de seus principais assessores:** Ashley Parker et al., "'It Was a Different Mind Set': How Trump Soured on Tillerson as His Top Diplomat", *Washington Post*, 13 mar. 2018. Disponível em: <www.washingtonpost.com/politics/itwasadifferent-mind-set-how-trump-souredontillersonashis-top-diplomat/2018/03/13/899b1fba-26d-7-11e8-b79d-f3d931db7f68_story.html?utm_term=.976cb15f60a2>.

p. 234, **Veterano com vinte anos de carreira:** Matt Zapotosky, "Andrew McCabe, Trump's Foil at the FBI, Is Fired Hours Before He Could Retire", *Washington Post*, 16 mar. 2018. Disponível em: <www.washingtonpost.com/world/national-security/fbis-andrew-mccabeis-firedalittle-more-than24hours-beforehecould-retire/2018/03/16/e055a22a-2895-11e8-b-c72-077aa4dab9ef_story.html?utm_term=.e7f6d060ca6d>.

p. 235, **O advogado se embaralhou todo:** Betsy Woodruff, "Trump's Lawyer: It's Time to End the Mueller Probe", *Daily Beast*, 17 mar. 2018. Disponível em: <www.thedailybeast.com/trumps-lawyer-its-timetofire-robert-mueller>.

p. 235, **Algumas horas depois:** Carol D. Leonnig e Philip Rucker, "Trump's Lawyer Calls On Justice Department to Immediately End Russia Probe", *Washington Post*, 17 mar. 2018. Disponível em: <www.washingtonpost.com/politics/trumps-lawyer-callsonjustice-depart-menttoimmediately-end-russia-probe/2018/03/17/c7c58ac8-29f2-11e8-874b-d517e912f125_story.html>.

p. 235, **"Essa é certamente uma maneira pouco convencional":** Ashley Parker et al., "Trump Shakes Up Team of Lawyers as Legal Threats Mount", *Washington Post*, 19 mar. 2018. Disponível em: <www.washingtonpost.com/politics/trump-shakesupteamoflawyersaslegal-threats-mount/2018/03/19/fad71bb0-2ba1-11e8-b0b0-f706877db618_story.html?utm_term=.05c099cf1ed8>.

p. 236, **Dowd emitiu uma nota oficial curta e simples:** Carol D. Leonnig, Josh Dawsey e Ashley Parker, "Trump Has Trouble Finding Attorneys as Top Russia Lawyer Leaves Legal Team", *Washington Post*, 22 mar. 2018. Disponível em: <www.washingtonpost.com/politics/trump-attorney-john-dowd-resigns-amid-shakeupinpresidents-legal-team/2018/03/22/0472ce74-2de3-11e8-8688-e053ba58f1e4_story.html>.

15. PARABENIZANDO PUTIN [pp. 237-47]

p. 237, **"Todo mundo teme a exposição pública":** Ashley Parker et al., "Trump Decides to Remove National Security Adviser, and Others May Follow", *Washington Post*, 15 mar. 2018. Disponível em: <www.washingtonpost.com/politics/trump-decidestoremove-national-se-

curity-adviser-and-others-may-follow/2018/03/15/fea2ebae-285c-11e8-bc72-077aa4da-b9ef_story.html?utm_term=.0dd538b03dd0>.

p. 238, **De acordo com a definição da bbc:** Sarah Rainsford, "Russia Election: Putin Basks in Election He Could Not Lose", bbc News, 19 mar. 2018. Disponível em: <www.bbc.com/news/world-europe-43454830>.

p. 240, **"Não somos nós":** Greg Jaffe, Josh Dawsey e Carol D. Leonnig, "Ahead of nato and Putin Summits, Trump's Unorthodox Diplomacy Rattles Allies", *Washington Post*, 6 jul. 2018. Disponível em: <www.washingtonpost.com/politics/aheadofnato-and-putin-summits--trumps-unorthodox-diplomacy-rattles-allies/2018/07/06/16c7aa4e-7006-11e8-bd-50-b80389a4e569_story.html>.

p. 242, **De sua parte, a primeira-ministra britânica:** Adam Taylor, "Trump Congratulated Putin on His Victory. Other World Leaders Stopped Short of That", *Washington Post*, 21 mar. 2018. Disponível em: <www.washingtonpost.com/news/worldviews/wp/2018/03/21/trump-congratulated-putinonhis-victory-other-world-leaders-stopped-shortofthat>.

p. 242, **o *Washington Post* noticiou:** Carol D. Leonnig, David Nakamura e Josh Dawsey, "Trump's National Security Advisers Warned Him Not to Congratulate Putin. He Did It Anyway", *Washington Post*, 20 mar. 2018. Disponível em: <www.washingtonpost.com/politics/trumps-national-security-advisers-warned-him-nottocongratulate-putinhediditanyway/2018/03/20/22738ebc-2c68-11e8-8ad6-fbc50284fce8_story.html?utm_term=.8e5b-5df5699a>.

p. 247, **Jay Sekulow anunciou:** Josh Dawsey, Carol D. Leonnig e Rosalind S. Helderman, "Trump's Legal Team Remains in Disarray as New Lawyer Will No Longer Represent Him in Russia Probe", *Washington Post*, 25 mar. 2018. Disponível em: <www.washingtonpost.com/politics/inanother-blowtotrumps-effortstocombat-russia-probe-digenova-willnolonger-join--legal-team/2018/03/25/8ac8c8d2-3038-11e8-94fa-32d48460b955_story.html>.

16. UMA BATIDA POLICIAL ASSUSTADORA [pp. 248-69]

p. 248, **"Ele foi tratado como":** Marc Perrusguia, "Power Broker", *Daily Memphian*, 17 maio 2018. Disponível em: <dailymemphian.com/article/1174/POWER-BROKER>.

p. 249, **"Esse mandado de busca é como":** Philip Rucker, Josh Dawsey e Robert Costa, "'A Bomb on Trump's Front Porch': fbi's Cohen Raids Hit Home for the President", *Washington Post*, 9 abr. 2018. Disponível em: <www.washingtonpost.com/politics/abombontrumps-

-front-porch-fbis-cohen-raids-hit-home-for-the-president/2018/04/09/6abb816e-3c37-11e-8-974f-aacd97698cef_story.html›.

p. 250, **As seções dos códigos criminais dos Estados Unidos:** Carol D. Leonnig, Tom Hamburger e Devlin Barrett, "Trump Attorney Cohen Is Being Investigated for Possible Bank Fraud, Campaign Finance Violations", *Washington Post*, 9 abr. 2018. Disponível em: ‹www.washingtonpost.com/politics/fbi-seizes-records-relatedtostormy-danielsinraidoftrump-attorney-michael-cohens-office/2018/04/09/e3e43cf4-3c30-11e8-974f-aacd97698cef_story.html›.

p. 254, **O líder sírio Bashar al-Assad:** Anne Gearan e Carol Morello, "Trump Says U.S. Will Decide on Response to 'Atrocious' Attack in Syria in 24 to 48 Hours", *Washington Post*, 9 abr. 2018. Disponível em: ‹www.washingtonpost.com/politics/trump-saysustodecideon-responsetoatrocious-syria-chemical-attackin24to48hours/2018/04/09/1398c5aa-3bfa-11e-8-a7d1-e4efec6389f0_story.html?utm_term=.880adbc397bd›.

p. 265, **que em depoimento no Congresso:** Katie Rogers, Maggie Haberman e Nicholas Fandos, "ExWhite House Official Says No One Pressured Him to Overturn Security Clearance Recommendations", *New York Times*, 2 maio 2019. Disponível em: ‹www.nytimes.com/2019/05/02/us/politics/carl-kline-security-clearance.html›.

p. 265, **Ivanka disse à ABC News:** Allison Pecorin, "Ivanka Trump Says She and Jared Kushner Got No Special Treatment for Security Clearances", ABC News, 8 fev. 2019. Disponível em: ‹abcnews.go.com/Politics/ivanka-trump-jared-kushner-special-treatment-security-clearances/story?id=60940398›.

17. DIPLOMACIA DA GRANADA DE MÃO [pp. 273-90]

p. 273, **"Toma, Angela. Para você não dizer":** Aris Folley, "Ian Bremmer: Trump Tossed Candy to Merkel at G7, Said 'Don't Say I Never Give You Anything'", *Hill*, 20 jun. 2018. Disponível em: ‹thehill.com/blogs/blog-briefing-room/news/393311-ian-bremmer-trump-tossed-candytomerkel-duringg7said-don't›.

p. 275, **O presidente, acrescentou esse assessor:** Philip Rucker, "The 'Dotard' Meets 'Little Rocket Man': Trump and Kim Are Adversaries with Many Similarities", *Washington Post*, 10 jun. 2018. Disponível em: ‹www.washingtonpost.com/politics/the-dotard-meets-little-rocket-man-trump-and-kim-are-adversaries-with-many-similarities/2018/06/09/583b-9ddc-6a89-11e8-bea7-c8eb28bc52b1_story.html›.

p. 275, **Trump estava agitado:** Ashley Parker et al., "'Why Can't We Just Do It?': Trump Nearly Upended Summit with Abrupt Changes", *Washington Post*, 14 jun. 2018. Disponível

em: <www.washingtonpost.com/politics/why-cantwejustdoittrump-nearly-upends-summit-
-with-abrupt-changes/2018/06/14/36e9cb2e-6fe6-11e8-bd50-b80389a4e569_story.html?
noredirect=on&utm_term=.74425ec3cf5d>.

p. 276, **Foi um encontro cuidadosamente encenado:** Philip Rucker e Anne Gearan, "'A
Great Honor': In a Bid for History, Trump Flatters North Korea's Totalitarian Leader", *Washington Post*, 11 jun. 2018. Disponível em: <www.washingtonpost.com/politics/agreat-honori-
nabid-for-history-trump-flatters-north-koreas-totalitarian-leader/2018/06/11/22a4411c-
-6d8e-11e8-bf86-a2351b5ece99_story.html?utm_term=.c1b5a6c9597c>.

p. 276, **O dia de quase nove horas:** Philip Rucker, "'Getting a Good Picture, Everybody?':
Inside the Trump Production in Singapore", *Washington Post*, 12 jun. 2018. Disponível em:
<www.washingtonpost.com/politics/gettingagood-picture-everybody-inside-the-trump-pro-
ductioninsingapore/2018/06/12/27d44bfc-6e4a-11e8-afd5-778aca903bbe_story.html>.

p. 277, **"os traços clássicos do líder autoritário":** Philip Rucker, "'Dictator Envy': Trump's
Praise of Kim Jong Un Widens His Embrace of Totalitarian Leaders", *Washington Post*, 15 jun.
2018. Disponível em: <www.washingtonpost.com/politics/dictator-envy-trumps-praiseof-
kim-jongunmarks-embraceoftotalitarian-leaders/2018/06/15/b9a8bbc8-70af-11e8-afd-
5-778aca903bbe_story.html?utm_term=.46df06790611>.

p. 277, **O modo como Trump cortejou e adulou:** Karen DeYoung, "John Bolton, Fa-
mously Abrasive, Is an Experienced Operator in the 'Swamp'", *Washington Post*, 23 mar. 2018.
Disponível em: <www.washingtonpost.com/world/national-security/john-bolton-famously-
-abrasiveisanexperienced-operatorinthe-swamp/2018/03/23/b9b72000-2eab-11e8-8ad-
6-fbc50284fce8_story.html>.

p. 277, **Em fevereiro de 2018, pouco antes de se juntar:** John Bolton, "The Legal Case
for Striking North Korea First", *Wall Street Journal*, 28 fev. 2018. Disponível em: <www.wsj.
com/articles/the-legal-case-for-striking-north-korea-first-1519862374>.

p. 281, **Enquanto Nielsen respondia às perguntas:** Margaret Sullivan, "A Reporter at the
White House Decided to Play the Audio of Children Sobbing. Somebody Had To", *Washington Post*, 19 jun. 2018. Disponível em: <www.washingtonpost.com/lifestyle/style/areporte-
ratthe-white-house-decidedtoplay-the-audioofchildren-sobbing-somebody-
-hadto/2018/06/19/bbb8d814-73aa-11e8-805c-4b67019fcfe4_story.html>.

p. 281, **Fora o som de narizes fungando:** Ginger Thompson, "Listen to Children Who've
Just Been Separated from Their Parents at the Border", ProPublica, 18 jun. 2018. Disponível
em: <www.propublica.org/article/children-separated-from-parents-border-patrol-cbp-trump-
-immigration-policy?utm_campaign=sprout&utm_medium=social&utm_source=twitter&utm_
content=1529351580>.

p. 286, **O indiciamento, que Rosenstein anunciou publicamente:** Devlin Barrett e Matt Zapotoky, "Mueller Probe Indicts 12 Russians with Hacking of Democrats in 2016", *Washington Post*, 13 jul. 2018. Disponível em: ‹www.washingtonpost.com/world/national-security/ rod-rosenstein-expectedtoannounce-new-indictmentbymueller/2018/07/13/bc565582-86a-9-11e8-8553-a3ce89036c78_story.html›.

p. 287, **Um pouco antes, quando Jeff Glor, âncora da CBS:** "Trump on Putin Meeting: 'I Go In with Low Expectations'", CBS News, 15 jul. 2018, . Disponível em: ‹www.cbsnews.com/ news/trump-russia-low-expectations-putin-meeting›.

p. 288, **"nada menos que traição":** John O. Brennan (@John Brennan), Twitter, 16 jul. 2018, 8h52. Disponível em: ‹twitter.com/johnbrennan/status/1018885971104985093?lang=en›.

p. 288, **Após consultar Sanders:** Ashley Parker et al., "Trump's Putin Fallout: Inside the White House's Tumultuous Week of Walk-Backs", *Washington Post*, 20 jul. 2018. Disponível em: ‹www.washingtonpost.com/politics/trumps-putin-fallout-inside-the-white-houses-tumul-tuous-weekofwalk-backs/2018/07/20/7cfdfc34-8c3d-11e8-8b20-60521f27434e_story.html›.

p. 290, **Bolton foi imediatamente apresentar:** Parker et al., "Trump's Putin Fallout".

p. 290, **Naquele exato momento, Coats:** "A Look over My Shoulder: The DNI Reflects and Foreshadows", Fórum de Segurança de Aspen, 19 jul. 2018. Disponível em: ‹aspense-curityforum.org/wpcontent/uploads/2018/07/ASF-2018ALook-OverMyShoulder-The-D-NI-Reflects-and-Foreshadows3.pdf›.

18. A RESISTÊNCIA VINDA DE DENTRO [pp. 291-304]

p. 291, **Nos bastidores de um encontro da Otan:** Carol D. Leonnig et al., "A Fist Bump, Then a Rancorous Call: How Trump's Deal to Free an American Pastor in Turkey Fell Apart", *Washington Post*, 26 jul. 2018. Disponível em: ‹www.washingtonpost.com/politics/trump-say-suswill-impose-large-sanctionsonturkey-for-detaining-american-pastor-for-nearly-two-years/ 2018/07/26/75dcde32-90e5-11e8-bcd5-9d911c784c38_story.html?utm_term=.817c4cf0›.

p. 293, **No dia 25 de julho, uma quarta, o tribunal voltou a se reunir:** Kareem Fahim e Karen DeYoung, "American Pastor Freed from Prison in Turkey but Remains Under House Arrest", *Washington Post*, 25 jul. 2018. Disponível em: ‹www.washingtonpost.com/world/turkish-court--orders-american-pastor-freed-from-prison-and-placed-under-house-arrest/2018/07/25/7b3f-9382-900a-11e8-ae59-01880eac5f1d_story.html?utm_term=.409dfb3da338›.

p. 294, **"Estão querendo segurar":** Anne Gearan e Felicia Sonmez, "In Trump's Standoff with Turkey, Two Tough-Guy Leaders and a Deal Gone Wrong", *Washington Post*, 16 ago.

2018. Disponível em: <www.washingtonpost.com/politics/intrumps-standoff-with-turkey-two-
-tough-guy-leaders-andadeal-gone-wrong/2018/08/16/d9b6c728-a162-11e8-8e87-c-
869fe70a721_story.html?utm_term=.dd2ad3d4526c>.

p. 295, **No início de 2018:** Ryan Duffy, "McRaven, Castro, Brennan, and Inman Talk
Leadership at LBJ School", *Alcalde*, 28 fev. 2018. Disponível em: <alcalde.texasexes.
org/2018/02/mcraven-castro-brennan-and-inman-talk-leadershipatlbj-school>.

p. 297, **Ao transcrever a gravação:** William H. McRaven, "Revoke My Security Clearance, Too, Mr. President", *Washington Post*, 16 ago. 2018. Disponível em: <www.washingtonpost.
com/opinions/revokemysecurity-clearance-toomrpresident/2018/08/16/8b149b02-a-
178-11e8-93e3-24d1703d2a7a_story.html?utm_term=.da3e667e7996>.

p. 298, **Pouco após as quatro da tarde:** Devlin Barrett et al., "Michael Cohen Says He
Worked to Silence Two Women 'in Coordination' with Trump to Influence 2016 Election",
Washington Post, 21 ago. 2018. Disponível em: <www.washingtonpost.com/world/national-
-security/trumps-longtime-lawyer-michael-cohenisinplea-discussions-with-federal-prosecu-
tors-accordingtoaperson-familiar-with-the-matter/2018/08/21/5fbd7f34-8510-11e8-8553-a-
3ce89036c78_story.html?utm_term=.e3fcf13076b1>.

p. 299, **Em 27 de agosto:** David Nakamura, "'Hellooo... Hellooo?': An Awkward Phone
Call Becomes Part of the Trump Spectacle", *Washington Post*, 27 ago. 2018. Disponível em:
<www.washingtonpost.com/politics/hellooo--helloooanawkward-phone-call-becomes-par-
tofthe-trump-spectacle/2018/08/27/9e698d1a-aa16-11e8-8a0c-70b618c98d3c_story.
html?utm_term=.e214b40f8dba>.

p. 301, **Em 1º de setembro:** Greg Jaffe e Philip Rucker, "McCain's Funeral Was a Melan-
choly Last Hurrah for What's Been Lost in the Trump Era", *Washington Post*, 1º set. 2018.
Disponível em: <www.washingtonpost.com/politics/mccains-funeral-wasamelancholy-last-
-hurrah-for-whats-been-lostintrump-era/2018/09/01/156784c6-ad46-11e8-b1da-ff-
7faa680710_story.html>.

p. 301, **Ivanka Trump e Jared Kushner compareceram:** Katie Rogers, "Washington
Mourned John McCain. President Trump Played Golf", *New York Times*, 1º set. 2018. Disponível em: <www.nytimes.com/2018/09/01/us/politics/trump-john-mccain.html>.

p. 301, **No dia 5 de setembro:** Anônimo, "I Am Part of the Resistance Inside the Trump
Administration", *New York Times*, 5 set. 2018. Disponível em: <www.nytimes.
com/2018/09/05/opinion/trump-white-house-anonymous-resistance.html>.

p. 302, **Os assessores do governo ficaram tão alarmados:** Philip Rucker, Ashley Parker
e Josh Dawsey, "'The Sleeper Cells Have Awoken': Trump and Aides Shaken by 'Resistance'
OpEd", *Washington Post*, 5 set. 2018. Disponível em: <www.washingtonpost.com/politics/

the-sleeper-cells-have-awoken-trump-and-aides-shakenbyresistanceoped/2018/09/05/ecdf423c-b14b-11e8-a20b-5f4f84429666_story.html>.

19. TELETON DO TERROR [pp. 305-24]

p. 306, **Ao fim do discurso:** Glenn Kessler, "Anatomy of a Trump Rally: 70 Percent of Claims Are False, Misleading, or Lacking Evidence", *Washington Post*, 12 set. 2018. Disponível em: <www.washingtonpost.com/politics/2018/09/12/anatomy-trump-rally-percent--claims-are-false-misleading-or-lacking-evidence>.

p. 306, **Em 21 de setembro:** Ivana Hrynkiw, "AG Jeff Sessions Visits Auburn University, Tailgates Ahead of Saturday's Game", AL.com, 22 set. 2018. Disponível em: <www.al.com/news/birmingham/2018/09/ag_jeff_sessions_visits_auburn.html>.

p. 307, **Na mesma sexta, um pouco mais tarde:** Adam Goldman e Michael S. Schmidt, "Rod Rosenstein Suggested Secretly Recording Trump and Discussed 25th Amendment", *New York Times*, 21 set. 2018. Disponível em: <www.nytimes.com/2018/09/21/us/politics/rod--rosenstein-wear-wire-25th-amendment.html?module=inline>.

p. 309, **Então a *Axios* noticiou:** Jonathan Swan, "Rod Rosenstein Offered to Resign", *Axios*, 24 set. 2018. Disponível em: <www.axios.com/rod-rosenstein-resign-justice-department--trump-cf761f4c-fca3-4794-92d4-a56c9e32ff43.html>.

p. 309, **"Acho que ele tem prazer":** Ashley Parker e Philip Rucker, "Resign, Fire, or Stay? Rosenstein Is the Latest Contestant in Trump's Favorite Game", *Washington Post*, 26 set. 2018. Disponível em: <www.washingtonpost.com/politics/resign-fire-or-stay-rosenstein-is-the-latest--contestant-in-trumps-favorite-game/2018/09/25/b59c6924-c0f2-11e8-90c9-23f963eea204_story.html>.

p. 310, **Alguns advogados de Trump:** Devlin Barrett et al., "Rod Rosenstein to Stay in Job for Now, Will Meet with Trump on Thursday, White House Says", *Washington Post*, 24 set. 2018. Disponível em: <www.washingtonpost.com/world/national-security/rod-rosenstein--who-had-been-overseeing-russia-probe-has-offered-to-resign/2018/09/24/d350477c-aad8-11e8-8a0c-70b618c98d3c_story.html>.

p. 310, **Christine Blasey Ford alegou:** Emma Brown, "California Professor, Writer of Confidential Brett Kavanaugh Letter, Speaks Out About Her Allegation of Sexual Assault", *Washington Post*, 16 set. 2018. Disponível em: <www.washingtonpost.com/investigations/california-professor-writer-of-confidential-brett-kavanaugh-letter-speaks-out-about-her-al-

legation-of-sexual-assault/2018/09/16/46982194-b846-11e8-94eb-3bd52dfe917b_story.
html?utm_term=.e206d29eeaf7>.

p. 311, **"Foram feitas muitas acusações falsas":** Philip Rucker et al., "Defending Kavanaugh, Trump Laments #MeToo as 'Very Dangerous' for Powerful Men", *Washington Post*, 26
set. 2018. Disponível em: <www.washingtonpost.com/politics/defending-kavanaugh-trump-
laments-metooasvery-dangerous-for-powerful-men/2018/09/26/e9116536-c1a4-11e8-97a5-
ab1e46bb3bc7_story.html>.

p. 311, **No dia seguinte:** Ashley Parker, Josh Dawsey e Philip Rucker, "For Trump and White
House, Kavanaugh Hearing Was a Suspenseful Drama in Two Acts", *Washington Post*, 27 set.
2018. Disponível em: <www.washingtonpost.com/politics/for-trump-and-white-house-ka-
vanaugh-hearing-wasadramaintwo-acts/2018/09/27/6b82f8c8-c276-11e8-a1f0-
a4051b6ad114_story.html?utm_term=.171a47be64c2>.

p. 313, **Em 18 de agosto:** Michael S. Schmidt e Maggie Haberman, "White House Counsel, Don McGahn, Has Cooperated Extensively in Mueller Inquiry", *New York Times*, 18 ago.
2018. Disponível em: <www.nytimes.com/2018/08/18/us/politics/don-mcgahn-mueller-
-investigation.html>.

p. 315, **Em uma reunião de gabinete:** Josh Dawsey e Nick Miroff, "Trump Unloads on
Homeland Security Secretary in Lengthy Immigration Tirade", *Washington Post*, 10 maio 2018.
Disponível em: <www.washingtonpost.com/world/national-security/trump-unloadsonhome-
land-security-secretaryinlengthy-immigration-tirade/2018/05/10/f0ded152-54a0-11e8-
9c91-7dab596e8252_story.html?utm_term=.cdd691914581>.

p. 318, **No fim de outubro:** Paul Sonne e Missy Ryan, "Trump Says He May Send 15,000
Troops to U.S.-Mexico Border", *Washington Post*, 31 out. 2018. Disponível em: <www.wash-
ingtonpost.com/world/national-security/aheadofmidterm-elections-trump-sayshemay-send-
15000-troopstousmexico-border/2018/10/31/9e7740ec-dd4a-11e8-aa33-53bad9a881e8_
story.html?utm_term=.f5bd0c483703>.

p. 319, **A medida inspirou protestos imediatos:** Aaron Blake, "Mattis Vouched for Trump's
Decision to Send Troops to the Border. Trump Seems Bent on Making Him Regret It", *Washington Post*, 2 nov. 2018. Disponível em: <www.washingtonpost.com/politics/2018/11/02/
trumpisdoing-his-best-make-fool-jim-mattis/?utm_term=.89c4f7679128>.

p. 321, **Trump procurava assustar:** Philip Rucker, "'Full Trumpism': The President's
Apocalyptic Attacks Reach a New Level of Falsity", *Washington Post*, 4 nov. 2018. Disponível em: <www.washingtonpost.com/politics/full-trumpism-the-presidents-apocalyp-
tic-attacks-reachanew-leveloffalsity/2018/11/04/8e4fb87e-e043-11e8-b759-
3d88a5ce9e19_story.html>.

20. UM DIPLOMATA DESAGRADÁVEL [pp. 325-36]

p. 326, **Não adiantou:** Josh Dawsey e Philip Rucker, "Five Days of Fury: Inside Trump's Paris Temper, Election Woes, and Staff Upheaval", *Washington Post*, 13 nov. 2018. Disponível em: <www.washingtonpost.com/politics/five-daysoffury-inside-trumps-paris-temper-election-woes-and-staff-upheaval/2018/11/13/e90b7cba-e69e-11e8-a939-9469f1166f9d_story.html?utm_term=.9e2d15ddad5b>.

p. 326, **O presidente foi tão grosseiro:** Ben Riley-Smith, "'Trump the Grump': Moody US President Challenged Theresa May over Brexit During Phone Call", *Telegraph*, 14 nov. 2018. Disponível em: <www.telegraph.co.uk/news/2018/11/14/donald-trump-berated-theresa-may-air-force-one-phone-call>.

p. 327, **Nicholas Soames, neto de:** Nicholas Soames (@NSoames), Twitter, 10 nov. 2018, 6h51. Disponível em: <twitter.com/NSoames/status/1061270124404113408>.

p.328, **Em 11 de novembro:** David Nakamura, Seung Min Kim e James McAuley, "Macron Denounces Nationalism as a 'Betrayal of Patriotism' in Rebuke to Trump at WWI Remembrance", *Washington Post*, 11 nov. 2018. Disponível em: <www.washingtonpost.com/world/europe/tomark-endofworld-warifrances-macron-denounces-nationalismasabetrayalofpatriotism/2018/11/11/aab65aa4-e1ec-11e8-ba30-a7ded04d8fac_story.html?utm_term=.f7ed6b-6c15f5>.

p. 329, **Em francês, Macron fez:** "Emmanuel Macron's Speech at Commemoration of the Centenary of the Armistice", 11 nov. 2018. Disponível em: <onu.delegfrance.org/Emmanuel-MacronsspeechatCommemorationofthe-centenaryofthe-Armistice>.

p. 331, **Em 16 de novembro:** Shane Harris, Greg Miller e Josh Dawsey, "CIA Concludes Saudi Crown Prince Ordered Jamal Khashoggi's Assassination", *Washington Post*, 16 nov. 2018. Disponível em: <www.washingtonpost.com/world/national-security/cia-concludes-saudi-crown-prince-ordered-jamal-khashoggis-assassination/2018/11/16/98c89fe6-e9b2-11e8-a939-9469f1166f9d_story.html?noredirect=on&utm_term=.4097ecac0008>.

p. 333, **Corsi era um antigo crítico de Hillary Clinton:** Carol D. Leonnig et al., "Mueller Seeks Roger Stone's Testimony to House Intelligence Panel, Suggesting Special Counsel Is near End of Probe of Trump Adviser", *Washington Post*, 19 dez. 2018. Disponível em: <www.washingtonpost.com/politics/mueller-seeks-roger-stones-testimonytohouse-intelligence-panel-suggesting-special-counselisnear-endofprobeoftrump-adviser/2018/12/19/ac5c3ee6-0226-11e9-b5df-5d3874f1ac36_story.html?utm_term=.ab1560413c06>.

p. 333, **Um e-mail de 2 de agosto:** Rosalind Helderman, Manuel Roig- Franzia e Carol D. Leonnig, "Conservative Author and Stone Associate Jerome Corsi Said He Expects to Be

Indicted by Special Counsel for Allegedly Lying", *Washington Post*, 12 nov. 2018. Disponível em: <www.washingtonpost.com/politics/conservative-author-and-stone-associate-jerome-corsi-said-special-prosecutors-plantoindict-him-for-allegedly-lying/2018/11/12/773e6722-e6c7-11e8-a939-9469f1166f9d_story.html?utm_term=.945366b72865>.

p. 333, **A minuta dizia que Corsi compreendia:** "Draft Jerome Corsi Statement of Offense," *Washington Post*. Disponível em: <apps.washingtonpost.com/g/documents/politics/draft-jerome-corsi-statementofoffense/3324>.

p. 334, **O segundo acontecimento foi tarde da noite:** Devlin Barrett e Matt Zapotosky, "Julian Assange Has Been Charged, Prosecutors Reveal Inadvertently in Court Filing", *Washington Post*, 15 nov. 2018. Disponível em: <www.washingtonpost.com/world/national-security/julian-assange-has-been-charged-prosecutors-revealininadvertent-court-filing/2018/11/15/9902e6ba-98bd-48df-b447-3e2a4638f05a_story.html?utm_term=.6b2ea45e42a5>.

p. 334, **"precisaria continuar sob sigilo":** Charlie Savage, Adam Goldman e Michael S. Schmidt, "Assange Is Secretly Charged in U.S., Prosecutors Mistakenly Reveal", *New York Times*, nov. 2018. Disponível em: <www.nytimes.com/2018/11/16/us/politics/julian-assange--indictment-wikileaks.html>.

p. 335, **Mas, em 20 de novembro:** Carol D. Leonnig e Robert Costa, "Trump Submits Answers to Special Counsel Questions About Russian Interference", *Washington Post*, 20 nov. 2018. Disponível em: <www.washingtonpost.com/politics/trump-submits-answerstospecial-counsel-questions-about-russian-interference/2018/11/20/3b5a18d4-ed0f-11e8-baac-2a674e91502b_story.html?utm_term=.ff71fff698ae>.

p. 336, **A respeito da infame reunião de junho de 2016:** David A. Fahrenthold, "'I Have No Recollection': Trump Turned to Familiar Refrain in Response to Mueller Questions", *Washington Post*, 19 abr. 2019. Disponível em: <www.washingtonpost.com/politics/ihavenorecollection-trump-turnedtofamiliar-refraininresponsetomueller-questions/2019/04/19/7230817c-62bc-11e9-9ff2-abc984dc9eec_story.html?utm_term=.1adeca216183>.

p. 336, **Trump respondeu:** Jim Sciutto, Carl Bernstein e Marshall Cohen, "Cohen Claims Trump Knew in Advance of 2016 Trump Tower Meeting", CNN, 27 jul. 2018. Disponível em: <www.cnn.com/2018/07/26/politics/michael-cohen-donald-trump-june-2016-meeting--knowledge/index.html>.

21. INSTINTO ACIMA DO CÉREBRO [pp. 337-54]

p. 340, **Na festa de casamento:** Jacquie Kubin, "The Story Behind AG Barr, His Bagpipes, and the NYPD Pipes and Drums", *Communities Digital News*, 27 jun. 2019. Disponível em: <www.commdiginews.com/politics2/willam-barr-plays-the-bagpipes-with-nypd-pipes-and--drums-120463>.

p. 341, **Ao sair, Ayers evitou:** Maggie Haberman, "Nick Ayers, Aide to Pence, Declines Offer to Be Trump's Chief of Staff", *New York Times*, 9 dez. 2018. Disponível em: <www.nytimes.com/2018/12/09/us/politics/nick-ayers-trump-chiefofstaff.html>.

p. 342, **Trump, que havia passado dias:** Philip Rucker, Josh Dawsey e Robert Costa, "'There Was No Plan B': Trump Scrambles to Find Chief of Staff After Top Candidate Turns Him Down", *Washington Post*, 10 dez. 2018. Disponível em: <www.washingtonpost.com/politics/there-wasnoplanbtrump-scramblestofind-chiefofstaff-after-top-candidate-turns-him--down/2018/12/10/9b6d0424-fc9c-11e8-862a-b6a6f3ce8199_story.html>.

p. 342, **Quando os democratas chegaram ao Salão Oval:** Philip Rucker, Josh Dawsey e Robert Costa, "'This Has Spiraled Downward': Democrats Introduce Trump to Divided Government", *Washington Post*, 11 dez. 2018. Disponível em: <www.washingtonpost.com/politics/this-has-spiraled-downward-democrats-introduce-trumptodivided-government/2018/12/11/f832b92e-fd6e-11e8-862a-b6a6f3ce8199_story.html?utm_term=.ee2306da300a>.

p. 343, **Kushner ajudou a arquitetar:** Annie Karni, "The Senate Passed the Criminal Justice Bill. For Jared Kushner, It's a Personal Issue and a Rare Victory", *New York Times*, 14 dez. 2018. Disponível em: <www.nytimes.com/2018/12/14/us/politics/jared-kushner--criminal-justice-bill.html>.

p. 344, **Chegara até a convidar:** Helena Andrews-Dyer, "Here's What Happened at Kanye West's Incredibly Bizarre Meeting with Donald Trump", *Washington Post*, 11 out. 2018. Disponível em: <www.washingtonpost.com/news/reliable-source/wp/2018/10/11/that-was-quite-something-kanye-wests-meeting-with-president-trump-covers-everything-from-mental--healthtomale-energy>.

p. 345, **ele viu um alerta de manchete no celular:** Jonathan Swan, "Trump Meets with Chris Christie to Discuss Chief of Staff Role", *Axios*, 13 dez. 2018. Disponível em: <www.axios.com/trump-met-with-chris-christietodiscuss-chiefofstaff-role-684f9465-a6ea-4a80-9df3-2d91ba67cf35.html>.

p. 349, **"Obviamente, aprendemos muito":** Kyle Rempfer, "Troops to Immediately Withdraw from Syria as Trump Declares Victory over ISIS", *Army Times*, 19 dez. 2018. Dis-

ponível em: <www.armytimes.com/news/your-army/2018/12/19/troops-may-immediately-
-withdrawal-from-syriaastrump-declares-victory-over-isis>.

p. 349, **McGurk ficou chocado:** Annalisa Merelli, "Another Leader in the US Fight Against
ISIS Resigned to Protest Trump's Syria Decision", *Quartz*, 22 dez. 2018. Disponível em: <qz.
com/1505835/top-syria-envoy-brian-mcgurk-resigned>.

p. 350, **Nos anos mais ativos:** Liz Sly e Louisa Loveluck, "The 'Caliphate' Is No More.
But the Islamic State Isn't Finished Yet", *Washington Post*, 23 mar. 2019. Disponível em: <www.
washingtonpost.com/world/the-islamic-states-caliphate-has-been-defeatedusbacked-forces-
-say/2019/03/23/04263d74-36f8-11e9-8375-e3dcf6b68558_story.html>.

22. EIXO DE FACILITADORES [pp. 357-73]

p. 357, **Ao celebrar o acordo:** Erica Werner, Damian Paletta e Seung Min Kim, "Trump
Backs Off Demand for $5 Billion for Border Wall, but Budget Impasse Remains Ahead of
Shutdown Deadline", *Washington Post*, 18 dez. 2018. Disponível em: <www.washingtonpost.
com/business/economy/white-house-signals-its-backing-downinshutdown-dispute-will-find-
-other-waystofund-border-wall/2018/12/18/159994dc-02d9-11e9-9122-82e98f91ee6f_
story.html?utm_term=.9472e6deb7d0>.

p. 358, **O deputado Mark Meadows:** Philip Rucker, Robert Costa e Josh Dawsey, "'A
Tailspin': Under Siege, Trump Propels the Government and Markets into Crisis", *Washington
Post*, 20 dez. 2018. Disponível em: <www.washingtonpost.com/politics/atailspin-under-siege-
-trump-propels-the-government-and-markets-into-crisis/2018/12/20/e30347e0-046b-11e9-
b6a9-0aa5c2fcc9e4_story.html?utm_term=.961668fb2900>.

p. 358, **No final de 21 de dezembro:** Erica Werner, Damian Paletta e John Wagner,
"Major Parts of the Federal Government Begin Shutting Down for an Indefinite Closure",
Washington Post, 21 dez. 2018. Disponível em: <www.washingtonpost.com/politics/trump-
leansonmcconnelltopass-spending-bill-with-border-fundinginsenate/2018/12/21/31bb453a-
0517-11e9-b5df-5d3874f1ac36_story.html>.

p. 358, **"Vamos sucumbir":** Andrew Blake, "Donald Trump Succumbed to 'Tyranny of
Radio Hosts' over Government Shutdown: GOP Senator", *Washington Times*, 22 dez. 2018.
Disponível em: <www.apnews.com/0ca586c8ad6c3f7f73a0cfa33e74be39>.

p. 360, **Nas semanas subsequentes:** Anne Gearan, Josh Dawsey e John Hudson, "'They
Screwed This Whole Thing Up': Inside the Attempt to Derail Trump's Erratic Syria With-
drawal", *Washington Post*, 13 jan. 2019. Disponível em: <www.washingtonpost.com/politics/

they-screwed-the-whole-thingupinside-the-attempttoderail-trumps-erratic-syria-withdrawal/2019/01/13/0ae1149c-1365-11e9-803c-4ef28312c8b9_story.html?utm_term=.a1dcbf520820>.

p. 361, **À noite, Trump fez:** Eric Levenson, "Trump Asks 7 Year-Old, 'Are You Still a Believer in Santa?'", CNN, 26 dez. 2018. Disponível em: <www.cnn.com/2018/12/25/politics/trump-santa-phone-call/index.html>.

p. 361, **"Porque aos sete":** Hannah Alani, "Do a 'Marginal' Number of 7 Year-Olds Believe in Santa? That's What Trump Told a SC Girl", *Post and Courier*, 25 dez. 2018. Disponível em: <www.postandcourier.com/news/doamarginal-numberof--year-olds-believein/article_2c86d3ec-0876-11e9-a470-87234a04ef7e.html>.

p. 362, **O presidente também comprometeu:** Paul Sonne e Philip Rucker, "Trump's Visit to Iraq Prompts Concerns About Politicization of Military", *Washington Post*, 27 dez. 2018. Disponível em: <www.washingtonpost.com/world/national-security/trumps-visittoiraq-prompts-concerns-about-politicizationofmilitary/2018/12/27/42aa20fe-0a13-11e9-892d-3373d7422f60_story.html?utm_term=.15f6c712a1df>.

p. 363, **"Você fodeu tudo, Mick":** Jonathan Swan, "Scoop: Trump Dressed Down Mulvaney in Front of Congressional Leaders", *Axios*, 13 jan. 2019. Disponível em: <www.axios.com/donald-trump-mick-mulvaney-government-shutdown-meeting-7d84ea72-5aaf-45e0-a707-5f955836070e.html>.

p. 365, **No começo de janeiro, ele:** Carol D. Leonnig, "A BeefedUp White House Legal Team Prepares Aggressive Defense of Trump's Executive Privilege as Investigations Loom Large", *Washington Post*, 9 jan. 2019. Disponível em: <www.washingtonpost.com/politics/abeefedup-white-house-legal-team-prepares-aggressive-defenseoftrumps-executive-privilegeasinvestigations-loom-large/2019/01/09/066b8618-1045-11e9-84fc-d58c33d6c8c7_story.html>.

p. 370, **Em 23 de janeiro:** Josh Dawsey, "Giuliani's Missteps Frustrate Trump but Underscore the Unique Role He Plays for the President", *Washington Post*, 23 jan 2019. Disponível em: <www.washingtonpost.com/politics/giulianis-missteps-frustrate-trump-but--underscore-the-unique-roleheplays-for-the-president/2019/01/23/447ec0a4-1f23-11e9-bda9-d6efefc397e8_story.html?utm_term=.9250633bd190>.

p. 371, **"não conseguisse fazer um hambúrguer":** Philip Rucker e Josh Dawsey, "Trump Two Years in: The Dealmaker Who Can't Seem to Make a Deal", *Washington Post*, 20 jan. 2019. Disponível em: <www.washingtonpost.com/politics/trump-two-yearsinthe-dealmaker-who--cant-seemtomakeadeal/2019/01/20/ecdede96-1bf9-11e9-88fe-f9f77a3bcb6c_story.html>.

p. 372, **Em 15 de fevereiro:** Damian Paletta, Mike DeBonis e John Wagner, "Trump Declares National Emergency on Southern Border in Bid to Build Wall", *Washington Post*, 15

fev. 2019. Disponível em: ‹www.washingtonpost.com/politics/trumps-border-emergency-
-the-president-plansa10amannouncementinthe-rose-garden/2019/02/15/f0310e62-3110-
11e9-86ab-5d02109aeb01_story.html?utm_term=.516e628ecdb8›.

p. 372, **Então, em 22 de fevereiro:** Paul Sonne, "Pentagon Sending 1,000 More Troops
to the Mexican Border", *Washington Post*, 22 fev. 2019. Disponível em: ‹www.washingtonpost.
com/world/national-security/ pentagon-sending-another-1000-troopsothe-mexico-bor-
der/2019/02/22/ c4e06998-36e6-11e9-946a-115a5932c45b_story.html›.

23. LEALDADE E VERDADE [pp. 374-86]

p. 374, **Cohen foi julgado culpado:** Devlin Barrett, Matt Zapotosky e Rosalind S. Helderman, "Michael Cohen, Trump's Former Lawyer, Pleads Guilty to Lying to Congress About
Moscow Project", *Washington Post*, 29 nov. 2018. Disponível em: ‹www.washingtonpost.com/
politics/michael-cohen-trumps-former-lawyer-pleads-guiltytolyingto-
congress/2018/11/29/5fac986a-f3e0-11e8-bc79-68604ed88993_story.html?utm_term=.
b029279bf91e›.

p. 376, **Na manhã de 27 de fevereiro:** "Michael Cohen's Prepared Statement to the House
Committee on Oversight and Reform", *Washington Post*, 27 fev. 2019. Disponível em: ‹www.
washingtonpost.com/michael-cohensprepared-statementtothe-house-committeeonoversight-
-and-reform/d2cdc193-2f0c-44bb-b2f8-e7dadddf545e_note.html?questionId=a194ac05-
9c53-4be2-868d-777713d7c30e&utm_term=.9c1a0f6342e8›.

p. 378, **Antes de partir de Hanói:** David Nakamura, "Trump Whipped Up Public Emo-
tion over Warmbier's Death. Now It's Boomeranging Back on Him", *Washington Post*, 2 mar.
2019. Disponível em: ‹www.washingtonpost.com/politics/trump-whippeduppublic-emotion-
-over-otto-warmbiers-death-now-its-boomeranging-backonhim/2019/03/02/ef426ff4-
3d23-11e9-a2cd-307b06d0257b_story.html?utm_term=.c17b49404ae2›.

p. 386, **"cenários nobres como o Salão Oval":** Gabby Orr, "Advisers Urge Trump to
Defer 2020 Rallies", *Politico*, 8 mar. 2019. Disponível em: ‹www.politico.com/sto-
ry/2019/03/08/trump-2020-rallies-1211799›.

24. O RELATÓRIO [pp. 387-400]

p. 387, **A prioridade imediata do grupo de Barr:** "DOJ Notification to Congress Regard-
ing the Conclusion of the Mueller Investigation", *Washington Post*, 22 mar. 2019. Disponível

em: ‹www.washingtonpost.com/context/doj-notificationtocongress-regarding-the-conclusionofthe-
-mueller-investigation/?noteId=501d8d23-1823-4140-9b29-daaee164275e&questionId=111ad2f8-
d378-4dd6-a39a-a3241842594d›.

p. 390, **O relatório de 448 páginas era uma lista assombrosa:** Devlin Barrett e Matt
Zapotosky, "Mueller Report Lays Out Obstruction Evidence Against the President", *Washington Post*, 17 abr. 2019. Disponível em: ‹www.washingtonpost.com/world/national-secu-
rity/attorney-generaltoprovide-overviewofmueller-reportatnews-conference-before-its-
-release/2019/04/17/8dcc9440-54b9-11e9-814f-e2f46684196e_story.html›.

p. 390, **Alguns dos episódios:** Philip Rucker e Robert Costa, "Paranoia, Lies, and Fear:
Trump's Presidency Laid Bare by Mueller Report", *Washington Post*, 18 abr. 2019. Disponível
em: ‹www.washingtonpost.com/politics/paranoia-lies-and-fear-trumps-presidency-laid-
barebymueller-report/2019/04/18/3379c49a-571b-11e9-814f-e2f46684196e_story.html›.

p. 392, **Embora Giuliani estivesse em Washington:** Rucker et al., "The Battle over the
Mueller Report Begins as Trump Allies Claim Victory".

p. 397, **A carta dizia que as introduções:** "Special Counsel Mueller's Letter to Attorney General
Barr", *Washington Post*, 27 mar. 2019. Disponível em: ‹www.washingtonpost.com/context/special-
-counsel-muellerslettertoattorney-general-barr/e32695eb-c379-4696-845a-1b45ad32fff1›.

p. 398, **Em 30 de abril:** Devlin Barrett e Matt Zapotosky, "Mueller Complained That
Barr's Letter Did Not Capture 'Context' of Trump Probe", *Washington Post*, 30 abr. 2019.
Disponível em: ‹www.washingtonpost.com/world/national-security/mueller-complained-
-that-barrs-letter-did-not-capture-contextoftrump-probe/2019/04/30/d3c8fdb6-6b7b-
11e9-a66d-a82d3f3d96d5_story.html›.

25. O ESPETÁCULO CONTINUA [pp. 401-16]

p. 403, **De volta a Washington na noite de 2 de abril:** Entrevista de Nielsen no *Tucker
Carlson Tonight*, YouTube, 2 abr. 2019. Disponível em: ‹www.youtube.com/
watch?v=rEfma2hj2sU›.

p. 403, **Nielsen também disse que Trump:** Dan Cancian, "DHS Chief Kirstjen Nielsen
Hints Donald Trump May Close Border: 'He's Very Serious About It'", *Newsweek*, 3 abr. 2019.
Disponível em: ‹www.newsweek.com/donald-trumpusmexico-wall-kirstjen-nielsen-border-
wall-1384455›.

p. 403, **Em 4 de abril, durante entrevista:** Priscilla Alvarez e Geneva Sands, "Homeland Security Secretary on Border Situation: 'We Have an Emergency on Our Hands'", CNN,

4 abr. 2019. Disponível em: <www.cnn.com/2019/04/04/politics/nielsen-border-cnntv/index.html>.

p. 405, **"Eu não poderia estar mais orgulhosa":** "Kirstjen Nielsen's Resignation Letter", *Washington Post*, 8 abr. 2019. Disponível em: <www.washingtonpost.com/context/kirstjen-nielsensresignation-letter/?noteId=db93edc2-df04-49ed-b0a4-6a64d7d5d765&questionId=e4834bfe-8b59-4d74-9cb0-a261d6c4857e>.

p. 407, **Em junho, no entanto:** Aaron C. Davis e Shawn Boburg, "As Trump's Defense Pick Withdraws, He Addresses Violent Domestic Incidents", *Washington Post*, 18 jun. 2019. Disponível em: <www.washingtonpost.com/investigations/trumps-defense-nominee-address-es-violent-incident-betweenexwife-son-amid-fbi-vetting-process/2019/06/18/e46009de-190b-11e9-a804-c35766b9f234_story.html>.

p. 407, **Alguns deles lamentaram discretamente:** Paul Sonne, "Seeking to Sell Military Budget, Pentagon Chief Faces Political Fire over Wall", *Washington Post*, 14 mar. 2019. Disponível em: <www.washingtonpost.com/world/national-security/pentagon-chief-rules-outcost-plus50approach-with-allies/2019/03/14/d49c676c-4666-11e9-9726-50f151ab44b9_story.html>.

p. 409, **Em maio, o *New York Times*:** Dave Philipps, "Trump May Be Preparing Pardons for Servicemen Accused of War Crimes", *New York Times*, 18 maio 2019. Disponível em: <www.nytimes.com/2019/05/18/us/trump-pardons-war-crimes.html>.

p. 410, **Na tarde de 16 de abril:** Matt Zapotosky et al., "Mueller Report Will Be Lightly Redacted, Revealing Detailed Look at Obstruction of Justice Investigation", *Washington Post*, 17 abr. 2019. Disponível em: <www.washingtonpost.com/world/national-security/attorney--general-plans-news-conferencetodiscuss-mueller-report/2019/04/17/f5ca1cc6-6138-11e9-9ff2-abc984dc9eec_story.html>.

p. 412, **As notas de Donaldson:** Carol D. Leonnig, "Watergate Had the Nixon Tapes. Mueller Had Annie Donaldson's Notes", *Washington Post*, 3 maio 2019. Disponível em: <www.washingtonpost.com/politics/watergate-had-the-nixon-tapes-mueller-had-annie-donaldsons--notes/2019/05/03/d2b1bc62-66b5-11e9-8985-4cf30147bdca_story.html>.

p. 413, **Um desses conselheiros:** Philip Rucker, Josh Dawsey e Robert Costa, "Trump Blames McGahn After Mueller Paints Damning Portrait with Notes from White House Aides", *Washington Post*, 19 abr. 2019. Disponível em: <www.washingtonpost.com/politics/trump--blames-mcgahn-after-mueller-paints-damning-portrait-with-notes-from-white-house--aides/2019/04/19/ea0f153a-62b4-11e9-9412-daf3d2e67c6d_story.html>.

p. 413, **Em maio, mais de mil:** "Statement by Former Federal Prosecutors", *Medium*, 6 maio 2019. Disponível em: <medium.com/@dojalumni/statementbyformer-federal-prosecutors-8ab7691c2aa1>.

p. 414, **Naquela noite, Trump apareceu:** "Pastor Paula White Delivers Opening Prayer at President Trump's Reelection Rally", YouTube. Disponível em: <www.youtube.com/watch?v=MY4MYPCzAfk>.

EPÍLOGO [pp. 417-22]

p. 417, **O telefonema de Trump devia ser:** Craig Timberg, Drew Harwell e Ellen Nakashima, "In Call to Ukraine's President, Trump Revived a Favorite Conspiracy Theory About the DNC Hack", *Washington Post*, 25 set. 2019. Disponível em: <www.washingtonpost.com/technology/2019/09/25/trumps-mention-crowdstrike-call-with-ukraines-president-recalls--russian-hack-dnc>.

p. 418, **Trump lembrou a Zelensky:** Karoun Demirjian, Josh Dawsey, Ellen Nakashima e Carol D. Leonnig, "Trump Ordered Hold on Military Aid Days Before Calling Ukrainian President, Officials Say", *Washington Post*, 23 set. 2019. Disponível em: <www.washingtonpost.com/national-security/trump-ordered-holdonmilitary-aid-days-before-calling-ukrainian--president-officials-say/2019/09/23/df93a6ca-de38-11e9-8dc8-498eabc129a0_story.html>.

p. 418, **"Mas gostaria que nos fizesse um favor":** "Memorandum of Telephone Conversation, Subject: Telephone Conversation with President Zelenskyy (*sic*) of Ukraine", Casa Branca, remoção do sigilo por ordem do presidente, 24 set. 2019. Disponível em: <www.whitehouse.gov/wpcontent/uploads/2019/09/Unclassified09.2019.pdf?fbclid= IwAR2N-RvNaYh-nrFMBa2SSG1bumdyNoJhXVCDNtBYugM-klXGctnWce6qDjD0>.

p. 418, **No dia seguinte, 26 de julho:** Arden Farhi, "Read the Whistleblower's Memo About Trump's Ukraine Call, as Described to CBS News", CBS News, 9 out. 2019. Disponível em: <www.cbsnews.com/news/the-whistleblower-complaint-read-full-text-whistleblower--memo-trump-ukraine-call-described-cbs-news-exclusive>.

p. 420, **"Havia mais uma espécie de éthos na tentativa":** Philip Rucker e Robert Costa, "'A Presidency of One': Key Federal Agencies Increasingly Compelled to Benefit Trump", *Washington Post*, 2 out. 2019. Disponível em: <www.washingtonpost.com/politics/apresidencyofone-key-federal-agencies-increasingly-compelledtobenefit-trump/2019/10/01/f80740ec-e453-11e9-a331-2df12d56a80b_story.html>.

455

p. 421, **"Nunca vi nada assim"**: Philip Rucker, Robert Costa e Rachael Bade, "Trump's Ukraine Call Reveals a President Convinced of His Own Invincibility", *Washington Post*, 21 set. 2019. Disponível em: <www.washingtonpost.com/politics/trumps-ukraine-call-reveals-a--president-convinced-of-his-own-invincibility/2019/09/21/1a56466c-dc6a-11e9-ac63-3016711543fe_story.html>.

p. 421, **Quando Alexander Hamilton escreveu os dois ensaios:** Ron Chernow, "Hamilton Pushed for Impeachment Powers. Trump Is What He Had in Mind", *Washington Post*, 18 out. 2019. Disponível em: <www.washingtonpost.com/outlook/2019/10/18/hamilton-pushed--impeachment-powers-trumpiswhathehad-mind/?arc404=true>.

p. 421, **Ele disse que desejava "de coração":** Michael S. Rosenwald. "'A very bad blow': The GOP Lawmaker Who Turned on Nixon Paid a Price for It", *Washington Post*, 29 set. 2019. Disponível em: <www.washingtonpost.com/history/2019/09/29/a-very-bad-blow-gop--lawmaker-who-turned-nixon-paid-price-it>.

Índice remissivo

#MeToo, movimento, 310-1; *ver também* Kavanaugh, Brett

11 de setembro de 2001, ataque terrorista de, 85, 178, 256

"A América em Primeiro Lugar", 143

Abe, Shinzo, 44, 124-5, 165, 299

abuso de subordinados *ver* Trump, características de, abuso de subordinados

Access Hollywood, áudio, 62, 212

acordo da Trump Tower em Moscou, 303, 332, 335-6, 370, 374, 376

Afeganistão, guerra do: briefing da política externa do Pentágono sobre, 143-4, 148-9; frustração de Trump com, 175-6; mandato de Flynn e, 25; McMaster sobre, 180; planos de retirada dos Estados Unidos, 340-1; seguidores de Trump e, 148

Agência de Repressão às Drogas (DEA), 157

Agência de Segurança Nacional, 34, 38, 43, 65

agressão sexual: alegações contra Trump, 62, 96, 212; nomeação de Kavanaugh e, 310-2

Alemanha, 283

Alexander, Peter, 46

Alfalfa Club, jantar no (janeiro 2017), 42

Allen, John R., 214

Anthony, Steve, 184

aparência, foco na *ver* Trump, características de, foco no visual

aplicação da lei *ver* sistema de justiça criminal

Aprendiz, O, 26

Arábia Saudita, 91, 219, 331

Araud, Gérard, 18, 43, 278, 330

Assad, Bashar al-, 126, 420; *ver também* Síria

Assange, Julian, 333-4, 376

Atkinson, Rush, 171, 268

Austrália, 43

autoabsorção *ver* Trump, características de, solipsismo

Axios, 221, 345, 347

Ayers, Nick, 341, 346

Baier, Bret, 215

Bajraktari, Yili, 244-5

Baker, Jim, 75, 344

Baker, Peter, 140

Bannon, Steve: admissão de culpa de Flynn e, 186; artigo do *Wall Street Journal* sobre, 119; briefing de política externa do Pentágono e, 144-7; conflitos internos na administração e,

27, 120, 160, 166; contratação de Corallo e, 99-100; demissão de, 166; demissão de Christie e, 26; e a entrevista de Flynn no FBI, 41; encontro Mueller-Trump (16 maio 2017) e, 81; entrevista na investigação de Mueller, 224-5, 313; Guerra do Afeganistão e, 148; impedimento de Sessions e, 59, 61; indicação de Flynn e, 24; negações de interferência russa na eleição, 36; nomeações de transição, 24, 27-8, 33, 62; paranoia de, 40; planejamento na sala de guerra e, 92, 103; planos de demissão de McGahn e, 113; Priebus e, 158; proibição de viagem para muçulmanos e, 42; Scaramucci sobre, 159; sobre a demissão de Comey, 66; sobre a investigação de Mueller, 164, 186; sobre as sanções à Rússia da administração Obama, 33; sobre os papéis de Kushner/Ivanka na Casa Branca, 106, 160; tentativas de contato pessoal de Trump e, 102

Barr, Bill: briefing da investigação de Mueller, 381; briefing do relatório de Mueller, 383-5; carta do relatório de Mueller, 392-9; coletiva de imprensa do relatório de Mueller, 412; liberação da versão completa do relatório de Mueller e, 410-2; nomeação de, 338-40, 363; pedido de resumo executivo do relatório de Mueller e, 399; pedido para investigar Biden e, 418; preparativos para o relatório de Mueller, 366-7; processo de confirmação, 365-6, 381; questão de obstrução da justiça e, 384-5, 390-1, 393; revisão do relatório de Mueller, 387-8, 391

Barrack, Thomas, 19, 30-1, 66

Barrett, Devlin, 398

base política conservadora *ver* Trump, seguidores de

Bauer, Robert, 235

Bender, Michael, 119

Benghazi, investigação, 28

Berkowitz, Avi, 223

Bettel, Xavier, 286

Bezos, Jeff, 43

Biden, Hunter, 418

Biden, Joe, 418

Bolton, John: coletiva de imprensa de Helsinque e, 289; convite de visita de Estado a Putin e, 289; Coreia do Norte e, 275, 277-8; demissão de, 419; demissão de McMaster e, 244, 246; papel nas relações exteriores, 278; política na Síria e, 348; reunião de cúpula da Otan e, 285

Bossert, Tom, 197-8

Bossie, Dave, 33, 98

Bowdich, David, 266

Bowe, Mike: conflitos internos da equipe de defesa legal de Trump e, 115; contratação de, 97; demissão de Corallo e, 140; depoimento de Comey e, 105; história do canal secreto de Kushner e, 99; investigação de Cohen e, 250; papéis de Kushner/Ivanka na Casa Branca e, 107; pedidos de intervenção pessoal feitos por Trump e, 101; possibilidade de entrevista com Trump e, 185, 188; previsões de datas de Dowd, 116; recrutamento da equipe de defesa legal de Trump e, 97-8, 101, 103; reunião na Trump Tower e, 128, 131, 134-5; sobre a investigação de obstrução da justiça, 114-5; tentativas de remoção de Mueller e, 110

Boyd, Stephen, 154, 200, 266, 322-3, 388

Brand, Rachel, 88, 153-4

Brasil, 240

Breitbart, 27-8, 63

Bremmer, Ian, 273

Brennan, John, 35, 124, 288, 294-6, 298

Brexit, 326

Breyer, Stephen, 54

briefings: demissão de Flynn e, 44; efêmera capacidade de atenção de Trump e, 145-6, 177-8, 180; estilo de McMaster, 177-80; fichas de anotações, 179, 239, 243; fome de Trump por elogios e reconhecimento e, 145; gráficos em, 145; impedimento de Trump de ler e, 145, 178-9, 337; insegurança de Trump e, 177; papel de Bolton e, 279; política de

458

imigração e, 317; sobre a interferência russa na eleição (6 janeiro 2017), 36; Tillerson e, 176, 180; ver também Pentágono, briefing de política externa do

Brower, Gregory e o memorando de Nunes, 200

Brown, Emma, 310

Brown, Reginald "Reg", 130

Brunson, Andrew, 291-4

Buffett, Warren, 43

Burck, William, 224

Burke, Edmund, 20

Burnett, Erin, 206

Burr, Richard, 118

Bush, Billy, 212

Bush, George W., 178, 277, 301, 322

BuzzFeed, 36

Câmara, democratas na: negociações sobre orçamento do governo, 342-3, 357-9; paranoia de Trump em relação a, 40; planos de investigação, 322, 325, 330, 364; possibilidade de impeachment e, 413-4; vitória nas eleições de meio de mandato, 321; ver também Pelosi, Nancy; pessoas específicas

caos na administração Trump: conflitos internos da administração e, 168; Corker sobre, 170; Kelly e, 222; na equipe de defesa legal de Trump, 247; negação por parte de Trump do, 48; nomeação de Dubke e, 46-7; política de imigração e, 317-8; proibição de viagem para muçulmanos e, 42; solipsismo de Trump e, 13-4; transparência e, 17

capachos ver facilitadores na administração

capacidade de atenção, 145-6, 177-80

Carlson, Tucker, 403

Casa Branca, equipe de defesa legal da: comemoração do relatório de Mueller, 394; compartilhamento de documentos e, 161, 163, 185, 303; contratação de Cobb, 102, 160; estratégia de cooperação, 161, 184-6; estratégia de sigilo executivo, 365, 413; papel de Cipollone, 364; previsões de datas de Dowd

e, 163; sobre a possibilidade de entrevista com Trump, 185; ver também Cipollone, Pat; Cobb, Ty; Flood, Emmet

Catar, 248

Cheney, Dick, 55, 301

China, 174-6, 219

Christie, Chris: Coreia do Norte e, 165; demissão como chefe da equipe de transição, 26; demissão de Comey e, 72, 74; investigação da Comissão de Inteligência do Senado e, 119; nomeação de Barr e, 338; nomeação de Flynn e, 25; nomeação de Mueller e, 90; oferta para chefe de gabinete, 344-7; sobre a interferência russa na eleição, 44; tentativas de remoção de Mueller e, 111

Christie, Mary Pat, 44, 165, 345-6, 348

CIA, 27-9, 219, 331, 418-9; ver também Brennan, John; Pompeo, Mike

cibersegurança, 401-2

Cipollone, Pat: exigências do muro na fronteira e, 372; nomeação de, 313, 363; nomeação de Barr e, 338; relatório de Mueller e, 388, 393, 395

Circa, 131, 134, 136-7

Clapper, James R., 35

Clarke, Richard, 408

Clement, Paul, 103

Clinton, Bill, 226, 262

Clinton, Hillary: cerimônia fúnebre de McCain e, 301; equipe de Mueller e, 110; invasão do Comitê Nacional Democrata e, 170-1; investigação de Benghazi e, 28; sobre os seguidores de Trump, 27; tuítes de Trump sobre, 216; ver também Clinton, investigação de e-mails; interferência russa na eleição; reunião na Trump Tower

Clinton, investigação dos e-mails: demissão de Commey e, 67, 69-70, 73, 75; elogio de Trump a Comey, 35; papel de Comey, 39; revelações de McCabe, 234

Coats, Dan: coletiva de imprensa de Helsinque e, 288; convite de visita de Estado a Putin e, 290; exigências públicas de exoneração por parte de Trump e, 65-6; Fisa e, 197; memorando de Nunes e, 207

Cobb, Ty: compartilhamento de documentos e, 161, 163; contratação de, 102, 160-1; contratação dos Raskin e, 257; demissão de Dowd e, 236; indiciamentos de Gates e Manafort e, 172; investigação de Cohen e, 252; papéis de Kushner/Ivanka na Casa Branca e, 160-1; possibilidade de entrevista com Trump e, 185, 202, 205

Cohen, Eliot A., 277

Cohen, Michael: acordo sobre a Trump Tower de Moscou e, 370, 374, 376; ameaça de intimação na investigação de Mueller, 252; declara-se culpado, 298, 374-5; depoimento no Congresso, 374-8; investigação pelo FBI de, 249-55, 259; pagamentos de Stormy Daniels e, 212, 248-51, 376

Cohn, Gary, 166, 177, 221; ver também briefing de política externa do Pentágono

Cohn, Roy, 59-60, 62

coletivas de imprensa, 47, 49, 57, 90, 153, 246, 268, 276, 280, 285, 287-8, 299, 311

Comey, demissão de, 67-79; carta de Rosenstein, 70, 73, 74; comentários de Rosenstein sobre a Agência de Repressão às Drogas, 77; declaração de Pence, 76; encontro Mueller--Trump (16 maio 2017) e, 81-2; entrevista com Trump na NBC, 77; entrevistas para sucessor, 82; estratégia de cooperação e, 161-2; investigação de e-mails de Clinton e, 67, 69-70, 73, 75; investigação do FBI sobre a Rússia e, 67, 69-70, 75-7, 91; memorando de Barr sobre, 339; planos de Trump para, 67-9; possibilidade de entrevista com Trump e, 260; reações do FBI, 75; reações no Congresso e, 76; reportagens em jornais sobre, 88, 91; Rosenberg sobre, 157; sessão de estratégia no Departamento de Justiça, 77; tentativas de obstrução da investigação sobre a Rússia e, 76, 88, 91; tuíte de Trump sobre, 78; vazamento do memorando e, 78

Comey, James: briefing da inteligência de Trump (6 janeiro 2017), 35; Corallo sobre, 99; depoimento no Congresso (3 maio 2017), 66, 69; depoimento no Congresso (8 junho 2017), 105; entrevista de Flynn pelo FBI e, 40; exigências públicas de exoneração por parte de Trump e, 65-7, 70; liberação da segurança e, 295; ligação Flynn-Kislyak e, 38-9; reunião com Trump (fevereiro 2017), 45, 75, 78, 105, 191; sobre o dossiê Steele, 35; vazamento do memorando, 78; ver também Comey, demissão de

Comissão de Inteligência da Câmara, investigação da, 118, 127-8, 130, 221

Comissão de Inteligência do Senado, investigação da, 66, 87, 105, 118, 127-8

Comissão de Supervisão da Câmara, depoimento de Cohen perante, 374-7

Comitê Nacional Democrata, invasão do: exortação de Trump à Rússia sobre e-mails de Clinton, 268, 369; indiciamentos, 286-7; indiciamentos na investigação Mueller e, 383; rastreamento, 171; relatório de Mueller sobre, 395; respostas escritas de Trump sobre, 331; Stone e, 333-4, 376

competitividade, 163

conflitos internos ver Trump, administração, conflitos internos

Conway, George, 87-9, 120-1

Conway, Kellyanne, 43, 73, 87-8, 289, 392

Cooper, Anderson, 73

Corallo, Mark: conflitos internos na equipe de defesa legal de Trump e, 115; contratação de, 99-101; demissão de, 140; previsões de datas de Dowd e, 116; reunião na Trump Tower e, 131, 135-7, 140; sobre os papéis de Kushner/Ivanka na Casa Branca, 106-7, 213; tentativas de contato pessoal de Trump e, 102

Coreia do Norte: briefing de política externa do Pentágono sobre, 146; fixação de Trump no Prêmio Nobel da Paz e, 299; morte de Warmbier, 378; política russa na, 126; posição de Bolton sobre, 277; preocupações de Trump com, 164-5; reunião de transição com

Obama sobre, 26; reuniões de cúpula com Kim Jong Un, 237-7, 374, 377-8

Coreia do Sul, 143, 146, 340-1

Corker, Bob, 170, 302, 358

Corsi, Jerome, 333-5

Costa, Robert, 195, 392, 413

Cotton, Tom, 180, 199

Cox, Archibald, 76

Craighead, Shealah, 72

"crianças, as" ver Kushner, Jared; Kushner/Ivanka, papéis na Casa Branca; Trump, Ivanka

Crimeia, anexação pela Rússia, 124, 126, 273

crimes de guerra, 409

Crowell, James, 256

Cruz, Ted, 54

Culvahouse, A. B., Jr., 103

Cummings, Elijah, 374-5

Cuomo, Chris, 403

curdos, 349, 352; ver também Síria

Cutz, Fernando, 244-5

Daily Mail, 210

Daley, Bill, 213

Daniels, Stormy (Stephanie Clifford), 212, 248-51, 376

Davis, Lanny, 374-5

Dawsey, Josh, 199, 331, 370

democratas, 67, 118; ver também Câmara, democratas na; Schumer, Charles; pessoas específicas

denunciantes ver resistência interna

Departamento de Defesa: demissão de Mattis, 353, 359, 362-3; editorial "Sou parte da resistência" e, 301-2; jantar na Casa Branca (2019), 407-8; julgamento de Gallagher, 407-9; mandato de Shanahan, 372; ver também Mattis, James; briefing de política externa do Pentágono; deslocamento de tropas pelo mundo

Departamento de Estado: demissão de Tillerson, 228-33; mudança de Thompson para, 151; planos de retirada da Síria e, 349; política de imigração e, 314; sanções à Rússia da administração Obama, 34-5, 38; ver também Tillerson, Rex

Departamento de Justiça: acusações de acobertamento feitas por Nunes, 265-7; antinepotismo, decisões sobre, 32; confirmação de Barr, 366-7, 382; contratação de O'Callaghan, 255-6; crença de Mueller no, 414; demissão de Comey e, 77; demissão de Sessions, 322-3; distância de Mueller e, 263; editorial "Sou parte da resistência" e, 302; entrevista de Flynn no FBI e, 40; jantar Rosenstein-Sessions, 221; mandato de Whitaker, 367; memorando de Nunes e, 199, 201, 206, 208, 265; memorando de Rosenberg, 157; nomeação de Barr, 338-40, 363; nomeação de George Conway, 88-9, 121; obstrução da justiça e, 385; planos do Massacre de Sábado à Noite, 154; política de imigração e, 314; possibilidade de demissão de Rosenstein e, 307-9; possibilidade de entrevista com Trump e, 304; proibição de denunciar um presidente em exercício, 261-2, 368, 382, 384, 388-9, 391; quase independência do, 59-60, 90; regras de impedimento, 57, 67; relatório de Mueller e, 366-7; separação de famílias e, 280; sobre sigilo executivo, 161; ver também investigação de Mueller; Rosenstein, Rod; Sessions, Jeff

Departamento de Segurança Interna, 402; ver também política de imigração; Nielsen, Kirstjen

deslocamento de tropas pelo mundo: briefing de política externa do Pentágono sobre, 145-8; discurso do Iraque sobre, 362; resistência de Tillerson e, 150, 189-90; ver também Afeganistão, guerra do; Síria

Dhillon, Uttam, 70

Dia dos Veteranos, observação no, 329

diGenova, Joseph, 235-6, 247

direitos civis, proteções dos ver supremacia branca/racismo

discurso de aceitação da nomeação (Cleveland, 2016), 13

disseminação de medo, 321

Distrito Sul de Nova York, investigações do: admissão de culpa de Cohen, 374-6; Cohen, 250, 252, 254

Dobbs, Lou, 316-7

documentário sobre leitura da Constituição, 52-5

Donaldson, Annie, 113, 412

Doocey, Sean, 231

Dowd, John: abuso de, por parte de Trump, 204, 235; compartilhamento de documentos e, 162-3; contratação de, 97-8; declaração pública de, 235; demissão de, 236, 395; distância de Mueller e, 263; papéis de Kushner/Ivanka na Casa Branca e, 106-7; possibilidade de entrevista com Trump e, 185, 188, 190, 202, 204, 225-6, 259, 261; previsões de datas de, 116, 184, 235; recrutamento da equipe de defesa legal de Trump e, 102, 235-6; retirada de Flynn da defesa conjunta e, 183; sobre a investigação de obstrução da justiça, 114

Dreeben, Michael, 109, 161-2, 258

Dubke, Michael, 46, 48, 71-2, 87, 99

Dunford, Joseph: briefing de política externa do Pentágono e, 144, 149, 151; comemoração do fim da Primeira Guerra Mundial e, 327-8; demissão de Mattis e, 360; resistência de Tillerson a Trump e, 189-90; Shanahn e, 372

Durbin, Dick, 199, 371

Edwards, John, 107

Eisenberg, John, 365

eleições de meio de mandato (2018): nomeação de Kavanaugh e, 311; planos democratas de investigação na Câmara e, 322, 325, 329-30; política de imigração e, 314, 319, 321; possibilidade de impeachment e, 305; respostas escritas de Trump e, 332

Emirados Árabes Unidos, 219

Engel, Steven, 339

Erdogan, Recep Tayyip, 25, 291, 293, 349, 351

Escoteiro, Jamboree (24 julho 2017), 155-6

Espy, Mike, 162, 225, 259

estabilizadores na administração, 15, 48, 167-8, 170, 221, 413, 419

Estado da União, discurso (30 janeiro 2018), 208

Estado Islâmico, 348, 408-9; *ver também* Síria

Estado profundo: memorando de Nunes e, 206; paranoia de Trump em relação a, 64, 198, 201

facilitadores na administração, 14, 363, 373, 381, 419

FBI: acusações de abuso de doméstico de Porter e, 211; demissão de Comey e, 74-5, 249-55; investigação de Flynn, 38-41; investigação sobre a revelação de contato exterior de Kushner, 213; mandato de Mueller no, 85-6; textos de Strzok-Page, 75, 141, 205, 369; *ver também* Comey, James; FBI, investigação sobre a Rússia; Wray, Christopher

FBI, investigação sobre a Rússia: busca republicana de obstrução na, 199-202, 206, 208, 265-7, 306, 308; demissão de Comey e, 67, 69-70, 75-7, 91; exigências públicas de exoneração por parte de Trump, 65-7, 70, 76; Flynn como sujeito da, 44-5, 75, 78, 191; impedimento de Sessions, 55, 57, 59, 61, 67, 120-1, 153; Kushner como alvo da, 91; mentiras de Trump, 66; queixas de Trump sobre, 65-7; *ver também* Rússia, tentativas de obstrução da investigação sobre a

FCPA (Lei de Práticas de Corrupção no Exterior), 182

federalista, O, 421

Figliuzzi, Frank, 86, 396

Financial Times, sobre a investida da Unite the Right, 166

Fisa (Lei de Vigilância de Inteligência Estrangeira), 195-8

Flood, Emmet: contratação de, 235; contratação de Cipollone e, 314; memorando de Barr e, 339; nomeação de Barr e, 338; o depoimento de Comey e, 105; planejamento na sala de guerra e, 103; relatório de Mueller e, 388-9, 393, 395; sobre a proibição de denunciar um presidente em exercício, 369

Flynn, Michel: demissão de, 44-5; investigação pelo FBI de, 44-5, 75, 78, 191; nomeação de, 23-5; retirada da defesa conjunta, 183-4; Turquia e, 25; ver também Flynn-Kislyak, ligação

Flynn-Kislyak, ligação, 34; debate Comey-Yates, 38; Flynn admite culpa, 185-7; interceptação da Agência de Segurança Nacional, 34, 38, 41, 43; investigação do FBI e, 38, 40-1; mentiras da equipe de Trump sobre, 39, 41; resposta de Putin e, 35; *Washington Post* sobre, 38, 44

Ford, Christine Blasey, 310-2

Fox: acusação de Gallagher e, 408; busca republicana no Congresso por obstrução na investigação sobre a Rússia e, 267; contratação de Bolton e, 244; contratação de DiGenova e, 236, 247; negação de Trump de interferência russa na eleição e, 288; política de imigração e, 316, 320, 403; Sekulow e, 102; sobre a Fisa, 195-6; sobre as negociações do orçamento do governo, 358; sobre os textos Strzok-Page, 370; vício de Trump em, 195, 330; *ver também* Hannity, Sean

França, 329; *ver também* Macron, Emmanuel

Francisco, Noel, 221, 308-9

Franken, Al, 55

Freedom Caucus, 197, 358

Freeh, Louis, 86

Fuentes, Zach, 327-8

Furacão Fogo Cruzado *ver* FBI, investigação sobre a Rússia

Futerfas, Alan, 130, 132, 134-5, 138

G7, reunião de cúpula (2017), 18

G7, reunião de cúpula (2018), 273-4

Gallagher, Edward, 407-9

Galston, William A., 421

Garten, Alan, 134, 138

Gates, Bill, 43

Gates, Rick, 30-1, 172

"gênio estável", expressão, 18-9, 286

Gidley, Hogan, 284

Gingrich, Newt, 288

Giuffra, Robert, 103

Giuliani, Rudy: acordo de autodeclaração de Corsi e, 333-5; comentários na televisão, 370; contratação de, 256-7; distância de Mueller e, 263; nomeações de transição e, 62-3; oferta de chefe de gabinete a Christie e, 344; pedido de investigar Biden e, 418-9; possibilidade de entrevista com Trump e, 259-61; relatório de Mueller e, 368, 389, 394, 410, 413; respostas escritas de Trump e, 332

Glor, Jeff, 287

Goldman, Adam, 306

Goldstein, Andrew, 114, 257-8, 334

Goldstein, Steve, 230-1

Goldstone, Rob, 128, 135, 138-9

Goodlatte, Bob, 199, 205

Gordon, Sue, 266

Gorsuch, Neil, 112

Gosar, Paul, 377

Gowdy, Trey, 206-7, 266-7

Graham, Franklin, 167

Graham, Lindsey, 199, 301

Griffin, Michael, 353

Groves, Steven, 161

Grudinin, Pavel, 238

Guccifer 2.0, 171

guerra ao terror, 85, 196

Gülen, Fethullah, 25, 292

Haberman, Maggie, 140

Haiti-Noruega, comentários, 199

Haley, Nikki, 29, 161, 180, 228

Hamilton, Alexander, 421

Haney, Franklin, 248

Hannity, Sean, 102, 242-3, 310

Harris, Shane, 331

Haspel, Gina, 229
Hayden, Michael, 188, 295
Hegseth, Pete, 408
Hicks, Hope: artigo no *Wall Street Journal* e, 119; batida na casa de Manafort e, 166; como influência tranquilizadora, 221; demissão de, 221; demissão de Comey e, 68; demissão de McMaster e, 244; entrevista na investigação de Mueller, 223; férias de Trump no clube de golfe de Nova Jersey (agosto 2017) e, 164; nomeação de Mueller e, 86; nomeações de transição e, 33; reunião na Trump Tower e, 129-33, 136-8; tentativas de obstrução da justiça na investigação sobre a Rússia e, 117, 133-4, 137
Hill, Fiona, 241
Hogan, Lawrence J., 421
Holder, Eric, 60, 103
Holderness, Colbie, 211-2
Holt, Lester, 77, 260
Homan, Thomas, 279
Hood, Robert, 353
Hoover, J. Edgar, 60
Horowitz, Michael, 140
Hunt, Jody, 67, 82, 84, 153-4
Hur, Robert, 256

Ignatius, David, 38
ignorância *ver* Trump, características de, ignorância
impacto sobre a democracia americana, 15, 20, 298
impeachment, possibilidade de: eleições de meio de mandato e, 305; estratégia de sigilo executivo e, 413; Hamilton sobre, 421; pedido de Trump para investigar Biden e, 417, 419, 421; relatório de Mueller e, 368, 391, 393
impulsividade *ver* Trump, características de, impulsividade
infantilidade, 18, 54
Inglaterra: ataque com substância neurotóxica em Salisbury, 229, 238, 240, 242; relação

Trump-May, 125, 325-6; *ver também* May, Theresa
Ingraham, Laura, 364
insegurança *ver* Trump, características de, insegurança
interferência russa na eleição: canal secreto de Kushner, 98-9; Christie sobre, 45; Coats sobre, 290; coletiva de imprensa de Helsinque, 287-9; cúpula Trump-Putin em Helsinque, 286-7; exortação de Trump à Rússia sobre os e-mails de Clinton, 268, 369; indiciamento Departamento Central de Inteligência russo, 286; indiciamentos da investigação de Mueller, 216-7, 383; investigação da Comissão de Inteligência da Câmara, 118, 127-8, 130; investigação da Comissão de Inteligência do Senado, 66, 86-7, 105, 118, 127-8, 130; negações de Bannon sobre, 36; primeiros briefings da inteligência, 36; reunião Trump-Putin (7 julho 2017) sobre, 122-3; revogação da liberação de segurança de Bannon e, 295; sanções da administração Obama, 33-5, 38; sanções do Congresso (agosto 2018), 188; Trump nega, 16, 36, 77, 123, 188, 287-9, 416; validade da eleição de Trump e, 33, 117, 205, 217; *ver também* Comitê Nacional Democrata, invasão do; FBI, investigação sobre a Rússia; Mueller, investigação de; Trump Tower, reunião na
investigação de obstrução da justiça, 369; demissão de Comey e, 162-3; depoimento de McGahn, 313, 413; memorando de Barr sobre, 339-40; possibilidade de entrevista com Trump e, 260, 303-4; proibição de denunciar um presidente em exercício e, 261-2; queixas de Trump em relação a, 111-2; reunião da equipe de defesa legal de Trump com a equipe de Mueller (16 junho 2017), 114; tentativas de remoção de Mueller e, 111; textos Strzok-Page sobre, 75
Iowa Freedom Summit, 56
Irã, acordo nuclear com, 28, 148, 180

Iraque: acusação de Gallagher, 407-9; visita de Trump (2018), 362

Isgur Flores, Sarah: demissão Comey e, 73; demissão de Sessions e, 323; exigências de demissão de Sessions e, 154; história da proposta de Rosenstein de invocar a 25ª Emenda e, 306-7; possibilidade de demissão de Rosentein e, 308

Israel: acordo de troca de prisioneiros com a Turquia e, 291-2; papel de Kushner e, 219; visita de Trump, 91, 95

Jackson, Hallie, 198
Japão ver Abe, Shinzo
Javid, Sajid, 403
Johnson, Jenna, 249
Johnston, Deborah, 201
Jordan, Jim, 377

Kasowitz, Marc: alegações contra, 115; aparição no National Press Club, 105; contratação de, 96-7; contratação de Corallo e, 101; contratação de Dowd e, 98; depoimento de Comey e, 105-6; história do canal secreto de Kushner e, 99; pedidos pessoais de intervenção feitos por Trump e, 101-2; reunião na Trump Tower e, 128, 131, 135, 137; sobre a investigação de obstrução da justiça, 114-5; sobre os papéis de Kushner/Ivanka na Casa Branca, 99, 107; tentativas de remoção de Mueller e, 110

Kavanaugh, Brett, 307, 309, 310-1, 313
Kellogg, Keith, 179
Kelly, John: abuso de McMaster por Trump e, 179; acusações de abuso doméstico de Porter e, 210-7; batida na casa de Manafort e, 165; cerimônia fúnebre de McCain e, 301; chamadas das famílias de soldados tombados e, 215; coletiva de imprensa de Helsinque e, 289; comemoração do fim da Primeira Guerra Mundial e, 327-8, 330; comício de Phoenix e, 167; como chefe de gabinete, 168-9; como força estabilizadora, 48, 167-8,

170, 419; conflito com Lewandowski, 217-8; conflitos internos na administração e, 167-8, 330, 341; cúpula na Coreia do Norte e, 275; demissão de, 340-1, 363; demissão de Bannon e, 166; demissão de McEntee e, 237; demissão de Sessions e, 322-4; demissão de Tillerson e, 228-9, 232-3; deslocamento de tropas na fronteira e, 49-51, 379; férias de Trump no golfe clube de Nova Jersey (agosto 2017) e, 164; história da proposta de Rosenstein de invocar a 25ª Emenda e, 307; ignorância de Trump e, 51, 181-2; insegurança de Trump e, 177; investigação de Cohen e, 252; ligação de Peña Nieto e, 300; McMaster e, 179-80, 237, 245-6; memorando de Nunes e, 201, 207; Nielsen e, 314-5, 318; nomeação como chefe de gabinete, 157-9; papéis de Kushner/Ivanka na Casa Branca e, 159, 168, 214, 219-20; perda da confiança de Trump, 215; planos de retirada da Síria e, 349; política de imigração e, 50, 315, 318; política de liberação de segurança, 214, 218-20, 264; possibilidade de demissão de Rosenstein e, 307, 309; possibilidade de entrevista com Trump e, 201, 204-5; proibição de viagem para muçulmanos e, 42; reunião de cúpula da Otan e, 285; Scaramucci e, 159-60; separação de famílias e, 279; sobre as exigências do muro na fronteira com o México, 50, 215; tuítes sobre a Fisa e, 197; vazamento do telefonema de parabéns Trump--Putin e, 243

Kelner, Robert, 183-4
Kempe, Frederick, 246
Kennedy, Robert F., 60
Kerry, John, 327
Khashoggi, Jamal, 331
Kilmeade, Brian, 288, 358
Kim Jong Il, 277
Kim Jong Um: advertência de Trump a, 164; aliança russa com, 126; confiança de Trump em relação a, 146; reuniões de cúpula, 237, 274-7, 374, 377-8

King, Alveda, 167

Kislyak, Sergei, 55, 76, 152; *ver também* Flynn-
-Kislyak, chamada

Kline, Carl, 265

Knight, Shahira, 342

Kudlow, Larry, 274

Kushner, Charles, 26

Kushner, Jared: assassinato de Khashoggi e,
331; cerimônia fúnebre de McCain e, 301;
coletiva de imprensa (24 julho 2017), 155;
como alvo na investigação de Mueller, 91;
como influência tranquilizadora, 63; demissão de Bannon e, 167; demissão de Christie
como chefe da equipe de transição e, 26;
demissão de Flynn e, 45; história do canal
secreto da Rússia, 98-9; Lei do Primeiro
Passo e, 343; Lowell como representante legal de, 107; México, papel informal com, 48;
nomeação de Mueller e, 86; paralisação do
governo e, 371; política de imigração e, 315,
318; primeiros briefings da inteligência sobre
a interferência russa na eleição e, 36; questão
da revelação do contato externo, 107; reunião na Trump Tower e, 128-30, 132-3, 139,
155; Trump sente pena de, 155; *ver também*
Kushner/Ivanka, papéis de, na Casa Branca

Kushner/Ivanka, papéis de, na Casa Branca:
Cobb e, 160-1; conflitos de interesse comerciais e, 32; contratação de Cipollone e, 314;
demissão de Comey e, 67; demissão de Kelly
e, 330, 341; determinação para entrar na
equipe, 31-2; influência tranquilizadora sobre Trump, 63; Kelly e, 159, 168, 214, 219-
21; liberações de segurança, 108, 136, 213-4,
219-21; McGahn sobre, 57, 106, 160; Mc-
Gahn, tensões com, 413; nomeação de Flynn
e, 23; nomeações de transição e, 23-4, 26-7,
62; oferta de chefe de gabinete a Christie e,
344, 346; preocupações com nepotismo e,
31, 57; preocupações da equipe de defesa legal de Trump, 99, 106-7, 213; Priebus e, 106,
158; Scaramucci e, 159; tuítes de Corallo e,
115

Lapan, David, 50

Lavrov, Sergey, 76, 123, 239

Leahy, Patrick, 76

lealdade *ver* Trump, características de, foco na
lealdade

Lee, Mike, 344

leitura, dificuldade de Trump com, 54, 145,
178-9, 337

Lemire, Jonathan, 287, 378

Levin, Dan, 103

Lewandowski, Corey, 98, 168, 217-8, 386

Lewis, Kevin, 63

liberação de segurança: equipe de defesa legal
de Trump e, 236; liberação de Kushner, 108,
136, 213, 219, 221, 264-5; políticas de Kelly,
214, 218-20, 264; revogação da, 295-8

líderes autoritários, alinhamento de Trump
com, 16, 122-3, 125, 276-7, 293, 349, 379

líderes mundiais: convite para visita de Estado,
240; interações de Trump com, 43, 240,
299-300, 325; ligação de May, 325-6; ligações de Peña Nieto, 44, 299-300; manipulação de Kushner, 219; reações à presidência
Trump, 17-8, 124, 165; *ver também* líderes
autoritários, alinhamento de Trump com;
Kim Jong Um; May, Theresa; Putin, Vladimir

Limbaugh, Rush, 357

Lizza, Ryan, 159

Lloyd, Collman, 361

Lord, Ellen, 353

Lowell, Abbe, 107, 129-31, 134, 136

Lucey, Catherine, 249

Macron, Emmanuel, 181, 273, 285, 327-8, 330

Magnitsky, Lei (2012), 132, 138

Manafort, Paul: como sujeito da investigação de
Mueller, 115, 165; Gates e, 30; indiciamento
na investigação de Mueller, 171-2; reunião na
Trump Tower e, 128-30, 139; veredito sobre,
298

Mattis, James: abuso por parte de Trump e, 179;
cerimônia fúnebre de McCain e, 301; como

força estabilizadora, 170, 419; demissão de, 353, 359, 362-3; deslocamentos de tropas na fronteira e, 379; editorial "Sou parte da resistência" e, 302; ignorância de Trump e, 182; nomeação de, 29-30; oferta de chefe de gabinete a Christie e, 348; papéis de Kushner/Ivanka na Casa Branca e, 169; planos de retirada da Síria e, 349-50, 352; política de imigração e, 319-20; reunião de cúpula da Otan e, 284-5; Scaramucci e, 160; tentativas de contato pessoal de Trump e, 102; *ver também* briefing de política externa do Pentágono

May, Theresa, 125, 242, 273, 325-6

Mazloum Abdi, 348-9, 351

MBS (Mohammed bin Salman), 219, 331

McAleenan, Kevin, 279, 404-5

McCabe, Andrew: demissão de, 234; demissão de Comey e, 69, 75; história da proposta de Rosenstein de invocar a 25ª Emenda e, 308; liberação de segurança, 295; recomendação do procurador especial, 77; sobre a ligação Flynn-Kislyak, 38; vazamento do memorando de Comey e, 78

McCain, John, 288, 300-1

McCain, Meghan, 301

McCarthy, Melissa, 46

McConnell, Mitch, 357

McCord, Mary, 38, 75

McDougal, Karen, 251

McEntee, Johnny, 30-1, 58, 237

McFarland, K. T., 34

McGahn, Don: abuso de, por parte de Trump, 59; acusações de abuso doméstico de Porter e, 212; Cobb e, 161; como força estabilizadora, 56, 68, 118, 413, 419; consulta de Weingarten e, 104; demissão de, 313, 363, 365; demissão de Comey e, 67-8, 71, 74; entrevista de Flynn no FBI e, 41; entrevista na investigação de Mueller e, 185, 223, 313; entrevistas com diretor do FBI e, 82; exigências de demissão de Sessions e, 84, 153; exigências públicas de exoneração feitas por Trump e,

65; impedimento de, 160; impedimento de Sessions e, 55-60, 67; indicação de Mueller e, 82-3; indiciamentos de Gates e Manafort e, 172; investidura de Gorsuch e, 112; investigação da Comissão de Inteligência do Senado e, 118; investigação da revelação de contato externo de Kushner e, 213; investigação de obstrução da justiça e, 111; liberação de segurança de Kushner e, 220-1, 265; ligação Flynn-Kislyak e, 41, 43-4; nomeação de Flynn e, 24; planos de demissão, 113; possibilidade de demissão de Rosenstein e, 307, 309; relatório de Mueller e, 412-3; reunião Mueller-Trump (16 maio 2017) e, 81; sobre os papéis de Kushner/Ivanka na Casa Branca, 57, 106, 160; tentativas de remoção de Mueller e, 111-2, 160

McGurk, Brett, 348-9, 352

McKay, Thomas, 254

McKinnon, Kate, 152

McMaster, H. R., 176-80; abuso de, por parte de Trump, 179; ameaças de demissão, 237; Bannon e, 167; briefings e, 177-9; convite de visita de Estado a Putin e, 240-1; Coreia do Norte e, 164; demissão de, 244-6; demissão de Tillerson e, 228; estilo de liderança, 278; ignorância de Trump e, 182; telefonema de parabéns de Trump a Putin e, 238-9, 243; tensões com Trump, 176-80, 216

McRaven, William, 295-7

Meadows, Mark, 197, 199, 306, 358

Medo (Woodward), 143, 302

Menendez, Robert, 107

mentir *ver* Trump, características de, mentir

Merkel, Angela, 177, 273, 283, 327-8

México: ameaças de operação militar feitas por Trump, 49-50; deslocamentos de tropas na fronteira, 44, 49-51, 319-20, 350, 372, 379; exigências de muro na fronteira, 48, 50, 215, 342-3, 358, 362, 371; papel de Kushner e, 219; Peña Nieto, ligações de, 44, 299, 300; visita Tillerson/Kelly, 48, 50-1; *ver também* política de imigração mídia: sobre a investigação de Mueller, 164, 217; *ver também* Fox, rede; vazamentos e acusações de vazamento; Trump, características de, vício em mídia; *canais específicos*

Miller, Greg, 188, 331

Miller, Stephen: coletiva de imprensa em Helsinque e, 289; demissão de Comey e, 67; exigências de demissão de Sessions e, 152; Lei de Práticas de Corrupção no Exterior e, 183; nomeações de transição e, 33; perturbação do establishment e, 43; política de imigração e, 318, 380, 402; proibição de viagem para muçulmanos e, 42; reunião de cúpula da Otan e, 285; separação de famílias e, 280, 282; Sessions e, 62

Milley, Mark, 372

Mitchell, Andrea, 151, 290

Mnuchin, Steven, 144, 152, 177

Modi, Narendra, 174-6

Monaco, Lisa, 86

monumento da Confederação, questão do, 166-7

Moon Jae-in, 165

muçulmanos, proibição de viagem para (janeiro 2017), 41-2, 49

Mueller, investigação de: acordo de autodeclaração de Corsi, 334-5; acusações de acobertamento feitas por Nunes, 265-7; admissão de culpa de Flynn, 185, 187; ameaça de intimação de Cohen, 252; Bannon sobre, 164, 186; batida na casa de Manafort, 165; briefing de Barr, 381; cobertura da mídia, 164, 191, 217; contratação de O'Callaghan e, 255-6; demissão de McCabe e, 234; depoimento de Mueller no Congresso, 417; distância de Mueller, 262-3, 334; entrevistas com o estafe da Casa Branca, 185, 223-5; equipe de Mueller, 109-10; história do canal secreto de Kushner e, 99; indiciamento pela interferência russa na campanha (fevereiro 2018), 216-7; indiciamentos de Gates e Manafort, 171-2; insegurança de Trump e, 330; investigação de Cohen e, 253-4, 259; me-

morando de Barr sobre, 339-40; memorando de Nunes, 199, 201, 206-8, 265-7; notas de Donaldson e, 412; perguntas de perdão, 104, 376; planos do Massacre de Sábado à Noite e, 154; possibilidade de entrevista com Trump, 185, 188, 190, 201-5, 225-6, 259-62, 303-4; possibilidade demissão de Rosenstein, 307; queixas de Trump sobre, 90-1, 101, 111-2, 116, 140, 416; registros de Assange, 333-4; respostas escritas de Trump, 332, 335; retirada de Flynn da defesa conjunta, 183; reunião da equipe de defesa legal de Trump (16 junho 2017), 114; reunião da equipe de defesa legal de Trump (24 abril 2017), 258-62; reunião da equipe de defesa legal de Trump (novembro 2018), 334-6; seguidores de Trump sobre, 415; silêncio de, 223, 303; sobre a invasão do Comitê Nacional Democrata, 170-1, 268, 286, 288, 332-3; sobre a reunião na Trump Tower, 303, 332, 336; sobre o acordo da Trump Tower em Moscou, 303, 332, 335-6, 370, 374, 376; sobre Papadopoulos, 172; testemunho de Cohen e, 375-6; textos Strzok-Page e, 141, 205, 369; Whitaker sobre, 324-5; *ver também* investigação de obstrução de justiça; Rússia, tentativas de obstrução da investigação sobre a

Mueller, relatório de, 387-400; briefing de Barr, 383-5; campanha de reeleição e, 396, 416; carta de Barr sobre, 392-9; coletiva de imprensa de Barr, 411-2; completude do, 390; equipe da defesa legal de Trump comemora o, 394-5; falta de conclusão no, 390; liberação da versão completa, 409-13; natureza confusa do, 391, 396, 399; pedido de resumo executivo, 397, 399; possibilidade de impeachment e, 368, 391, 393; preparativos da equipe de defesa legal de Trump para, 369, 389-90, 392; preparativos de Barr para, 365-7; redação do, 368, 381-2; revisão do, pela equipe de Barr, 387-8, 391; sobre as respostas escritas de Trump, 336; tuítes de

Trump sobre, 386, 413; *ver também* Mueller, tratamento da obstrução à justiça no relatório

Mueller, Robert: caráter de, 85-6; Corallo sobre, 100-1; encontro com Trump (16 maio 2017), 80-2; limitações de, 17, 396, 414; mudanças em (2019), 383; nomeação de, 79, 81-5, 90; tentativas de remoção, 16, 109-2, 114, 160; *ver também* Mueller, investigação de

Mueller, tratamento sobre obstrução da justiça no relatório: briefing de Barr sobre, 384; carta de Barr sobre, 393, 398; decisão de não decidir, 384-5, 390; evidência no, 368-9, 382, 391, 411, 413; planos de refutação da equipe de defesa legal de Trump, 369, 393; procuradores federais abrem carta sobre, 413; proibição da Advocacia-Geral de se denunciar um presidente em exercício e, 368, 382, 384, 388, 390; seguidores de Trump sobre, 415

Mukasey, Michael, 161

Mulvaney, Mick: abuso de, por parte de Trump, 363; demissão de Kelly e, 341; demissão de Nielsen e, 405; nomeação como chefe de gabinete, 347, 363; paralisação do governo e, 371; planos de, 363; política de imigração e, 315, 372, 380-1, 402, 404

muro na fronteira, exigências, 48, 51, 215, 342-3, 358, 362, 371

Murphy, Mike, 321, 371

Nakamura, David, 379

Napolitano, Andrew, 195-6

nas coxas, decisões *ver* Trump, características de, impulsividade

Navalny, Alexei, 238

negociações sobre o orçamento do governo, 342-3, 357-9

nepotismo, 31, 48, 57; *ver também* Kushner/Ivanka, papéis de, na Casa Branca

Netanyahu, Benjamin, 95, 291-2

New York Times: editorial "Sou parte da resistência", 301-2; entrevista com Trump (19 julho 2017), 140; história da proposta de Rosenstein de invocar a 25ª Emenda, 307-8; sobre a acusação de Gallagher, 409; sobre a campanha de Trump, 96; sobre a demissão de Comey, 90-1; sobre a reunião na Trump Tower, 130, 134-9; sobre o memorando de Comey, 78

New Yorker, 159

Newbold, Tricia, 265

Nicholson, John, 148

Nielsen, Kirstjen: abuso de, por parte de Trump, 314-8; brainstorming sobre política de imigração e, 318; demissão de, 405-6; deslocamento de tropas na fronteira e, 379; Dobbs e, 316-7; proposta de um responsável de imigração da Casa Branca, 381; protocolo e, 167; remoção de esquema de proteção, 406; separação de famílias e, 279-82; surto migratório (2019) e, 379-80, 401-3

Nixon, Richard M., 421

Nobel da Paz, Prêmio, fixação de Trump no, 274, 299

Nunes, Devin: acusação de Gallagher e, 408; demissão de McCabe e, 234; investigação da Comissão de Inteligência da Câmara e, 118; memorando de, 199, 201, 206, 208, 265-7; resposta de Rosenberg a, 266

Nuzzi, Olivia, 281

O'Brien, Tim, 309

O'Callaghan, Ed: acordo de alegação de Corsi e, 335; acusações de acobertamento feitas por Nunes e, 266; briefing de Barr, 381; briefing do relatório de Mueller, 383; carta do relatório de Mueller e, 397-8; contratação de, 255-6; demissão de Sessions e, 323; história da proposta de Rosenstein de invocar a 25ª Emenda e, 307; liberação da versão completa do relatório de Mueller, 411; pedido de resumo executivo do relatório de Mueller e, 397, 399; questão da obstrução da justiça e, 385, 391, 394; revisão do relatório de Mueller, 387, 391

Obama, administração: acordo nuclear com o Irã, 148; acusações de grampos telefônicos, 63; guerra no Afeganistão e, 149; ódio de Putin por, 125; sanções à Rússia, 33-5, 38

Obama, Barack: eleições de meio de mandato e, 322; Flynn e, 25-6; Prêmio Nobel da Paz de, 299; reunião de transição, 26, 164; *ver também* Obama, administração

Obama, Michelle, 301

obstrução da justiça *ver* Mueller, tratamento sobre obstrução da justiça no relatório; investigação de obstrução da justiça; Rússia, tentativas de obstrução da investigação sobre a

Ohr, Bruce, 295

Olson, Ted, 103

Orr, Gabby, 386

Osborne, Karen, 415

Osorio Chong, Miguel Ángel, 49

Otan, 18, 145, 147, 283-6, 340-1

Özkan, Ebru, 291-2

Page, Carter, 196, 200, 266

Page, Lisa, 75, 141, 205, 295, 369

Panetta, Leon, 216

Papadopoulos, George, 172

Paquistão, 174

paralisação do governo, 358-9, 361, 363, 371

paranoia *ver* Trump, características de, paranoia

Parker, Ashley, 195, 309

Patel, Kashyap, 200

Patton, George, 29

Paul, Rand, 197, 331

Pearl Harbor, visita a, 181

Pelosi, Alexandra, 52-4

Pelosi, Nancy: ataques de Trump a, 362, Bannon sobre, 40; eleições de meio de mandato e, 322; negociações sobre o orçamento do governo e, 342, 357; pedido de investigar Biden e, 419; planos democratas de investigação na Câmara e, 330; política de imigração e, 321; possibilidade de impeachment e, 419

Peña Nieto, Enrique, 44, 48, 299-300

Pence, Mike: briefing da inteligência (6 janeiro 2017) e, 35; briefing de política externa do Pentágono e, 144-51; coletiva de imprensa em Helsinque e, 289; como chefe da equipe de transição, 26; demissão de Comey e, 76; documentário sobre leitura da Constituição e, 55; entrevistas do diretor do FBI e, 82; exigência de demissão de Sessions, 84; ligação Flynn-Kislyak e, 39, 44; negociações sobre o orçamento do governo e, 342; nomeação de Dubke e, 47; política de imigração e, 402

Pentágono, briefing de política externa do (20 julho 2017), 142-52; Bannon sobre, 145; comentário de Tillerson referindo-se a imbecil, 151-2; fúria de Trump, 149; gráficos no, 145; localização do, 142; metas do, 144, 151; participantes, 144; sobre a Coreia do Sul, 146; sobre a guerra do Afeganistão, 148-9; sobre a Otan, 145, 147; sobre o acordo nuclear do Irã, 148; sobre política comercial, 145-7; *ver também* Departamento de Defesa

Perry, Rick, 156

Peterlin, Margaret, 230

Philbin, Patrick, 365

Phillip, Abby, 325

planejamento da posse, 30-1

poder executivo: Constituição sobre, 53; investigação de obstrução da justiça e, 339-40; Lei de Práticas de Corrupção no Exterior e, 182; liberações de segurança e, 264; McGahn sobre, 56, 57; nepotismo e, 32

política comercial: abordagem de Trump a, 143, 176; briefing de política externa do Pentágono e, 145-7; poder executivo e, 56; tarifas de aço/alumínio, 237, 274

política de imigração: abuso de Nielsen por parte de Trump, 314-6, 318; brainstorm sobre, 318; caos na, 317-8; caravana de asilo e, 314, 318; comentários de Trump sobre Haiti-

-Noruega, 199; declaração de emergência nacional, 372, 407; deslocamento de tropas, 44, 49-51, 319-20, 350, 372, 379; Dobbs sobre, 316-7; eleições de meio de mandato e, 314, 319, 321; exigências de muro na fronteira com o México, 48, 51, 215, 342-3, 358, 362, 371; negociações sobre o orçamento do governo e, 342-3; nomeação de Sessions e, 63; separação de famílias, 16, 279-82, 379-80; surto migratório (2019) e, 379-80, 402-3

Politico, 386

Pompeo, Mike: acordo de troca de prisioneiros turcos e, 292-3; cúpula da Coreia do Norte e, 275; cúpula da Otan e, 285; demissão de Mattis e, 359; demissão de Tillerson e, 229; exigências públicas de exoneração feitas por Trump e, 65-6; nomeação de, 27-8; planos de retirada da Síria e, 349; sobre a impaciência de Trump nos briefings, 145

Porter, Rob: acusações de abuso doméstico, 210-7; batida na casa de Manafort e, 166; briefings e, 178; demissão de, 212; férias de Trump no clube de golfe de Nova Jersey (agosto 2017) e, 164; papel de, 210

Price, Tom, 156

Priebus, Reince: abuso de, por parte de Trump, 158; briefings e, 178; carta de demissão de Sessions e, 90; conflitos internos na administração e, 27; contratação de Corallo e, 99-100; demissão de, 158-60; demissão de Comey e, 67, 69, 71; entrevista de Flynn no FBI e, 41; entrevista na investigação de Mueller, 224, 313; exigências de demissão de Sessions e, 84, 152; impedimento de Sessions e, 59, 61; ligação Flynn-Kislyak e, 44; nomeação de Dubke e, 46; nomeações de transição e, 27-8, 33; papéis de Kushner/Ivanka na Casa Branca e, 106, 158; planejamento na sala de Guerra e, 92; planos de demissão de McGahn e, 113; primeira reunião do gabinete (junho 2017) e, 109; primeiros briefings sobre a interferência russa

na eleição e, 36; proibição de viagem para muçulmanos e, 42; Scaramucci sobre, 159; tentativas de contato pessoal de Trump e, 102; *Wall Street Journal*, artigo sobre, 119

Primeira Guerra Mundial, comemoração da, 325-30

Primeiro Passo, Lei do, 343, 371

proibição de viagem (janeiro 2017), 42, 49

ProPublica, 115, 281

Purpura, Mike, 365

Putin, Vladimir: ataque com substância neurotóxica em Salisbury e, 240; comemoração do fim da Primeira Guerra Mundial e, 328; conversas com Trump, 122, 238-40; convites para visita de Estado, 240-1, 289; cúpula Trump-Putin (Helsinque, 2018), 286-8; Flynn e, 25; invasão do Comitê Nacional Democrata e, 170; Lei Magnitsky e, 138; manipulações de Trump, 240; política externa, 126; reeleição de, 238-9, 241; reunião de Trump com (7 julho 2017), 122-3; sanções da administração Obama e, 34-5; telefonema de parabéns de Trump a Putin, 238-40, 243

Quarles, James: acordo de alegação de Corsi e, 334; briefing do relatório de Mueller, 383-4; contratação de, 109; contratação dos Raskin e, 257; distância de Mueller e, 263; estratégia de cooperação e, 161; possibilidade de entrevista com Trump e, 190, 202, 225, 258, 303-4; reunião da equipe de Mueller (16 junho 2017) e, 114; sobre a proibição de denunciar um presidente em exercício, 262; tratamento da obstrução da justiça do relatório de Mueller e, 384-5, 390

Rabbitt, Brian, 383, 387, 393, 398-9

racismo *ver* supremacia branca/racismo

Raffel, Josh, 132

raiva *ver* Trump, características de, raiva

Raskin, Jane: acordo de alegação de Corsi e, 333-4; contratação de, 256-7; possibilidade de entrevista com Trump e, 258, 260, 303-4; proibição de denunciar um presidente em exercício e, 262; relatório de Mueller e, 368-9, 394, 410; respostas escritas de Trump e, 332

Raskin, Martin: acordo de alegação de Corsi e, 333; contratação de, 256-7; possibilidade de entrevista com Trump e, 258; proibição de denunciar um presidente em exercício e, 262; relatório de Mueller e, 368, 389, 410; respostas escritas de Trump e, 332

rastreamento do Papai Noel, 361

reeleição, campanha de: lançamento oficial, 414-6; pedido de investigação de Biden e, 417-9; *Politico* sobre, 386; relatório de Mueller e, 396, 416

Reflexões sobre a revolução na França (Burke), 20

relações exteriores: acordo de troca de prisioneiros com a Turquia, 291-4; Arábia Saudita, 331; características de Trump e, 143-4, 175; Índia, 174-6; Irã, acordo nuclear do, 28, 148, 180; Iraque, 362; Otan, 18, 145, 147, 283-6, 340-1; "países de merda", comentário sobre, 227; papel de Bolton, 277-8; reações dos líderes mundiais, 17-8, 124-5, 165; reunião do G7 (2018) e, 273-4; tensões Trump-McMaster e, 176-80; *ver também* Afeganistão, guerra do; política de imigração; México; Coreia do Norte; Pentágono, briefing de política externa do; líderes mundiais; deslocamento de tropas pelo mundo

republicanos na Câmara, busca por obstrução na investigação sobre a Rússia, 199-202, 206, 208, 265-7, 306, 308 *ver também pessoas específicas*

Res, Barbara, 58-9

resistência à administração Trump *ver* resistência interna

resistência interna, 17; briefing de política externa do Pentágono e, 149-50; carta de demissão de Mattis, 353; cerimônia fúnebre de McCain e, 301; discurso de Rosenstein sobre

a Agência de Repressão às Drogas, 78; editorial "Sou parte da resistência" e, 301-2; ensaio de McRaven, 295-7; planos de retirada da Síria e, 352; propostas de invocar a 25ª Emenda, 302, 307; Tillerson, 150, 189, 337-8

responsabilidade, falta de disposição para assumir *ver* Trump, características, falta de disposição para assumir responsabilidade

Rhee, Jeannie, 109, 171, 252

Rice, Susan, 295

Richardson, John, 408-9

Richman, Dan, 78

Rivera, Geraldo, 217

Rogers, Katie, 210

Rogers, Michael, 35, 65-6

Rood, John C., 351, 353

Rosenberg, Chuck, 77, 86, 157

Rosenstein, Rod: Agência de Repressão às Drogas, comentários da, 77; ameaças de morte, 266-7; briefing de Barr, 381; briefing do relatório de Mueller, 383; busca republicana por transgressão no Congresso e, 266; carta do relatório de Mueller e, 398; contratação de O'Callaghan e, 255-6; críticas de Trump a, 140, 234; demissão de Comey e, 68-77; demissão de McCord e, 75; demissão de Sessions e, 322; entrevistas do diretor do FBI e, 82; história da proposta de invocar a 25ª Emenda, 306-7; impedimento de Sessions e, 60; indiciamento do Departamento Central de Inteligência russo e, 286; indiciamento por interferência russa na campanha e, 216; investigação de Cohen e, 253; jantar com Sessions, 221; liberação da versão completa do relatório de Mueller e, 411; memorando de Barr e, 339; memorando de Nunes e, 199-200, 207-8, 265-7; memorando de Rosenberg e, 157; nomeação de Mueller e, 79, 82; obstrução da justiça e, 385, 391; pedido de resumo executivo do relatório de Mueller e, 399; planos do Massacre de Sábado à Noite e, 154; possibilidade de demissão,

472

307, 309; possibilidade de entrevista com Trump e, 304; preparativos do relatório de Mueller e, 366; reunião Mueller-Trump (16 maio 2017) e, 81; revisão do relatório de Mueller, 387, 391; sobre a investigação da revelação do contato externo de Kushner, 213; tentativas de remoção de Mueller e, 110; textos Strzok-Page e, 141

Rosenzweig, Paul, 226

Ross, Wilbur, 177

Rowley, Keith, 240

Rubio, Marco, 28

Ruddy, Christopher, 29, 64, 109

Rússia: anexação da Crimeia, 124, 126, 273; ataque com substância neurotóxica em Salisbury, 229, 238, 240, 242; convites para visitas de estado a Putin, 240-1; convites para visitas de Estado a Putin, 289; cúpula Trump-Putin (Helsinque, 2018), 286-8; Flynn confortável com, 23, 25; Índia e, 175; Lei Magnitsky, 132, 138; McMaster denuncia a, 246; política externa, 126; reeleição de Putin, 238; reunião no Salão Oval com os russos, 76, 91; reunião Trump-Putin (7 julho 2017), 122-3; ver também ligação Flynn-Kislyak; Putin, Vladimir; interferência russa na eleição

Rússia, tentativas de obstrução da investigação sobre a: contratação de DiGenova e, 235-6; declaração de Dowd, 235; demissão de Comey e, 76, 88, 91; discussão do conflito de interesses, 110-2; falta de consequências para, 16, 420; indiciamentos de Gates e Manafort e, 172; insegurança de Trump e, 95; investigação da Comissão de Inteligência do Senado e, 118; nomeação de Whitaker e, 325; notas de Donaldson sobre, 412; obstrução da justiça de Trump como sujeito e, 114; oposição de Trump ao impedimento de Sessions, 55, 57, 59; pedidos pessoais de intervenção feitos por Trump, 101-2; pressão de Trump para ataques na televisão, 233; reunião de Comey com Trump (fevereiro 2017)

e, 45, 75, 78, 105, 191; reunião na Trump Tower e, 133-9; roteiro de "golpe", 117; tentativas de remoção de Mueller, 16, 109-14, 160; ver também investigação de obstrução da justiça

Ryan, Paul, 196

Ryan, Steve, 250-2

Salisbury, ataque com substância neurotóxica em, 229, 238, 240, 242

Salman, Khalid bin, 331

Salman, Mohammed bin (MBS), 219, 331

Sanders, Sarah: acusações de abuso doméstico de Porter e, 211-2; coletiva de imprensa de Helsinque e, 288-9; demissão Comey e, 73; ligação de Peña Nieto e, 300; planos de retirada da Síria e, 350; relatório de Mueller e, 395; reunião na Trump Tower e, 133; reuniões de cúpula da Coreia do Norte e, 275, 378; revogação da liberação de segurança de Brennan e, 295; separação de famílias e, 280; sobre o ataque com substância neurotóxica em Salisbury, 229; sobre o telefonema de parabéns de Trump a Putin, 242; tuítes sobre a Fisa e, 198

Santucci, John, 393

Sasse, Ben, 243

Saturday Night Live, 46, 167

Scaramucci, Anthony, 159-60, 203

Scavino, Dan, 33

Schieffer, Bob, 337-8

Schiff, Adam, 216

Schiller, Keith, 71-2, 162

Schmidt, Michael, 78, 140, 306

Schumer, Charles, 72, 235, 342, 357

Seção 702, programa (Fisa), 195-8

Sekulow, Jay: acordo de alegação de Corsi e, 333-4; carta do relatório de Mueller e, 393-4; Cipollone e, 364; comemoração do relatório de Mueller e, 394-5; compartilhamento de documentos e, 162; contratação de, 102; contratação de DiGenova/Toensing e, 247; demissão de Dowd e, 236; depoimento de

Comey e, 105; investigação de Cohen e, 250-3, 259; liberação da versão completa do relatório de Mueller e, 410; papéis de Kushner/Ivanka na Casa Branca e, 107; papel de Dowd e, 116; possibilidade de entrevista com Trump e, 185, 190, 202, 225, 258; preparativos para o relatório de Mueller, 368, 389; respostas escritas de Trump e, 332; reunião da Trump Tower e, 135

separação de famílias, 16, 279-82, 379-80

Sessions, Jeff: abuso de, por parte de Trump, 67, 84-5, 120-1, 140, 152, 324; carta de demissão, 89; comunicações de Kislyak, 55, 152; demissão de, 322-4, 339, 363; demissão de Comey e, 68-70; demissão de McCabe e, 234; demissão de McCord e, 75; entrevista do diretor de FBI e, 82; exigências de demissão, 84, 152-3; impedimento de, 55-61, 67, 120-1, 153; jantar com Rosenstein, 221; nomeação de Mueller e, 83; planos de demissão, 306; planos do Massacre de Sábado à Noite e, 154; política de imigração e, 315; relação com Trump, 61; reunião Mueller-Trump (16 maio 2017) e, 80-1; separação de famílias e, 280, 282

Shanahan, Patrick: briefing de política externa do Pentágono e, 144; como facilitador, 363, 381, 407; deslocamento de tropas na fronteira e, 372; mandato no Departamento de Defesa, 407

Shine, Bill, 289

Short, Marc, 197

sigilo executivo, 105, 161-2, 365, 413

Sims, Cliff, 117

Síria: papel da Rússia na, 126, 238, 286; retirada dos Estados Unidos, 340-1, 348-52, 361-2, 419; tropas americanas na, 146, 348

sistema de justiça criminal: Discurso na Suffolk County Community College, 156-7; Lei do Primeiro Passo, 343, 371

Skripal, Sergei, 242; ver também Salisbury, ataque com substância neurotóxica em

Sloan, Melanie, 364

Soames, Nicholas, 327

solipsismo ver Trump, características de, solipsismo

"Sou parte da resistência", editorial, 301-2

Spencer, Richard, 409

Spicer, Sean: artigo no Wall Street Journal e, 119; demissão de Comey e, 71-3; reunião na Trump Tower e, 133; sobre a demissão de Flynn, 45; sobre a ligação Flynn-Kislyak, 39; sobre o impedimento de Sessions, 57

Starr, Kenneth, 226, 410

Steele, Christopher, 200; ver também Steele, dossiê

Steele, dossiê: acusação de vazamento de Trump, 36; briefing da inteligência sobre, 35; declaração de Dowd sobre, 235; memorando de Nunes e, 208, 265; tuítes de Trump sobre, 196, 217, 234

Stepien, Bill, 218

Stokols, Eli, 119

Stoltenberg, Jens, 283-5

Stone, Roger, 333, 376, 381

Strzok, Peter, 75, 141, 205, 295, 369

Suffolk, discurso na Faculdade Comunitária do Condado de (28 julho 2017), 156-7

Sullivan, Brendan, 97

supremacia branca/racismo: características de Trump e, 16, 377; comentários Haiti-Noruega, 199; comício de Phoenix, 167-8; nomeação de Sessions e, 63; seguidores de Trump e, 14, 16; Unite the Right, manifestação, 166-8

Swan, Jonathan, 345, 347

Sweeney, Kevin, 320, 349-50, 352

Talev, Margaret, 153

Tank, briefing de política externa de ver Pentágono, briefing de política externa do

tarifas ver política comercial

Taylor, Miles, 280

Tea Party, 27, 363

Temer, Michel, 240

Thompson, Andrea, 151

474

Tillerson, Rex: África, visita à (março 2018), 227-9; briefings e, 176, 180, 337; comentário do imbecil, 151-2; comentários na CBS, 337-8; como força estabilizadora, 48, 170, 419; conflitos internos na administração e, 227, 232; demissão de, 228-33; deslocamento de tropas na fronteira e, 49-51; ignorância de Trump e, 182; Kushner e, 48; Lei de Práticas Corruptas no Exterior e, 182-3; relação Trump-Putin e, 125-6; relações Estados Unidos-Índia e, 174-5; resistência de, 150, 189, 337; reunião Trump-Putin (7 julho 2017) e, 123; sobre o ataque com substância neurotóxica em Salisbury, 229; Thompson e, 151; *ver também* Pentágono, briefing de política externa do

tiroteios em escolas, 216

Todd, Kate Comerford, 365

Toensing, Victoria, 247

tolerância zero *ver* separação de famílias

Tornar a América Grande de Novo, nação. *ver* Trump, seguidores de

tráfico de crianças, 401

traição, 288

transgressão, 19

transição, nomeações de, 23-30; abordagem de Trump a, 23-4, 26, 29; Flynn, 23-5; foco na lealdade e, 23-4, 27, 30; Mattis, 29-30; Pompeo, 27-9; Sessions, 62-3

Trinidad e Tobago, 240

Trudeau, Justin, 273-4, 327

Trump, Donald J.: agressão sexual e, 62, 96, 212, 311; discurso no Jamboree Escoteiro (24 julho 2017), 155-6; espalha medo, 321; férias no clube de golfe de Nova Jersey (agosto 2017), 164; isenção de convocação para o serviço militar, 150; relação com Putin, 122-7; Suffolk, discurso na Faculdade Comunitária do Condado de (28 julho 2017), 156-7; viagem à Ásia (novembro 2017), 175-6, 181; viagem ao exterior (maio 2019), 90-1, 95; *ver também* Trump, administração

Trump, Donald Jr. *ver* Trump Tower, reunião na

Trump, Ivanka: caráter de, 106; cerimônia fúnebre de McCain e, 301; demissão de McMaster e, 244; reunião na Trump Tower e, 129, 132, 134; separação de famílias e, 282; Trump sente pena, 155; *ver também* Kushner/Ivanka, papéis de, na Casa Branca

Trump, Melania, 30-1, 213, 345, 359, 415

Trump, administração: demissões súbitas na (*ver também individuos específicos*), 15, 61, 71-2, 105, 228-33, 237; estabilizadores na, 15, 48, 167-8, 170, 221, 413, 419; facilitadores, 14, 363, 373, 381, 407, 419; falta de protocolo na, 53, 100, 167; inexperiência em, 14, 16, 24, 30, 56-7; nepotismo, 31, 48, 57; perturbação do establishment, 43; primeira reunião do gabinete (junho 2017), 109; realizações, 15; *ver também* caos na administração Trump; transição, nomeações de; Trump, conflitos internos na administração

Trump, conflitos internos na administração: artigo no *Wall Street Journal* sobre, 119; conflito Kelly-Lewandowski, 217-8; entrevista de Flynn no FBI e, 40-1; Kelly e, 167, 330, 341; ligação Flynn-Kislyak e, 39; McGahn e, 413; nomeações de transição e, 27; proibição de viagem para muçulmanos e, 42; reunião na Trump Tower e, 138; Tillerson e, 227; *ver também* Kushner/Ivanka, papéis de, na Casa Branca

Trump, campanha de: *Access Hollywood*, áudio, 62, 212; compartilhamento de documentos com a investigação de Mueller, 185; demissão de Manafort, 30; Kasowitz Benson Torres e, 96; pagamentos a Stormy Daniels, 212, 248-51, 376; papel de Bannon, 27; papel de Flynn, 23, 25; papel de McGahn, 55; papel de Priebus, 27; papel de Sessions, 61; *ver também* FBI, investigação sobre a Rússia; interferência russa na eleição

Trump, seguidores de: Bannon como conduto de, 27; deslocamento de tropas pelo mundo e, 148; guerra do Afeganistão e, 148; investigação de Mueller e, 117, 415; lançamento da campanha de reeleição e, 414-6; McGahn sobre, 56; negociações sobre o orçamento do governo e, 357-8; nomeação de Kavanaugh e, 311; política de imigração e, 319; possibilidade de impeachment e, 305; prioridades dos, 14-5; Sessions e, 61; supremacia branca/racismo, 14, 16

Trump, equipe de defesa legal de: afirmação de Trump sobre o relatório de Mueller e, 399; busca por representação legal, 95-6, 104; caos na, 247; comemoração do relatório de Mueller, 394-5; comentários de Giuliani na televisão, 370; consulta a Weingarten, 103-4; contratação de Cipollone e, 313; contratação de Giuliani, 256-7; contratação de Kasowitz, 96; contratação dos Raskin, 256-8; Corallo como estrategista em comunicação, 99-101; demissão de Dowd, 236; estratégia de cooperação, 162-3, 184, 186, 223; estratégia de sigilo executivo, 105; indiciamentos de Gates e Manafort e, 172; liberação da versão completa do relatório de Mueller e, 409-10; papel de Dowd, 97-8, 115-6; preparativos do relatório de Mueller, 368-9, 389-90, 392; previsões de datas pela, 116, 184, 187, 235; promessa de evitar ataques pessoais, 101, 117, 233; proposta de contratação de Cobb, 102; reclamações de Trump, 234-5, 370; reunião da equipe de Mueller (16 junho 2017), 114; reunião da equipe de Mueller (24 abril 2018), 258-62; reunião da equipe de Mueller (novembro 2018), 334-6; reunião na Trump Tower e, 128-9; sobre a retirada de Flynn da defesa conjunta, 183; Trump contratando para, 235-6; vazamentos sobre, 115; *ver também* Bowe, Mike; Dowd, John; Kasowitz, Marc

Trump, características de: ABUSO DE SUBORDINADOS, 16; Dowd, 204, 235; McMaster, 179; Nielsen, 314-8; Priebus, 158; Rosenstein, 309; Sessions, 67, 84-5, 120-1, 140, 152, 324; Tillerson, 337; ALINHAMENTO

COM LÍDERES AUTORITÁRIOS, 16, 122, 125, 276-7, 293, 349, 379; ATAQUES DE FÚRIA; briefing de política externa do Pentágono e, 149-50; depoimento de Comey e, 66, 105; impedimento de Sessions e, 57-8; investigação do FBI sobre a Rússia e, 66; ligação de May e, 326; nomeação de Mueller e, 91; política de imigração e, 315; Res sobre, 58; COMPETITIVIDADE, 163; CRENÇA DE QUE ESTÁ ACIMA DA LEI, 419-20; DEPENDÊNCIA EXCLUSIVA DA PRÓPRIA CAPACIDADE; busca por representação legal e, 105; Coreia do Norte e, 275; discurso de aceitação da nomeação e, 13; inexperiência da equipe e, 14, 16; possibilidade de entrevista e, 191, 202; relação com Putin e, 127; DEPOIMENTO DE COHEN SOBRE, 377-8; DIFICULDADE DE LER, 54, 145, 179, 337; EFÊMERA CAPACIDADE DE ATENÇÃO, 145-6, 177-9; EVITA PAGAR, 105; FALTA DE DISPOSIÇÃO PARA ASSUMIR RESPONSABILIDADE, 54-5, 197, 322, 328; FOCO NA IMAGEM; abuso de Nielsen por parte de Trump e, 314; alinhamento com líderes autoritários e, 123; discurso de aceitação da nomeação e, 13; documentário sobe leitura da, 53; equipe de defesa legal de Trump e, 99, 247; Erdogan e, 294; McEntee e, 31; Mueller e, 80; nomeação de Dubke e, 48; nomeação de Mattis e, 30; nomeações de transição e, 24, 28-9; política de imigração e, 320-1; Sala de Crise e, 189; Spicer e, 46; FOCO NA LEALDADE; abuso de Nielsen por parte de Trump e, 316; cerimônia fúnebre de McCain e, 301; comentários de Tillerson na CBS e, 338; depoimento de Cohen e, 374; discurso no Jamboree Escoteiro e, 156; entrevistas na investigação de Mueller e, 313; impacto sobre a democracia americana e, 15; impedimento de Sessions e, 57, 59; McMaster e, 176; nomeações de transição e, 23, 27, 30, 32-3; paranoia e, 32; primeira reunião do gabinete (junho 2017) e, 109; FOME POR ELOGIOS E RECONHECIMENTO; briefings e,

145; comemoração do fim da Primeira Guerra Mundial e, 328; interações com líderes mundiais e, 18, 123, 125; Prêmio Nobel da Paz e, 274, 299; reunião com Mueller, 81; IGNORÂNCIA; briefing de política externa do Pentágono e, 144; contratação de McGahn para a campanha e, 56; deslocamento de tropas na fronteira e, 320; documentário sobre leitura da Constituição e, 54-5; entrevista de Pompeo e, 28; Fisa e, 196-7; impulsividade e, 143; interações com líderes mundiais e, 175, 181; Kelly sobre, 51; Lei de Práticas de Corrupção no Exterior e, 182-3; papel do procurador-geral e, 59-60; possibilidade de entrevista e, 203; vazamentos sobre, 44; IMPULSIVIDADE; ameaça da Coreia do Norte e, 164; assessores estabilizadores e, 419; declaração sobre a reunião na Trump Tower e, 133; deslocamento de tropas na fronteira e, 49; ignorância e, 143; interações com líderes mundiais e, 240, 299; Kelly lidando com a, 50; nomeação de Dubke e, 47; paralisação do governo e, 358-9; pedido de investigar Biden e, 417; planejamento da posse e, 31; planos de retirada da Síria e, 419; possibilidade de entrevista e, 204-5; relações exteriores e, 18; relações externas e, 18, 143, 240; INFANTILIDADE, 18, 54-5; INSEGURANÇA; briefings e, 177; busca por representação legal e, 95; demissão de Kelly e, 330; inexperiência da equipe e, 16; interações com líderes mundiais e, 240; relatório de Mueller sobre, 390; validade das eleições e, 118; MENTIR; Cohen sobre, 376; Corker e, 170; e o voto popular, 40; investigação do FBI sobre a Rússia e, 66; na investida das eleições de meio de mandato, 306; no discurso do Iraque, 362; relatório de Mueller sobre, 390; Sanders e, 211; Scaramucci sobre, 203; PARANOIA; administração Obama e, 63; defesa legal da Casa Branca e, 253; demissões no início de 2018 e, 221; democratas na Câmara e, 40; e a investigação de

Flynn pelo FBI e, 38; Fisa e, 198; lealdade e, 32; manipulação por parte de Putin da, 240; memorando de Nunes e, 201; mentalidade de vitimização e, 421; nomeação de Mueller e, 91; perturbação do establishment e, 43; possibilidade de impeachment e, 421; relatório de Mueller sobre, 390; reunião com Putin e, 123; RACISMO, 16, 377; SOLIPSISMO; caos na administração, 13-4; Cohen sobre, 377; discurso na Academia da Guarda Costeira e, 82; facilitadores e, 419; insegurança e, 16; no discurso de aceitação da nomeação (Cleveland, 2016), 13; nomeação de Kavanaugh e, 311; nomeações de transição e, 27; retirada da Síria e, 420; TRANSGRESSÃO, 19; TRANSPARÊNCIA, 16-7, 223; VÍCIO EM MÍDIA, 15, 169; Fisa e, 195-6; interferência russa na campanha eleitoral e, 217; memorando de Nunes e, 206; negociações sobre o orçamento do governo e, 357; política de imigração e, 316-7; vazamentos, 44

Trump, tuítes de: acusação de Gallagher e, 409; acusações de grampo de Obama, 63; admissão de culpa de Flynn e, 187; comentários de Tillerson na CBSe, 337; Fisa e, 196-8; "gênio estável", expressão nos, 18; sanções da administração Obama e, 35; sobre a coletiva de imprensa de Helsinque, 288; sobre a demissão de Comey, 78; sobre a demissão de Mattis, 359; sobre a demissão de McCabe, 234; sobre a demissão de McGahn, 313; sobre a demissão de McMaster, 246; sobre a demissão de Tillerson, 229; sobre a investigação de Mueller, 112, 234, 370; sobre a nomeação de Kelly como chefe de gabinete, 157-8; sobre a nomeação de Mueller, 90; sobre a reunião na Trump Tower, 139; sobre acordo de troca de prisioneiros turcos, 293; sobre as acusações de abuso doméstico de Porter, 213; sobre Macron, 330; sobre o indiciamento por interferência russa na campanha, 216; sobre o relatório de Mueller, 386, 413; sobre paralisação do governo, 361; sobre retirada dos

Estados Unidos da Síria, 350; sobre Sessions, 153, 324; sobre vazamentos, 98; sobre Whitaker, 326; transparência e, 16-7

Trump Tower, reunião na (junho 2016), 128-41; *Circa* e, 131, 134; conselho de Hicks a Trump, 128, 138; conselho de Kasowitz e Bowe a Trump, 128; declaração de Trump Jr., 138-9; declaração de Trump no Força Aérea Um, 134-6, 139; demissão de Corallo e, 140; estratégia da equipe de defesa legal de Trump, 132, 134, 137; investigação da comissão do Congresso e, 127, 130; investigação de Mueller sobre, 303, 332, 336; Lei Magnitsky e, 132, 138; Lowell sobre, 129-30; notificação de Brown ao Congresso, 130; respostas escritas de Trump, 335-6

tuítes *ver* Trump, tuítes de

Tumulty, Karen, 296-7

Turnbull, Malcolm, 43

Turquia: acordo de troca de prisioneiros com, 291-4; retirada da Síria e, 349, 351, 419; trabalho de Flynn para, 25

Twitter *ver* Trump, tuítes de

Ucrânia: comunicações de Trump com, 19; intervenções russas na, 126-7, 286; Manafort e Gates trabalhando para, 172; pedido de investigar Biden feito por Trump, 417-9, 421

Unite the Right, manifestação (Charlottesville, agosto 2017), 166-8

Vance, Joyce White, 249

vazamentos e acusações de vazamento: alegações da equipe de defesa legal de, 115; artigo no *Wall Street Journal* e, 119; dossiê Steele, 36; ligações dos líderes mundiais e, 44; memorando de Comey, 78; oferta de chefe de gabinete a Christie e, 347; reunião no Salão Oval e, 91; telefonema de parabéns de Trump a Putin, 243

Vega, Cecilia, 289

Veselnitskaya, Natalia *ver* Trump Tower, reunião na

vício em mídia *ver* Trump, características de, vício em mídia

Videgaray, Luis, 49

visual, foco no *ver* Trump, características de, foco na aparência

"visual, o" *ver* Trump, características de, foco na imagem

Wall Street Journal, 119

Walsh, Katie, 33

Warmbier, Otto, 378

Warner, Mark, 118, 197

Washington Post: carta do relatório de Mueller e, 398; checagem de fatos pelo, 306; ensaio de McRaven, 296-7; história do canal secreto de Kushner, 98-9; ligação Flynn-Kislyak e, 38, 44; nomeação de Kavanaugh e, 310; sobre a demissão de Comey, 88; sobre a investigação de obstrução da justiça, 111; sobre a investigação do FBI sobre a Rússia, 91; sobre a liberação de segurança de Kushner, 214; sobre comunicações Sessions-Kislyak, 55, 152; sobre McGahn, 413; sobre o assassinato de Khashoggi, 331; sobre o telefonema de parabéns de Trump a Putin, 242; sobre política de imigração, 199

Wehner, Peter, 19-20

Weingarten, Reid, 103

Weissmann, Andrew, 110

West, Kanye, 344

West, Kim Kardashian, 344

Westerhout, Madeleine, 168

Wheelbarger, Katie, 285

Whitaker, Matthew: como procurador-geral interino, 324, 367; defendido por Trump, 326; investigação de Mueller e, 324-5; possibilidade de demissão de Rosenstein e, 308-9

White, Dana, 284, 320, 350

White, Paula, 414

WikiLeaks, 171, 268, 332-3, 335, 376

Wilner, Tom, 85

Wilson, Frederica, 215

Wolf, Chad, 280
Wolkoff, Stephanie Winston, 31
Woodward, Bob, 143, 302
Words That Build America, The (Pelosi), 52-5
Wray, Christopher, 197, 200-1, 207-8, 265, 371
Wynn, Steve, 103

Yates, Sally: demissão de, 43; liberação de segurança, 295; ligação Flynn-Kislyak e, 38-41, 43; proibição de viagem para muçulmanos e, 43

Zapotosky, Matt, 398

Zebley, Aaron: acordo de alegação de Corsi e, 334; briefing do relatório de Mueller, 383; carta do relatório de Mueller e, 392, 397-8; contratação de, 109; contratação de O'Callaghan e, 256; distância de Mueller e, 263; pedido de resumo executivo do relatório de Mueller e, 397; possibilidade de entrevista com Trump e, 258; reunião da equipe de Mueller (16 junho 2017) e, 114; sobre a proibição de denunciar um presidente em exercício, 262
Zelensky, Volodymyr, 417-8
Zinke, Ryan, 156

ESTA OBRA FOI COMPOSTA PELA SPRESS EM INES LIGHT
E IMPRESSA EM OFSETE PELA LIS GRÁFICA SOBRE PAPEL PÓLEN SOFT DA
SUZANO S.A. PARA A EDITORA SCHWARCZ EM JANEIRO DE 2020

A marca FSC® é a garantia de que a madeira utilizada na fabricação do papel deste livro provém de florestas que foram gerenciadas de maneira ambientalmente correta, socialmente justa e economicamente viável, além de outras fontes de origem controlada.